高等院校会计专业创新型精品系列

U0463274

中级财务会计学

ZHONGJI CAIWU KUAIJIXUE

主　编　胡顺义　李海洋　李　钻
副主编　姚和平　刘春玲　胡小波

扫码申请更多资源

 南京大学出版社

图书在版编目(CIP)数据

中级财务会计学 / 胡顺义,李海洋,李钻主编. —
南京:南京大学出版社,2022.5(2023.8 重印)
ISBN 978 - 7 - 305 - 25432 - 1

Ⅰ. ①中… Ⅱ. ①胡… ②李… ③李… Ⅲ. ①财务会
计-高等学校-教材 Ⅳ. ①F234.4

中国版本图书馆 CIP 数据核字(2022)第 039023 号

出版发行 南京大学出版社
社　　址　南京市汉口路 22 号　　　　　邮　编　210093
出 版 人　王文军
书　　名　**中级财务会计学**
主　　编　胡顺义　李海洋　李　钻
责任编辑　武　坦　　　　　　　　编辑热线　025 - 83592315
照　　排　南京开卷文化传媒有限公司
印　　刷　南京百花彩色印刷广告制作有限责任公司
开　　本　787×1092　1/16　印张 20.5　字数 538 千
版　　次　2022 年 5 月第 1 版　2023 年 8 月第 2 次印刷
ISBN 978 - 7 - 305 - 25432 - 1
定　　价　49.80 元

网　　址:http://www.njupco.com
官方微博:http://weibo.com/njupco
微信服务号:njuyuexue
销售咨询热线:(025)83594756

前　言

为适应社会主义市场经济发展,进一步完善我国企业会计准则体系,提高财务报表列报质量和会计信息透明度,保持我国企业会计准则与国际财务报告准则的持续趋同,财政部两次大规模修订和增补企业会计准则。近年来随着我国现代财政制度改革,税收立法工作全面推进,优惠政策进一步得到明确和固定,推动税收法定,是实现税收公平正义的制度保障。本教材以最新税制和会计准则为依据。

按照国际惯例,通常将财务会计学分为基础会计学、中级财务会计学和高级财务会计学三部分。中级财务会计学在会计学科体系中占有非常重要的地位,是会计学专业的必修课和其他相关专业的选修课。本书以企业会计准则为依据,以会计目标为导向,以财务报告为主线,以资产、负债、所有者权益、收入、费用和利润六大会计要素为构件,系统阐述会计要素的确认、计量、记录和报告。

书中各章有学习目标提示、相关案例讲解、配套练习,配备多媒体教学课件,以方便教师组织教学和学生学习。本书力求通过教学内容的优化与体例结构的创新,培养学生的分析能力和创新能力,加强专业内涵建设、创新人才培养模式、提升人才培养水平,与时俱进,与人才培养定位相适应,遵循由浅入深、循序渐进的教学规律,强化能力培养、促进理实一体化,实现业财税融合,推动国家级一流本科建设。

专业教育与课程思政相融合,有利于拓展专业教育的广度和深度,实现教书育人相统一。诚实守信是会计学科的根本理念,是会计行业得以健康发展的基本保证。谨慎性也被称为稳健性,是会计核算的重要原则,是管理者对于不确定性的审慎反应。遵纪守法既是每个公民的社会责任,也是会计职业人士应该坚守的底线。

本教材由湖北经济学院胡顺义、李海洋、李钻担任主编,由湖北经济学院姚和平、湖北经济学院法商学院刘春玲、武汉文理学院胡小波担任副主编。具体分工如下：杨琬君编写第一章，陈国英编写第二章，李益博编写第三章，刘春玲编写第四章，付强编写第五章，李海洋编写第六章，姚和平编写第七章，李钻编写第八章，胡小波编写第九章，殷栋华编写第十章，邵天营和朱继军编写第十一章，胡顺义和李家和编写第十二章。胡顺义负责教材编写大纲的拟定及全书的统稿工作。

本书在编写过程中，承蒙学院领导和同行的大力支持，并得到了宝贵意见，谨此表示衷心感谢。本书适合作为会计学专业教学用书，也可作为财会人员的业务用书。书中难免存在疏漏之处，恳请广大读者和学界专家批评指正，以便我们进一步修改和完善。

编　者

2022 年 3 月

目　录

第一章 总 论

通过本章学习,了解企业会计准则体系;掌握财务报告目标、会计信息质量要求、会计要素和会计计量属性。没有信用,也就没有会计,财务人员要坚守道德底线和法律高压线。

第一节 会计概述

一、会计的定义和作用

会计是以货币为主要计量单位,反映和监督一个单位经济活动的一种经济管理工作。会计既是一个信息系统又是一种经济管理活动。随着企业公司制的建立、所有权和经营权的分离以及资本市场的发展,企业会计逐步演化为两大分支:一是服务于企业内部管理及其决策需要的管理会计,或者叫对内报告会计;二是服务于企业外部信息使用者及其决策需要的财务会计,或者叫对外报告会计。

会计是现代企业的一项重要的基础性工作,通过一系列会计程序,提供决策有用的信息,并积极参与经营管理决策,提高企业经济效益,服务于市场经济的健康有序发展。具体来说,会计在社会主义市场经济中的作用,主要包括以下几个方面:

第一,会计有助于企业加强经营管理,提高经济效益。

企业经营管理水平的高低直接影响企业的经济效益、经营成果、竞争能力和发展前景,在一定程度上决定企业的前途和命运。为了满足企业内部经营管理对会计信息的需要,现代会计已经渗透企业内部经营管理的各个方面。企业会计通过分析和利用有关企业财务状况、经营成果和现金流量方面的信息,可以全面、系统、总括地了解企业生产经营活动情况、财务状况和经营成果,并在此基础上预测和分析未来发展前景;可以通过发现过去经营活动中存在的问题,找出存在的差距及原因,并提出改进措施;可以通过预算的分解和落实,建立起内部经济责任制,从而做到目标明确、责任清晰、考核严格、赏罚分明。总之,会计通过真实地反映企业的财务信息,为加强企业经营管理、提高经济效益发挥积极作用。

第二,会计有助于考核企业管理层经济责任的履行情况。

企业接受了包括国家在内的所有投资者和债权人的投资,就有责任按照其预定的发展目标和要求,合理利用资源,加强经营管理,提高经济效益,接受考核和评价。会计信息有助于评价企业的业绩,有助于考核企业管理层经济责任的履行情况。对于作为企业所有者的投资者来说,他们为了了解企业当年度的经营活动成果和当年度的资产保值和增值情况,需要将利润表中的净利润与上年度进行对比,以反映企业的盈利发展趋势;需要将利润表中的净利润与同行业进行对比,以反映企业在与同行业竞争时所处的位置,从而考核企业企业管理层经济责任的履行情况。对于作为社会经济管理者的政府部门来说,他们需要了解企业执行计划的能力,需要将资产负债表、利润表和现金流量表中所反映的实际情况与预算进行对比,反映企业完成预算的情况,表明企业执行预算的能力和水平。所有这一切,都需要会计提供信息。

第三,会计有助于提供决策有用的信息。

会计提供的有关企业财务状况、经营成果和现金流量方面的信息,是包括投资者和债权人在内的各方面进行决策的依据。对于作为企业所有者的投资者来说,他们为了选择投资对象、衡量投资风险、做出投资决策,不仅需要了解企业包括销售净利率、总资产收益率、净资产收益率等指标在内的盈利能力和发展趋势方面的信息,也需要了解有关企业经营状况方面的信息及其所处行业的信息;对于作为债权人的银行来说,他们为了选择贷款对象、衡量贷款风险、做出贷款决策,不仅需要了解企业包括流动比率、速动比率、资产负债率等指标在内的短期偿债能力和长期偿债能力,也需要了解企业所处行业的基本情况及其在同行业中所处的地位;对于作为社会经济管理者的政府部门来说,他们为了制定经济政策、进行宏观调控、配置社会资源,需要从总体上掌握企业的资产负债结构、损益状况和现金流转情况,从宏观上把握经济运行的状况和发展变化趋势。所有这一切,都需要会计提供决策有用的信息。

二、会计准则

财务会计由于需要服务于外部信息使用者,在保护投资者及社会公众利益、维护市场经济秩序及其稳定方面扮演着越来越重要的角色,因此,在社会经济生活中的地位日显突出,迫切需要一套社会公认的统一的会计工作标准来规范其行为。在这种情况下,作为标准的企业会计准则应运而生,其核心是规范企业会计确认、计量和报告行为,保证会计信息质量,降低资金成本,提高资源配置效率。

会计准则是会计人员从事会计工作的规则和指南。会计准则的属性主要有四种不同的观念:技术手段论、经济后果论、政治程序论和制度安排论。按其使用单位的经营性质,会计准则可分为营利组织的会计准则和非营利组织的会计准则。我国会计准则包括《企业会计准则》《小企业会计准则》和《政府会计准则》。

我国从企业规模角度进行划分,《企业会计准则》和《小企业会计准则》分别适用于大中型企业和小企业;国际会计准则理事会则主要从公众受托责任角度划分,《国际财务报告准则》和《中小主体国际财务报告准则》分别适用于上市公司和非上市公司。

我国企业会计准则体系由基本准则、具体准则、应用指南和解释等组成。

基本准则在企业会计准则体系中扮演着概念框架的角色,起着统驭作用。在我国现行企业会计准则体系中,基本准则类似于国际会计准则理事会的《编报财务报表的框架》和美国财务会计准则委员会的《财务会计概念公告》,它规范了包括财务报告目标、会计基本假设、会计基础、会计信息质量要求、会计要素的定义及其确认、计量原则、财务报告等在内的基本问题,是会计准则制定的出发点,是制定具体准则的基础。其作用主要表现为两个方面:一是统驭具体准则的制定;二是为会计实务中出现的、具体准则尚未规范的新问题提供会计处理依据。基本准则是纲,适用于在中华人民共和国境内设立的所有企业,企业会计准则、小企业会计准则是基本准则框架下的两个子系统,分别适用于大中型企业和小企业。

具体准则是在基本准则的指导下,对企业各项资产、负债、所有者权益、收入、费用、利润及相关交易事项的确认、计量和报告进行规范的会计准则。具体准则包括会计要素类准则、特殊业务类准则、金融工具类准则、特殊行业类准则、财务报告类准则等。

应用指南是对具体准则相关条款的细化和对有关重点难点问题提供的操作性指南,以利于会计准则的贯彻落实和指导实务操作。

解释是对具体准则实施过程中出现的问题、具体准则条款规定不清楚或者尚未规定的问题作出的补充说明。

我国小企业会计准则体系由小企业会计准则和应用指南两部分组成。小企业会计准则主要规范小企业通常发生的交易或事项的会计处理原则,为小企业处理会计实务问题提供具体而统一的标准;应用指南主要规定会计科目的设置、主要账务处理、财务报表的种类、格式及编制说明,为小企业执行小企业会计准则提供操作性规范。

第二节　财务报告目标

财务会计的目标可以概括为两个方面:服务于企业内部管理和对外提供财务报告。会计核算的最终成果是财务报告,财务报告是企业对外提供的反映企业某一特定日期的财务状况和某一会计期间的经营成果、现金流量等会计信息的文件。

根据财务报告的定义,财务报告具有以下几层含义:一是财务报告应当是对外报告,其服务对象主要是投资者、债权人等外部使用者,专门为了内部管理需要、特定目的的报告不属于财务报告的范畴;二是财务报告应当综合反映企业的生产经营状况,包括某一时点的财务状况和某一时期的经营成果与现金流量等信息,以勾画出企业财务的整体和全貌;三是财务报告必须形成一个系统的文件,不应是零星的或者不完整的信息。

财务报告包括财务报表和其他应当在财务报告中披露的相关信息和资料。其中,财务报表由报表本身及其附注两部分构成,附注是财务报表的有机组成部分,而报表至少应当包括资产负债表、利润表和现金流量表等报表。

企业财务会计的目的是通过向企业外部会计信息使用者提供有用的信息,帮助使用者做出相关决策。承担这一信息载体和功能的是企业编制的财务报告,它是财务会计确认和计量的最终结果,是沟通企业管理层与外部信息使用者之间的桥梁和纽带。因此,财务报告的目标定位十分重要。财务报告的目标定位决定着财务报告应当向谁提供有用的会计信息,应当保护谁的经济利益,这是编制企业财务报告的出发点;财务报告的目标定位决定着财务报告所要求会计信息的质量特征,决定着会计要素的确认和计量原则,这是财务会计系统的核心和灵魂。

财务报告目标在整个财务会计系统和企业会计准则体系中具有十分重要的地位,是构建会计要素确认、计量和报告原则并制定各项准则的基本出发点。

财务报告目标有受托责任观和决策有用观两种观点。受托责任观产生的经济背景是企业所有权与经营权相分离,并且投资人与经营者之间有明确的委托与受托关系,在受托责任观下,会计信息更多地强调可靠性,会计计量主要采用历史成本;财务报告目标的决策有用观则主要源于资本市场的发展,在决策有用观下,会计信息更多地强调相关性,如果采用其他计量属性能够提供更加相关信息的,会较多地采用除历史成本之外的其他计量属性。

财务报告的受托责任观和决策有用观各有侧重,并且往往与企业发展和外部环境变化相关。从国际财务报告准则和世界许多国家的会计准则及其会计实务发展来看,目前国际会计准则理事会和各国在确定财务报告目标时,尽管决策有用观的地位越来越上升,但往往还是尽可能地兼顾受托责任观和决策有用观。受托责任观和决策有用观尽管关注点有所不同,但两者之间并不矛盾,反而有时相互补充,从而更好地满足信息使用者的信息需要。

我国企业财务报告的目标是向财务报告使用者提供与企业财务状况、经营成果和现金流量等有关的会计信息,反映企业管理层受托责任履行情况,有助于财务报告使用者做出经济决策。财务报告外部使用者主要包括投资者、债权人、政府及其有关部门和社会公众等。满足投资者的信息需要是企业财务报告编制的首要出发点,将投资者作为企业财务报告的首要使用者,凸显了投资者的地位,体现了保护投资者利益的要求,是市场经济发展的必然。如果企业在财务报告中提供的会计信息与投资者的决策无关,那么财务报告就失去了其编制的意义。根据投资者决策有用目标,财务报告所提供的信息应当如实反映企业所拥有或者控制的经济资源、对经济资源的要求权,以及经济资源及其要求权的变化情况;如实反映企业的各项收入、费用、利得和损失的金额及其变动情况;如实反映企业各项经营活动、投资活动和筹资活动等所形成的现金流入和现金流出情况等,从而有助于现在的或者潜在的投资者正确、合理地评价企业的资产质量、偿债能力、盈利能力和营运效率等;有助于投资者根据相关会计信息做出理性的投资决策;有助于投资者评估与投资有关的未来现金流量的金额、时间和风险等。除了投资者之外,企业财务报告的外部使用者还有债权人、政府及有关部门、社会公众等。由于投资者是企业资本的主要提供者,通常情况下,如果财务报告能够满足这一群体的会计信息需求,也可以满足其他使用者的大部分信息需求。

第三节　会计基本假设与会计基础

一、会计基本假设

会计基本假设是企业会计确认、计量和报告的前提,是对会计核算所处时间、空间环境等所做的合理设定。会计基本假设包括会计主体、持续经营、会计分期和货币计量。

（一）会计主体

会计主体,是指企业会计确认、计量和报告的空间范围。为了向财务报告使用者反映企业财务状况、经营成果和现金流量,提供与其决策有用的信息,会计核算和财务报告的编制应当集中于反映特定对象的活动,并将其与其他经济实体区别开来,才能实现财务报告的目标。在会计主体假设下,企业应当对其本身发生的交易或者事项进行会计确认、计量和报告,反映企业本身所从事的各项生产经营活动。明确界定会计主体是开展会计确认、计量和报告工作的重要前提。

明确会计主体，才能划定会计所要处理的各项交易或事项的范围。在会计工作中，只有那些影响企业本身经济利益的各项交易或事项才能加以确认、计量和报告，那些不影响企业本身经济利益的各项交易或事项则不能加以确认、计量和报告。会计工作中通常所讲的资产、负债的确认，收入的实现以及费用的发生等，都是针对特定会计主体而言的。

明确会计主体，才能将会计主体的交易或者事项与会计主体所有者的交易或者事项区分开来。例如，企业所有者的经济交易或者事项是属于企业所有者主体所发生的，不应纳入企业会计核算的范围，但是企业所有者投入企业的资本或者企业向所有者分配的利润，则属于企业主体所发生的交易或者事项，应当纳入企业会计核算的范围。

会计主体可以分为记账主体与报告主体两种。记账主体是会计人员为之记账的特定单位，报告主体则是会计人员为之编制会计报表的特定单位。

会计主体不同于法律主体。一般来说，法律主体必然是一个会计主体。例如，一个企业作为一个法律主体，应当建立财务会计系统，独立反映其财务状况、经营成果和现金流量。但是，会计主体不一定是法律主体。例如，在企业集团的情况下，一个母公司拥有若干子公司，母、子公司虽然是不同的法律主体，但是母公司对子公司拥有控制权，为了全面反映企业集团的财务状况、经营成果和现金流量，就有必要将企业集团作为一个会计主体，编制合并财务报表。再如，由企业管理的证券投资基金、企业年金基金等，尽管不属于法律主体，但属于会计主体，应当对每项基金进行会计确认、计量和报告。

（二）持续经营

持续经营，是指在可以预见的将来，企业将会按当前的规模和状态继续经营下去，不会停业，也不会大规模削减业务。这是绝大多数企业所处的正常状况。在持续经营前提下，会计确认、计量和报告应当以企业持续、正常的生产经营活动为前提。

企业是否持续经营，在会计原则、会计方法的选择上有很大差别。一般情况下，应当假定企业将会按照当前的规模和状态继续经营下去。明确这个基本假设，就意味着会计主体将按照既定用途使用资产，按照既定的合约条件清偿债务，会计人员就可以在此基础上选择会计原则和会计方法。如果判断企业会持续经营，就可以假定企业的固定资产会在持续经营的生产经营过程中长期发挥作用，并服务于生产经营过程，固定资产就可以根据历史成本进行记录，并采用折旧的方法，将历史成本分摊到各个会计期间或相关产品的成本中。如果判断企业不会持续经营，固定资产就不应采用历史成本进行记录并按期计提折旧。

如果一个企业在不能持续经营时还假定企业能够持续经营，并仍按持续经营基本假设选择会计确认、计量和报告原则与方法，就不能客观地反映企业的财务状况、经营成果和现金流量，会误导会计信息使用者的经济决策。

（三）会计分期

会计分期，是指将一个企业持续经营的生产经营活动划分为一个个连续的、长短相同的期间。会计分期的目的，在于通过会计期间的划分，将持续经营的生产经营活动划分成连续、相等的期间，据以结算盈亏，按期编制财务报告，从而及时向财务报告使用者提供有关企业财务状况、经营成果和现金流量的信息。

在会计分期假设下,企业应当划分会计期间,分期结算账目和编制财务报告。会计期间通常分为年度和中期。中期,是指短于一个完整的会计年度的报告期间。

根据持续经营假设,一个企业将按当前的规模和状态持续经营下去。但是,无论是企业的生产经营决策还是投资者、债权人等的决策都需要及时的信息,都需要将企业持续的生产经营活动划分为一个个连续的、长短相同的期间,分期确认、计量和报告企业的财务状况、经营成果和现金流量。明确会计分期假设意义重大,由于会计分期,才产生了当期与以前期间、以后期间的差别,才使不同类型的会计主体有了记账的基准,进而出现了折旧、摊销等会计处理方法。

(四) 货币计量

货币计量,是指会计主体在财务会计确认、计量和报告时以货币计量,反映会计主体的生产经营活动。

在会计的确认、计量和报告过程中之所以选择货币为基础进行计量,是由货币的本身属性决定的。货币是商品的一般等价物,是衡量一般商品价值的共同尺度,具有价值尺度、流通手段、贮藏手段和支付手段等特点。其他计量单位,如重量、长度、容积、台、件等,只能从一个侧面反映企业的生产经营情况,无法在量上进行汇总和比较,不便于会计计量和经营管理。只有选择货币尺度进行计量,才能充分反映企业的生产经营情况。基本准则规定,会计确认、计量和报告选择货币作为计量单位。

企业日常经营活动中可能运用多种货币,需要选择某种具体的货币作为会计本位币,会计本位币可以分为记账本位币和报告本位币,二者可能不一致。会计本位币包括名义会计本位币和不变会计本位币。货币计量假设包含币值不变这一假设,币值一旦出现剧烈波动,货币币值稳定假设将不再适用。这种情况下,要使用物价变动会计或通货膨胀会计。

在有些情况下,统一采用货币计量也有缺陷,某些影响企业财务状况和经营成果的因素,如企业经营战略、研发能力、市场竞争力等,往往难以用货币来计量,但这些信息对于使用者决策来讲也很重要,企业可以在财务报告中补充披露有关非财务信息来弥补上述缺陷。

二、会计基础

企业会计的确认、计量和报告应当以权责发生制为基础。权责发生制基础要求,凡是当期已经实现的收入和已经发生或应当负担的费用,无论款项是否收付,都应当作为当期的收入和费用计入利润表;凡是不属于当期的收入和费用,即使款项已在当期收付,也不应当作为当期的收入和费用。

在实务中,企业交易或者事项的发生时间与相关货币收支时间有时并不完全一致。例如,款项已经收到,但销售并未实现;或者款项已经支付,但并不是本期生产经营活动而发生的。为了更加真实、公允地反映特定会计期间的财务状况和经营成果,基本准则明确规定,企业在会计确认、计量和报告中应当以权责发生制为基础。

收付实现制是与权责发生制相对应的一种会计基础,它是以收到或支付的现金作为确认收入和费用等的依据。我国政府会计由预算会计和财务会计构成。预算会计实行收付实现制,国务院另有规定的,依照其规定,财务会计实行权责发生制。

第四节 会计信息质量要求

会计信息质量要求是对企业财务报告中所提供会计信息质量的基本要求,是使财务报告中所提供会计信息对投资者等使用者决策有用应具备的基本特征,它主要包括可靠性、相关性、可理解性、可比性、实质重于形式、重要性、谨慎性和及时性。前四项是首要质量要求,后四项是次要质量要求。

一、可靠性

可靠性要求企业应当以实际发生的交易或者事项为依据进行确认、计量和报告,如实反映符合确认和计量要求的各项会计要素及其他相关信息,保证会计信息真实可靠、内容完整。

会计信息要有用,必须以可靠为基础,如果财务报告所提供的会计信息是不可靠的,就会对投资者等使用者的决策产生误导甚至损失。可靠性包括真实性、可验证性和中立性三个方面的内容。为了贯彻可靠性要求,企业应当做到以下几点:

(1)以实际发生的交易或者事项为依据进行确认、计量,将符合会计要素定义及其确认条件的资产、负债、所有者权益、收入、费用和利润等如实反映在财务报表中,不得根据虚构的、没有发生的或者尚未发生的交易或者事项进行确认、计量和报告。

(2)在符合重要性和成本效益原则的前提下保证会计信息的完整性,其中包括应当编制的报表及其附注内容等应保持完整,不能随意遗漏或者减少应予披露的信息,与使用者决策相关的有用信息都应充分披露。

(3)包括在财务报告中的会计信息应当是中立的、无偏的。如果企业在财务报告中为了达到事先设定的结果或效果,通过选择或列示有关会计信息以影响决策和判断的,这样的财务报告信息就不是中立的。

二、相关性

相关性要求企业提供的会计信息应当与投资者等财务报告使用者的经济决策需要相关,有助于投资者等财务报告使用者对企业过去、现在或者未来的情况做出评价或者预测。

会计信息是否有用,是否具有价值,关键是看其与使用者的决策需要是否相关,是否有助于决策或者提高决策水平。相关的会计信息应当能够有助于使用者评价企业过去的决策,证实或者修正过去的有关预测,因而具有反馈价值。相关的会计信息还应当具有预测价值,有助于使用者根据财务报告所提供的会计信息预测企业未来的财务状况、经营成果和现金流量。例如,区分收入和利得、费用和损失,区分流动资产和非流动资产、流动负债和非流动负债以及适度引入公允价值等,都可以提高会计信息的预测价值,进而提升会计信息的相关性。

会计信息质量的相关性要求,需要企业在确认、计量和报告会计信息的过程中,充分考虑使用者的决策模式和信息需要。但是,相关性是以可靠性为基础的,两者之间并不矛盾,不应将两者对立起来。也就是说,会计信息在可靠性前提下尽可能地做到相关性,以满足投资者等财务报告使用者的决策需要。

三、可理解性

可理解性要求企业提供的会计信息应当清晰明了,便于投资者等财务报告使用者理解和使用。

企业编制财务报告、提供会计信息的目的在于使用,而要让使用者有效使用会计信息,应当能让其了解会计信息的内涵,弄懂会计信息的内容,这就要求财务报告所提供的会计信息应当清晰明了、易于理解。只有这样,才能提高会计信息的有用性,实现财务报告的目标,满足向投资者等财务报告使用者提供决策有用信息的要求。

会计信息毕竟是一种专业性较强的信息产品,在强调会计信息的可理解性要求的同时,还应假定使用者具有一定的有关企业经营活动和会计方面的知识,并且愿意付出努力去研究这些信息。对于某些复杂的信息,如交易本身较为复杂或者会计处理较为复杂,但其与使用者的经济决策相关的,企业就应当在财务报告中予以充分披露。

四、可比性

可比性要求企业提供的会计信息应相互可比,主要包括两层含义。

(一) 同一企业不同时期可比

为了便于投资者等财务报告使用者了解企业财务状况、经营成果和现金流量的变化趋势,比较企业在不同时期的财务报告信息,全面、客观地评价过去、预测未来,从而做出决策。会计信息质量的可比性要求同一企业不同时期发生的相同或者相似的交易或者事项,应当采用一致的会计政策,不得随意变更。但是,满足会计信息可比性要求,并非表明企业不得变更会计政策,如果按照规定或者在会计政策变更后可以提供更可靠、更相关的会计信息的,可以变更会计政策。有关会计政策变更的情况,应当在附注中予以说明。

(二) 不同企业相同会计期间可比

为了便于投资者等财务报告使用者评价不同企业的财务状况、经营成果和现金流量及其变动情况,会计信息质量的可比性要求不同企业同一会计期间发生的相同或者相似的交易或者事项,应当采用相同或相似的会计政策,确保会计信息口径一致、相互可比,以使不同企业按照一致的确认、计量和报告要求提供有关会计信息。

五、实质重于形式

实质重于形式要求企业应当按照交易或者事项的经济实质进行会计确认、计量和报告,不仅仅以交易或者事项的法律形式为依据。

企业发生的交易或事项在多数情况下,其经济实质和法律形式是一致的。但在有些情况下,会出现不一致。例如,除短期租赁和低价值资产租赁以外,承租人租入资产,虽然从法律形式来讲承租企业并不拥有其所有权,但在租赁期内承租企业有权支配资产并从中受益等,因此,从其经济实质来看,企业能够控制租入资产所创造的未来经济利益,在会计确认、计量和报告上就应当将租入资产确认使用权资产,列入企业的资产负债表。又如,企业因存在与客户的远期安排而负有回购义务或企业享有回购权利的,表明客户在销售时点并未取得相关商品控制权,企业应当作为租赁交易或融资交易进行处理。

六、重要性

重要性要求企业提供的会计信息应当反映与企业财务状况、经营成果和现金流量有关的所有重要交易或者事项。

在实务中,如果会计信息的省略或者错报会影响投资者等财务报告使用者据此做出决策的,该信息就具有重要性。重要性的应用需要依赖职业判断,企业应当根据其所处环境和实际情况,从项目的性质和金额大小两方面加以判断。

例如,我国上市公司要求对外提供季度财务报告,考虑到季度财务报告披露的时间较短,从成本效益原则考虑,季度财务报告没有必要像年度财务报告那样披露详细的附注信息。因此,中期财务报告准则规定,公司季度财务报告附注应当以年初至本中期末为基础编制,披露自上年度资产负债表日之后发生的、有助于理解企业财务状况、经营成果和现金流量变化情况的重要交易或者事项。这种附注披露,就体现了会计信息质量的重要性要求。

七、谨慎性

谨慎性要求企业对交易或者事项进行会计确认、计量和报告时应保持应有的谨慎,不应高估资产或者收益,不应低估负债或者费用。

在市场经济环境下,企业的生产经营活动面临着许多风险和不确定性,如应收款项的可收回性、固定资产的使用寿命、无形资产的使用寿命、售出存货可能发生的退货或者返修等。会计信息质量的谨慎性要求,需要企业在面临不确定性因素的情况下做出职业判断时,应保持应有的谨慎,充分估计到各种风险和损失,既不高估资产或者收益,也不低估负债或者费用。例如,要求企业对可能发生的资产减值损失计提资产减值准备、对售出商品可能发生的保修义务确认预计负债等,就体现了会计信息质量的谨慎性要求。

谨慎性的应用不允许企业设置秘密准备,如果企业故意低估资产或者收益,或者故意高估负债或者费用,将不符合会计信息的可靠性和相关性要求。损害会计信息质量,扭曲企业实际的财务状况和经营成果,从而对使用者的决策产生误导,这是不符合会计准则要求的。

八、及时性

及时性要求企业对已经发生的交易或者事项,应当及时地进行确认、计量和报告,不得提前或者延后。

会计信息的价值在于帮助所有者或者其他利益相关者做出经济决策,具有时效性。即使是可靠、相关的会计信息,如果不及时提供,就失去了时效性,对于使用者的效用就大大降低,甚至不再具有实际意义。在会计确认、计量和报告过程中贯彻及时性,一是要求及时收集会计信息,即在交易或者事项发生后,及时收集整理各种原始单据或者凭证;二是要求及时处理会计信息,即按照会计准则的规定,及时对交易或事项进行确认或者计量,并编制财务报告;三是要求及时传递会计信息,即按照国家规定的有关时限及时地将编制的财务报告传递给财务报告使用者,便于其及时使用和决策。

在实务中,为了及时提供会计信息,可能需要在有关交易或者事项的信息全部获得之前即进行会计处理,这样就满足了会计信息的及时性要求,但可能会影响会计信息的可靠性;反之,如果企业等到与交易或者事项有关的全部信息获得之后再进行会计处理,这样的信息披露虽然提高了信息的可靠性,但可能会由于时效性问题,对投资者等财务报告使用者决策的有用性将大大降低,这就需要在及时性和可靠性之间做出相应选择,以最好地满足投资者等财务报告使用者的决策需要为判断标准。

第五节 会计要素及其确认与计量

会计要素是根据交易或者事项的经济特征所确定的财务会计对象的基本分类。会计要素按照其性质分为资产、负债、所有者权益、收入、费用和利润,其中,资产、负债和所有者权益要素侧重于反映企业的财务状况,收入、费用和利润要素侧重于反映企业的经营成果。会计要素的界定和分类可以使财务会计系统更加科学严密,为投资者等财务报告使用者提供更加有用的信息。

一、会计要素的定义及其确认条件

所谓会计确认,是指依据一定的标准,辨认哪些数据能否输入、何时输入会计信息系统以及如何进行报告的过程。会计确认包括会计记录的确认和编制会计报表的确认。会计确认的标准即可定义性、可计量性、相关性和可靠性。

(一)资产的定义及其确认条件

1. 资产的定义

资产是指过去的交易或者事项形成的,由企业拥有或者控制的,预期会给企业带来经济利益的资源。根据定义,资产具有以下几个方面的特征。

1) 资产预期会给企业带来经济利益

资产预期会给企业带来经济利益,是指资产直接或者间接导致现金和现金等价物流入企业的潜力。这种潜力可以来自企业日常的生产经营活动,也可以是非日常活动;带来的经济利益可以是现金或者现金等价物,或者是可以转化为现金或者现金等价物,或者是可以减少现金或者现金等价物流出。

资产预期能否会为企业带来经济利益是资产的重要特征。例如,企业采购的原材料、购置的固定资产等可以用于生产经营过程,制造商品或者提供劳务,对外出售后收回货款,货款即为企业所获得的经济利益。如果某一项目预期不能给企业带来经济利益,那么就不能将其确认为企业的资产。前期已经确认为资产的项目,如果不能再为企业带来经济利益,也不能再确认为企业的资产。

2) 资产应为企业拥有或者控制的资源

资产作为一项资源,应当由企业拥有或者控制,具体是指企业享有某项资源的所有权,或者虽然不享有某项资源的所有权,但该资源能被企业所控制。

企业享有资产的所有权,通常表明企业能够排他性地从资产中获取经济利益,通常在判断资产是否存在时,所有权是考虑的首要因素。在有些情况下,资产虽然不为企业所拥有,即企业并不享有其所有权,但企业控制了这些资产,同样表明企业能够从资产中获取经济利益,符合会计上对资产的定义。如果企业既不拥有也不控制资产所能带来的经济利益,就不能将其作为企业的资产予以确认。

3）资产是由企业过去的交易或者事项形成的

资产应当由企业过去的交易或者事项所形成,过去的交易或者事项包括购买、生产、建造行为或者其他交易或事项。换句话说,只有过去的交易或者事项才能产生资产,企业预期在未来发生的交易或者事项不形成资产。例如,企业有购买某存货的意愿或者计划,但是购买行为尚未发生,就不符合资产的定义,不能因此而确认存货资产。

2. 资产的确认条件

将一项资源确认为资产,需要符合资产的定义,还应同时满足以下两个条件。

1）与该资源有关的经济利益很可能流入企业

从资产的定义可以看出,能否带来经济利益是资产的一个本质特征,但在现实生活中,由于经济环境瞬息万变,与资源有关的经济利益能否流入企业或者能够流入多少实际上带有不确定性。因此,资产的确认还应与经济利益流入的不确定性程度的判断结合起来,如果根据编制财务报表时所取得的证据,与资源有关的经济利益很可能流入企业,那么就应将其作为资产予以确认;反之,不能确认为资产。例如,对客户的应收账款,如果很可能部分或者全部无法收回,表明该部分或者全部应收账款已经不符合资产的确认条件,应当计提坏账准备,减少资产的价值。

2）该资源的成本或者价值能够可靠地计量

财务会计系统是一个确认、计量和报告的系统,其中计量起着枢纽作用,可计量性是所有会计要素确认的重要前提,资产的确认也是如此。只有当有关资源的成本或者价值能够可靠地计量时,资产才能予以确认。在实务中,企业取得的许多资产都是发生了实际成本的,如企业购买或者生产的存货,企业购置的厂房或者设备等,对于这些资产,只要实际发生的购买成本或者生产成本能够可靠计量,就视为符合资产确认的可计量条件。在某些情况下,企业取得的资产没有发生实际成本或者发生的实际成本很少,如企业持有的某些衍生金融工具形成的资产,对于这些资产,尽管它们没有实际成本或者发生的实际成本很少,但是如果其公允价值能够可靠计量的话,也被认为符合资产可计量性的确认条件。

（二）负债的定义及其确认条件

1. 负债的定义

负债是指企业过去的交易或者事项形成的,预期会导致经济利益流出企业的现时义务。根据负债的定义,负债具有以下几个方面的特征。

1）负债是企业承担的现时义务

负债必须是企业承担的现时义务,这是负债的一个基本特征。其中,现时义务是指企业在现行条件下已承担的义务。未来发生的交易或者事项形成的义务,不属于现时义务,不应确认为负债。

这里所指的义务可以是法定义务,也可以是推定义务。其中法定义务是指具有约束力的合同或者法律法规规定的义务,通常在法律意义上需要强制执行。例如,企业购买原材料形成应付账款,企业向银行贷入款项形成借款,企业按照税法规定应当缴纳的税款等,均属于企业承担的法定义务,需要依法予以承担。推定义务是指根据企业多年来的习惯做法、公开的承诺或者公开宣布的政策而导致企业将承担的责任,这些责任也使有关各方形成了企业将履行义务解脱责任的合理预期。例如,某企业多年来有一项销售政策,对于售出商品提供一定期限的售后保修服务,预期将为售出商品提供的保修服务就属于推定义务,应当将其确认为一项负债。

2) 负债预期会导致经济利益流出企业

预期会导致经济利益流出企业也是负债的一个本质特征,只有企业在履行义务时会导致经济利益流出企业,才符合负债的定义,如果不会导致企业经济利益流出,就不符合负债的定义。在履行现时义务清偿负债时,导致经济利益流出企业的形式多种多样,如用现金偿还或以实物资产形式偿还,以提供劳务形式偿还,以部分转移资产、部分提供劳务形式偿还,将负债转为资本等。

3) 负债是由企业过去的交易或者事项形成的

负债应当由企业过去的交易或者事项所形成。换句话说,只有过去的交易或者事项才形成负债,企业将在未来发生的承诺、签订的合同等交易或者事项,不形成负债。

2. 负债的确认条件

将一项现时义务确认为负债,需要符合负债的定义,还需要同时满足以下两个条件。

1) 与该义务有关的经济利益很可能流出企业

从负债的定义可以看出,预期会导致经济利益流出企业是负债的一个本质特征。在实务中,履行义务所需流出的经济利益带有不确定性,尤其是与推定义务相关的经济利益通常需要依赖于大量的估计。因此,负债的确认应当与经济利益流出的不确定性程度的判断结合起来,如果有确凿证据表明,与现时义务有关的经济利益很可能流出企业,就应当将其作为负债予以确认;反之,如果企业承担了现时义务,但是会导致企业经济利益流出的可能性很小,就不符合负债的确认条件,不应将其作为负债予以确认。

2) 未来流出的经济利益的金额能够可靠地计量

负债的确认在考虑经济利益流出企业的同时,对于未来流出的经济利益的金额应当能够可靠计量。对于与法定义务有关的经济利益流出金额,通常可以根据合同或者法律规定的金额予以确定,考虑到经济利益流出的金额通常在未来期间,有时未来期间较长,有关金额的计量需要考虑货币时间价值等因素的影响。对于与推定义务有关的经济利益流出金额,企业应当根据履行相关义务所需支出的最佳估计数进行估计,并综合考虑有关货币时间价值、风险等因素的影响。

(三) 所有者权益的定义及其确认条件

1. 所有者权益的定义

所有者权益是指企业资产扣除负债后,由所有者享有的剩余权益。公司的所有者权益又称为股东权益。所有者权益是所有者对企业资产的剩余索取权,它是企业资产中扣除债权人权益后应由所有者享有的部分,既可以反映所有者投入资本的保值增值情况,又能体现保护债权人权益的理念。

2. 所有者权益的来源构成

所有者权益的来源包括所有者投入的资本、直接计入所有者权益的利得和损失、留存收益等,通常由股本(或实收资本)、其他权益工具、资本公积(含股本溢价或资本溢价、其他资本公积)、其他综合收益、盈余公积和未分配利润构成。商业银行等金融企业在税后利润中提取的一般风险准备,也构成所有者权益。

所有者投入的资本是指所有者投入企业的资本部分,它既包括构成企业注册资本或者股本部分的金额,也包括投入资本超过注册资本或者股本部分的金额,即资本溢价或者股本溢价,这部分投入资本在我国企业会计准则体系中被计入了资本公积,并在资产负债表中的资本公积项目下反映。其他权益工具是企业发行的除普通股以外的归类为权益工具的各种金融工具。

直接计入所有者权益的利得和损失,是指不应计入当期损益、会导致所有者权益发生增减变动的、与所有者投入资本或者向所有者分配利润无关的利得或者损失。其中,利得是指由企业非日常活动所形成的、会导致所有者权益增加的、与所有者投入资本无关的经济利益的流入。损失是指由企业非日常活动所发生的、会导致所有者权益减少的、与向所有者分配利润无关的经济利益的流出。直接计入所有者权益的利得和损失主要包括其他权益工具投资公允价值变动、其他债权投资公允价值变动等。

留存收益是企业历年实现的净利润留存于企业的部分,主要包括累计计提的盈余公积和未分配利润。

3. 所有者权益的确认条件

所有者权益体现的是所有者在企业中的剩余权益,因此,所有者权益的确认主要依赖于其他会计要素,尤其是资产和负债的确认;所有者权益金额的确定也主要取决于资产和负债的计量。例如,企业接受投资者投入的资产,在该资产符合企业资产确认条件时,就相应地符合了所有者权益的确认条件;当该资产的价值能够可靠计量时,所有者权益的金额也就可以确定。

(四) 收入的定义及其确认条件

1. 收入的定义

收入有广义和狭义之分,准则采用的是狭义的收入概念。收入是指企业在日常活动中形成的、会导致所有者权益增加的、与所有者投入资本无关的经济利益的总流入。根据收入的定义,收入具有以下几方面的特征。

1) 收入是企业在日常活动中形成的

日常活动是指企业为完成其经营目标所从事的经常性活动以及与之相关的活动。例如,工业企业制造并销售产品、商业企业销售商品、咨询公司提供咨询服务、软件企业为客户开发软件、安装公司提供安装服务、建筑企业提供建筑服务等,均属于企业的日常活动。明确界定日常活动是为了将收入与利得相区分,因为企业非日常活动所形成的经济利益的流入不能确认为收入,而应当计入利得。

2) 收入是与所有者投入资本无关的经济利益的总流入

收入应当会导致经济利益的流入,从而导致资产的增加。例如,企业销售商品,应当收到现金或者在未来有权收到现金,才表明该交易符合收入的定义。但是在实务中,经济利益的流入有时是所有者投入资本的增加所导致的,所有者投入资本的增加不应当确认为收入,应当将其直接确认为所有者权益。

3) 收入会导致所有者权益的增加

与收入相关的经济利益的流入应当会导致所有者权益的增加,不会导致所有者权益增加的经济利益的流入不符合收入的定义,不应确认为收入。例如,企业向银行借入款项,尽管也导致了企业经济利益的流入,但该流入并不导致所有者权益的增加,反而使企业承担了一项现时义务。企业对于因借入款项所导致的经济利益的增加,不应将其确认为收入,应确认为一项负债。

2. 收入的确认条件

企业应当在履行了合同中的履约义务,即在客户取得相关商品控制权时确认收入。取得相关商品控制权,是指能够主导该商品的使用并从中获得几乎全部的经济利益。对于在某一时点履行的履约义务,企业应当在客户取得相关商品控制权时确认收入。对于在某一时段内履行的履约义务,企业应当在该段时间内按照履约进度确认收入,但是,履约进度不能合理确定的除外。收入的确认至少应当符合以下条件:一是与收入相关的经济利益应当很可能流入企业;二是经济利益流入企业的结果会导致资产的增加或者负债的减少;三是经济利益的流入额能够可靠计量。

(五)费用的定义及其确认条件

1. 费用的定义

费用有广义和狭义之分,准则采用的是狭义的费用概念。费用是指企业在日常活动中发生的、会导致所有者权益减少的、与向所有者分配利润无关的经济利益的总流出。根据费用的定义,费用具有以下几方面的特征。

1) 费用是企业在日常活动中形成的

费用必须是企业在其日常活动中所形成的,这些日常活动的界定与收入定义中涉及的日常活动的界定相一致。因日常活动所产生的费用通常包括销售成本(营业成本)、职工薪酬、折旧费、无形资产摊销费等。将费用界定为日常活动所形成的,目的是为了将其与损失相区分,企业非日常活动所形成的经济利益的流出不能确认为费用,而应当计入损失。

2) 费用是与向所有者分配利润无关的经济利益的总流出

费用的发生应当会导致经济利益的流出,从而导致资产的减少或者负债的增加(最终也会导致资产的减少)。其表现形式包括现金或者现金等价物的流出,存货、固定资产和无形资产等的流出或者消耗等。鉴于企业向所有者分配利润也会导致经济利益的流出,而该经济利益的流出显然属于所有者权益的抵减项目,不应确认为费用,应当将其排除在费用的定义之外。

3) 费用会导致所有者权益的减少

与费用相关的经济利益的流出应当会导致所有者权益的减少,不会导致所有者权益减少的经济利益的流出不符合费用的定义,不应确认为费用。

2. 费用的确认条件

费用的确认除了应当符合定义外,也应当满足严格的条件,即费用只有在经济利益很可能流出从而导致企业资产减少或者负债增加且经济利益的流出额能够可靠计量时才能予以确认。因此,费用的确认至少应当符合以下条件:一是与费用相关的经济利益应当很可能流出企业;二是经济利益流出企业的结果会导致资产的减少或者负债的增加;三是经济利益的流出额能够可靠计量。

（六）利润的定义及其确认条件

1. 利润的定义

利润是指企业在一定会计期间的经营成果。从理论上说，利润是企业经营活动引起的净资产的增加。通常情况下，如果企业实现了利润，表明企业的所有者权益将增加，业绩得到了提升；反之，如果企业发生了亏损（即利润为负数），表明企业的所有者权益将减少，业绩下滑了。因此，利润往往是评价企业管理层业绩的一项重要指标，也是投资者等财务报告使用者进行决策时的重要参考。

2. 利润的来源构成

利润包括收入减去费用后的净额、直接计入当期利润的利得和损失等。其中收入减去费用后的净额反映的是企业日常活动的业绩，直接计入当期利润的利得和损失反映的是企业非日常活动的业绩。直接计入当期利润的利得和损失，是指应当计入当期损益、最终会引起所有者权益发生增减变动的、与所有者投入资本或者向所有者分配利润无关的利得或者损失。计入当期损益的利得和损失是已经实现的利得和损失，而计入所有者权益的利得和损失，是没有真正实现的利得和损失。企业应当严格区分收入和利得、费用和损失之间的区别，以更加全面地反映企业的经营业绩。利润是广义收入和广义费用之间的差额。

3. 利润的确认条件

利润反映的是收入减去费用、利得减去损失后的净额的概念，因此，利润的确认主要依赖于收入和费用以及利得和损失的确认，其金额的确定也主要取决于收入、费用、利得和损失金额的计量。

二、会计要素计量属性及其应用原则

（一）会计要素计量属性

会计计量是为了将符合确认条件的会计要素登记入账并列报于财务报表而确定其金额的过程。会计计量的关键是计量单位的确定和计量属性的选择。会计计量单位有名义货币单位和一般购买力单位两种。企业应当按照规定的会计计量属性进行计量，确定相关金额。计量属性是指所计量的某一要素的特性方面，如桌子的长度、铁矿的重量、楼房的高度等。从会计角度，计量属性反映的是会计要素金额的确定基础，主要包括历史成本、重置成本、可变现净值、现值和公允价值等。会计确认与计量之间存在着密切的内在联系。会计确认解决定性问题，会计计量解决定量问题。

1. 历史成本

历史成本，又称为实际成本，是取得或制造某项财产物资时所实际支付的现金或者其他等价物。在历史成本计量下，资产按照其购置时支付的现金或者现金等价物的金额，或者按照购置资产时所付出的对价的公允价值计量。负债按照其因承担现时义务而实际收到的款项或者资产的金额，或者承担现时义务的合同金额，或者按照日常活动中为偿还负债预期需要支付的现金或者现金等价物的金额计量。

2. 重置成本

重置成本又称现行成本，是指按照当前市场条件，重新取得同样一项资产所需支付的现金或现金等价物金额。在重置成本计量下,资产按照现在购买相同或者相似资产所需支付的现金或者现金等价物的金额计量。负债按照现在偿付该项债务所需支付的现金或者现金等价物的金额计量。

3. 可变现净值

可变现净值,是指在正常生产经营过程中,以预计售价减去进一步加工成本和销售所必需的预计税金、费用后的净值。在可变现净值计量下,资产按照其正常对外销售所能收到现金或者现金等价物的金额扣减该资产至完工时估计将要发生的成本、估计的销售费用以及相关税金后的金额计量。

4. 现值

现值是指对未来现金流量以恰当的折现率进行折现后的价值,是考虑货币时间价值等因素的一种计量属性。在现值计量下,资产按照预计从其持续使用和最终处置中所产生的未来净现金流入量的折现金额计量。负债按照预计期限内需要偿还的未来净现金流出量的折现金额计量。

单利和复利是计算利息的两种不同的方法。单利是指按照固定的本金计算利息,单利只对本金计算利息,各期利息相同。复利是指在每经过一个计息期后,都要将所生利息加入本金,以计算下期的利息,复利既对本金计算利息,也对前期的利息计算利息,各期利息不同。财务估值一般采用复利计算资金的时间价值。货币时间价值是指一定量货币资本在不同时点上的价值量差额。现值和终值是一定量资金在前后两个不同时点上对应的价值,其差额即为资金的时间价值。终值,又称将来值或本利和,是指现在一定量的资金在未来某一时点上的价值,通常记作 F。现值,是指未来某一时点上的一定量资金折合到现在的价值,俗称"本金",通常记作 P。

复利现值,指未来一定时间的特定资金按复利计算的现在价值,即

$$P = F \times (1+i)^{-n} = F \times (P/F, i, n)$$

式中,$(1+i)^{-n}$ 称为复利现值系数,用符号 $(P/F, i, n)$ 表示。

年金是指每隔一定相等的时期收到或付出相同数量的款项,年金按其每次收付款项发生的时点不同,可以分为普通年金、预付年金、递延年金、永续年金等类型。普通年金又称后付年金,是指每期期末有等额的收付款项的年金。这种年金形式在现实经济生活中最为常见。普通年金现值是指一定时期内每期期末等额的系列收付款项的现值之和,即

$$P_A = A(1+i)^{-1} + A(1+i)^{-2} + A(1+i)^{-3} + A(1+i)^{-4} + \cdots + A(1+i)^{-n}$$

$$= A \times [1-(1+i)^{-n}]/i = A \times (P/A, i, n)$$

式中,$[1-(1+i)^{-n}]/i$ 称为年金现值系数,用符号 $(P/A, i, n)$ 表示。

5. 公允价值

公允价值,是指市场参与者在计量日发生的有序交易中,出售一项资产所能收到或者转移一项负债所需支付的价格,即脱手价格。

企业以公允价值计量相关资产或负债,使用的估值技术主要包括市场法、收益法和成本法。企业在估值技术的应用中,应当优先使用相关可观察输入值,只有在相关可观察输入值无法取得或取得不切实可行的情况下,才可以使用不可观察输入值。

（二）各种计量属性之间的关系

在各种会计要素计量属性中，历史成本通常反映的是资产或者负债过去的价值，而重置成本、可变现净值、现值以及公允价值通常反映的是资产或者负债的现时成本或者现时价值，是与历史成本相对应的计量属性。当然，这种关系也并不是绝对的。公允价值相对于历史成本而言，具有很强的时间概念，也就是说，当前环境下某项资产或负债的历史成本可能是过去环境下该项资产或负债的公允价值，而当前环境下某项资产或负债的公允价值也许就是未来环境下该项资产或负债的历史成本。

（三）计量属性的应用原则

企业在对会计要素进行计量时，一般应当采用历史成本。采用重置成本、可变现净值、现值、公允价值计量的，应当保证所确定的会计要素金额能够取得并可靠计量。

在企业会计准则体系建设中适度、谨慎地引入公允价值这一计量属性，是因为随着我国资本市场的发展，股权分置改革的基本完成，越来越多的股票、债券、基金等金融产品在交易所挂牌上市，使这类金融资产的交易已经形成了较为活跃的市场，因此，我国已经具备了引入公允价值条件。在这种情况下引入公允价值，更能反映企业的现实情况，对投资者等财务报告使用者的决策更加有用，而且只有如此，才能实现我国会计准则与国际财务报告准则的趋同。

值得一提的是，我国引入公允价值是适度、谨慎和有条件的。原因是考虑到我国尚属新兴的市场经济及国家，如果不加限制地引入公允价值，有可能出现公允价值计量不可靠，甚至借此人为操纵利润的现象。因此，在投资性房地产和生物资产等具体准则中规定，只有在公允价值能够取得并可靠计量的情况下，才能采用公允价值。

练 习 题

一、单项选择题

1. 下列各项中，不属于反映会计信息质量要求的是（　　）。
   A. 企业提供的会计信息应当反映与企业财务状况、经营成果和现金流量有关的所有重要交易或者事项
   B. 会计核算应当注重交易或事项的实质
   C. 会计核算应当以实际发生的交易或事项为依据
   D. 会计核算应当以权责发生制为基础

2. 如果企业资产按照现在购买相同或者相似资产所需支付的现金或者现金等价物的金额计量，负债按照现在偿付该项债务所需支付的现金或者现金等价物的金额计量，则其所采用的会计计量属性为（　　）。
   A. 可变现净值 　　　　　　　　　　B. 重置成本
   C. 现值 　　　　　　　　　　　　　D. 公允价值

3. 作为会计基础的权责发生制，其产生的依据是（　　）。
   A. 重要性 　　　　　　　　　　　　B. 会计分期
   C. 会计目标 　　　　　　　　　　　D. 货币计量

二、多项选择题

1. 下列有关会计主体的表述中,正确的有( )。

    A. 企业的经济活动应与投资者的经济活动相区分

    B. 会计主体可以是独立的法人,也可以是非法人

    C. 会计主体可以是营利组织,也可以是非营利组织

    D. 会计主体必须要有独立的资金,但并不一定独立编制财务报告对外报送

2. 下列各项中,属于利得的有( )。

    A. 处置投资性房地产产生的收益

    B. 投资者的出资额大于其在被投资单位注册资本中所占份额的金额

    C. 接受企业捐赠

    D. 与企业日常活动无关的政府补助

3. 下列各项中,体现会计核算的谨慎性要求的有( )。

    A. 或有事项满足预计负债确认条件的应将其确认为预计负债

    B. 采用双倍余额递减法对固定资产计提折旧

    C. 对固定资产计提减值准备

    D. 将长期借款利息予以资本化

4. 下列关于费用和损失的表述中,正确的有( )。

    A. 费用是企业日常活动中形成的会导致所有者权益减少的经济利益总流出

    B. 费用和损失都是经济利益的流出并最终导致所有者权益的减少

    C. 损失是由企业非日常活动所发生的、会导致所有者权益减少的、与向所有者分配利润无关的经济利益的流出

    D. 企业发生的损失在会计上应计入营业外支出

5. 下列各项中,体现实质重于形式要求的有( )。

    A. 承租人确认使用权资产

    B. 关联方关系的判断

    C. 售后回购作为租赁交易或融资交易处理

    D. 合并会计报表的编制

6. 下列关于会计信息质量要求的表述中,正确的有( )。

    A. 以交易或者事项的经济实质为依据,体现了实质重于形式原则的要求

    B. 避免企业出现提供会计信息的成本大于收益的情况,体现了重要性原则的要求

    C. 企业会计政策不得随意变更,体现了可比性原则的要求

    D. 企业提供的信息应简洁地反映其财务状况和经营成果,体现了相关性原则的要求

三、简述题

1. 阐述会计的计量属性。

2. 阐述会计信息质量要求。

第二章 存 货

学 习 目 标

通过本章学习,熟悉存货的初始计量、存货发出的计价方法、实际成本计价的核算、计划成本计价的核算、存货盘存和清查、存货可变现净值的确定及跌价的核算;掌握原材料、委托加工物资、周转材料、库存商品的核算。

第一节 存货的确认与初始计量

一、存货的内容

存货是指企业在日常活动中持有以备出售的产成品或商品、处在生产过程中的在产品、在生产过程或提供劳务过程中耗用的材料或物料等,包括各类材料、在产品、半成品、产成品、商品以及包装物、低值易耗品、委托代销商品等。

(1) 原材料是指企业在生产过程中经加工改变其形态或性质并构成产品主要实体的各种原料及主要材料、辅助材料、外购半成品(外购件)、修理用备件(备品备件)、包装材料、燃料等。为建造固定资产等各项工程而储备的各种材料,虽然同属于材料,但是由于用于建造固定资产等各项工程,不符合存货的定义,因此不能作为企业存货。

(2) 在产品是指企业正在制造尚未完工的产品,包括正在各个生产工序加工的产品和已加工完毕但尚未检验或已检验但尚未办理入库手续的产品。

(3) 半成品是指经过一定生产过程并已检验合格交付半成品仓库保管,但尚未制造完工成为产成品,仍需进一步加工的中间产品。

(4) 产成品是指工业企业已经完成全部生产过程并已验收入库,可以按照合同规定的条件送交订货单位,或者可以作为商品对外销售的产品。企业接受来料加工制造的代制品和为外单位加工修理的代修品,制造和修理完成验收入库后,应视同企业的产成品。

(5) 商品是指商品流通企业外购或委托加工完成验收入库用于销售的各种商品。

(6) 包装物是指为了包装本企业的商品而储备的各种包装容器,如桶、箱、瓶、坛、袋等。其主要作用是储存和保管产品。纸、绳、铁丝、铁皮等一次性使用的包装材料,应作为原材料进行核算。包装物是包装产品的容器,包装材料是一种材料。

(7) 低值易耗品是指不能作为固定资产核算的各种用具物品,如工具、管理用具、玻璃器皿、劳动保护用品,以及在经营过程中周转使用的容器等。其特点是单位价值较低,或使用期限相对于固定资产较短,在使用过程中保持其原有实物形态不变。

(8) 委托代销商品是指企业委托其他单位代销的商品。

二、存货的确认条件

存货必须在符合定义的前提下,同时满足下列两个条件,才能予以确认。

(一) 与该存货有关的经济利益很可能流入企业

资产最重要的特征是预期会给企业带来经济利益。如果某一项目预期不能给企业带来经济利益,就不能确认为企业的资产。存货是企业的一项重要的流动资产,因此,对存货的确认,关键是判断其是否很可能给企业带来经济利益或其所包含的经济利益是否很可能流入企业。通常,拥有存货的所有权是与该存货有关的经济利益很可能流入本企业的一个重要标志。一般情况下,根据销售合同已经售出(取得现金或收取现金的权利),所有权已经转移的存货,因其所含经济利益已不能流入本企业,因而不能再作为企业的存货进行核算,即使该存货尚未运离企业。企业在判断与该存货有关的经济利益能否流入企业时,通常应结合考虑该存货所有权的归属,而不应当仅仅看其存放的地点等。

(二) 该存货的成本能够可靠地计量

成本或者价值能够可靠地计量是资产确认的一项基本条件。存货作为企业资产的组成部分,要予以确认也必须能够对其成本进行可靠的计量。存货的成本能够可靠地计量必须以取得的确凿证据为依据,并且具有可验证性。如果存货成本不能可靠地计量,则不能确认为一项存货。如企业承诺的订货合同,由于并未实际发生,不能可靠地确定其成本,因此就不能确认为购买企业的存货。

三、存货的初始计量

企业存货的取得主要是通过外购和自制两个途径。企业取得存货应当按照成本进行计量。存货成本包括采购成本、加工成本和使存货达到目前场所和状态所发生的其他成本三个组成部分。企业在日常核算中采用计划成本法或售价金额法核算的存货成本,实质上也是存货的实际成本。比如,采用计划成本法,通过"材料成本差异"或"产品成本差异"科目将材料或产成品的计划成本调整为实际成本。采用售价金额法,通过"商品进销差价"科目将商品的售价调整为实际成本(进价)。

(一) 外购存货的成本

企业外购存货主要包括原材料和商品。外购存货的成本即存货的采购成本,指物资从采购到入库前所发生的全部支出,包括购买价款、相关税费、运输费、装卸费、保险费以及其他可归属于存货采购成本的费用。

其中,存货的购买价款是指企业购入的材料或商品的发票账单上列明的价款,不包括按规定可以抵扣的增值税税额。

存货的相关税费是指企业购买存货发生的进口关税、消费税、资源税和不能抵扣的增值税进项税额等应计入存货采购成本的税费。

其他可归属于存货采购成本的费用是指采购成本中除上述各项以外的可归属于存货采购的费用,如在存货采购过程中发生的仓储费、包装费,运输途中的合理损耗,入库前的挑选整理费用等。这些费用能分清负担对象的,应直接计入存货的采购成本;不能分清负担对象的,应选择合理的分配方法,分配计入有关存货的采购成本。分配方法通常包括按所购存货的重量或采购价格的比例进行分配。

对于采购过程中发生的物资毁损、短缺等,除合理的损耗应作为存货的"其他可归属于存货采购成本的费用"计入采购成本外,应区别不同情况进行会计处理:① 应从供货单位、外部运输机构等收回的物资短缺或其他赔款,冲减物资的采购成本;② 因遭受意外灾害发生的损失和尚待查明原因的途中损耗,不得增加物资的采购成本,应暂作为待处理财产损溢进行核算,待查明原因后再作处理。

商品流通企业在采购商品过程中发生的运输费、装卸费、保险费以及其他可归属于存货采购成本的费用等进货费用,应当计入存货采购成本,也可以先行归集,期末根据所购商品的销售情况进行分摊。对于已售商品的进货费用,计入当期损益;对于未售商品的进货费用,计入期末存货成本。企业采购商品的进货费用金额较小的,可以在发生时直接计入当期损益。

(二) 加工取得存货的成本

企业通过进一步加工取得的存货,主要包括产成品、在产品、半成品、委托加工物资等,其成本由采购成本、加工成本构成。某些存货还包括使存货达到目前场所和状态所发生的其他成本,如可直接认定的产品设计费用等。通过进一步加工取得的存货的成本中采购成本是由所使用或消耗的原材料采购成本转移而来的,因此,计量加工取得的存货成本,重点是要确定存货的加工成本。

存货的加工成本是指在存货的加工过程中发生的追加费用,包括直接人工以及按照一定方法分配的制造费用。其中,直接人工是指企业在生产产品过程中,直接从事产品生产的工人的职工薪酬。制造费用是指企业为生产产品和提供劳务而发生的各项间接费用,包括企业生产部门管理人员的职工薪酬、折旧费、办公费、水电费、机物料消耗、劳动保护费、季节性和修理期间的停工损失等。

存货的来源不同,其成本的构成内容也不同。原材料、商品、包装物、低值易耗品等通过购买而取得的存货的成本由采购成本构成;产成品、在产品、半成品、委托加工物资等通过进一步加工取得的存货的成本由采购成本、加工成本以及使存货达到目前场所和状态所发生的其他支出构成。

(三) 其他方式取得存货的成本

企业取得存货的其他方式主要包括接受投资者投资、非货币性资产交换、债务重组、企业合并、存货盘盈以及提供劳务取得等。

投资者投入存货的成本,应当按照投资合同或协议约定的价值确定,但合同或协议约定价值不公允的除外。在投资合同或协议约定价值不公允的情况下,按照该项存货的公允价值作为其入账价值。

企业通过非货币性资产交换、债务重组、企业合并等方式取得的存货,其成本应当分别按照相关准则的规定确定。非货币性资产交换,是指企业主要以非货币性资产进行的交换。该交换不涉及或只涉及少量的货币性资产(即补价)。债务重组,是指在不改变交易对手的情况下,就清偿债务的时间、金额或方式等重新达成协议的交易。企业合并,是指将两个或者两个以上单独的企业合并形成一个报告主体的交易或事项。

盘盈的存货应按其重置成本作为入账价值,并通过"待处理财产损溢"科目进行会计处理,按管理权限报经批准后,冲减当期管理费用。

通过提供劳务取得的存货,其成本按从事劳务提供人员的直接人工和其他直接费用以及可归属于该存货的间接费用确定。

在确定存货成本的过程中,下列费用不应当计入存货成本,而应当在其发生时计入当期损益:非正常消耗的直接材料、直接人工及制造费用,应计入当期损益,不得计入存货成本。例如,因自然灾害而发生的直接材料、直接人工及制造费用,由于这些费用的发生无助于使该存货达到目前场所和状态,不应计入存货成本,而应计入当期损益。企业在采购入库后发生的储存费用,应计入当期损益。但是,在生产过程中为达到下一个生产阶段所必需的仓储费用则应计入存货成本。例如,某种酒类产品生产企业为使生产的酒达到规定的产品质量标准,而必须发生的仓储费用,就应计入酒的成本,而不是计入当期损益。企业采购用于广告营销活动的特定商品计入当期损益(销售费用),企业取得广告营销性质的服务,比照该原则进行处理。不能归属于使存货达到目前场所和状态的其他支出,不符合存货的定义和确认条件,应在发生时计入当期损益,不得计入存货成本。

第二节　发出存货的计量

发出存货价值的确定正确与否,不仅直接影响当期销货成本,进而影响当期损益和企业所得税的计算,而且影响各期期末存货价值的确定,从而影响资产负债表中存货项目的表达。企业应当根据各类存货的实物流转方式、企业管理的要求、存货的性质等实际情况,合理地确定发出存货成本的计算方法,以及当期发出存货的实际成本。对于性质和用途相同的存货,应当采用相同的成本计算方法确定发出存货的成本。存货的日常核算可以按实际成本核算,也可以按计划成本核算。实际成本核算,企业可以采用的发出存货成本的计价方法包括个别计价法、先进先出法、月末一次加权平均法和移动加权平均法等。企业不得采用后进先出法确定发出存货的成本。商品流通企业发出商品还可以采用毛利率法和售价金额核算法等方法。

企业的原材料根据用途计入成本费用。企业的周转材料按照使用次数分次计入成本费用,金额较小的,可在领用时一次计入成本费用。企业销售存货,应当将已售存货的成本结转为当期损益,计入营业成本。这就是说,企业在确认存货销售收入的当期,应当将已售存货的成本结转为当期营业成本。

一、个别计价法

个别计价法亦称个别认定法、具体辨认法、分批实际法,采用这一方法存货的实物流转与成本流转相一致,按照各种存货逐一辨认各批发出存货和期末存货所属的购进批别或生产批别,分别按其购入或生产时所确定的单位成本计算各批发出存货和期末存货成本的方法。这种方法是把每一种存货的实际成本作为计算发出存货成本和期末存货成本的基础。

个别计价法的成本计算准确,符合实际情况,但在存货收发频繁的情况下,其发出成本分辨的工作量较大。因此,这种方法适用于一般不能替代使用的存货、为特定项目专门购入或制造的存货以及提供的劳务,如珠宝、名画等贵重物品。

【例 2-1】 甲公司 2021 年 5 月 A 商品的收入、发出及购进单位成本如表 2-1 所示。

表 2-1 A 商品购销明细账 （单位:元）

| 日 期 | | 摘 要 | 收 入 | | | 发 出 | | | 结 存 | | |
月	日		数量	单价	金额	数量	单价	金额	数量	单价	金额
5	1	期初余额							150	10	1 500
	5	购入	100	12	1 200				250		
	11	销售				200			50		
	16	购入	200	14	2 800				250		
	20	销售				100			150		
	23	购入	100	15	1 500				250		
	27	销售				100			150		
	30	本期合计	400	—	5 500	400	—				1 250

假设经过具体辨认,本期发出存货的单位成本如下:5 月 11 日发出的 200 件存货中,100 件系期初结存存货,单位成本为 10 元,100 件为 5 日购入存货,单位成本为 12 元;5 月 20 日发出的 100 件存货系 16 日购入,单位成本为 14 元;5 月 27 日发出的 100 件存货中,50 件为期初结存,单位成本为 10 元,50 件为 23 日购入,单位成本为 15 元。则按照个别认定法,甲公司 5 月份 A 商品收入、发出与结存情况如表 2-2 所示。

表 2-2 A 商品购销明细账（个别认定法） （单位:元）

| 日 期 | | 摘 要 | 收 入 | | | 发 出 | | | 结 存 | | |
月	日		数量	单价	金额	数量	单价	金额	数量	单价	金额
5	1	期初余额							150	10	1 500
	5	购入	100	12	1 200				150 100	10 12	1 500 1 200
	11	销售				100 100	10 12	1 000 1 200	50	10	500
	16	购入	200	14	2 800				50 200	10 14	500 2 800
	20	销售				100	14	1 400	50 100	10 14	500 1 400
	23	购入	100	15	1 500				50 100 100	10 14 15	500 1 400 1 500
	27	销售				50 50	10 15	500 750	100 50	14 15	1 400 750
	30	本期合计	400	—	5 500	400	—	4 850	100 50	14 15	1 400 750

从表中可知,甲公司本期发出存货成本及期末结转存货成本如下:

本期发出存货成本$=100\times10+100\times12+100\times14+50\times10+50\times15=4\,850$(元)

期末结存存货成本$=$期初结存存货成本$+$本期购入存货成本$-$本期发出存货成本

$=150\times10+100\times12+200\times14+100\times15-4\,850=2\,150$(元)

二、先进先出法

先进先出法是指以先购入的存货应先发出(销售或耗用)这样一种存货实物流动假设为前提,对发出存货进行计价的一种方法。采用这种方法,先购入的存货成本在后购入存货成本之前转出,据此确定发出存货和期末存货的成本。具体方法:收入存货时,逐笔登记收入存货的数量、单价和金额;发出存货时,按照先进先出的原则逐笔登记存货的发出成本和结存金额。

先进先出法可以随时结转存货发出成本,但较烦琐;如果存货收发业务较多且存货单价不稳定时,其工作量较大。在物价持续上升时,期末存货成本接近于市价,而发出成本偏低,会高估企业当期利润和库存存货价值;反之,会低估企业存货价值和当期利润。

【例2-2】 在【例2-1】中,甲公司A商品本期收入、发出和结存情况如表2-3所示。从该表可以看出存货成本的计价顺序,如11日发出的200件存货,按先进先出法的流转顺序,应先发出期初库存存货150件,再发出5日购入的50件,即发出存货成本为2 100元($=150\times10+50\times12$),其他以此类推。从表2-3中看出,使用先进先出法得出的发出存货成本和期末存货成本分别为4 800元和2 200元。

表2-3 A商品购销明细账(先进先出法) 　　　　　　单位:元

日 期		摘　要	收　入			发　出			结　存		
月	日		数量	单价	金额	数量	单价	金额	数量	单价	金额
5	1	期初余额							150	10	1 500
	5	购入	100	12	1 200				150 100	10 12	1 500 1 200
	11	销售				150 50	10 12	1 500 600	50	12	600
	16	购入	200	14	2 800				50 200	12 14	600 2 800
	20	销售				50 50	12 14	600 700	150	14	2 100
	23	购入	100	15	1 500				150 100	14 15	2 100 1 500
	27	销售				100	14	1 400	50 100	14 15	700 1 500
	30	本期合计	400		5 500	400		4 800	50 100	14 15	700 1 500

甲公司日常账面记录显示,A商品期初结存存货成本为1 500元($=150\times10$),本期购入存货三批,按先后顺序分别为100件、200件、100件,期末库存150件。本期发出存货为

400件。

发出存货成本＝150×10＋50×12＋50×12＋50×14＋100×14＝4 800(元)

期末存货成本＝50×14＋100×15＝2 200(元)

三、月末一次加权平均法

月末一次加权平均法是指以本月全部进货数量加上月初存货数量作为权数,去除本月全部进货成本加上月初存货成本,计算出存货的加权平均单位成本,以此为基础计算本月发出存货的成本和期末存货的成本的一种方法。计算公式如下:

$$存货单位成本＝\frac{月初库存存货的实际成本＋本月进货的实际成本}{月初库存存货数量＋本月进货数量}$$

$$本月发出存货成本＝本月发出存货的数量×存货单位成本$$

$$本月月末库存存货成本＝月末库存存货的数量×存货单位成本$$

或 　　本月月末库存存货成本＝月初库存存货的实际成本＋本月收入存货的实际成本－

本月发出存货的实际成本

月末一次加权平均法只在月末一次计算加权平均单价,核算工作比较简单,且在物价波动时,对存货成本的分摊较为折中。但这种方法由于计算加权平均单价并确定存货的发出成本和结存成本的工作集中在期末,所以平时无法从有关存货账簿中提供发出和结存存货的单价和金额,不利于对存货的日常管理。

【例2-3】 在【例2-1】中,假设甲公司采用加权平均法,则:

5月份A商品平均单位成本＝(150×10＋100×12＋200×14＋100×15)÷(150＋100＋

200＋100)

＝12.73(元)

5月份A商品的发出存货成本＝400×12.73＝5 092(元)

5月份A商品的期末结存成本＝7 000－5 092＝1 908(元)

四、移动加权平均法

移动加权平均法是指以每次进货的成本加上原有库存存货的成本,除以每次进货数量加上原有库存存货的数量,据以计算加权平均单位成本,作为在下次进货前计算各次发出存货成本依据的一种方法。计算公式如下:

$$存货单位成本＝\frac{原有库存存货的实际成本＋本次进货的实际成本}{原有库存存货数量＋本次进货数量}$$

$$本次发出存货的成本＝本次发出存货数量×本次发货前存货的单位成本$$

$$本月月末库存存货成本＝月末库存存货的数量×本月月末存货单位成本$$

采用移动平均法能够使企业管理当局及时了解存货的结存情况,计算的平均单位成本以及发出和结存的存货成本比较客观。但由于每次收货都要计算一次平均单价,计算工作量较大,对收发货较频繁的企业不适用。

【例 2-4】 在【例 2-1】中,假设甲公司采用移动加权平均法核算企业存货,A 商品本期收入、发出和结存情况如表 2-4 所示。从表中看出,存货的平均成本从期初的 10 元变为期中的 10.8 元、13.36 元,再变成期末的 14.02 元。各平均成本计算如下:

5 月 5 日购入存货后的平均单位成本＝(150×10+100×12)÷(150+100)＝10.8(元)

5 月 16 日购入存货后的平均单位成本＝(50×10.8+200×14)÷(50+200)＝13.36(元)

5 月 23 日购入存货后的平均单位成本＝(150×13.36+100×15)÷(150+100)＝14.02(元)

如表 2-4 所示,采用加权平均成本法得出的本期发出存货成本和期末结存存货成本分别为 4 898 元和 2 102 元。

表 2-4　A 商品购销明细账(移动加权平均法)　　　　　单位:元

日 期		摘　要	收　入			发　出			结　存		
月	日		数量	单价	金额	数量	单价	金额	数量	单价	金额
5	1	期初余额							150	10	1 500
	5	购入	100	12	1 200				250	10.8	2 700
	11	销售				200	10.8	2 160	50	10.8	540
	16	购入	200	14	2 800				250	13.36	3 340
	20	销售				100	13.36	1 336	150	13.36	2 004
	23	购入	100	15	1 500				250	14.02	3 504
	27	销售				100	14.02	1 402	150	14.02	2 102
	30	本期合计	400		5 500	400		4 898	150	14.02	2 102

五、毛利率法

毛利率法是指根据本期销售净额乘以上期实际(或本期计划)毛利率匡算本期销售毛利,并据以计算发出存货和期末结存存货成本的一种方法,其公式可表示为:

$$销售毛利＝销售净额－销售成本$$

$$毛利率＝\frac{销售毛利}{销售净额}×100\%$$

$$销售成本＝销售净额－销售毛利＝销售净额×(1－毛利率)$$

$$期末存货成本＝期初存货成本＋本期购货成本－本期销售成本$$

这一方法是商品流通企业,尤其是商业批发企业常用的计算本期商品销售成本和期末库存商品成本的方法。商品流通企业由于经营商品的品种繁多,如果分品种计算商品成本,工作量将大大增加,而且一般来讲,商品流通企业同类商品的毛利率大致相同,采用这种存货计价方法既能减轻工作量,也能满足对存货管理的需要。

【例 2-5】 某商业企业 2021 年 4 月 1 日针织品存货 1 800 万元,本月购进 3 000 万元,本月销售收入 3 400 万元,上季度该类商品毛利率为 25%。本月已销商品和月末库存商品的成本计算如下：

本月销售收入＝3 400(万元)

销售毛利＝3 400×25％＝850(万元)

本月销售成本＝3 400－850＝2 550(万元)

库存商品成本＝1 800＋3 000－2 550＝2 250(万元)

借：主营业务成本   25 500 000

    贷：库存商品   25 500 000

六、售价金额核算法

售价金额核算法是指平时商品的购入、加工收回、销售均按售价记账，售价与进价的差额通过"商品进销差价"科目核算，期末计算进销差价率和本期已销商品应分摊的进销差价，并据以调整本期销售成本的一种方法。计算公式如下：

$$商品进销差价率＝\frac{期初库存商品进销差价＋本期购入商品进销差价}{期初库存商品售价＋本期购入商品售价}×100\%$$

$$本期销售商品应分摊的商品进销差价＝本期商品销售收入×商品进销差价率$$

$$本期销售商品的成本＝本期商品销售收入－本期销售商品应分摊的商品进销差价$$

$$\begin{matrix}期末结存商品的\\成本\end{matrix}＝\begin{matrix}期初库存商品的\\进价成本\end{matrix}＋\begin{matrix}本期购进商品的\\进价成本\end{matrix}－\begin{matrix}本期销售商品的\\成本\end{matrix}$$

企业的商品进销差价率各期之间是比较均衡的，可以采用上期商品进销差价率计算分摊本期的商品进销差价。年度终了，应对商品进销差价进行核实调整。

从事商业零售业务的企业(如百货公司、超市等)，由于经营商品种类、品种、规格等繁多，而且要求按商品零售价格标价，采用其他成本计算结转方法均较困难，因此广泛采用这一方法。

【例2－6】 某商业企业2021年7月期初库存商品的进价成本为100万元，售价总额为110万元，本月购进该商品的进价成本为75万元，售价总额为90万元，本月销售收入为120万元。有关计算如下：

商品进销差价率＝(10＋15)÷(110＋90)×100％＝12.5％

已销商品应分摊的商品进销差价＝120×12.5％＝15(万元)

借：主营业务成本   1 200 000

    贷：库存商品   1 200 000

借：商品进销差价   150 000

    贷：主营业务成本   150 000

第三节 原材料

原材料是指企业在生产过程中经过加工改变其形态或性质并构成产品主要实体的各种原

料及主要材料、辅助材料、外购半成品(外购件)、修理用备件(备品备件)、包装材料、燃料等。原材料的日常收发及结存,可以采用实际成本核算,也可以采用计划成本核算。

一、采用实际成本核算

材料按实际成本计价核算时,材料的收发及结存,无论总分类核算还是明细分类核算,均按照实际成本计价。使用的会计科目有"原材料""在途物资"等,"原材料"科目的借方、贷方及余额均以实际成本计价,不存在成本差异的计算与结转问题。但采用实际成本核算,日常反映不出材料成本是节约还是超支,从而不能反映和考核物资采购业务的经营成果。因此这种方法通常适用于材料收发业务较少的企业。在实务工作中,对于材料收发业务较多并且计划成本资料较为健全、准确的企业,一般可以采用计划成本进行材料收发的核算。

增值税是以销售货物、提供应税劳务、发生应税行为的增值额和货物进口金额为计税依据而课征的一种流转税。增值税实行价外税,其计税价格不包含增值税税额。增值税发票包括专用发票和普通发票。纳税人按其经营规模大小以及会计核算是否健全划分为一般纳税人和小规模纳税人。具有增值税一般纳税人资格的企业可以凭增值税专用发票抵扣增值税。企业销售货物或提供劳务按规定收取的增值税(即销项税额),扣除购入货物或接受应税劳务支付的增值税(即进项税额),其差额就是增值部分应交的增值税税额。小规模纳税人实行按照销售额和征收率计算应纳税额的简易方法,不得抵扣进项税额。

(1)"原材料"科目。本科目用于核算库存各种材料的收发与结存情况。原材料按实际成本核算时,本科目的借方登记入库材料的实际成本,贷方登记发出材料的实际成本,期末余额在借方,反映企业库存材料的实际成本。

(2)"在途物资"科目。本科目用于核算企业采用实际成本(进价)进行材料、商品等物资的日常核算、货款已付尚未验收入库的各种物资(即在途物资)的采购成本,本科目应按供应单位和物资品种进行明细核算。本科目的借方登记企业购入的在途物资的实际成本,贷方登记验收入库的在途物资的实际成本,期末余额在借方,反映企业在途物资的采购成本。

(3)"应付账款"科目。本科目用于核算企业因购买材料、商品和接受劳务等经营活动应支付的款项。本科目的贷方登记企业因购入材料、商品和接受劳务等尚未支付的款项,借方登记偿还的应付账款,期末余额一般在贷方,反映企业尚未支付的应付账款。

(4)"应付票据"科目。本科目核算企业购买材料、商品和接受劳务供应等开出、承兑的商业汇票。借方登记企业开出、承兑商业汇票,贷方登记汇票到期,本科目期末贷方余额,反映企业尚未到期的商业汇票的票面金额。

(5)"预付账款"科目。本科目用于核算企业按照合同规定预付的款项。本科目的借方登记预付的款项及补付的款项,贷方登记收到所购物资时根据有关发票账单记入"原材料"等科目的金额及收回多付款项的金额,期末余额在借方,反映企业实际预付的款项;期末余额在贷方,则反映企业尚未补付的款项。预付款项情况不多的企业,可以不设置"预付账款"科目,而将此业务在"应付账款"科目中核算。

(一) 购入材料

由于支付方式不同,原材料入库的时间与付款的时间可能一致,也可能不一致,在会计处理上也有所不同。

（1）货款已经支付或开出、承兑商业汇票，同时材料已验收入库。

【例 2-7】 甲公司持银行汇票 1 810 000 元购入 A 材料一批，增值税专用发票上记载的货款为 1 600 000 元，增值税税额 208 000 元，对方代垫包装费 2 000 元，材料已验收入库。甲公司应编制如下会计分录：

借：原材料——A 材料 1 602 000
　　应交税费——应交增值税（进项税额） 208 000
　　贷：其他货币资金——银行汇票 1 810 000

（2）货款已经支付或开出、承兑商业汇票，材料尚未入库。

【例 2-8】 甲公司采用汇兑结算方式购入 B 材料一批，发票及账单已收到，增值税专用发票记载的货款为 20 000 元，增值税税额 2 600 元，支付保险费 1 000 元，材料尚未到达。甲公司应编制如下会计分录：

借：在途物资 21 000
　　应交税费——应交增值税（进项税额） 2 600
　　贷：银行存款 23 600

上述购入 B 材料已收到，并验收入库。甲公司应编制如下会计分录：

借：原材料——B 材料 21 000
　　贷：在途物资 21 000

（3）货款尚未支付，材料已验收入库。

【例 2-9】 甲公司采用托收承付结算方式购入 C 材料一批，货款 50 000 元，增值税税额 6 500 元，对方代垫包装费 1 000 元，银行转来的结算凭证已到，款项尚未支付，材料已验收入库。甲公司应编制如下会计分录：

借：原材料——C 材料 51 000
　　应交税费——应交增值税（进项税额） 6 500
　　贷：应付账款 57 500

【例 2-10】 甲公司采用托收承付结算方式购入 D 材料一批，材料已验收入库。月末发票账单尚未收到也无法确定其实际成本，暂估价值为 32 000 元。甲公司应编制如下会计分录：

借：原材料——D 材料 32 000
　　贷：应付账款——暂估应付账款 32 000

下月初做相反会计分录予以冲回：

借：应付账款——暂估应付账款 32 000
　　贷：原材料——D 材料 32 000

下月付款或开出、承兑商业汇票后，按正常程序，借记"原材料""应交税费——应交增值税（进项税额）"科目，贷记"银行存款"或"应付票据"等科目。

上述购入 D 材料于次月收到发票账单，记载的货款为 31 000 元，增值税税额 4 030 元，对方代垫保险费 2 000 元，已用银行存款付讫。甲公司应编制如下会计分录：

借：原材料——D 材料 33 000
　　应交税费——应交增值税（进项税额） 4 030
　　贷：银行存款 37 030

（4）货款已经预付，材料尚未验收入库。

【例 2-11】 根据与某钢厂的购销合同规定，甲公司购买 E 材料，向该钢厂预付 100 000 元货款的 80%，计 80 000 元，已通过汇兑方式汇出。甲公司应编制如下会计分录：

借：预付账款   80 000

    贷：银行存款   80 000

【例 2-12】 承【例 2-11】，甲公司收到该钢厂发运来的 E 材料，已验收入库。有关发票账单记载，该批货物的货款 100 000 元，增值税税额 13 000 元，对方代垫包装费 3 000 元，所欠款项以银行存款付讫。甲公司应编制如下会计分录：

① 材料入库时：

借：原材料——E 材料   103 000

    应交税费——应交增值税（进项税额）   13 000

    贷：预付账款   116 000

② 补付货款时：

借：预付账款   36 000

    贷：银行存款   36 000

（5）原材料在验收入库时如果发现短缺或毁损，应视不同情况区别处理。属于运输途中的合理损耗，计入原材料采购成本。属于供应单位的责任，若货款尚未承付或支付，应填写"拒付理由书"予以部分拒付，只按已承付部分货款借记"原材料"账户，贷记"银行存款"等账户；若货款已经承付，应填写"赔偿损失请求单"，要求索赔，并据以借记"应付账款"账户，贷记"在途物资"账户。属于运输部门的责任，借记"其他应收款"账户，贷记"在途物资"账户。属于自然灾害造成的非常损失，应将扣除残料收入和保险公司赔偿后的净损失借记"营业外支出"账户，贷记"在途物资"账户。属于尚待查明原因或需要经过批准后才能转销的损失，应先借记"待处理财产损溢——待处理流动资产损溢"账户，贷记"在途物资"账户，待查明原因并经批准后再作处理。

（二）发出材料

企业各生产单位及有关部门领用的材料具有种类多、业务频繁等特点。为了简化核算，可以在月末根据"领料单"或"限额领料单"中有关领料的单位、部门等加以归类，编制"发料凭证汇总表"，据以编制记账凭证、登记入账。发出材料实际成本的确定，可以由企业从个别计价法、先进先出法、月末一次加权平均法、移动加权平均法等方法中选择。计价方法一经确定，不得随意变更。如需变更，应在附注中予以说明。根据所发出材料的用途，按实际成本分别记入"生产成本""制造费用""合同履约成本""销售费用""管理费用""在建工程""其他业务成本""委托加工物资"等科目。

【例 2-13】 丁公司 2021 年 3 月 1 日结存 F 材料 3 000 千克，每千克实际成本为 10 元；3 月 5 日和 3 月 20 日分别购入该材料 9 000 千克和 6 000 千克，每千克实际成本分别为 11 元和 12 元；本月基本生产车间 3 月 10 日和 3 月 25 日分别领用该材料 10 500 千克和 6 000 千克。

（1）采用先进先出法计算 F 材料的成本如下：

本月发出存货的成本 $= 3\ 000 \times 10 + 7\ 500 \times 11 + 1\ 500 \times 11 + 4\ 500 \times 12 = 183\ 000$（元）

月末库存存货的成本 $= 1\ 500 \times 12 = 18\ 000$（元）

（2）采用月末一次加权平均法计算 F 材料的成本如下：

平均单位成本＝（30 000＋171 000）÷（3 000＋15 000）＝11.17（元）

本月发出存货的成本＝16 500×11.17＝184 305（元）

月末库存存货的成本＝30 000＋171 000－184 305＝16 695（元）

（3）采用移动加权平均法计算 F 材料的成本如下：

第一批收货后的平均单位成本＝（30 000＋99 000）÷（3 000＋9 000）＝10.75（元）

第一批发货的存货成本＝10 500×10.75＝112 875（元）

当时结存的存货成本＝1 500×10.75＝16 125（元）

第二批收货后的平均单位成本＝（16 125＋72 000）÷（1 500＋6 000）＝11.75（元）

第二批发货的存货成本＝6 000×11.75＝70 500（元）

当时结存的存货成本＝1 500×11.75＝17 625（元）

F 材料月末结存 1 500 千克，月末库存存货成本为 17 625 元；本月发出存货成本合计为 183 375 元（＝112 875＋70 500）。

借：生产成本——基本生产成本　　　　　　　183 000（184 305）（183 375）

　　贷：原材料——F 材料　　　　　　　　　183 000（184 305）（183 375）

二、采用计划成本核算

（一）科目设置

材料采用计划成本核算时，材料的收发及结存，无论总分类核算还是明细分类核算，均按照计划成本计价。使用的会计科目有"原材料""材料采购""材料成本差异"等。材料实际成本与计划成本的差异，通过"材料成本差异"科目核算。月末，计算本月发出材料应负担的成本差异并进行分摊，根据领用材料的用途计入相关资产的成本或者当期损益，从而将发出材料的计划成本调整为实际成本。

（1）"原材料"科目。本科目用于核算库存各种材料的收发与结存情况。原材料按计划成本核算时，本科目的借方登记入库材料的计划成本，贷方登记发出材料的计划成本，期末余额在借方，反映企业库存材料的计划成本。

（2）"材料采购"科目。本科目借方登记采购材料的实际成本，贷方登记入库材料的计划成本。借方大于贷方表示超支，从本科目贷方转入"材料成本差异"科目的借方；贷方大于借方表示节约，从本科目借方转入"材料成本差异"科目的贷方；期末为借方余额，反映企业在途材料的采购成本。

（3）"材料成本差异"科目。材料成本差异是原材料的备抵附加调整科目。本科目反映企业已入库各种材料的实际成本与计划成本的差异，借方登记超支差异及发出材料应负担的节约差异，贷方登记节约差异及发出材料应负担的超支差异。期末如为借方余额，反映企业库存材料的实际成本大于计划成本的差异（即超支差异）；如为贷方余额，反映企业库存材料实际成本小于计划成本的差异（即节约差异）。

（二）账务处理

1. 购入材料

（1）货款已经支付，同时材料验收入库。

在计划成本法下，采购的材料要通过"材料采购"科目进行核算。按实际成本，借记"材料采购""应交税费——应交增值税(进项税额)"科目,贷记"银行存款"等科目,验收入库的材料,按计划成本,借记"原材料"科目,贷记"材料采购"科目,按实际成本大于计划成本的差异,借记"材料成本差异"科目,贷记"材料采购"科目;实际成本小于计划成本的差异,借记"材料采购"科目,贷记"材料成本差异"科目。材料验收入库时也可以编制复合分录。

【**例 2-14**】 甲公司购入 G 材料一批,专用发票上记载的货款为 3 000 000 元,增值税税额 390 000 元,发票账单已收到,计划成本为 3 200 000 元,已验收入库,全部款项以银行存款支付。

借:材料采购 3 000 000
  应交税费——应交增值税(进项税额) 390 000
    贷:银行存款 3 390 000
借:原材料——G 材料 3 200 000
    贷:材料采购 3 200 000
借:材料采购 200 000
    贷:材料成本差异——G 材料 200 000

(2) 货款已经支付,材料尚未验收入库。

【**例 2-15**】 甲公司采用汇兑结算方式购入 H 材料一批,专用发票上记载的货款为 200 000 元,增值税税额 26 000 元,发票账单已收到,计划成本 180 000 元,材料尚未入库。

借:材料采购 200 000
  应交税费——应交增值税(进项税额) 26 000
    贷:银行存款 226 000

(3) 货款尚未支付,材料已经验收入库。

【**例 2-16**】 甲公司采用商业承兑汇票结算方式购入 M 材料一批,专用发票上记载的货款为 500 000 元,增值税税额 65 000 元,发票账单已收到,计划成本 480 000 元,材料已验收入库。

借:材料采购 500 000
  应交税费——应交增值税(进项税额) 65 000
    贷:应付票据 565 000
借:原材料——M 材料 480 000
    贷:材料采购 480 000
借:材料成本差异——M 材料 20 000
    贷:材料采购 20 000

【**例 2-17**】 甲公司购入 N 材料一批,材料已验收入库,发票账单未到,月末按照计划成本 600 000 元估价入账。

借:原材料——N 材料 600 000
    贷:应付账款——暂估应付账款 600 000
下月初做相反的会计分录予以冲回:
借:应付账款——暂估应付账款 600 000
    贷:原材料——N 材料 600 000

2. 发出材料

月末，企业根据领料单等编制"发料凭证汇总表"结转发出材料的计划成本，应当根据所发出材料的用途，按计划成本分别记入"生产成本""制造费用""合同履约成本""销售费用""管理费用""在建工程""其他业务成本""委托加工物资"等科目。

材料入库环节产生的材料成本差异，通过"材料成本差异"科目进行归集。材料发出领用环节，材料成本差异在库存材料和发出领用材料之间进行分配，结转发出领用材料负担的材料成本差异，将领用材料的计划成本调整为实际成本。发出领用材料应负担的成本差异应当按月分摊，不得在季末或年末一次计算。发出领用材料应负担的成本差异，除委托外部加工发出材料可按期初成本差异率计算外，应当使用当期的实际差异率；期初成本差异率与本期成本差异率相差不大的，也可以按期初成本差异率计算。计算方法一经确定，不得随意变更。材料成本差异率的计算公式为：

$$\text{本期材料成本差异率}=\frac{\text{期初结存材料的成本差异}+\text{本期验收入库材料的成本差异}}{\text{期初结存材料的计划成本}+\text{本期验收入库材料的计划成本}}\times100\%$$

超支差异用正数表示；节约差异用负数表示。在计算本月材料成本差异率时，不能包括期末未入库的存货和期末暂估入账的存货。

$$\text{期初材料成本差异率}=\frac{\text{期初结存材料的成本差异}}{\text{期初结存材料的计划成本}}\times100\%$$

$$\text{发出领用材料应负担的成本差异}=\text{发出领用材料的计划成本}\times\text{材料成本差异率}$$

结转发出领用材料应负担的成本差异，按实际成本大于计划成本的超支额，借记"生产成本""管理费用""销售费用""委托加工物资""其他业务成本"等科目，贷记"材料成本差异"科目；实际成本小于计划成本的节约额，借记"材料成本差异"科目，贷记有关成本费用科目，或者用红字借记有关成本费用科目，贷记"材料成本差异"科目。

【例2-18】甲公司月初结存K材料的计划成本为1 000 000元，成本差异为超支32 000元；当月入库K材料的计划成本3 200 000元，成本差异为节约200 000元。根据"发料凭证汇总表"，该月K材料的消耗（计划成本）为：基本生产车间领用2 000 000元，辅助生产车间领用600 000元，车间管理部门领用200 000元。

借：生产成本——基本生产成本　　　　　　　　　　　　2 000 000
　　　　　　——辅助生产成本　　　　　　　　　　　　　600 000
　　制造费用　　　　　　　　　　　　　　　　　　　　 200 000
　　贷：原材料——K材料　　　　　　　　　　　　　　　　　2 800 000
材料成本差异率=(32 000-200 000)÷(1 000 000+3 200 000)×100%=-4%
结转发出材料的成本差异的分录如下：
借：材料成本差异——K材料　　　　　　　　　　　　　112 000
　　贷：生产成本——基本生产成本　　　　　　　　　　　　　80 000
　　　　　　　　——辅助生产成本　　　　　　　　　　　　　24 000
　　　　制造费用　　　　　　　　　　　　　　　　　　　　8 000

第四节　委托加工物资

委托加工业务在会计处理上主要包括发出加工物资,支付加工费用、往返运杂费、税金,收回加工物资和剩余物资等几个环节。委托加工物资通过设置"委托加工物资"账户核算。"委托加工物资"账户借方登记发出委托加工物资的成本、加工费及相关税费,贷方登记加工收回的委托加工物资成本,期末余额为尚未收回的委托加工物资成本。

一、发出委托加工物资

企业委托加工材料物资发出时,应按发出物资的实际成本借记"委托加工物资"科目,贷记"原材料""库存商品"等科目;如果发出物资按计划成本法核算,则发出物资应负担的材料成本差异,借记或贷记"材料成本差异"科目。

二、支付加工费、往返运杂费、增值税等

发出和收回加工材料物资的运杂费、材料物资加工过程中的加工费,应作为委托加工物资的成本,借记"委托加工物资"科目,支付的增值税,借记"应交税费——应交增值税(进项税额)"科目,贷记"银行存款""应付账款"等科目。

三、消费税的处理

消费税是国家为体现消费政策,对生产、委托加工和进口应税消费品的单位和个人征收的一种税。消费税实行价内税,其计税依据是含消费税的价格。

如果委托加工物资属于应纳消费税的应税消费品,应由受托方在向委托方交货时代收代缴消费税。受托方代收代缴消费税时,应按受托方同类应税消费品的售价计算纳税;没有同类价格的,按照组成计税价格计算纳税。如果委托加工物资收回后直接用于销售的,应将所缴纳的消费税计入委托加工物资的成本,借记"委托加工物资"科目,贷记"银行存款""应付账款"等科目;如果委托加工物资收回后用于连续生产应税消费品的,应将所缴纳消费税借记"应交税费——应交消费税"科目,贷记"银行存款""应付账款"等科目。

四、加工完成收回加工物资

加工完毕验收入库的委托加工物资和剩余物资,应分别按其实际成本借记"原材料""周转材料""库存商品"等科目,贷记"委托加工物资"科目;采用计划成本法核算的,还应按其实际成本与计划成本之差异,借记或贷记"材料成本差异"科目。

【例2-19】甲公司委托乙公司加工材料一批(属于应税消费品),用于连续生产应税消费品,原材料成本为200 000元,支付的加工费为160 000元(不含增值税),消费税税率为10%,材料加工完成验收入库,加工费用等已经支付。双方适用的增值税税率为13%。甲公司按实际成本对原材料进行日常核算,有关账务处理如下:

发出委托加工材料:

借:委托加工物资　　　　　　　　　　　　　　　　　　　200 000
　　贷:原材料　　　　　　　　　　　　　　　　　　　　　　　200 000
支付加工费:
借:委托加工物资　　　　　　　　　　　　　　　　　　　160 000
　　贷:银行存款　　　　　　　　　　　　　　　　　　　　　　160 000
消费税计税组成价格＝(材料成本＋加工费)÷(1－消费税税率)
　　　　　　　　　＝(200 000＋160 000)÷(1－10％)＝400 000(元)
应纳增值税＝160 000×13％＝20 800(元)
代收代缴的消费税＝400 000×10％＝40 000(元)
借:应交税费——应交增值税(进项税额)　　　　　　　　 20 800
　　　　　　　——应交消费税　　　　　　　　　　　　　 40 000
　　贷:银行存款　　　　　　　　　　　　　　　　　　　　　　 60 800
加工完成收回委托加工材料:
借:原材料　　　　　　　　　　　　　　　　　　　　　　360 000
　　贷:委托加工物资　　　　　　　　　　　　　　　　　　　　360 000

如果甲公司委托乙公司加工应税消费品用于出售,则发出委托加工材料和支付加工费的会计处理同上,缴纳增值税和消费税时会计处理为:
借:委托加工物资　　　　　　　　　　　　　　　　　　　 40 000
　　应交税费——应交增值税(进项税额)　　　　　　　　 20 800
　　贷:银行存款　　　　　　　　　　　　　　　　　　　　　　 60 800
收回加工物资时:
借:库存商品　　　　　　　　　　　　　　　　　　　　　400 000
　　贷:委托加工物资　　　　　　　　　　　　　　　　　　　　400 000

第五节　周转材料

周转材料是指企业能够多次使用、逐渐转移其价值但仍保持原有形态不确认为固定资产的材料,如包装物和低值易耗品,企业(建造承包商)的钢模板、木模板、脚手架和其他周转材料等。企业购入、自制、委托外单位加工完成并已经验收入库的周转材料等,比照前述"原材料"的相关规定进行账务处理。企业应根据周转材料的具体情况,采取一次转销法或者分次摊销法进行摊销。

一、包装物

包装物,是指为了包装本企业商品而储备的各种包装容器,如桶、箱、瓶、坛、袋等。其核算内容包括生产过程中用于包装产品作为产品组成部分的包装物,随同商品出售而不单独计价的包装物,随同商品出售而单独计价的包装物,出租或出借给购买单位使用的包装物。为了反映和监督包装物的增减变动及其价值损耗、结存等情况,企业应当设置"周转材料——包装物"

科目进行核算。

（一）生产领用包装物

生产领用包装物，应按照领用包装物的实际成本，借记"生产成本"科目，贷记"周转材料——包装物"科目，如果包装物按计划成本法核算，则领用包装物应负担的材料成本差异，借记或贷记"材料成本差异"科目。

（二）随同商品出售包装物

随同商品出售而不单独计价的包装物，应按其实际成本计入销售费用，借记"销售费用"科目，贷记"周转材料——包装物"科目，如果包装物按计划成本法核算，则领用包装物应负担的材料成本差异，借记或贷记"材料成本差异"科目。随同商品出售且单独计价的包装物，一方面应反映其销售收入，计入其他业务收入；另一方面应反映其实际销售成本，计入其他业务成本。

【例 2-20】 甲公司某月销售商品领用单独计价包装物的实际成本为 80 000 元，销售收入为 100 000 元，增值税税额为 13 000 元，款项已存入银行。

（1）出售单独计价包装物：

借：银行存款	113 000
贷：其他业务收入	100 000
应交税费——应交增值税（销项税额）	13 000

（2）结转所售单独计价包装物的成本：

借：其他业务成本	80 000
贷：周转材料——包装物	80 000

（三）出租包装物

出租包装物收到租金，借记"银行存款"科目，贷记"其他业务收入"科目，按应交的增值税，贷记"应交税费——应交增值税（销项税额）"科目，包装物采用一次转销法摊销时，借记"其他业务成本"科目，贷记"周转材料——包装物"科目。

（四）出借包装物

出借包装物没有租金收入，出借包装物采用一次转销法摊销时，应借记"销售费用"科目，贷记"周转材料——包装物"科目。

（五）包装物押金

包装物押金是指纳税人为销售货物而出租或出借包装物所收取的押金。收到出租、出借包装物的押金，借记"银行存款"科目，贷记"其他应付款"科目，退回押金做相反会计分录。增值税法规定，增值税一般纳税人向购买方收取的逾期包装物押金，应视为含税收入，在征税时换算成不含税收入并入销售额计征增值税。对于逾期未退包装物，按没收的押金，借记"其他应付款"科目，按应交的增值税，贷记"应交税费——应交增值税（销项税额）"科目，按其差额，贷记"其他业务收入"科目；对于包装物已作价随同产品出售，但为了促使购货人将包装物退回而加收的押金，凡纳税人在规定的期限内不予退还的，均应并入应税产品的销售额，按照应税产品的适用税率征收增值税。借记"其他应付款"科目，按应交的增值税，贷记"应交税费——应交增值税（销项税额）"科目，按其差额，贷记"营业外收入"科目。

二、低值易耗品

低值易耗品通常被视同存货,作为流动资产进行核算和管理,一般划分为一般工具、专用工具、替换设备、管理用具、劳动保护用品、其他用具等。为了反映和监督低值易耗品的增减变动及其结存情况,企业应当设置"周转材料——低值易耗品"科目,借方登记低值易耗品的增加,贷方登记低值易耗品的减少,期末余额在借方,通常反映企业期末结存低值易耗品的金额。

(一)一次转销法

一次转销法是指在领用周转材料时将其全部价值一次计入成本、费用的方法。一次转销法适用于价值较低、使用期较短、容易损坏的周转材料。周转材料报废收回的残料冲减有关成本费用。

(二)分次摊销法

分次摊销法是根据周转材料的预计使用次数将其价值分次摊入成本、费用的方法。分次摊销法适用于可供多次反复使用的周转材料。分次摊销法下,要求在"周转材料"账户下设置"在库周转材料""在用周转材料"和"周转材料摊销"三个二级账户,分别核算库存未用周转材料成本、使用中的周转材料的成本和已用周转材料的价值摊销额。

【例2-21】 甲公司的基本生产车间领用专用工具一批,实际成本为100 000元,不符合固定资产定义,采用分次摊销法进行摊销。该专用工具的估计使用次数为2次。甲公司应做如下会计处理:

(1)领用专用工具。

借:周转材料——低值易耗品——在用　　　　　　　　　　　　100 000
　　贷:周转材料——低值易耗品——在库　　　　　　　　　　　　　100 000

(2)第一次领用时摊销其价值的一半。

借:制造费用　　　　　　　　　　　　　　　　　　　　　　　50 000
　　贷:周转材料——低值易耗品——摊销　　　　　　　　　　　　　50 000

(3)第二次领用时摊销其价值的一半。

借:制造费用　　　　　　　　　　　　　　　　　　　　　　　50 000
　　贷:周转材料——低值易耗品——摊销　　　　　　　　　　　　　50 000
同时,

借:周转材料——低值易耗品——摊销　　　　　　　　　　　　100 000
　　贷:周转材料——低值易耗品——在用　　　　　　　　　　　　　100 000

第六节　库存商品

"库存商品"科目核算企业库存的各种商品的实际成本(或进价)或计划成本(或售价),包括库存产成品、外购商品、存放在门市部准备出售的商品、发出展览的商品以及寄存在外的商品等。接受来料加工制造的代制品和为外单位加工修理的代修品,在制造和修理完成验收入库后,视同企业的产成品,也通过本科目核算。借方登记入库商品成本,贷方登记发出商品成本,期末借方余额,反映企业库存商品的实际成本(或进价)或计划成本(或售价)。房地产开发企业可将"库存商品"科目改为"开发产品"科目。农业企业可将"库存商品"科目改为"农产品"科目。

一、商业企业

购入商品采用进价核算的,在商品到达验收入库后,按商品进价,借记本科目,贷记"银行存款""在途物资"等科目。委托外单位加工收回的商品,按商品进价,借记本科目,贷记"委托加工物资"科目。

购入商品采用售价核算的,在商品到达验收入库后,按商品售价,借记本科目,按商品进价,贷记"银行存款""在途物资"等科目,按商品售价与进价的差额,贷记"商品进销差价"科目。委托外单位加工收回的商品,按商品售价,借记本科目,按委托加工商品的账面余额,贷记"委托加工物资"科目,按商品售价与进价的差额,贷记"商品进销差价"科目。

对外销售商品(包括采用分期收款方式销售商品),结转销售成本时,借记"主营业务成本"科目,贷记本科目。采用进价进行商品日常核算的,发出商品的实际成本,可以采用先进先出法、加权平均法、个别认定法或毛利率法计算确定。采用售价金额核算的,还应结转应分摊的商品进销差价。

二、工业企业

(一)科目设置

"生产成本"科目核算企业进行工业性生产发生的各项生产成本,包括生产各种产品、自制材料、自制工具、自制设备等。按基本生产成本和辅助生产成本进行明细核算。企业发生的各项直接生产成本,借记本科目(基本生产成本、辅助生产成本),贷记"原材料""银行存款""应付职工薪酬"等科目。基本生产车间应负担的辅助生产费用,借记本科目(基本生产成本),贷记本科目(辅助生产成本)。不同产品应负担的制造费用,借记本科目(基本生产成本、辅助生产成本),贷记"制造费用"科目。企业已经生产完成并已验收入库的产成品,应于期(月)末,借记"库存商品"等科目,贷记本科目(基本生产成本)。期末借方余额,反映企业尚未加工完成的在产品成本。房地产开发企业可将"生产成本"科目改为"开发成本"科目,农业企业可将"生产成本"科目改为"农业生产成本"科目。

"制造费用"科目核算企业生产车间(部门)为生产产品和提供劳务而发生的各项间接费用。间接费用发生时借记"制造费用"科目,贷记"原材料""应付职工薪酬""累计折旧""银行存款"等科目。制造费用分配计入有关的成本核算对象时借记"生产成本(基本生产成本、辅助生产成本)"等科目,贷记"制造费用"科目。除季节性的生产型企业外,"制造费用"科目期末应无余额。

(二)账务处理

企业生产的产成品一般采用实际成本核算,产成品的入库和出库,平时只记数量不记金额,期(月)末计算入库产成品的实际成本。生产完成验收入库的产成品,按其实际成本,借记"库存商品"科目,贷记"生产成本"科目。

采用实际成本进行产成品日常核算的,发出产成品的实际成本,可以采用先进先出法、加权平均法或个别认定法计算确定。

产成品种类较多的,也可按计划成本进行日常核算,其实际成本与计划成本的差异,可以单独设置"产品成本差异"科目,比照"材料成本差异"科目核算。

对外销售产成品(包括采用分期收款方式销售产成品),结转销售成本时,借记"主营业务成本"科目,贷记"库存商品"科目。采用计划成本核算的,发出产成品还应结转产品成本差异,将发出产成品的计划成本调整为实际成本。

【例2-22】 某企业期初产成品100件,单位成本60元/件,期初在产品100件,本月投产500件,采用约当产量法(在产品按完工程度折合成产品的数量,全部生产费用按完工产品数量和在产品约当产量比例进行分配计算完工产品成本和在产品成本的方法)计算产品成本,材料系开始一次性投入,本月完工产品400件,期末在产品200件,在产品完工率50%。计算完工产品总成本和单位成本。本月销售300件,售价70元/件,采用加权平均法计算发出产品成本。生产成本明细账如表2-5所示。

表2-5 某企业生产成本明细账　　　　　单位:元

成本项目	直接材料	直接人工	制造费用	合　计
月初在产品成本	5 000	2 000	1 000	8 000
本期发生成本	16 000	7 000	5 000	28 000
生产费用合计	21 000	9 000	6 000	36 000
单位成本	35	18	12	65
完工产品成本	14 000	7 200	4 800	26 000
期末在产品成本	7 000	1 800	1 200	10 000

材料费用分配率=(5 000+16 000)÷600=35
工资费用分配率=(2 000+7 000)÷500=18
制造费用分配率=(1 000+5 000)÷500=12
单位成本=35+18+12=65(元)
完工产品总成本=400×65=26 000(元)
产品完工入库:
借:库存商品　　　　　　　　　　　　　　　　　26 000
　　贷:生产成本——基本生产成本　　　　　　　　　　26 000
产品销售:
借:银行存款　　　　　　　　　　　　　　　　　23 730
　　贷:主营业务收入　　　　　　　　　　　　　　　21 000
　　　　应交税费——应交增值税(销项税额)　　　　　2 730
已销产品生产成本=300×(100×60+400×65)÷500=19 200(元)
借:主营业务成本　　　　　　　　　　　　　　　19 200
　　贷:库存商品　　　　　　　　　　　　　　　　　19 200

第七节　存货清查

一、存货数量的盘存方法

存货的数量需要通过盘存来确定。常用的存货数量盘存方法有两种：永续盘存制与定期盘存制。

（一）永续盘存制

永续盘存制，又称账面盘存制，是指对存货设置明细账，逐日逐笔登记其收入数、发出数，并随时记列其结存数的一种存货盘存方法。这种方法要求存货明细账按每一品种规格设置，以保持对各项存货的记录。在明细账中，要随时登记收入、发出、结存数量与金额。这样，通过存货账簿资料，可以完整地、系统地反映存货的收入、发出和结存情况。

永续盘存制最大的优点是有利于加强对存货的管理。由于设置存货明细账，能随时反映出各个品种规格存货的收入、发出和结存情况，因而可同时在数量与成本两个方面进行监督与控制，具有内在的检查作用。在永续盘存制下，为验证存货明细账记录的正确性，仍须对存货定期或不定期地进行实地盘点，核对账面数和实有数是否相符。当发生库存溢余或短缺时便于查明原因，及时处理。另外，存货的账面结存数可以随时与预定的最高和最低库存限额数进行比较，以反映存货是否过多或不足的资料，便于存货管理，加速资金周转。该方法的最大缺点是存货日常核对工作量大，尤其是存货品种规格繁多的企业，需要花费很多的人力和费用。

（二）定期盘存制

定期盘存制，又称实地盘存制，是指期末通过现场实物的盘点来确定存货的数量，并据以计算出期末存货成本和销货（耗用）成本的一种存货盘存方法。在实际工作中，这种方法用于工业企业，称之为"以存计耗"；用于商品流通企业，称之为"以存计销"。

采用实地盘存制方法，平时对存货只记购入或收进，不记发出，期末通过实地盘点确定存货数量，据以计算出期末存货成本和当期销货或耗用成本。其计算公式如下：

$$期末存货成本＝库存数量×进货单价$$

$$本期销货成本＝期初存货成本＋本期购货成本－期末存货成本$$

定期盘存制的最大优点是简化了日常对存货的核算工作，平时对销货（耗用）成本或结存数量不做明细记录。这种方法的主要缺点是不能正确地反映存货销货（耗用）成本。由于平时对发出存货不做记录，无法随时反映存货的收入、发出和结存动态，存货的账面（期初、期末）数只是定期实物盘点的结果，缺乏存货管理所需的信息，因而容易放松对存货的控制和监督，对存货品种繁多、数量巨大的企业尤其如此。按照定期盘存制，期末存货成本是经过实物盘点计算而得出的，通过上述公式以存计销（耗），倒算出销货成本或耗用成本，这样，凡未计入期末结存的部分都视为已售出或耗用，甚至包括无论何种原因造成的非销售非耗用的库存品损耗，如被盗、责任损失、自然损耗等，全部挤入销货成本或耗用成本，不仅人为地掩盖了存货管理中出现的自然和人为损耗因素，而且更重要的是造成存货成本的不真实，不能准确地反映当期的生产经营状况。由于定期盘存制存在上述缺点，一般只适用于一些价值低、品种杂、交易频繁的存货和一些损耗大、数量不稳的鲜活商品。

二、存货盘亏及毁损的核算

存货清查是指通过对存货的实地盘点，确定存货的实有数量，并与账面结存数核对，从而确定存货实存数与账面结存数是否相符的一种专门方法。

由于存货种类繁多、收发频繁，在日常收发过程中可能发生计量错误、计算错误、自然损耗，还可能发生损坏变质以及贪污、盗窃等情况，造成账实不符，形成存货的盘盈盘亏。对于存货的盘盈、盘亏，应填写存货盘点报告（如实存账存对比表），及时查明原因，按照规定程序报批处理。

为了反映企业在财产清查中查明的各种存货的盘盈、盘亏和毁损情况，企业应当设置“待处理财产损溢”科目，借方登记存货的盘亏、毁损金额及盘盈的转销金额，贷方登记存货的盘盈金额及盘亏的转销金额。企业清查的各种存货损溢，应在期末结账前处理完毕，期末处理后，本科目应无余额。

（一）存货盘盈的核算

存货盘盈属于前期差错，但存货盘盈通常金额较小，不会影响财务报表使用者对企业以前年度的财务状况、经营成果和现金流量进行判断，因此，存货盘盈时通过“待处理财产损溢”科目进行核算，按管理权限报经批准后冲减“管理费用”。

（二）存货盘亏及毁损的核算

企业发生存货盘亏及损毁时，借记“待处理财产损溢”科目，贷记“原材料”“库存商品”等科目。在按管理权限报经批准后应做如下会计处理：对于入库的残料价值，计入“原材料”等科目；对于保险公司和过失人的赔款，计入“其他应收款”科目；扣除残料价值和保险公司、过失人赔款后的净损失，属于计量收发差错和管理不善等原因造成的存货短缺计入“管理费用”科目，属于自然灾害等非常原因造成的存货毁损计入“营业外支出”科目。如果企业在货物发生属于增值税非正常损失（管理不善造成）之前，已将该购进货物的增值税进项税额实际申报抵扣，则应当在该批货物发生非正常损失的当期，将该批货物的进项税额予以转出。自然灾害损失不属于税法规定的非正常损失范围，进项税额可以抵扣。

【例2-23】　甲公司在财产清查中发现因管理不善被盗材料300千克，实际单位成本100元，保险公司应赔偿20 000元，甲公司应做如下会计处理：

（1）批准处理前。

借：待处理财产损溢　　　　　　　　　　　　　　　　　　　　30 000

　　贷：原材料　　　　　　　　　　　　　　　　　　　　　　　　30 000

（2）进项税额抵扣发生改变时。

借：待处理财产损溢　　　　　　　　　　　　　　　　　　　　3 900

　　贷：应交税费——应交增值税（进项税额转出）　　　　　　　3 900

（3）由保险公司赔款部分。

借：其他应收款　　　　　　　　　　　　　　　　　　　　　　20 000

| | 贷:待处理财产损溢 | 20 000 |

(4)材料毁损净损失。

| | 借:管理费用 | 13 900 |
| | 贷:待处理财产损溢 | 13 900 |

第八节　期末存货的计量

一、存货期末计量原则

资产负债表日,存货应当按照成本与可变现净值孰低计量。当存货成本低于可变现净值时,存货按成本计量;当存货成本高于可变现净值时,存货按可变现净值计量,同时按照成本高于可变现净值的差额计提存货跌价准备,计入当期损益。其中,成本是指期末存货的实际成本,如企业在存货成本的日常核算中采用计划成本法、售价金额核算法等简化核算方法,则成本为经调整后的实际成本。可变现净值是指在日常活动中,存货的估计售价减去至完工时估计将要发生的成本、估计的销售费用以及相关税费后的金额。可变现净值的特征表现为存货的预计未来净现金流量,而不是存货的售价或合同价。企业预计的销售存货现金流量,并不等于存货的可变现净值。

二、存货期末计量方法

(一)存货减值迹象的判断

存货存在下列情况之一的,通常表明存货的可变现净值低于成本。

(1)该存货的市场价格持续下跌,并且在可预见的未来无回升的希望;

(2)企业使用该项原材料生产的产品的成本大于产品的销售价格;

(3)企业因产品更新换代,原有库存原材料已不适应新产品的需要,而该原材料的市场价格又低于其账面成本;

(4)因企业所提供的商品或劳务过时或消费者偏好改变而使市场的需求发生变化,导致市场价格逐渐下跌;

(5)其他足以证明该项存货实质上已经发生减值的情形。

存货存在下列情形之一的,通常表明存货的可变现净值为零。

(1)已霉烂变质的存货;

(2)已过期且无转让价值的存货;

(3)生产中已不再需要,并且已无使用价值和转让价值的存货;

(4)其他足以证明已无使用价值和转让价值的存货。

(二)可变现净值的确定

1. 企业确定存货的可变现净值时应考虑的因素

企业确定存货的可变现净值,应当以取得的确凿证据为基础,并且考虑持有存货的目的、资产负债表日后事项的影响等因素。

(1) 存货可变现净值的确凿证据。存货可变现净值的确凿证据,是指对确定存货的可变现净值有直接影响的客观证明,如产成品或商品的市场销售价格、与产成品或商品相同或类似商品的市场销售价格、销售方提供的有关资料等。存货的采购成本、加工成本和其他成本及以其他方式取得的存货的成本,应当以取得外来原始凭证、生产成本资料、生产成本账簿记录等作为确凿证据。

(2) 持有存货的目的。由于企业持有存货的目的不同,确定存货可变现净值的计算方法也不同。如用于出售的存货和用于继续加工的存货,其可变现净值的计算就不相同。因此,企业在确定存货的可变现净值时,应考虑持有存货的目的。一般地,企业持有存货的目的,一是持有以备出售,如商品、产成品,其中又分为有合同约定的存货和没有合同约定的存货;二是将在生产过程或提供劳务过程中耗用,如材料等。

(3) 资产负债表日后事项等的影响。在确定资产负债表日存货的可变现净值时,不仅要考虑资产负债表日与该存货相关的价格与成本波动,而且还应考虑未来的相关事项。也就是说,不仅限于财务报告批准报出日之前发生的相关价格与成本波动,还应考虑以后期间发生的相关事项。

2. 不同情况下存货可变现净值的确定

(1) 产成品、商品等(不包括用于出售的材料)直接用于出售的商品存货,没有销售合同约定的,其可变现净值应当为在正常生产经营过程中,产成品或商品的一般销售价格(即市场销售价格)减去估计的销售费用和相关税费等后的金额。

(2) 用于出售的材料,应当以市场价格减去估计的销售费用和相关税费等后的金额作为其可变现净值。这里的市场价格是指材料等的市场销售价格。

(3) 需要经过加工的材料存货,如原材料、在产品、委托加工材料等,由于持有目的是用于生产产成品,而不是出售,该材料存货的价值将体现在用其生产的产成品上。因此,在确定需要经过加工的材料存货的可变现净值时,需要以其生产的产成品的可变现净值与该产成品的成本进行比较,如果该产成品的可变现净值高于其成本,则该材料应当按照其成本计量。如果材料价格的下降表明以其生产的产成品的可变现净值低于成本,则该材料应当按可变现净值计量。其可变现净值为在正常生产经营过程中,以该材料所生产的产成品的估计售价减去至完工时估计将要发生的成本、估计的销售费用以及相关税费后的金额确定。

【例 2-24】 2021 年 12 月 31 日,甲公司库存钢材的账面价值为 600 000 元,可用于生产 1 台 C 型机器,市场销售价格为 550 000 元,假设不发生销售费用和税金。由于钢材的市场销售价格下降,用钢材作为原材料生产的 C 型机器的市场销售价格由 1 500 000 元下降为 1 350 000 元,但其生产成本仍为 1 400 000 元,即将该批钢材加工成 C 型机器尚需投入 800 000 元,估计销售费用及税金为 50 000 元。

根据上述资料,可按以下步骤确定该批钢材的账面价值:

第一步,计算用该原材料所生产的产成品的可变现净值。

C 型机器的可变现净值=C 型机器估计售价-估计销售费用及税金

$$=1\ 350\ 000-50\ 000=1\ 300\ 000(元)$$

第二步,将用该原材料所生产的产成品的可变现净值与其成本进行比较。

C 型机器的可变现净值 1 300 000 元小于其成本 1 400 000 元,即 C 型机器的可变现净值低于其成本,因此该批钢材应当按可变现净值计量。

第三步,计算该批钢材的可变现净值,并确定其期末价值。

该批钢材的可变现净值＝C 型机器的估计售价一将该批钢材加工成 C 型机器尚需投入的成本一估计销售费用及税金＝1 350 000－800 000－50 000＝500 000(元)

该批钢材的可变现净值 500 000 元小于其成本 600 000 元,因此该批钢材的期末价值应为其可变现净值 500 000 元,即该批钢材应确认减值损失 100 000 元。

3. 存货估计售价的确定

对于企业持有的各类存货,在确定其可变现净值时,最关键的问题是确定估计售价。企业应当区别如下情况确定存货的估计售价:

(1) 为执行销售合同或者劳务合同而持有的存货,且销售合同订购数量等于企业持有存货的数量的,通常应当以产成品或商品的合同价格作为其可变现净值的计算基础。

(2) 如果企业持有存货的数量多于销售合同订购数量,超出部分的存货可变现净值应当以产成品或商品的一般销售价格作为计算基础。

资产负债表日同一项存货中一部分有合同价格约定、其他部分不存在合同价格的,应当分别确定其可变现净值,并与其相对应的成本进行比较,分别确定存货跌价准备的计提或转回的金额,不得合并计量存货跌价准备,由此计提的存货跌价准备不得相互抵消。

(3) 如果企业持有存货的数量少于销售合同订购数量,实际持有与该销售合同相关的存货应以销售合同所规定的价格作为可变现净值的计算基础。如果该合同为亏损合同,还应同时按照《企业会计准则第 13 号——或有事项》的规定确认预计负债。

(4) 没有销售合同约定的存货(不包括用于出售的材料),其可变现净值应当以产成品或商品的一般销售价格(即市场销售价格)作为计算基础。

(5) 用于出售的材料等通常以市场价格作为其可变现净值的计算基础。这里的市场价格是指材料等的市场销售价格。如果用于出售的材料存在销售合同约定,应按合同价格作为其可变现净值的计算基础。

(三) 存货跌价准备的计提与转回

1. 存货跌价准备的计提

企业通常应当按照单个存货项目计提存货跌价准备。即资产负债表日,企业将每个存货项目的成本与其可变现净值逐一进行比较,按较低者计量存货。其中可变现净值低于成本的,两者的差额即为应计提的存货跌价准备。企业计提的存货跌价准备应当计入当期损益。

对于数量繁多、单价较低的存货,可以按照存货类别计提存货跌价准备,即按存货类别的成本的总额与可变现净值的总额进行比较,每个存货类别均取较低者确定存货期末价值。与在同一地区生产和销售的产品系列相关、具有相同或类似最终用途或目的,且难以与其他项目分开计量的存货,可以合并计提存货跌价准备;存货具有相同或类似最终用途或目的,并在同一地区生产和销售,意味着存货所处的经济环境、法律环境、市场环境等相同,具有相同的风险和报酬,因此可以对其进行合并计提存货跌价准备。

企业应当设置"存货跌价准备"科目,核算企业提取的存货跌价准备,是存货的备抵科目,贷方登记计提的存货跌价准备金额,借方登记实际发生的存货跌价损失金额和冲减的存货跌价准备金额,期末余额一般在贷方,反映企业已计提但尚未转销的存货跌价准备。资产减值损失和信用减值损失都属于损益类科目,非金融资产减值使用资产减值损失,金融资产减值使用信用减值损失。

当存货成本高于其可变现净值时,企业应当按照存货可变现净值低于成本的差额,借记"资产减值损失——计提的存货跌价准备"科目,贷记"存货跌价准备"科目。

2. 存货跌价准备的转回

当以前减记存货价值的影响因素已经消失,减记的金额应当予以恢复,并在原已计提的存货跌价准备金额内转回,转回的金额计入当期损益。

在核算存货跌价准备的转回时,转回的存货跌价准备与计提该准备的存货项目或类别应当存在直接对应关系。在原已计提的存货跌价准备金额内转回,意味着转回的金额以将存货跌价准备的余额冲减至零为限。转回已计提的存货跌价准备金额时,按恢复增加的金额,借记"存货跌价准备"科目,贷记"资产减值损失——计提的存货跌价准备"科目。需要注意的是,导致存货跌价准备转回的是以前减记存货价值的影响因素的消失,而不是在当期造成存货可变现净值高于其成本的其他影响因素。如果本期导致存货可变现净值高于其成本的影响因素不是以前减记该存货价值的影响因素,则不允许将该存货跌价准备转回。

【例 2 - 25】 2021 年 12 月 31 日,甲公司 C 产品年末库存 600 台,单位成本为 9 万元/台,C 产品市场销售价格为每台 8.8 万元。甲公司已经与长期客户某企业签订一份不可撤销的销售合同,约定在次年 2 月 10 日向该企业销售 C 产品 400 台,合同价格为每台 10 万元。向长期客户销售的 C 产品平均相关税费为每台 0.6 万元;向其他客户销售的 C 产品平均相关税费为每台 0.8 万元。C 产品超出合同部分"存货跌价准备"期初余额为 240 万元。

① 签订合同部分 400 台:可变现净值为 3 760 万元[=400×(10-0.6)],成本为 3 600 万元(=400×9),则签订合同部分不需要计提存货跌价准备。

② 未签订合同部分 200 台:可变现净值为 1 600 万元[=200×(8.8-0.8)],成本为 1 800 万元(=200×9),未签订合同部分应计提存货跌价准备为-40 万元[=(1 800-1 600)-240]。

借:存货跌价准备——B产品　　　　　　　　　　　　　　400 000

　　贷:资产减值损失　　　　　　　　　　　　　　　　　　　400 000

3. 存货跌价准备的结转

企业计提了存货跌价准备,如果其中有部分存货已经销售,则企业在结转销售成本时,应同时结转对其已计提的存货跌价准备。对于因债务重组、非货币性资产交换转出的存货,也应同时结转已计提的存货跌价准备。如果按存货类别计提存货跌价准备的,应当按照发生销售、债务重组、非货币性资产交换等而转出存货的成本占该存货未转出前该类别存货成本的比例结转相应的存货跌价准备。企业结转存货销售成本时,对于已计提存货跌价准备的,借记"存货跌价准备"科目,贷记"主营业务成本""其他业务成本"等科目。

【例 2 - 26】 2021 年年初,甲公司库存 A 机器 5 台,每台成本为 5 000 元,已经计提的存货跌价准备为 6 000 元。2021 年,甲公司以每台 6 000 元的价格售出 4 台,货款尚未收到。增值税税率为 13%,年末 A 机器的每台可变现净值为 6 200 元。

甲公司的相关账务处理如下:

借:应收账款　　　　　　　　　　　　　　　　　　　　　27 120

贷:主营业务收入——A机器	24 000
应交税费——应交增值税(销项税额)	3 120
借:主营业务成本——A机器	15 200
存货跌价准备——A机器	4 800
贷:库存商品——A机器	20 000
借:存货跌价准备——A机器	1 200
贷:资产减值损失	1 200

练 习 题

一、单项选择题

1. 在存货购进成本上升的情况下,下列各种发出存货的计价方法中,会导致利润总额最大的方法是(　　)。

    A. 个别计价法   B. 先进先出法

    C. 加权平均法   D. 移动加权平均法

2. 某企业采用月末一次加权平均法计算发出材料成本。3月1日结存甲材料200件,单位成本40元/件;3月15日购入甲材料400件,单位成本35元/件;3月20日购入甲材料400件,单位成本38元/件;当月共发出甲材料500件。该企业3月份发出甲材料的成本为(　　)元。

    A. 18 500   B. 18 600   C. 19 000   D. 20 000

3. 某企业材料采用计划成本核算。月初结存材料计划成本为130万元,材料成本差异为节约20万元。当月购入材料一批,实际成本110万元,计划成本120万元,领用材料的计划成本为100万元。该企业当月领用材料的实际成本为(　　)万元。

    A. 88   B. 96   C. 100   D. 112

4. A公司5月1日甲材料结存300千克,单价2万元/千克,5月6日发出100千克,5月10日购进200千克,单价2.20万元/千克,5月15日发出200千克。企业采用移动加权平均法计算发出存货成本,则5月15日结存的原材料成本为(　　)万元。

    A. 400   B. 416   C. 420   D. 440

5. 甲公司委托乙公司加工一批材料,收回后用于连续生产应税消费品。发出材料的实际成本为60 000元,应支付的加工费为20 000元、增值税2 600元(已取得专用发票),由受托方代收代缴的消费税2 000元。加工完毕后甲公司收回该批材料的实际成本为(　　)元。

    A. 60 000   B. 80 000   C. 82 600   D. 84 600

6. 甲公司委托乙公司加工一批材料,材料收回后直接用于出售。发出材料的实际成本为50 000元,应支付加工费15 000元、增值税1 950元(取得增值税专用发票),由受托方代收代缴的消费税为2 000元。加工完毕,甲公司收回该批材料的实际成本为(　　)元。

    A. 50 000   B. 65 000   C. 67 000   D. 68 950

7. 企业因管理不善发生的存货盘亏净损失,在处理时应计入的会计科目是(　　)。

    A. 管理费用   B. 其他应收款   C. 营业外支出   D. 其他业务成本

8. 企业某原材料的账面成本50万元,市场价格45万元。用于产品生产,产成品的销售价格100万元;生产过程中需要发生的职工薪酬20万元,制造费用20万元。该原材料期初存货跌价准备为零,企业应为该原材料计提的存货跌价准备为(   )万元。

    A. 0   B. 5   C. 10   D. 15

9. 甲公司与乙公司签订了一份不可撤销的商品购销合同,约定甲公司次年按每件2万元向乙公司销售 W 产品100件。甲公司年末库存该产品100件,每件实际成本和市场价格分别为1.8万元和1.86万元。预计发生相关税费10万元。该批产品在年末资产负债表中应列示的金额为(   )万元。

    A. 176   B. 180   C. 186   D. 190

10. 企业月初"原材料"账户借方余额24 000元,本月收入原材料的计划成本为176 000元,本月发出原材料的计划成本为150 000元,"材料成本差异"月初贷方余额300元,本月收入材料的超支差4 300元,则本月发出材料应负担的材料成本差异为(   )元。

    A. −3 000   B. 3 000   C. −3 450   D. 3 450

11. 某企业采用毛利率法计算发出存货成本。该企业1月份实际毛利率为30%,本年度2月1日的存货成本为1 200万元,2月份购入存货成本为2 800万元,销售收入为3 000万元,销售退回为300万元。该企业2月末存货成本为(   )万元。

    A. 1 300   B. 1 900   C. 2 110   D. 2 200

12. 某商场采用售价金额核算法对库存商品进行核算。本月月初库存商品进价成本总额30万元,售价总额46万元;本月购进商品进价成本总额40万元,售价总额54万元;本月销售商品售价总额80万元。假设不考虑相关税费,本月销售商品的实际成本为(   )万元。

    A. 46   B. 56   C. 70   D. 80

二、多项选择题

1. 存货的确认是以法定产权的取得为标志的,具体来说下列属于企业存货范围的有(   )。

    A. 已经购入但未存放在本企业的货物   B. 已售出但货物尚未运离本企业的存货

    C. 已经运离企业但尚未售出的存货   D. 未购入但存放在企业的货物

2. 小规模纳税企业委托其他单位加工材料收回后用于连续生产的,其发生的下列支出中,应计入委托加工物资成本的有(   )。

    A. 加工费   B. 支付的增值税税额

    C. 发出材料的实际成本   D. 受托方代收代缴的消费税

3. 下列各项中,应计入"其他业务成本"科目的有(   )。

    A. 出借包装物成本的摊销   B. 出租包装物成本的摊销

    C. 随同产品出售单独计价的包装物成本   D. 随同产品出售不单独计价的包装物成本

4. 企业进行材料清查时,对于盘亏的材料,应先计入"待处理财产损溢"账户,待期末或报经批准后,根据不同的原因可分别转入(   )。

    A. 其他应付款   B. 管理费用   C. 营业外支出   D. 其他应收款

5. 下列会计处理中,正确的有(   )。

    A. 由于管理不善造成的存货净损失计入管理费用

    B. 自然灾害造成的存货净损失计入营业外支出

    C. 购入存货运输途中发生的合理损耗应计入管理费用

    D. 为特定客户设计产品发生的可直接确定的设计费用计入相关产品成本

6. 下列有关确定存货可变现净值基础的表述,正确的有(　　　)。

A. 无销售合同的库存商品以该库存商品的市场价格为基础

B. 有销售合同的库存商品以该库存商品的合同价格为基础

C. 用于出售的无销售合同的材料以该材料的市场价格为基础

D. 用于生产有销售合同产品的材料以该产品的合同价格为基础

三、综合分析题

1. 某工业企业为增值税一般纳税人,材料按计划成本计价核算。甲材料计划单位成本为每千克 10 元。"原材料"账户月初余额 40 000 元,"材料成本差异"账户月初贷方余额 648 元,"材料采购"账户月初借方余额 10 700 元(上述账户核算的均为甲材料),该企业 4 月份有关资料如下:

(1) 4 月 5 日,企业上月已付款的甲材料 1 000 千克如数收到,已验收入库。

(2) 4 月 15 日,从外地 A 公司购入甲材料 6 000 千克,价款 59 000 元,增值税税额 7 670 元,企业已用银行存款支付上述款项,材料尚未到达。

(3) 4 月 20 日,从 A 公司购入的甲材料到达,验收入库时发现短缺 40 千克,经查明为途中定额内自然损耗。按实收数量验收入库。

(4) 4 月 30 日,本月共发出甲材料 7 000 千克,全部用于产品生产。

要求:根据上述业务编制相关的会计分录,并计算本月材料成本差异率、本月发出材料应负担的成本差异及月末库存材料的实际成本。

2. 甲企业为增值税一般纳税人,采用实际成本核算。原材料发出采用月末一次加权平均法。4 月 1 日,"原材料——A 材料"科目余额 20 000 元,共 2 000 千克。与 A 材料相关的资料如下:

(1) 8 日,以汇兑结算方式购入 A 材料 3 000 千克,发票账单已收到,货款 36 000 元,增值税税额 4 680 元,运杂费 1 000 元。材料尚未到达,款项已由银行存款支付。

(2) 11 日,收到 8 日采购的 A 材料,验收时发现只有 2 950 千克。经检查,短缺的 50 千克确定为运输途中的合理损耗,A 材料验收入库。

(3) 18 日,使用银行汇票 80 000 元购入 A 材料 5 050 千克,货款为 49 500 元,增值税税额为 6 435 元,另支付运杂费 1 500 元,材料已验收入库,剩余票款退回并存入银行。

(4) 30 日,根据"发料凭证汇总表"的记录,4 月份基本生产车间为生产产品领用 A 材料 6 000 千克。

要求:根据上述资料,编制甲企业 4 月份与 A 材料有关的会计分录。

3. 甲公司库存原材料 100 件,每件材料的成本为 1 万元,材料均用于产品生产,每件材料经追加成本 0.2 万元后加工成一件完工品。其中合同订货 60 件,每件完工品的合同价为 1.5 万元,单件销售税费预计 0.1 万元;单件完工品的市场售价为每件 1.1 万元,预计每件完工品的销售税费为 0.05 万元。材料存货跌价准备期初余额为 1 万元。

要求:计算并编制会计分录。

四、简述题

比较存货发出计价方法。

第三章　固定资产

通过本章学习,掌握固定资产的概念和特征,熟悉固定资产的分类,掌握固定资产初始确认和计量、固定资产的后续计量、固定资产后续支出以及固定资产处置的会计处理。

第一节　固定资产概述

一、固定资产的定义

固定资产,是指同时具有下列特征的有形资产:① 为生产商品、提供劳务、出租或经营管理而持有的;② 使用寿命超过一个会计年度。

从固定资产的定义看,固定资产具有以下三个特征:

(1) 为生产商品、提供劳务、出租或经营管理而持有。企业持有固定资产的目的是为了生产商品、提供劳务、出租或经营管理,即企业持有的固定资产是企业的劳动工具或手段,而不是用于出售的产品。其中"出租"的固定资产,是指企业以经营租赁方式出租的机器设备类固定资产,不包括以经营租赁方式出租的建筑物,后者属于企业的投资性房地产,不属于固定资产。

(2) 使用寿命超过一个会计年度。固定资产的使用寿命,是指企业使用固定资产的预计期间,或者该固定资产所能生产产品或提供劳务的数量。通常情况下,固定资产的使用寿命是指使用固定资产的预计期间,比如自用房屋建筑物的使用寿命表现为企业对该建筑物的预计使用年限。对于某些机器设备或运输设备等固定资产,其使用寿命表现为以该固定资产所能生产产品或提供劳务的数量。例如,汽车或飞机等,按其预计行驶或飞行里程估计使用寿命。

固定资产使用寿命超过一个会计年度,意味着固定资产属于非流动资产,随着使用和磨损,通过计提折旧方式逐渐减少账面价值。

(3) 固定资产是有形资产。固定资产具有实物特征,这一特征将固定资产与无形资产区别开来。有些无形资产可能同时符合固定资产的其他特征,如无形资产为生产商品、提供劳务而持有,使用寿命超过一个会计年度,但是,由于其没有实物形态,不属于固定资产。

二、固定资产的确认条件

固定资产在符合定义的前提下,应当同时满足以下两个条件,才能加以确认。

（1）与该固定资产有关的经济利益很可能流入企业。在实务中，判断与固定资产有关的经济利益是否很可能流入企业，主要判断与该固定资产所有权相关的风险和报酬是否转移到了企业。与固定资产所有权相关的风险，是指由于经营情况变化造成的相关收益的变动，以及由于资产闲置、技术陈旧等原因造成的损失；与固定资产所有权相关的报酬，是指在固定资产使用寿命内使用该资产而获得的收入，以及处置该资产所实现的利得等。

对于购置的环保设备和安全设备等资产，其使用不能直接为企业带来经济利益，但是有助于企业从相关资产获得经济利益，或者将减少企业未来经济利益的流出，因此，对于这类设备，企业应将其确认为固定资产。固定资产的各组成部分，如果各自具有不同使用寿命或者以不同方式为企业提供经济利益，从而适用不同折旧率或折旧方法的，该各组成部分实际上是以独立的方式为企业提供经济利益，企业应当分别将各组成部分确认为单项固定资产。

（2）该固定资产的成本能够可靠地计量。成本能够可靠地计量是资产确认的一项基本条件。企业在确定固定资产成本时必须取得确凿证据，但是，有时需要根据所获得的最新资料，对固定资产的成本进行合理的估计。比如，企业对于已达到预定可使用状态但尚未办理竣工决算的固定资产，需要根据工程预算、工程造价或者工程实际发生的成本等资料，按估计价值确定其成本，办理竣工决算后，再按照实际成本调整原来的暂估价值。

三、固定资产的分类

企业的固定资产种类繁多、规格不一，为加强管理，便于组织会计核算，有必要对其进行科学、合理的分类。根据不同的管理需要和核算要求以及不同的分类标准，可以对固定资产进行不同的分类，主要有以下两种分类方法。

（一）单项分类

（1）按经济用途分为生产经营用和非生产经营用两类。生产经营用固定资产是指直接服务于生产经营过程的固定资产；非生产经营用固定资产是指不直接服务于生产经营，而是为了满足职工物质文化、生活福利需要的固定资产。

（2）按使用情况分为使用中、未使用、不需用三类。使用中固定资产是指企业正在使用的各种固定资产；未使用固定资产是指尚未投入使用的新增固定资产和经批准停止使用的固定资产；不需用固定资产是指企业不需用、准备处理的固定资产。

（3）按实物形态分为房屋及建筑物、机器设备、电子设备、运输设备及其他设备五大类。

（二）综合分类

按固定资产的经济用途和使用情况等综合分类，可以把企业的固定资产划分为：① 生产经营用固定资产；② 非生产经营用固定资产；③ 经营租出固定资产；④ 不需用固定资产；⑤ 未使用固定资产；⑥ 土地（指过去已经估价单独入账的土地）。

企业取得的土地使用权，一般作为无形资产、存货、投资性房地产管理，不作为固定资产管理。承租人对所有租赁（选择简化处理的短期租赁和低价值资产租赁除外）确认使用权资产和租赁负债，并分别确认折旧和利息费用。

由于企业的经营性质不同，经营规模各异，对固定资产的分类不可能完全一致。但实际工作中，企业大多采用综合分类的方法作为编制固定资产目录、进行固定资产核算的依据。

第二节　固定资产的初始计量

固定资产应当按照成本进行初始计量。成本包括企业为购建某项固定资产达到预定可使用状态前所发生的一切合理的、必要的支出。在实务中,企业取得固定资产的方式是多种多样的,包括外购、自行建造、投资者投入以及非货币性资产交换、债务重组和企业合并等,取得的方式不同,其成本的具体构成内容及确定方法也不尽相同。

一、外购固定资产的成本

企业外购固定资产的成本,包括购买价款、相关税费、使固定资产达到预定可使用状态前所发生的可归属于该项资产的运输费、装卸费、安装费和专业人员服务费等。

企业购入的固定资产分为不需要安装的固定资产和需要安装的固定资产两种情形。不需要安装的固定资产,按应计入固定资产成本的金额,借记"固定资产"科目,贷记"银行存款""应付账款""应付票据"等科目;需要安装的固定资产,按应计入固定资产成本的金额,先计入"在建工程"科目,安装完毕交付使用时再转入"固定资产"科目。

以一笔款项同时购入多项没有单独标价的固定资产,如果这些资产均符合固定资产的定义,并满足固定资产的确认条件,则应将各项资产单独确认为固定资产,并按各项固定资产公允价值的比例对总成本进行分配,分别确定各项固定资产的成本。如果以一笔款项购入的多项资产中还包括固定资产以外的其他资产,也应按类似的方法进行处理。

【例3-1】甲公司购入一台需要安装的生产用机器设备,取得的增值税专用发票上注明的设备价款为500 000元,增值税进项税额为65 000元,支付不含税运费为2 000元,增值税进项税额为180元,款项已通过银行存款支付。安装设备时,领用本公司原材料一批,成本30 000元,领用本公司生产的产品,成本400元,应支付安装工人的工资为5 000元。

甲公司的账务处理如下:

(1)支付设备价款、增值税、运费合计为567 180元。

借:在建工程　　　　　　　　　　　502 000
　　应交税费——应交增值税(进项税额)　65 180
　　贷:银行存款　　　　　　　　　　567 180

(2)领用本公司原材料、产品和应支付安装工人工资等费用合计为35 400元。

借:在建工程　　　　　　　　　　　35 400
　　贷:原材料　　　　　　　　　　　30 000
　　　库存商品　　　　　　　　　　　400
　　　应付职工薪酬　　　　　　　　5 000

(3)设备安装完毕达到预定可使用状态。

借:固定资产　　　　　　　　　　　537 400
　　贷:在建工程　　　　　　　　　　537 400

企业购买固定资产通常在正常信用条件期限内付款,但也会发生超过正常信用条件购买固定资产的经济业务,如采用分期付款方式购买资产,且在合同中规定的付款期限比较长,超过了正常信用条件。在这种情况下,该项购货合同实质上具有融资性质,购入固定资产的成本不能以各期付款额之和确定,而应以各期付款额的现值之和确定。固定资产购买价款的现值,应当按照各期支付的价款选择恰当的折现率进行折现后的金额加以确定。折现率是反映当前市场货币时间价值和延期付款债务特定风险的利率。该折现率实质上是供货企业的必要报酬率。各期实际支付的价款之和与其现值之间的差额,在达到预定可使用状态之前符合借款费用准则中规定的资本化条件的,应当通过在建工程计入固定资产成本,其余部分应当在信用期间内确认为财务费用,计入当期损益。其账务处理为:购入固定资产时,按购买价款的现值,借记"固定资产"或"在建工程"等科目,按应支付的金额,贷记"长期应付款"科目,按其差额,借记"未确认融资费用"科目。未确认融资费用是长期应付款的备抵调整账户,属于负债类账户。

【例 3-2】 甲公司于年初购入一台生产用设备,总价款为 1 000 万元,分三次付款,第一年年末支付 400 万元,第二年年末支付 300 万元,第三年年末支付 300 万元。税法规定,增值税在约定的付款时间按约定的付款额计算缴纳。市场利率为 10%,无其他相关税费。

相关会计处理如下:

(1) 首先计算固定资产的入账价值 $= 400 \div (1+10\%) + 300 \div (1+10\%)^2 + 300 \div (1+10\%)^3$

$$= 836.96(万元)$$

(2) 年初购入该设备时。

借:固定资产	836.96
未确认融资费用	163.04
贷:长期应付款	1 000

(3) 确认的分摊额如表 3-1 所示。

表 3-1　每年利息费用的推算表

年　度	年初本金	当年利息费用 =年初本金×10%	当年还款额	当年还本额 =当年还款额-当年利息
第一年	836.96	83.70	400.00	316.30
第二年	520.66	52.07	300.00	247.93
第三年	272.73	27.27	300.00	272.73

(4) 第一年年末支付设备款及增值税并认定利息费用时。

借:长期应付款	400
应交税费——应交增值税(进项税额)	52
贷:银行存款	452
借:财务费用	83.7
贷:未确认融资费用	83.7

(5) 第二年年末支付设备款及增值税并认定利息费用时。

借:财务费用	52.07

贷:未确认融资费用		52.07
借:长期应付款		300
应交税费——应交增值税(进项税额)		39
贷:银行存款		339

第三年会计处理类似。

二、自行建造固定资产

自行建造固定资产的成本,由建造该项资产达到预定可使用状态前所发生的必要支出构成,包括工程物资成本、人工成本、缴纳的相关税费、应予资本化的借款费用以及应分摊的间接费用等。企业自行建造固定资产包括自营建造和出包建造两种方式。无论采用何种方式,所建工程都应当按照实际发生的支出确定其工程成本。

(一) 自营方式建造固定资产

企业以自营方式建造固定资产,意味着企业自行组织工程物资采购、自行组织施工人员从事工程施工。实务中,企业较少采用自营方式建造固定资产,多数情况下采用出包方式。企业以自营方式建造固定资产,其成本应当按照直接材料、直接人工、直接机械施工费等计量。企业自营方式建造固定资产,发生的工程成本应通过"在建工程"科目核算,工程完工达到预定可使用状态时,从"在建工程"科目转入"固定资产"科目。

企业为建造固定资产准备的各种物资,通过"工程物资"科目进行核算。工程物资应当按照实际支付的买价、运输费、保险费等相关税费作为实际成本。建设期间发生的工程物资盘亏、报废及毁损,减去残料价值以及保险公司、过失人等赔款后的净损失,计入所建工程项目的成本;盘盈的工程物资或处置净收益,冲减所建工程项目的成本。为建造工程发生的管理费、可行性研究费、临时设施费、公证费、监理费、应负担的税金、符合资本化条件的借款费用以及负荷联合试车费等,计入在建工程项目成本。试车净支出应追加工程成本,试车净收入应冲减工程成本。企业的在建工程在达到预定可使用状态前,因进行负荷联合试车而形成的、能够对外销售的产品,其发生的成本计入在建工程成本,销售或转为库存商品时,按其实际销售收入或预计售价冲减在建工程成本。工程完工后发生的工程物资盘盈、盘亏、报废、毁损,计入当期营业外收支。工程完工后,剩余的工程物资转为本企业存货的,按其实际成本或计划成本进行结转。

建造固定资产领用工程物资、原材料或库存商品,应按其实际成本转入所建工程成本。自营方式建造固定资产应负担的职工薪酬,辅助生产部门为之提供的水、电、运输等劳务,以及其他必要支出等也应计入所建工程项目的成本。符合资本化条件应计入所建造固定资产成本的借款费用,按照《企业会计准则第17号——借款费用》的有关规定处理。

工程物资和在建工程发生减值的,应设置"减值准备"明细科目或单独设置一级科目进行核算。

高危行业企业按照国家规定提取的安全生产费,应当计入相关产品的成本或当期损益,同时计入"专项储备"科目。企业使用提取的安全生产费时,属于费用性支出的,直接冲减专项储备。企业使用提取的安全生产费形成固定资产的,应当通过"在建工程"科目归集所发生的支出,待安全项目完工达到预定可使用状态时确认为固定资产;同时,按照形成固定资产的成本冲减专项储备,并确认相同金额的累计折旧。该固定资产在以后期间不再计提折旧。"专项储备"科目期末余额在资产负债表所有者权益项下"其他综合收益"和"盈余公积"之间增设"专项储备"项目反映。

(二)出包方式建造固定资产

在出包方式下,企业通过招标方式将工程项目发包给建造承包商,由建造承包商(即施工企业)组织工程项目施工。企业要与建造承包商签订建造合同,企业是建造合同的甲方,负责筹集资金和组织管理工程建设,通常称为建设单位,建造承包商是建造合同的乙方,负责建筑安装工程施工任务。

企业以出包方式建造固定资产,其成本由建造该项固定资产达到预定可使用状态前所发生的必要支出构成,包括发生的建筑工程支出、安装工程支出以及需分摊计入各固定资产价值的待摊支出。建筑工程支出、安装工程支出,如人工费、材料费、机械使用费等由建造承包商核算。对于发包企业而言,建筑工程支出、安装工程支出是构成在建工程成本的重要内容,发包企业按照合同规定的结算方式和工程进度定期与建造承包商办理工程价款结算,结算的工程价款计入在建工程成本。待摊支出,是指在建设期间发生的,不能直接计入某项固定资产价值,而应由所建造固定资产共同负担的相关费用,包括为建造工程发生的管理费、可行性研究费、临时设施费、公证费、监理费、应负担的税金、符合资本化条件的借款费用、建设期间发生的工程物资盘亏、报废及毁损净损失以及负荷联合试车费等。企业为建造固定资产通过出让方式取得土地使用权而支付的土地出让金不计入在建工程成本,应确认为无形资产(土地使用权)。

在出包方式下,"在建工程"科目主要是企业与建造承包商办理工程价款的结算科目,企业支付给建造承包商的工程价款,作为工程成本通过"在建工程"科目核算。企业应按合理估计的工程进度和合同规定结算的进度款,借记"在建工程"科目,贷记"银行存款""预付账款"等科目。工程完成时,按合同规定补付的工程款,借记"在建工程"科目,贷记"银行存款"等科目。企业将需安装设备运抵现场安装时,借记"在建工程"科目,贷记"工程物资"科目;企业为建造固定资产发生的待摊支出,借记"在建工程——待摊支出"科目,贷记"银行存款""应付职工薪酬""长期借款"等科目。在建工程达到预定可使用状态时,首先计算分配待摊支出,其次计算确定已完工的固定资产成本。然后,进行相应的账务处理,借记"固定资产"科目,贷记"在建工程"等科目。待摊支出的分配率可按下列公式计算:

$$待摊支出分摊率=\frac{累计发生的待摊支出}{建筑工程支出+安装工程支出+在安装设备支出}\times100\%$$

$$\begin{array}{c}\times\times工程应分摊的\\待摊支出\end{array}=\left(\begin{array}{c}\times\times工程的\\建筑工程支出\end{array}+\begin{array}{c}\times\times工程的\\安装工程支出\end{array}+\begin{array}{c}\times\times工程的\\在安装设备支出\end{array}\right)\times\begin{array}{c}待摊支出\\分摊率\end{array}$$

三、其他方式取得的固定资产

企业取得固定资产的其他方式,主要包括接受投资者投资、非货币性资产交换、债务重组、企业合并、盘盈等。

(1)投资者投入固定资产的成本。投资者投入固定资产的成本,应当按照投资合同或协议约定的价值确定,但合同或协议约定价值不公允的除外。在投资合同或协议约定价值不公允的情况下,以该项固定资产的公允价值作为入账价值。

(2)通过非货币性资产交换、债务重组、企业合并等方式取得的固定资产的成本。企业通过非货币性资产交换、债务重组、企业合并等方式取得的固定资产,其成本应当分别按照相关准则的规定确定。

(3)盘盈固定资产的成本。盘盈固定资产是比较少见的,固定资产盘盈必定是企业以前会计期间少计、漏计而产生的,并且固定资产盘盈会影响财务报表使用者对企业以前年度的财务状况、经营成果和现金流量进行判断。因此,固定资产盘盈应作为前期差错处理,通过"以前年度损益调整"科目核算。"以前年度损益调整"科目属于损益类科目,核算的损益内容不属于本年度损益,不计入当年的利润表中,期末转入"利润分配——未分配利润"科目。盘盈的固定资产应按重置成本确定其入账价值,借记"固定资产"科目,贷记"以前年度损益调整"科目。固定资产的盘亏可能是被盗、损坏等,是由于当期的某些事项引起的,不大可能是因为之前多计的,所以不能作为前期差错来处理。

四、存在弃置费用的固定资产

对于特殊行业的特定固定资产,确定其初始成本时,还应考虑弃置费用。弃置费用通常是指根据国家法律和行政法规、国际公约等规定,企业承担的环境保护和生态恢复等义务所确定的支出,如核电站核设施等的弃置和恢复环境义务。一般工商企业的固定资产发生的报废清理费用不属于弃置费用,应当在发生时作为固定资产处置费用处理。

弃置费用的金额与其现值比较通常较大,需要考虑货币时间价值,对于这些特殊行业的特定固定资产,企业应当根据《企业会计准则第13号——或有事项》,按照现值计算确定应计入固定资产成本的金额和相应的预计负债。或有事项,是指过去的交易或者事项形成的,其结果须由某些未来事项的发生或不发生才能决定的不确定事项。与或有事项相关的义务同时满足一定条件时,可以确认为预计负债。在固定资产的使用寿命内按照预计负债的摊余成本和实际利率计算确定的利息费用应当在发生时计入财务费用。

【例3-3】　乙公司经国家批准于2022年1月1日建造完成核电站核反应堆并交付使用,建造成本为2 500 000万元,预计使用寿命40年。该核反应堆将会对当地的生态环境产生一定的影响,根据法律规定,企业应在该项设施使用期满后将其拆除,并对造成的污染进行整治,预计发生弃置费用250 000万元。假定适用折现率为10%。核反应堆属于特殊行业的特定固定资产,确定其成本时应考虑弃置费用。账务处理为:

(1)弃置费用的现值=250 000×(P/F,10%,40)=250 000×0.022 1=5 525(万元)

固定资产的成本=2 500 000+5 525=2 505 525(万元)

借:固定资产　　　　　　　　　　　　　　　　　　　25 055 250 000

　贷:在建工程　　　　　　　　　　　　　　　　　　　　25 000 000 000

　　　预计负债　　　　　　　　　　　　　　　　　　　　　　55 250 000

(2)第一年应负担的利息费用=55 250 000×10%=5 525 000(元)

借:财务费用　　　　　　　　　　　　　　　　　　　　5 525 000

　贷:预计负债　　　　　　　　　　　　　　　　　　　　5 525 000

以后年度,企业应当按照实际利率法计算确定每年财务费用,账务处理略。

第三节 固定资产的后续计量

固定资产的后续计量主要包括固定资产折旧的计提、减值损失的确定,以及后续支出的计量。其中,固定资产的减值应当按照资产减值准则处理,固定资产减值损失一经确认,在以后会计期间不得转回。

一、固定资产折旧

(一)固定资产折旧的定义

折旧是指在固定资产的使用寿命内,按照确定的方法对应计折旧额进行的系统分摊。应计折旧额,是指应当计提折旧的固定资产的原价扣除其预计净残值后的金额。如果已对固定资产计提减值准备,还应当扣除已计提的固定资产减值准备累计金额。

(二)影响固定资产折旧的因素

影响固定资产折旧的因素主要有以下几个方面:

(1)固定资产原价,指固定资产的成本。

(2)固定资产的使用寿命,指企业使用固定资产的预计期间,或者该固定资产所能生产产品或提供劳务的数量。

(3)预计净残值,是指资产报废时预计可收回的残余价值扣除预计清理费用后的余额。预计残值率是预计净残值与固定资产原值的比率。

(4)固定资产减值准备,指固定资产已计提的固定资产减值准备累计金额。固定资产计提减值准备后,应当在剩余使用寿命内根据调整后的固定资产账面价值(固定资产账面余额扣减累计折旧和累计减值准备后的金额)和预计净残值重新计算确定折旧率和折旧额。

企业应当根据固定资产的性质和使用情况,合理确定固定资产的使用寿命和预计净残值。固定资产的使用寿命、预计净残值一经确定,不得随意变更。

(三)固定资产折旧范围

企业应当对所有的固定资产计提折旧,但是,已提足折旧仍继续使用的固定资产和单独计价入账的土地除外。

(1)固定资产应当按月计提折旧,并根据用途计入相关资产的成本或者当期损益。固定资产应自达到预定可使用状态时开始计提折旧,终止确认时或划分为持有待售非流动资产时停止计提折旧。为了简化核算,当月增加的固定资产,当月不计提折旧,从下月起计提折旧;当月减少的固定资产,当月仍计提折旧,从下月起不计提折旧。

(2)固定资产提足折旧后,不论能否继续使用,均不再计提折旧,提前报废的固定资产也不再补提折旧。所谓提足折旧,是指已经提足该项固定资产的应计折旧额。

(3)处于更新改造过程停止使用的固定资产,应将其账面价值转入在建工程,不再计提折旧。更新改造项目达到预定可使用状态转为固定资产后,再按照重新确定的折旧方法和该项固定资产尚可使用年限计提折旧。

（4）已达到预定可使用状态但尚未办理竣工决算的固定资产，应当按照估计价值确定其成本，并计提折旧；待办理竣工决算后再按实际成本调整原来的暂估价值，但不需要调整原已计提的折旧额。

（四）固定资产折旧方法

企业应当根据与固定资产有关的经济利益的预期消耗方式，合理选择折旧方法。企业不应以包括使用固定资产在内的经济活动所产生的收入为基础进行折旧。可选用的折旧方法包括年限平均法、工作量法、双倍余额递减法和年数总和法等。企业选用不同的固定资产折旧方法，将影响固定资产使用寿命内不同时期的折旧费用，因此，固定资产的折旧方法一经确定，不得随意变更。

1. 年限平均法

年限平均法又称直线法，是指将固定资产的应计折旧额均衡地分摊到固定资产预计使用寿命内的一种方法。采用这种方法计算的每期折旧额均相等。计算公式如下：

$$年折旧额＝原值×（1－预计净残值率）÷预计使用寿命（年）$$

$$年折旧率＝（1－预计净残值率）÷预计使用寿命（年）×100\%$$

$$月折旧率＝年折旧率÷12$$

$$月折旧额＝固定资产原价×月折旧率$$

采用年限平均法，折旧率是固定资产折旧额与固定资产原值的比率。年折旧率是固定资产年折旧额与原值的比率。月折旧率是固定资产月折旧额与原值的比率。折旧率包括个别折旧率、分类折旧率和综合折旧率。个别折旧率是指某项固定资产在一定期间的折旧额与该项固定资产原价的比率。分类折旧率是指固定资产分类折旧额与该类固定资产原价的比率。综合折旧率是指某一期间企业全部固定资产折旧额与全部固定资产原价的比率。采用综合折旧率计算固定资产折旧，其计算结果的准确性较差。

采用年限平均法计算固定资产折旧虽然比较简便，但它也存在着一些明显的局限性。首先，固定资产在不同使用年限提供的经济效益是不同的。一般来讲，固定资产在其使用前期工作效率相对较高，所带来的经济利益也就较多；而在其使用后期，工作效率一般呈下降趋势，因而，所带来的经济利益也就逐渐减少。年限平均法对此不予考虑，明显是不合理的。其次，固定资产在不同的使用年限发生的维修费用也不一样。固定资产的维修费用将随着其使用时间的延长不断增加，而年限平均法也没有考虑这一因素。

当固定资产各期负荷程度相同时，各期应分摊相同的折旧费，这时采用年限平均法计算折旧是合理的。但是，如果固定资产各期负荷程度不同，采用年限平均法计算折旧时，则不能反映固定资产的实际使用情况，计提的折旧额与固定资产的损耗程度也不相符。

2. 工作量法

工作量法是根据实际工作量计算每期应提折旧额的一种方法。计算公式如下：

$$单位工作量折旧额＝固定资产原价×（1－预计净残值率）÷预计总工作量$$

$$某项固定资产月折旧额＝该项固定资产当月工作量×单位工作量折旧额$$

工作量法假定固定资产价值的降低不是随着时间的推移,而是由于使用。对于在使用期限内工作量负担程度差异大、提供的经济效益不均衡的固定资产而言,特别是在有形磨损比经济磨损更为重要的情况下,工作量法的这一假定是合理的。但是,工作量法把有形损耗看作是引起固定资产折旧的唯一因素,由于无形损耗的客观存在,固定资产即使不使用也会发生折旧,使工作量法难以在账面上对这种情况做出反映。

【例3-4】 甲公司的一台机器设备原价为800 000元,预计生产产品产量为4 000 000个,预计净残值率为4%,本月生产产品40 000个,则该台机器设备的本月折旧额计算如下:

工作量法:本月折旧额＝800 000×(1-4%)÷4 000 000×40 000＝7 680(元)

年限平均法:月折旧额＝800 000×(1-4%)÷10÷12＝6 400(元)

3. 双倍余额递减法

双倍余额递减法,是指在不考虑固定资产预计净残值的情况下,根据每期期初固定资产原价减去累计折旧后的金额(即固定资产净值)和双倍的直线法折旧率计算固定资产折旧的一种方法。计算公式如下:

$$年折旧率＝2÷预计使用寿命(年)×100\%$$

$$月折旧率＝年折旧率÷12$$

$$月折旧额＝固定资产净值×月折旧率$$

由于双倍余额递减法不考虑固定资产的净残值,因此,不能使固定资产的净值降低到其预计净残值以下,应当在固定资产折旧年限到期前两年内,将固定资产账面价值扣除预计净残值后的余额平均摊销。

【例3-5】 甲公司某项设备原价为120万元,预计使用寿命为5年,预计净残值率为4%。甲公司按双倍余额递减法计提折旧,每年折旧额计算如下:

年折旧率＝2÷5×100%＝40%

第一年应提的折旧额＝120×40%＝48(万元)

第二年应提的折旧额＝(120-48)×40%＝28.8(万元)

第三年应提的折旧额＝(120-48-28.8)×40%＝17.28(万元)

从第四年起改按年限平均法(直线法)计提折旧:

第四年、第五年的年折旧额＝(120-48-28.8-17.28-120×4%)÷2＝10.56(万元)

4. 年数总和法

年数总和法,又称年限合计法,是将固定资产的原价减去预计净残值的余额乘以一个以固定资产尚可使用寿命为分子、以预计使用寿命逐年数字之和为分母的逐年递减的分数计算每年的折旧额。计算公式如下:

$$年折旧率＝尚可使用寿命÷预计使用寿命的年数总和×100\%$$

$$月折旧率＝年折旧率÷12$$

$$月折旧额＝(固定资产原价-预计净残值)×月折旧率$$

【例3-6】 甲公司固定资产入账价值为500万元。该固定资产预计使用5年,预计净残值为 20 万元。假定 2021 年 9 月 10 日安装完毕并交付使用,采用年数总和法计算折旧额。

2021 年年折旧额＝(500－20)×5÷15×3÷12＝40(万元)

2022 年年折旧额＝(500－20)×5÷15×9÷12＋(500－20)×4÷15×3÷12＝152(万元)

2023 年年折旧额＝(500－20)×4÷15×9÷12＋(500－20)×3÷15×3÷12＝120(万元)

2024 年年折旧额＝(500－20)×3÷15×9÷12＋(500－20)×2÷15×3÷12＝88(万元)

2025 年年折旧额＝(500－20)×2÷15×9÷12＋(500－20)×1÷15×3÷12＝56(万元)

2026 年年折旧额＝(500－20)×1÷15×9÷12＝24(万元)

双倍余额递减法和年数总和法都属于加速折旧法,其特点是在固定资产使用的早期多提折旧,后期少提折旧,其递减的速度逐年加快,从而相对加快折旧的速度,目的是使固定资产成本在估计使用寿命内尽快得到补偿。

(五)固定资产折旧的会计处理

"累计折旧"是"固定资产"的备抵调整账户,核算企业固定资产的累计折旧。"固定资产"账户的借方余额减去"累计折旧"账户的贷方余额可以得到固定资产的净值。

固定资产应当按月计提折旧,并根据用途计入相关资产的成本或者当期损益。企业基本生产车间使用的固定资产,其折旧应计入制造费用;管理部门使用的固定资产,其计提的折旧应计入管理费用;销售部门使用的固定资产,其计提的折旧应计入销售费用;自行建造固定资产过程中使用的固定资产,其计提的折旧应计入在建工程成本;经营租出的固定资产,其计提的折旧额应计入其他业务成本;未使用的固定资产,其计提的折旧应计入管理费用。

(六)固定资产使用寿命、预计净残值和折旧方法的复核

由于固定资产的使用寿命长于一年,属于企业的非流动资产,企业至少应当于每年年度终了,对固定资产的使用寿命、预计净残值和折旧方法进行复核。

为真实反映固定资产为企业提供经济利益的期间及每期实际的资产消耗,企业至少应当于每年年度终了,对固定资产使用寿命和预计净残值进行复核。如有确凿证据表明,固定资产使用寿命预计数与原先估计数有差异,应当调整固定资产使用寿命;如果固定资产预计净残值预计数与原先估计数有差异,应当调整预计净残值。固定资产使用过程中所处经济环境、技术环境以及其他环境的变化也可能致使与固定资产有关的经济利益的预期消耗方式发生重大改变,企业应改变固定资产折旧方法。

固定资产使用寿命、预计净残值和折旧方法的改变应作为会计估计变更,采用未来适用法,不需追溯调整。会计估计变更,是指由于资产和负债的当前状况及预期经济利益和义务发生了变化,从而对资产或负债的账面价值或者资产的定期消耗金额进行调整。未来适用法是指将变更后的会计政策应用于变更日及以后发生的交易或者事项,或者在会计估计变更当期和未来期间确认会计估计变更影响数的方法。

二、固定资产的后续支出

固定资产的后续支出,是指固定资产使用过程中发生的更新改造支出、修理费用等。

后续支出的处理原则为:符合固定资产确认条件的,应当计入固定资产成本或其他相关资产的成本(如与生产产品相关的固定资产的后续支出计入相关产成品的成本),同时将被替换

部分的账面价值扣除;不符合固定资产确认条件的,应当计入当期损益。

(一) 资本化的后续支出

固定资产发生的可资本化的后续支出,通过"在建工程"科目核算。企业将固定资产进行更新改造的,应将相关固定资产的原价、已计提的累计折旧和减值准备转销,将固定资产的账面价值转入在建工程,并停止计提折旧。待固定资产发生的后续支出完工并达到预定可使用状态时,再从在建工程转为固定资产,并按重新确定的使用寿命、预计净残值和折旧方法计提折旧。

【例3-7】 甲公司是一家饮料生产企业,有关业务资料如下:

(1) 2021年12月,该公司自行建成了一条饮料生产线并投入使用,建造成本为600 000元,采用年限平均法计提折旧,预计净残值率为固定资产原价的3%,预计使用年限为6年。

(2) 2023年12月31日,公司决定对现有生产线进行改扩建,以提高其生产能力。

(3) 至2024年4月30日,改扩建工程达到预定可使用状态。改扩建过程中发生以下支出:用银行存款购买工程物资一批,增值税专用发票上注明的价款为210 000元,增值税税额为27 300元,已全部用于改扩建工程;发生有关人员薪酬84 000元。

(4) 该生产线改扩建工程达到预定可使用状态后,预计尚可使用年限为7年,预计净残值率为改扩建后其账面价值的4%,折旧方法仍为年限平均法。

甲公司的账务处理如下:

(1) 2022年1月1日至2023年12月31日两年间,各年计提固定资产折旧。

年折旧额=600 000×(1-3%)÷6=97 000(元)

借:制造费用 97 000
　贷:累计折旧 97 000

(2) 2023年12月31日,将该生产线406 000元(=600 000-97 000×2)转入在建工程。

借:在建工程 406 000
　累计折旧 194 000
　贷:固定资产 600 000

(3) 发生改扩建工程支出。

借:工程物资 210 000
　应交税费——应交增值税(进项税额) 27 300
　贷:银行存款 237 300

借:在建工程 294 000
　贷:工程物资 210 000
　　应付职工薪酬 84 000

(4) 2024年4月30日,生产线改扩建工程达到预定可使用状态,转为固定资产。

借:固定资产 700 000
　贷:在建工程 700 000

(5) 2024年月折旧额=700 000×(1-4%)÷(7×12)=8 000(元)

借:制造费用 64 000
　贷:累计折旧 64 000

　　企业发生的某些固定资产后续支出可能涉及替换原固定资产的某组成部分,当发生的后续支出符合固定资产确认条件时,应将其计入固定资产成本,同时将被替换部分的账面价值扣除。这样可以避免将替换部分的成本和被替换部分的成本同时计入固定资产成本,导致固定资产成本的多记。固定资产的大修理费用,符合资本化条件的,可以计入固定资产成本或其他相关资产的成本;不符合资本化条件的,应当费用化,计入当期损益。

　　【例3-8】 A公司2021年12月对一项固定资产的某一主要部件电动机进行更换,该固定资产为2018年12月购入,其原价为600万元,采用年限平均法计提折旧,使用寿命为10年,预计净残值为零。被更换的部件的原价为300万元,不考虑主要部件变价收入。2022年1月新购置电动机的价款为400万元,增值税为52万元,款项已经支付,发生其他支出20万元,符合固定资产确认条件。2022年4月30日固定资产达到预定可使用状态,仍然采用年限平均法计提折旧,预计使用寿命持续到2026年年底,预计净残值为零。

　　(1)固定资产转入在建工程,终止确认老电动机的账面价值。

借:在建工程　　　　　　　　　　　　　　　　　　　　420
　　累计折旧(600÷10×3)　　　　　　　　　　　　　　180
　　　贷:固定资产　　　　　　　　　　　　　　　　　　　　600
借:营业外支出(300-300÷10×3)　　　　　　　　　　210
　　　贷:在建工程　　　　　　　　　　　　　　　　　　　　210

　　(2)购置安装新发动机。

借:在建工程(400+20)　　　　　　　　　　　　　　420
　　应交税费——应交增值税(进项税额)　　　　　　　52
　　　贷:银行存款　　　　　　　　　　　　　　　　　　　　472

　　(3)更换后固定资产原价630万元(=420+420-210)。

借:固定资产　　　　　　　　　　　　　　　　　　　　630
　　　贷:在建工程　　　　　　　　　　　　　　　　　　　　630

　　(4)计算该固定资产2022年计提的折旧额。

2022年计提的折旧额=630÷56×8=90(万元)

（二）费用化的后续支出

　　与固定资产有关的修理费用等后续支出,不符合固定资产确认条件的,应当根据不同情况分别在发生时计入当期管理费用或销售费用。

　　一般情况下,固定资产投入使用之后,由于固定资产磨损、各组成部分耐用程度不同,可能导致固定资产的局部损坏,为了维护固定资产的正常运转和使用,充分发挥其使用效能,企业将对固定资产进行必要的维护。除了与存货的生产和加工相关的固定资产的修理费用按照存货成本确定原则进行处理外,行政管理部门、企业专设的销售机构等发生的固定资产修理费用等后续支出计入管理费用或销售费用。企业固定资产更新改造支出不满足资本化条件的,在发生时应直接计入当期损益。

第四节 固定资产的处置

一、固定资产终止确认的条件

固定资产满足下列条件之一的,应当予以终止确认:

(1) 该固定资产处于处置状态。固定资产处置包括固定资产的出售、转让、报废或毁损、对外投资、非货币性资产交换、债务重组等。处于处置状态的固定资产不再用于生产商品、提供劳务、出租或经营管理,因此不再符合固定资产的定义,应终止确认。

(2) 该固定资产预期通过使用或处置不能产生经济利益。固定资产的确认条件之一是"与该固定资产有关的经济利益很可能流入企业",如果一项固定资产预期通过使用或处置不能产生经济利益,那么,它就不再符合固定资产的定义和确认条件,应予以终止确认。

二、固定资产处置的账务处理

企业出售、转让划归为持有待售类别的,按照持有待售非流动资产、处置组的相关规定进行会计处理,企业主要通过出售而非持续使用一项非流动资产或处置组收回其账面价值的,应当将其划分为持有待售类别,"持有待售资产"科目核算持有待售的非流动资产和持有待售的处置组中的资产;未划归为持有待售类别而出售、转让的,通过"固定资产清理"科目归集所发生的损益,其产生的利得或损失转入"资产处置损益"科目;固定资产因报废毁损等原因而终止确认的,通过"固定资产清理"科目归集所发生的损益,其产生的利得或损失计入营业外收入或营业外支出。

"固定资产清理"是资产类账户,用来核算企业因出售、报废、毁损、对外投资、非货币性资产交换和债务重组等原因转入清理的固定资产净值以及在清理过程中所发生的清理费用和清理收入。借方登记固定资产转入清理的净值和清理过程中发生的费用;贷方登记出售固定资产取得的价款、残料价值和变价收入。其贷方余额表示清理后的净收益;借方余额表示清理后的净损失。清理完毕后出售转让利得或损失转入"资产处置损益"账户(人为原因);毁损报废利得或损失转入"营业外收入"或"营业外支出"账户。

"资产处置损益"是损益类账户,核算企业出售固定资产、在建工程、生产性生物资产、无形资产以及划分为持有待售的非流动资产(金融工具、长期股权投资和投资性房地产除外)或处置组时确认的处置利得或损失。

企业因出售、转让、报废或毁损、对外投资、非货币性资产交换、债务重组等处置固定资产,其会计处理一般经过以下几个步骤:

第一,固定资产转入清理。固定资产转入清理时,按固定资产账面价值,借记"固定资产清理"科目,按已计提的累计折旧,借记"累计折旧"科目,按已计提的减值准备,借记"固定资产减值准备"科目,按固定资产账面余额,贷记"固定资产"科目。

第二,发生的清理费用。固定资产清理过程中发生的有关费用以及应支付的相关税费,借记"固定资产清理"科目,贷记"银行存款""应交税费"等科目。

第三，出售收入和残料等的处理。企业收回出售固定资产的价款、残料价值和变价收入等，应冲减清理支出。按实际收到的出售价款以及残料变价收入等，借记"银行存款""原材料"等科目，贷记"固定资产清理""应交税费——应交增值税"等科目。

第四，保险赔偿的处理。企业计算或收到的应由保险公司或过失人赔偿的损失，应冲减清理支出，借记"其他应收款""银行存款"等科目，贷记"固定资产清理"科目。

第五，清理净损益的处理。固定资产清理完成后的净损失，属于出售转让损失，借记"资产处置损益"科目，贷记"固定资产清理"科目；属于报废毁损，借记"营业外支出"科目，贷记"固定资产清理"科目。固定资产清理完成后的净收益，属于出售转让收益，借记"固定资产清理"科目，贷记"资产处置损益"科目。

其他方式减少的固定资产，如以固定资产清偿债务、以非货币性资产交换换出固定资产等，分别按照债务重组、非货币性资产交换等的处理原则进行核算。

【例3-9】甲公司出售一台旧设备，开出增值税发票，价款为300万元，销项税额为39万元，实际收到款项339万元。出售时该设备原价为560万元，累计已计提折旧180万元，已计提减值准备10万元，账面价值为370万元。在清理的过程中，以银行存款支付清理费用10万元。假定不考虑其他税费。

(1) 固定资产转入清理：

借：固定资产清理　　　　　　　　　　　　　　　3 700 000
　　累计折旧　　　　　　　　　　　　　　　　　1 800 000
　　固定资产减值准备　　　　　　　　　　　　　　100 000
　　贷：固定资产　　　　　　　　　　　　　　　　　　5 600 000

(2) 发生清理费用：

借：固定资产清理　　　　　　　　　　　　　　　　100 000
　　贷：银行存款　　　　　　　　　　　　　　　　　　100 000

(3) 收到收入：

借：银行存款　　　　　　　　　　　　　　　　　3 390 000
　　贷：固定资产清理　　　　　　　　　　　　　　　3 000 000
　　　　应交税费——应交增值税(销项税额)　　　　　390 000

(4) 结转固定资产净损失：

借：资产处置损益　　　　　　　　　　　　　　　　800 000
　　贷：固定资产清理　　　　　　　　　　　　　　　　800 000

【例3-10】乙公司毁损一幢房屋，原价100万元，计提折旧80万元，支付清理费用1万元，残值变卖收入6万元。会计分录如下：

(1) 固定资产转入清理。

借：固定资产清理　　　　　　　　　　　　　　　　200 000
　　累计折旧　　　　　　　　　　　　　　　　　　800 000
　　贷：固定资产　　　　　　　　　　　　　　　　　1 000 000

(2) 支付清理费用。

借：固定资产清理　　　　　　　　　　　　　　　　 10 000
　　贷：银行存款　　　　　　　　　　　　　　　　　　 10 000

（3）收到价款时。

借：银行存款   60 000

  贷：固定资产清理   60 000

（4）结转固定资产清理后的净损失。

借：营业外支出   150 000

  贷：固定资产清理   150 000

三、固定资产盘亏的会计处理

固定资产是一种价值较高、使用期限较长的有形资产，因此，对于管理规范的企业而言，盘盈、盘亏的固定资产较为少见。企业应当健全制度，加强管理，定期或者至少于每年年末对固定资产进行清查盘点，以保证固定资产核算的真实性和完整性。如果清查中发现固定资产损溢的应及时查明原因，在期末结账前处理完毕。

固定资产盘亏造成的损失，应当计入当期损益。企业在财产清查中盘亏的固定资产，按盘亏固定资产的账面价值，借记"待处理财产损溢——待处理固定资产损溢"科目；按已计提的累计折旧，借记"累计折旧"科目；按已计提的减值准备，借记"固定资产减值准备"科目，按固定资产原价，贷记"固定资产"科目。按管理权限报经批准后处理时，按可收回的保险赔偿或过失人赔偿，借记"其他应收款"科目；按应计入营业外支出的金额，借记"营业外支出——盘亏损失"科目，贷记"待处理财产损溢"科目。

练 习 题

一、单项选择题

1. 某企业为增值税一般纳税人，购入一台需要安装的设备，支付买价为 1 800 万元，增值税 234 万元，安装领用原材料账面价值 300 万元，支付安装人员工资 180 万元、员工培训费 30 万元。已达到预定可使用状态，则该设备的入账价值为（ ）万元。

  A. 2 310   B. 2 280   C. 2 514   D. 2 544

2. 甲公司出售一栋办公楼，账面原价 2 000 000 元，已提折旧 250 000 元，已提减值准备 50 000 元，出售时发生清理费用 8 000 元，卖价 2 200 000 元。不考虑相关税费，该企业出售此建筑物发生的净损益为（ ）元。

  A. 151 500   B. 492 000   C. 147 000   D. 168 000

3. 甲公司建造了一座核电站达到预定可使用状态并投入使用，累计发生的资本化支出为 210 000 万元。甲公司预计该核电站在使用寿命届满时为恢复环境发生弃置费用 10 000 万元，其现值为 8 200 万元。该核电站的入账价值为（ ）万元。

  A. 200 000   B. 210 000   C. 218 200   D. 220 000

4. 下列有关固定资产折旧的会计处理中，正确的表述是（ ）。

  A. 因固定资产扩建而停用的生产设备应继续计提折旧

  B. 自行建造的固定资产应自办理竣工决算时开始计提折旧

  C. 自行建造的固定资产应自达到预定可使用状态时的当月开始计提折旧

  D. 自行建造的固定资产应自达到预定可使用状态时的下月开始计提折旧

5.甲公司购入设备一台,专用发票上注明的设备价款为100万元,增值税为13万元。以银行存款支付运杂费2万元,安装领用生产用材料28万元,支付安装人员工资2万元。该设备3月30日达到预定可使用状态。采用年限平均法计提折旧,预计使用年限为10年,净残值为零。当年该设备应计提的折旧额为(　　)万元。

  A. 9   B. 9.9   C. 11   D. 13.2

6.假设某项固定资产的折旧年限为5年,不考虑残值,产品在折旧年限内均匀产出。在该项固定资产使用的第1年,下列各种固定资产折旧方法中计提折旧费用金额最大的是(　　)。

  A. 年限平均法   B. 工作量法   C. 双倍余额递减法 D. 年数总和法

7.某企业购入一台需要安装的设备,专用发票上注明的设备买价为50 000元,增值税6 500元,支付运费为1 000元,增值税90元,取得增值税专用发票。设备安装时领用工程物资1 000元,设备安装时支付有关人员工资2 000元。该固定资产的成本为(　　)元。

  A. 54 000   B. 54 090   C. 54 130   D. 54 220

8.企业的某项固定资产原价为2 000万元,采用年限平均法计提折旧,使用寿命为10年,预计净残值为0,在第4个折旧年度年末企业对该项固定资产的某一主要部件进行更换,发生支出合计1 000万元,符合准则规定的固定资产确认条件,被更换的部件的原价为800万元。固定资产更新改造后的原价为(　　)万元。

  A. 2 200   B. 1 720   C. 1 200   D. 1 400

二、多项选择题

1.下列关于固定资产折旧的表述中,正确的有(　　)。

  A. 季节性停用的固定资产应当计提折旧

  B. 日常修理停用的固定资产应当计提折旧

  C. 固定资产转入在建工程后应计提折旧

  D. 提前报废的固定资产应补提折旧

2.下列在固定资产达到预定可使用状态前发生的支出中,构成固定资产成本的有(　　)。

  A. 资本化的借款费用

  B. 分期付款的款项中包含的利息部分

  C. 特殊行业的预计弃置费用

  D. 直接发生的专门借款辅助费用

3.下列各项中,影响固定资产折旧的因素有(　　)。

  A. 固定资产原价   B. 固定资产的预计使用寿命

  C. 固定资产预计净残值   D. 已计提的固定资产减值准备

4.下列固定资产中,企业应当计提折旧且计入"管理费用"科目的有(　　)。

  A. 以经营租赁方式租出的机器设备   B. 未使用的厂房

  C. 行政管理部门使用的办公设备   D. 销售部门的办公设备

5.下列关于固定资产的会计处理中,正确的有(　　)。

  A. 出售固定资产的利得或损失,计入资产处置损益

  B. 固定资产报废及毁损的净损失,计入营业外支出

  C. 固定资产盘亏造成的净损失,计入营业外支出

D. 固定资产盘盈,计入以前年度损益调整

三、综合分析题

1. 甲公司为增值税一般纳税人,购入一台需要安装的生产用设备,买价为 100 万元,进项税额为 13 万元,装卸费 8 万元,安装领用原材料 20 万元,领用成本为 30 万元的产品,设备达到预定可使用状态。

要求:编制相关的会计分录。

2. 甲公司年初购入一台需要安装的大型机器设备,采用分期付款方式支付价款。该设备不含税价款 6 000 万元,分 6 期平均支付,首期款项于年初支付,其余款项每年年末支付。支付款项时收到增值税发票。支付运杂费 260 万元,支付安装费 360 万元。年末,设备达到预定可使用状态。甲公司如期支付款项。假定折现率为 10%,增值税税率为 13%。

要求:编制前两年的会计分录[(P/A,10%,5)=3.790 8]。

3. 甲公司出售一台设备,开出增值税发票,价款为 300 万元,销项税额为 39 万元,存入银行。出售时该设备原价为 460 万元,累计已计提折旧 50 万元,已计提减值准备 10 万元,账面价值为 400 万元。在清理的过程中,以银行存款支付清理费用 10 万元。假定不考虑其他税费。

要求:编制相关的会计分录。

4. 甲公司对其两年前购入的机器设备进行改扩建。购入时的原价是 5 000 万元,预计使用年限是 5 年,预计净残值率为 10%,采用年数总和法计提折旧。领用原材料 500 万元,领用成本为 600 万元的产品。该项改扩建工程不久完工。

要求:编制相关的会计分录。

5. 甲公司的一台设备,原价为 102 万元,折旧期 4 年,预计净残值为 2 万元。

要求:分别采用双倍余额递减法和年数总和法计算每年的折旧。

四、简述题

比较固定资产的折旧方法。

第四章 无形资产

学 习 目 标

通过本章学习,了解无形资产的概念及分类,熟悉内部研究开发费用的确认和计量,掌握无形资产的后续计量和处置的会计处理。

第一节 无形资产的确认和初始计量

一、无形资产的定义与特征

(一)无形资产的定义

无形资产是指企业拥有或者控制的没有实物形态的可辨认非货币性资产。

(二)无形资产的特征

1. 由企业拥有或者控制并能为其带来未来经济利益的资源

预计能为企业带来未来经济利益是作为一项资产的本质特征,无形资产也不例外。通常情况下,企业拥有或者控制的无形资产应当拥有其所有权并且能够为企业带来未来经济利益。但在某些情况下并不需要企业拥有其所有权,如果企业有权获得某项无形资产产生的经济利益,同时又能约束其他人获得这些经济利益,则说明企业控制了该无形资产,或者说控制了该无形资产产生的经济利益,具体表现为企业拥有该无形资产的法定所有权或者使用权并受法律的保护。比如,企业自行研制的技术通过申请依法取得专利权后,在一定期限内拥有了该专利技术的法定所有权。又比如,企业与其他企业签订合约转让商标权,由于合约的签订,使商标使用权转让方的相关权利受到法律的保护。

2. 无形资产不具有实物形态

无形资产通常表现为某种权利、某项技术或是某种获取超额利润的综合能力。它们不具有实物形态,看不见,摸不着,如土地使用权、非专利技术等。无形资产为企业带来经济利益的方式与固定资产不同,固定资产是通过实物价值的磨损和转移来为企业带来未来经济利益,而无形资产很大程度上是通过自身所具有的技术等优势为企业带来未来经济利益,不具有实物形态是无形资产区别于其他资产的特征之一。

需要指出的是,某些无形资产的存在有赖于实物载体。比如,计算机软件需要存储在介质中。但这并不改变无形资产本身不具有实物形态的特性。在确定一项包含无形和有形要素的资产是属于固定资产还是属于无形资产时,需要通过判断来加以确定,通常以哪个要素更重要作为判断的依据。例如,计算机控制的机械工具没有特定计算机软件就不能运行时,则说明该软件是构成相关硬件不可缺少的组成部分,该软件应作为固定资产处理;如果计算机软件不是相关硬件不可缺少的组成部分,则该软件应作为无形资产核算。无论是否存在实物载体,只要将一项资产归类为无形资产,则不具有实物形态仍然是无形资产的特征之一。

3. 无形资产具有可辨认性

要作为无形资产进行核算,该资产必须是能够区别于其他资产可单独辨认的,如企业持有的专利权、非专利技术、商标权、土地使用权、特许权等。商誉不具有可辨认性,也是没有实物形态的非货币性资产,但不构成无形资产。

符合以下条件之一的,则认为其具有可辨认性:

(1) 能够从企业中分离或者划分出来,并能单独用于出售或转让等,而不需要同时处置在同一获利活动中的其他资产,则说明无形资产可以辨认。某些情况下无形资产可能需要与有关的合同一起用于出售、转让等,这种情况下也视为可辨认无形资产。

(2) 产生于合同性权利或其他法定权利,无论这些权利是否可以从企业或其他权利和义务中转移或者分离。如一方通过与另一方签订特许权合同而获得的特许使用权,通过法律程序申请获得的商标权、专利权等。

如果企业有权获得一项无形资产产生的未来经济利益,并能约束其他方获取这些利益,则表明企业控制了该项无形资产。例如,对于会产生经济利益的技术知识,若其受到版权、贸易协议约束(如果允许)等法定权利或雇员保密法定职责的保护,那么说明该企业控制了相关利益。客户关系、人力资源等,由于企业无法控制其带来的未来经济利益,不符合无形资产的定义,不应将其确认为无形资产。内部产生的品牌、报刊名、刊头、客户名单和实质上类似项目的支出不能与整个业务开发成本区分开来。因此,这类项目不应确认为无形资产。

4. 无形资产属于非货币性资产

非货币性资产,是指企业持有的货币资金和将以固定或可确定的金额收取的资产以外的其他资产。无形资产由于没有发达的交易市场,一般不容易转化成现金,在持有过程中为企业带来未来经济利益的情况不确定,不属于以固定或可确定的金额收取的资产,属于非货币性资产。货币性资产主要有现金、银行存款、应收账款、应收票据和短期有价证券等,它们的共同特点是直接表现为固定的货币数额,或在将来收到一定货币数额的权利。应收款项等资产也没有实物形态,其与无形资产的区别在于无形资产属于非货币性资产,而应收款项等资产则不属于非货币性资产。另外,虽然固定资产也属于非货币性资产,但其为企业带来经济利益的方式与无形资产不同,固定资产是通过实物价值的磨损和转移来为企业带来未来经济利益,而无形资产很大程度上是通过某些权利、技术等优势为企业带来未来经济利益。

二、无形资产的内容

无形资产通常包括专利权、非专利技术、商标权、著作权、特许权、土地使用权等。

(一) 专利权

专利权,是指国家专利主管机关依法授予发明创造专利申请人,对其发明创造在法定期限内所享有的专有权利,包括发明专利权、实用新型专利权和外观设计专利权。发明专利权的期限为 20 年,实用新型专利权和外观设计专利权的期限为 10 年,均自申请日起计算。

(二) 非专利技术

非专利技术,也称专有技术,指不为外界所知、在生产经营活动中已采用的、不享有法律保护的、可以带来经济效益的各种技术和诀窍。非专利技术一般包括工业专有技术、商业贸易专有技术、管理专有技术等。非专利技术并不是专利法的保护对象,非专利技术用自我保密的方式来维持其独占性,具有经济性、机密性和动态性等特点。

(三) 商标权

商标是用来辨认特定的商品或劳务的标记。商标权指专门在某类指定的商品或产品上使用特定的名称或图案的权利。经商标局核准注册的商标为注册商标,包括商品商标、服务商标、集体商标和证明商标;商标注册人享有商标专用权,受法律保护。注册商标的有效期为 10 年,自核准注册之日起计算。注册商标有效期满,需要继续使用的,应当在期满前 6 个月内申请续展注册;在此期间未能提出申请的,可以给予 6 个月的宽展期。宽展期满仍未提出申请的,注销其注册商标。每次续展注册的有效期为 10 年。

(四) 著作权

著作权又称版权,指作者对其创作的文学、科学和艺术作品依法享有的某些特殊权利。著作权包括作品署名权、发表权、修改权和保护作品完整权,还包括复制权、发行权、出租权、展览权、表演权、放映权、广播权、信息网络传播权、摄制权、改编权、翻译权、汇编权以及应当由著作权人享有的其他权利。著作权人包括作者和其他依法享有著作权的公民、法人或者其他组织。著作权属于作者,创作作品的公民是作者。由法人或者其他组织主持,代表法人或者其他组织意志创作,并由法人或者其他组织承担责任的作品,法人或者其他组织视为作者。作者的署名权、修改权、保护作品完整权的保护期不受限制。公民的作品,其发表权、复制权、发行权、出租权、展览权、表演权、放映权、广播权、信息网络传播权、摄制权、改编权、翻译权、汇编权以及应当由著作权人享有的其他权利的保护期,为作者终生及其死亡后 50 年,截至作者死亡后第 50 年的 12 月 31 日;如果是合作作品,截至最后死亡的作者死亡后第 50 年的 12 月 31 日。

(五) 特许权

特许权,又称经营特许权、专营权,指企业在某一地区经营或销售某种特定商品的权利或是一家企业接受另一家企业使用其商标、商号、技术秘密等的权利。通常有两种形式,一种是由政府机构授权,准许企业使用或在一定地区享有经营某种业务的特权,如水、电、邮电通信等专营权,烟草专卖权等;另一种指企业间依照签订的合同,有限期或无限期使用另一家企业的某些权利,如连锁店分店使用总店的名称等。通常在特许权转让合同中规定了特许权转让的期限、转让人和受让人的权利和义务。转让人一般要向受让人提供商标、商号等使用权,传授专有技术,并负责培训营业人员,提供经营所必需的设备和特殊原料。受让人则需要向转让人支付取得特许权的费用,开业后则按营业收入的一定比例或其他计算方法支付享用特许权费用。

(六) 土地使用权

土地使用权,指国家准许某企业在一定期间内对国有土地享有开发、利用、经营的权利。根据我国土地管理法的规定,我国土地实行公有制,任何单位和个人不得侵占、买卖或者以其他形式非法转让。企业取得土地使用权的方式大致有行政划拨取得、外购取得(如以缴纳土地出让金方式取得）及投资者投资取得几种。通常情况下，以缴纳土地出让金等方式外购的土地使用权、投资者投入等方式取得的土地使用权，作为无形资产或者存货核算。

三、无形资产的确认条件

无形资产应当在符合定义的前提下，同时满足以下两个确认条件时，才能予以确认。

（一）与该资产有关的经济利益很可能流入企业

作为无形资产确认的项目，必须具备产生的经济利益很可能流入企业。通常情况下，无形资产产生的未来经济利益可能包括在销售商品、提供劳务的收入中，或者企业使用该项无形资产而减少或节约的成本中，或体现在获得的其他利益中。例如，生产加工企业在生产工序中使用了某种知识产权，使其降低了未来生产成本，而不是增加未来收入。实务中，要确定无形资产创造的经济利益是否很可能流入企业，需要实施职业判断。在实施这种判断时，需要对无形资产在预计使用寿命内可能存在的各种经济因素做出合理估计，并且应当有明确的证据支持，比如，企业是否有足够的人力资源、高素质的管理队伍、相关的硬件设备、相关的原材料等来配合无形资产为企业创造经济利益。同时，更为重要的是关注一些外界因素的影响，比如是否存在相关的新技术、新产品冲击与无形资产相关的技术或据其生产的产品的市场等。在实施判断时，企业的管理当局应对无形资产的预计使用寿命内存在的各种因素做出最稳健的估计。

（二）该无形资产的成本能够可靠地计量

成本能够可靠地计量是资产确认的一项基本条件。对于无形资产来说，这个条件相对更为重要。比如，企业内部产生的品牌、报刊名等，因其成本无法可靠计量，不作为无形资产确认。又比如，一些高新科技企业的科技人才，假定其与企业签订了服务合同，且合同规定其在一定期限内不能为其他企业提供服务。在这种情况下，虽然这些科技人才的知识在规定的期限内预期能够为企业创造经济利益，但由于这些技术人才的知识难以辨认，且形成这些知识所发生的支出难以计量，因而不能作为企业的无形资产加以确认。

四、无形资产的初始计量

无形资产通常是按实际成本计量，即以取得无形资产并使之达到预定用途而发生的全部支出，作为无形资产的成本。对于不同来源取得的无形资产，其初始成本构成也不尽相同。

为了核算无形资产的取得、摊销和减值等情况，企业应当设置"无形资产""研发支出""累计摊销""无形资产减值准备"等科目。

（一）外购的无形资产成本

外购的无形资产，应按其取得成本进行初始计量。外购的无形资产，其成本包括购买价款、相关税费以及直接归属于使该项资产达到预定用途所发生的其他支出。其中，直接归属于使该项资产达到预定用途所发生的其他支出包括使无形资产达到预定用途所发生的专业服务费用、测试无形资产是否能够正常发挥作用的费用等。为引入新产品进行宣传发生的广告费、管理费用及其他间接费用，无形资产已经达到预定用途以后发生的费用，不构成无形资产的成本。在形成预定经济规模之前发生的初始运作损失，以及在无形资产达到预定用途之前发生的其他经营活动的支出，如果该经营活动并非是为使无形资产达到预定用途所必不可少的，有关经营活动的支出应于发生时计入当期损益,不构成无形资产的成本。

企业外购方式取得无形资产,应按增值税专用发票注明的价款,借记"无形资产"科目,按增值税专用发票注明的增值税税额,借记"应交税费——应交增值税(进项税额)"科目,贷记"银行存款""应付账款"等科目。如果购入的无形资产超过正常信用条件延期支付价款,实质上具有融资性质的,应按所取得无形资产购买价款的现值计量其成本,现值与应付价款之间的差额作为未确认的融资费用,在付款期间内按照实际利率法确认为利息费用。

企业取得的土地使用权,通常应当按取得时所支付的价款及相关税费确认为无形资产。土地使用权用于自行开发建造厂房等地上建筑物时,土地使用权的账面价值不与地上建筑物合并计算其成本,而仍作为无形资产进行核算,土地使用权与地上建筑物分别进行摊销和提取折旧。但下列情况除外,房地产开发企业取得的土地使用权用于建造对外出售的房屋建筑物,相关的土地使用权应当计入所建造的房屋建筑物成本;企业外购的房屋建筑物,实际支付的价款中包括土地以及建筑物的价值,则应当对支付的价款按照合理的方法在土地和地上建筑物之间进行分配;如果确实无法在地上建筑物与土地使用权之间进行合理分配的,应当全部作为固定资产,按照固定资产确认和计量的规定进行处理。企业取得的土地使用权通常应确认为无形资产,但改变土地使用权的用途,用于出租或增值目的时,应当将其转为投资性房地产。房地产公司购买用于建造商品房的土地计入开发成本。

【例 4-1】 A 公司年初购入一块土地的使用权,以银行存款转账支付 8 000 万元,并在该土地上自行建造厂房等工程,领用工程物资 12 000 万元,工资费用 8 000 万元,其他相关费用 10 000 万元等。该工程已经完工并达到预定可使用状态。假定土地使用权的使用年限为 50 年,该厂房的使用年限为 25 年,两者都没有净残值,都采用直线法进行摊销和计提折旧。为简化核算,不考虑其他相关税费。A 公司的账务处理如下:

(1)支付转让价款。

借:无形资产	80 000 000	
贷:银行存款		80 000 000

(2)在土地上自行建造厂房。

借:在建工程	300 000 000	
贷:工程物资		120 000 000
应付职工薪酬		80 000 000
银行存款		100 000 000

(3)厂房达到预定可使用状态。

借:固定资产	300 000 000	
贷:在建工程		300 000 000

(4)每年分别摊销和计提折旧。

借:管理费用	1 600 000	
贷:累计摊销		1 600 000
借:制造费用	12 000 000	
贷:累计折旧		12 000 000

(二)投资者投入的无形资产成本

投资者投入的无形资产成本,应当按照投资合同或协议约定的价值确定无形资产的取得成本。如果投资合同或协议约定价值不公允的,应按无形资产的公允价值作为无形资产初始成本入账。

(三) 通过非货币性资产交换、债务重组、政府补助、企业合并等方式取得的无形资产成本

企业通过非货币性资产交换、债务重组、政府补助、企业合并等方式取得的无形资产,其成本应当分别按照相关准则的规定确定。

第二节 内部研究开发支出的确认和计量

通常情况下,企业自创商誉以及企业内部产生的无形资产不确认为无形资产,如企业内部产生的品牌、报刊名等。但是,研究与开发费用是否形成无形资产存在不确定性因素,因此,研究与开发活动发生的费用,除了要遵循无形资产确认和初始计量的一般要求外,还需要满足其他特定的条件,才能够确定为一项无形资产。首先,为评价内部产生的无形资产是否满足确认标准,企业应当将资产的形成过程分为研究阶段与开发阶段两部分;其次,对于开发过程中发生的费用,在符合一定条件的情况下,才可确认为一项无形资产。在实务工作中,具体划分研究阶段与开发阶段,以及是否符合资本化的条件,应当根据企业的实际情况及相关信息予以判断。

一、研究与开发阶段的区分

对于企业自行进行的研究开发项目,应当区分研究阶段与开发阶段分别进行核算。

(一) 研究阶段

研究阶段是指为获取并理解新的科学或技术知识而进行的独创性的有计划的调查。研究活动的例子包括为获取知识而进行的活动,研究成果或其他知识的应用研究、评价和最终选择,材料、设备、产品、工序、系统或服务替代品的研究,新的或经改进的材料、设备、产品、工序、系统或服务的可能替代品的配制、设计、评价和最终选择等。

研究阶段的特点在于:

(1) 计划性。研究阶段建立在有计划的调查基础上,即研发项目已经董事会或者相关管理层的批准,并着手收集相关资料、进行市场调查等。

(2) 探索性。研究阶段基本上是探索性的,为进一步的开发活动进行资料及相关方面的准备,在这一阶段不会形成阶段性成果。

从研究活动的特点看,其研究是否能在未来形成成果,即通过开发后是否会形成无形资产具有很大的不确定性,企业也无法证明其能够带来未来经济利益的无形资产的存在,因此,研究阶段的有关支出在发生时,应当予以费用化计入当期损益。

(二) 开发阶段

开发阶段是指在进行商业性生产或使用前,将研究成果或其他知识应用于某项计划或设计,以生产出新的或具有实质性改进的材料、装置、产品等。开发活动的例子包括生产前或使用前的原型和模型的设计、建造和测试,含新技术的工具、夹具、模具和冲模的设计,不具有商业性生产经济规模的试生产设施的设计、建造和运营,新的或经改造的材料、设备、产品、工序、系统或服务所选定的替代品的设计、建造和测试等。

开发阶段的特点在于:

(1) 具有针对性。开发阶段建立在研究阶段基础上,因而对项目的开发具有针对性。

(2) 形成成果的可能性较大。进入开发阶段的研发项目往往形成成果的可能性较大。

由于开发阶段相对于研究阶段更进一步,相对于研究阶段来讲,进入开发阶段,则很大程度上形成一项新产品或新技术的基本条件已经具备,此时如果企业能够证明满足无形资产的定义及相关确认条件,所发生的开发支出可资本化,确认为无形资产的成本。

(三) 研究阶段与开发阶段的不同点

(1) 目标不同。研究阶段一般目标不具体,不具有针对性;而开发阶段多是针对具体目标、产品、工艺等。

(2) 对象不同。研究阶段一般很难具体化到特定项目上;而开发阶段往往形成对象化的成果。

(3) 风险不同。研究阶段的成功概率很难判断,一般成功率很低,风险比较大;而开发阶段的成功率比较高,风险相对较小。

(4) 结果不同。研究阶段的结果多是研究报告等基础性成果;而开发阶段的结果则多是具体的新技术、新产品等。

二、开发阶段有关支出资本化的条件

企业内部研究开发项目开发阶段的支出,同时满足下列条件的,才能确认为无形资产:

(1) 完成该无形资产以使其能够使用或出售在技术上具有可行性。企业在判断无形资产的开发在技术上是否具有可行性时,应当以目前阶段的成果为基础,并提供相关证据和材料,证明企业进行开发所必需的技术条件等已经具备,不存在技术上的障碍或其他不确定性。

(2) 具有完成该无形资产并使用或出售的意图。企业研发项目形成成果以后,是对外出售,还是使自己使用并从使用中获得经济利益,应当由企业管理层的意图而定。企业管理层应当能够说明其开发无形资产的目的,并具有完成该项无形资产开发并使其能够使用或出售的可能性。

(3) 无形资产产生经济利益的方式,包括能够证明运用该无形资产生产的产品存在市场或无形资产自身存在市场,无形资产将在内部使用的,应当证明其有用性。如果有关的无形资产在形成以后,主要是用于生产新产品或新工艺的,企业应当对运用该无形资产生产的产品市场情况进行估计,应能够证明所生产的产品存在市场,并能够带来经济利益的流入;如果有关的无形资产开发以后主要是用于对外出售的,则企业应能够证明市场上存在对该类无形资产的需求,其开发以后存在外在的市场可以出售并能够带来经济利益的流入;如果无形资产开发以后,不是用于生产产品,也不是用于对外出售,而是在企业内部使用的,则企业应能够证明在企业内部使用时对企业的有用性。

(4) 有足够的技术、财务资源和其他资源支持,以完成该无形资产的开发,并有能力使用或出售该无形资产。这一条件主要包括:① 为完成该项无形资产的开发具有技术上的可靠性。开发无形资产并使其形成成果在技术上的可靠性,是继续开发活动的关键。因此,必须有确凿证据证明企业继续开发该项无形资产有足够的技术支持和技术能力。② 财务资源和其他资源支持。财务和其他资源支持是能够完成该项无形资产开发的经济基础,因此,企业必须能够证明可以取得无形资产开发所必需的财务和其他资源,以及获得这些资源的相关计划。③ 能够证明企业可以取得无形资产开发所必需的技术、财务和其他资源,以及获得这些资源的相关计划等。如企业自有资金不足以提供支持的,应当能够证明存在外部其他方面的资金支持,如银行等金融机构声明愿意为该无形资产的开发提供所需资金等。④ 有能力使用或出售该项无形资产以取得收益。

(5)归属于该无形资产开发阶段的支出能够可靠地计量。企业对于开发活动所发生的支出应单独核算,如直接发生的开发人员的薪酬、材料费以及相关设备折旧费等。在企业同时从事多项开发活动的情况下,所发生的支出同时用于支持多项开发活动的,应按照合理的标准在各项开发活动之间进行分配;无法合理分配的,应予费用化计入当期损益,不计入开发活动的成本。

三、内部开发的无形资产的计量

内部开发活动形成的无形资产的成本,由可直接归属于该资产的创造、生产并使该资产能够以管理层预定的方式运作的所有必要支出组成。可直接归属成本包括开发该无形资产时耗费的材料、劳务成本、注册费,在开发该无形资产过程中使用的其他专利权和特许权的摊销,按照借款费用的处理原则可以资本化的利息费用等。在开发无形资产过程中发生的,除上述可直接归属于无形资产开发活动之外的其他销售费用、管理费用等间接费用,无形资产达到预定用途前发生的可辨认的无效和初始运作损失,为运行该无形资产发生的培训支出等不构成无形资产的开发成本。

内部开发无形资产的成本仅包括在满足资本化条件的时点至无形资产达到预定用途前发生的支出总和,对于同一项无形资产在开发过程中达到资本化条件之前已经费用化计入当期损益的支出,不再进行调整。

四、内部研究开发费用的会计处理

企业内部研究开发无形资产,研究阶段的支出全部费用化,应当于发生时计入当期损益(管理费用);开发阶段的支出符合资本化条件时列入无形资产的成本,否则计入发生当期的损益(管理费用)。如果确实无法区分研究阶段的支出和开发阶段的支出,应将其所发生的研发支出全部费用化,计入当期损益。

企业设置"研发支出"科目核算企业进行研究与开发无形资产过程中发生的各项支出,分别设置"费用化支出""资本化支出"明细科目进行明细核算。研发支出属于成本类的科目。

企业自行开发无形资产发生的研发支出,不满足资本化条件的,借记"研发支出——费用化支出"科目,满足资本化条件的,借记"研发支出——资本化支出"科目,贷记"原材料""银行存款""应付职工薪酬"等科目。

期末,应将不符合资本化条件的研发支出转入当期管理费用,借记"管理费用"科目,贷记"研发支出——费用化支出"科目;将符合资本化条件但尚未完成的开发费用继续保留在"研发支出"科目中,待开发项目达到预定用途形成无形资产时,再将其发生的实际成本转入无形资产,借记"无形资产"科目,贷记"研发支出——资本化支出"科目。

企业以其他方式取得的正在进行中的研发项目,应按确定的金额,借记"研发支出——资本化支出"科目,贷记"银行存款"等科目。以后发生的研发支出,应当比照上述原则进行会计处理。

【例4-2】 2021年1月1日,甲公司的董事会批准研发某项新型技术,该公司董事会认为,研发该项目具有可靠的技术和财务等资源的支持,并且一旦研发成功将降低该公司的生产成本。研发过程中所发生的直接相关的必要支出情况如下:

(1)2021年发生材料费用900万元,人工费用450万元,计提专用设备折旧75万元,其他费用300万元,总计1 725万元,其中,符合资本化条件的支出为750万元。

(2)2022年1月发生材料费用80万元,人工费用50万元,计提专用设备折旧5万元,其他费用2万元,总计137万元。1月31日,该项新型技术研发成功并达到预定用途。

甲公司的账务处理如下:

(1)2021年发生研发支出时。

借:研发支出——费用化支出　　　　　　　　　　　　　　　9 750 000
　　　　　　——资本化支出　　　　　　　　　　　　　　　7 500 000
　　贷:原材料　　　　　　　　　　　　　　　　　　　　　　9 000 000
　　　　应付职工薪酬　　　　　　　　　　　　　　　　　　　4 500 000
　　　　累计折旧　　　　　　　　　　　　　　　　　　　　　　750 000
　　　　银行存款　　　　　　　　　　　　　　　　　　　　　3 000 000

(2)2021年12月31日,将不符合资本化条件的研发支出转入当期管理费用时。

借:管理费用——研究费用　　　　　　　　　　　　　　　　9 750 000
　　贷:研发支出——费用化支出　　　　　　　　　　　　　　9 750 000

(3)2022年1月份发生研发支出时。

借:研发支出——资本化支出　　　　　　　　　　　　　　　1 370 000
　　贷:原材料　　　　　　　　　　　　　　　　　　　　　　　800 000
　　　　应付职工薪酬　　　　　　　　　　　　　　　　　　　　500 000
　　　　累计折旧　　　　　　　　　　　　　　　　　　　　　　50 000
　　　　银行存款　　　　　　　　　　　　　　　　　　　　　　20 000

(4)2022年1月31日,该项新型技术已经达到预定用途时。

借:无形资产　　　　　　　　　　　　　　　　　　　　　　8 870 000
　　贷:研发支出——资本化支出　　　　　　　　　　　　　　8 870 000

第三节　无形资产的后续计量

一、无形资产后续计量的原则

无形资产包括使用寿命确定的无形资产和使用寿命不确定的无形资产。只有使用寿命有限的无形资产才需要在估计的使用寿命内采用系统合理的方法进行摊销,使用寿命有限的无形资产即使用寿命可确定的无形资产。无形资产初始确认和计量后,在其后使用该项无形资产期间内,应以成本减去累计摊销额和累计减值损失后的余额计量。对于使用寿命不确定的无形资产则不需要摊销,应于每期期末按规定进行减值测试。

(一) 估计无形资产使用寿命应考虑的因素

企业应当于取得无形资产时分析判断其使用寿命。无形资产的使用寿命如为有限的,应当估计该使用寿命的年限或者构成使用寿命的产量等类似计量单位数量;无法预见无形资产为企业带来未来经济利益期限的,应当视为使用寿命不确定的无形资产。

估计无形资产的使用寿命应当考虑的主要因素如下:

(1) 运用该资产生产的产品通常的寿命周期、可获得的类似资产使用寿命的信息;

(2) 技术、工艺等方面的现实情况及对未来发展的估计;

(3) 以该资产生产的产品或提供的服务的市场需求情况;

(4) 现在或潜在的竞争者预期将采取的行动;

(5) 为维持该资产产生未来经济利益的能力预期的维护支出,以及企业预计支付有关支出的能力;

(6) 对该资产的控制期限,以及对该资产使用的法律或类似限制,如特许使用期间、租赁期等。

(7) 与企业持有的其他资产使用寿命的关联性等。

(二) 无形资产使用寿命的确定

某些无形资产的取得源自合同性权利或其他法定权利,其使用寿命通常不应超过合同性权利或其他法定权利的期限。但如果企业使用资产的预期期限短于合同性权利或其他法定权利规定的期限的,则应当按照企业预期使用的期限来确定其使用寿命。如果合同性权利或其他法定权利能够在到期时因续约等延续,则仅当有证据表明企业续约不需要付出重大成本时,续约期才能够包括在使用寿命的估计中。下列情况下,一般说明企业无须付出重大成本即可延续合同性权利或其他法定权利:有证据表明合同性权利或法定权利将被重新延续,如果在延续之前需要第三方同意,则还需有第三方将会同意的证据;有证据表明为获得重新延续所必需的所有条件将被满足,以及企业为延续持有无形资产所付出的成本相对于预期从重新延续中流入企业的未来经济利益不具有重要性。如果企业为延续无形资产持有期间而付出的成本与预期从重新延续中流入企业的未来经济利益相比具有重要性,则从本质上来看是企业获得的一项新的无形资产。

没有明确的合同或法律规定无形资产的使用寿命的,企业应当综合各方面因素判断,如果经过这些努力仍确实无法合理确定无形资产为企业带来经济利益的期限的,才能将其作为使用寿命不确定的无形资产。例如,企业通过公开拍卖取得一项出租车运营许可,按照所在地的规定,以现有出租车运营许可权为限,不再授予新的运营许可权,而且在旧的出租车报废以后,有关的运营许可权可用于新的出租车。企业估计在有限的未来,将持续经营出租车行业。对于该运营许可权,由于其能为企业带来未来经济利益的期限从目前情况来看,无法可靠地估计,因而应将其视为使用寿命不确定的无形资产。

(三) 无形资产使用寿命的复核

企业至少应当于每年年度终了,对使用寿命有限的无形资产的使用寿命及摊销方法进行复核。如果有证据表明无形资产的使用寿命及摊销方法与以前估计不同的,应当改变其摊销年限及摊销方法,并按照会计估计变更进行处理。对使用寿命不确定的无形资产,如果有证据表明该无形资产的使用寿命是有限的,则应视为会计估计变更,应当估计其使用寿命并按照关于使用寿命有限的无形资产的处理原则进行处理。

二、使用寿命有限的无形资产

使用寿命有限的无形资产,应在其预计的使用寿命内采用系统合理的方法对应摊销金额进行摊销。无形资产的应摊销金额,是指其成本扣除预计残值后的金额。已计提减值准备的无形资产,还应扣除已计提的无形资产减值准备累计金额。使用寿命有限的无形资产,其残值一般视为零。

(一) 残值的确定

无形资产的残值一般为零,但下列情况除外:

(1) 有第三方承诺在无形资产使用寿命结束时购买该无形资产;

(2) 可以根据活跃市场得到预计残值信息,并且该市场在无形资产使用寿命结束时很可能存在。

无形资产的残值,意味着在其经济寿命结束之前,企业预计将会处置该无形资产,并且从该处置中获得利益。估计无形资产的残值应以资产处置时的可收回金额为基础,此时的可收回金额是指在预计出售日,出售一项使用寿命已满且处于类似使用状况下,同类无形资产预计的处置价格(扣除相关税费)。残值确定以后,在持有无形资产的期间内,至少应于每年年末进行复核,预计其残值与原估计金额不同的,应按照会计估计变更进行处理。如果无形资产的残值重新估计以后高于其账面价值的,则无形资产不再摊销,直至残值降至低于账面价值时再恢复摊销。

(二) 摊销期和摊销方法

无形资产的摊销期自其可供使用(即其达到预定用途)时起至终止确认时止。当月增加的无形资产,当月开始摊销;当月减少的无形资产当月不再摊销。

企业选择的无形资产摊销方法,应当能够反映与该项无形资产有关的经济利益的预期消耗方式,并一致地运用于不同会计期间。企业通常不应以包括使用无形资产在内的经济活动所产生的收入为基础进行摊销,极其有限的情况除外。无形资产的摊销方法包括直线法、产量法、加速摊销法等。例如,受技术陈旧因素影响较大的专利权和专有技术等无形资产,可采用类似固定资产加速折旧的方法进行摊销;有特定产量限制的特许经营权或专利权,应采用产量法进行摊销。无法可靠确定其预期消耗方式的,应当采用直线法进行摊销。

持有待售的无形资产不进行摊销,按照账面价值与公允价值减去出售费用后的净额孰低进行计量。

(三) 使用寿命有限的无形资产摊销的账务处理

使用寿命有限的无形资产摊销时,应当考虑该项无形资产所服务的对象,并以此为基础将其摊销价值计入相关资产的成本或者当期损益。无形资产的摊销金额一般应计入当期损益(管理费用、其他业务成本等),但如果某项无形资产是专门用于生产某种产品或其他资产的,其所包含的经济利益是通过转入所生产的产品或其他资产中实现的,则该无形资产的摊销金额应当计入相关资产的成本。例如,一项专门用于生产某种产品的专利技术,其摊销金额应构成所生产产品成本的一部分,计入该产品的制造费用。

【例4-3】 2021年1月1日,A公司从外单位购得一项非专利技术,支付价款5 000万元,估计使用寿命为10年,该项非专利技术用于产品生产;同时购入一项商标权,支付价款3 000万元,估计使用寿命为15年。无形资产的净残值均为零,并按直线法摊销。

A公司外购的非专利技术用于产品生产,因此,应当将其摊销金额计入相关产品的制造成本。A公司外购的商标权的摊销金额通常直接计入当期管理费用。

A公司的账务处理如下:

(1)取得无形资产时。

借:无形资产——非专利技术	50 000 000
——商标权	30 000 000
贷:银行存款	80 000 000

(2)按年摊销时。

借:制造费用——非专利技术	5 000 000
管理费用——商标权	2 000 000
贷:累计摊销	7 000 000

如果A公司2022年12月31日根据科学技术发展的趋势判断,2021年购入的该项非专利技术在4年后将被淘汰,不能再为企业带来经济利益,决定对其再使用4年后不再使用。为此,A公司应当在2022年12月31日据此变更该项非专利技术的估计使用寿命,并按会计估计变更进行处理。

2022年年底该项无形资产累计摊销金额为1 000万元(=500×2),2023年该项无形资产的摊销金额为1 000万元[=(5 000-1 000)÷4]。

A公司2023年对该项非专利技术按年摊销的账务处理如下:

借:制造费用——非专利技术	10 000 000
贷:累计摊销	10 000 000

三、使用寿命不确定的无形资产

根据可获得的相关信息判断,有确凿证据表明无法合理估计其使用寿命的无形资产,应作为使用寿命不确定的无形资产。对于使用寿命不确定的无形资产,在持有期间内不需要进行摊销,但应当至少在每年年度终了按照《企业会计准则第8号——资产减值》的有关规定进行减值测试。如经减值测试表明已发生减值,则需要计提相应的减值准备,具体账务处理为:借记"资产减值损失"科目,贷记"无形资产减值准备"科目。资产减值损失一经确认,在以后会计期间不得转回。

【例4-4】 2021年1月1日,甲公司自行研发的某项非专利技术已经达到预定可使用状态,累计研究支出为80万元,累计开发支出为250万元(其中符合资本化条件的支出为200万元)。有关调查表明,根据产品生命周期、市场竞争等方面情况综合判断,该非专利技术将在不确定的期间内为企业带来经济利益。由此,该非专利技术可视为使用寿命不确定的无形资产,在持有期间内不需要进行摊销。年底测试未发生减值。

2022年年底,甲公司对该项非专利技术按照资产减值的原则进行减值测试,经测试表明其已发生减值。2022 年年底,该非专利技术的可收回金额为 180 万元。

甲公司的账务处理为:

(1) 2021 年 1 月 1 日,非专利技术达到预定用途。

借:无形资产——非专利技术　　　　　　　　　　　　　　　　2 000 000

　　贷:研发支出——资本化支出　　　　　　　　　　　　　　　　　2 000 000

(2) 2022 年 12 月 31 日,非专利技术发生减值。

借:资产减值损失——非专利技术(2 000 000-1 800 000)　　　　200 000

　　贷:无形资产减值准备——非专利技术　　　　　　　　　　　　　200 000

第四节　无形资产的处置

无形资产的处置,主要是指无形资产出租、转让、对外投资、债务重组、非货币性资产交换,或者是无法为企业带来未来经济利益时,应予终止确认并转销。

一、无形资产的出租

企业将所拥有的无形资产的使用权让渡给他人,并收取租金,属于与企业日常活动相关的其他经营活动取得的收入,在满足收入确认条件的情况下,应确认相关的收入及成本。让渡无形资产使用权而取得的租金收入,借记"银行存款"等科目,贷记"其他业务收入""应交税费——应交增值税(销项税额)"科目;摊销出租无形资产的成本,借记"其他业务成本"科目,贷记"累计摊销"科目。

【例 4-5】　A 企业年初将一项无形资产出租给 B 企业使用,该无形资产账面余额为 500 万元,摊销期限为 10 年,收到一年不含税租金 100 万元,增值税 6 万元。

A 企业的账务处理如下。

(1) 取得租金时:

借:银行存款　　　　　　　　　　　　　　　　　　　　　　　1 060 000

　　贷:其他业务收入　　　　　　　　　　　　　　　　　　　　　1 000 000

　　　　应交税费——应交增值税(销项税额)　　　　　　　　　　　　60 000

(2) 按年对该项无形资产进行摊销时。

借:其他业务成本　　　　　　　　　　　　　　　　　　　　　　500 000

　　贷:累计摊销　　　　　　　　　　　　　　　　　　　　　　　　500 000

二、无形资产的出售

企业出售、转让划归为持有待售类别的,按照持有待售非流动资产、处置组的相关规定进行会计处理,通过"持有待售资产"科目核算。未划归为持有待售类别,出售、转让无形资产,应将所取得的价款与该无形资产账面价值的差额作为资产处置利得或损失计入资产处置损益。

【例 4-6】　B 公司拥有某项无形资产的成本为 1 000 万元,已摊销金额为 500 万元,已计提的减值准备为 20 万元。公司于 1 月 1 日签订转让协议,5 月 1 日将该项无形资产出售给 C 公司,取得不含税价 600 万元,增值税税率 6%。B 公司账务处理如下:

借:持有待售资产   4 800 000

    累计摊销   5 000 000

    无形资产减值准备   200 000

    贷:无形资产   10 000 000

借:银行存款   6 360 000

    贷:持有待售资产   4 800 000

        应交税费——应交增值税(销项税额)   360 000

        资产处置损益   1 200 000

三、无形资产的报废

如果无形资产预期不能为企业带来未来经济利益,例如,该无形资产已被其他新技术所替代或超过法律保护期,不能再为企业带来经济利益的,则不再符合无形资产的定义,应将其报废并予以转销,其账面价值转作当期损益。转销时,应按已计提的累计摊销,借记"累计摊销"科目;按其账面余额,贷记"无形资产"科目;按其差额,借记"营业外支出"科目。已计提减值准备的,还应同时结转减值准备。

练 习 题

一、单项选择题

1. A公司4月2日以600万元外购一项专利权,法律剩余有效年限为11年,A公司估计该项专利权受益期限为8年。同日,某公司与A公司签订合同约定5年后以50万元购买该项专利权,采用直线法摊销,则A公司本年的摊销额为(　　)万元。

    A. 120   B. 110   C. 75   D. 82.5

2. 2021年12月31日,甲公司一项无形资产发生减值,预计可收回金额为360万元,该项无形资产为2017年1月1日购入,实际成本为1 000万元,摊销年限为10年,采用直线法摊销。计提减值准备后,该无形资产原摊销年限和摊销方法不变。2022年12月31日,该无形资产的账面价值为(　　)万元。

    A. 288   B. 72   C. 360   D. 500

3. 下列各项关于土地使用权会计处理的表述中,不正确的是(　　)。

    A. 为建造固定资产购入的土地使用权确认为固定资产

    B. 房地产开发企业为开发商品房购入的土地使用权确认为存货

    C. 用于出租的土地使用权及其地上建筑物一并确认为投资性房地产

    D. 如果确实无法区分研究阶段和开发阶段的支出,应将其计入当期损益

4. 某企业出售一项3年前取得的专利权,取得时的成本为20万元,按10年摊销,出售时取得不含增值税价款40万元,则出售该项专利权时影响当期的损益为(　　)万元。

    A. 24   B. 26   C. 15   D. 16

5. 下列有关无形资产会计处理的表述中,不正确的是(　　)。

    A. 自用的土地使用权应确认为无形资产

    B. 使用寿命不确定的无形资产应每年进行减值测试

C. 无形资产均应确定预计使用年限分期摊销

D. 内部研发项目研究阶段发生的支出不应确认为无形资产

6. 下列关于无形资产会计处理的表述中,正确的是(　　)。

　A. 将自创的商誉确认为无形资产

　B. 将已出售的无形资产的账面价值计入其他业务成本

　C. 将预期不能为企业带来经济利益的无形资产账面价值计入管理费用

　D. 将以支付土地出让金方式取得的自用土地使用权单独确认为无形资产

7. 下列有关无形资产的表述中,不正确的是(　　)。

　A. 无形资产当月购入,当月摊销

　B. 无形资产当月处置,当月不摊销

　C. 使用寿命有限的无形资产,均应当采用直线法摊销

　D. 无形资产的残值一般视为零

二、多项选择题

1. 下列关于无形资产的会计处理的表述中,正确的有(　　)。

　A. 研发过程中发生的所有支出均作为无形资产的入账价值

　B. 对于使用寿命不确定的无形资产,应当在每年年末进行减值测试

　C. 特殊情况除外,无形资产的残值一般为零

　D. 处置无形资产时,应当将处置利得或损失计入资产处置损益

2. 关于内部研究开发费用的确认和计量,下列说法中正确的有(　　)。

　A. 企业研究阶段的支出应全部费用化,计入当期损益

　B. 企业开发阶段的支出,符合资本化条件的应资本化

　C. 企业开发阶段的支出应全部费用化,计入当期损益

　D. 企业开发阶段的支出应全部资本化,计入无形资产成本

3. 下列有关无形资产会计处理的表述中,正确的有(　　)。

　A. 无形资产后续支出应当在发生时计入当期损益

　B. 不能为企业带来经济利益的无形资产的账面价值,应该全部转入营业外支出

　C. 企业自用的、使用寿命确定的无形资产的摊销金额,应该全部计入当期管理费用

　D. 使用寿命有限的无形资产应当在取得当月起开始摊销

三、综合分析题

1. 甲公司经董事会批准研发某项新产品专利技术,该公司董事会认为,研发该项目具有可靠的技术和财务等资源的支持,并且一旦研发成功将降低该公司生产产品的生产成本。该公司在研究开发过程中发生材料费 5 000 万元、人工工资 1 000 万元,以及其他费用 4 000 万元,总计 10 000 万元,其中,符合资本化条件的支出为 6 000 万元。年末,该专利技术已经达到预定用途。

要求:编制有关会计分录。

2. 甲公司年初以 120 万元购入一项专利权。法律规定该项专利权的有效限期为 15 年,公司认为该专利权具有竞争优势的有效年限为 8 年,采用年限平均法摊销。第 4 年年末对该项专利权进行减值测试,确定可收回金额为 40 万元,从第 5 年开始在剩余的 2 年内摊销完该项专利权价值。第 5 年年末甲公司出售该项专利权,价款 18 万元已存入银行。

要求:编制有关会计分录。

第五章 投资性房地产

学 习 目 标

通过本章学习,理解投资性房地产的范围、投资性房地产的初始计量,掌握投资性房地产的后续计量、投资性房地产后续计量模式的变更、投资性房地产的后续支出、投资性房地产的转换、投资性房地产的处置。

第一节 投资性房地产的特征与范围

一、投资性房地产的定义及特征

(一)投资性房地产的定义

房地产是土地和房屋及其权属的总称。在我国,土地归国家或集体所有,企业只能取得土地使用权。因此,房地产中的土地是指土地使用权;房屋是指土地上的房屋等建筑物及构筑物。投资性房地产,是指为赚取租金或资本增值,或者两者兼有而持有的房地产。

(二)投资性房地产的特征

1. 投资性房地产是一种经营性活动

投资性房地产的主要形式是出租建筑物、出租土地使用权,这实质上属于一种让渡资产使用权行为。房地产租金就是让渡资产使用权取得的使用费收入,是企业为完成其经营目标所从事的经营性活动,以及与之相关的其他活动形成的经济利益总流入。投资性房地产的另一种形式是持有并准备增值后转让的土地使用权,尽管其增值收益通常与市场供求、经济发展等因素相关,但目的是为了增值后转让以赚取增值收益,也是企业为完成其经营目标所从事的经营性活动以及与之相关的其他活动形成的经济利益总流入。

2. 投资性房地产有别于企业自用的房地产和房地产开发企业开发的房地产

企业自用的房地产是企业自用的厂房、办公楼等生产经营场所,企业应当将其作为固定资产或无形资产处理。作为存货的房地产是房地产开发企业销售的或为销售而正在开发的商品房和土地,是房地产企业的开发产品,应当作为存货处理。与自用房地产和作为存货的房地产相比,投资性房地产要么是让渡房地产使用权以赚取使用费收入,要么是持有并准备增值赚取增值收益,这使得投资性房地产在一定程度上具备了金融资产的属性,所以需要作为一项单独的资产予以确认、计量和列报。

在实务中,存在某项房地产部分自用或作为存货出售、部分用于赚取租金或资本增值的情形。如某项投资性房地产不同用途的部分能够单独计量和出售的,应当分别确认为固定资产、无形资产、存货和投资性房地产。例如,甲房地产开发商建造了一栋商住两用楼盘,一层出租给一家大型超市,已签订经营租赁合同;其余楼层均为普通住宅,正在公开销售中。这种情况下,如果一层商铺能够单独计量和出售,应当确认为甲企业的投资性房地产,其余楼层为甲企业的存货,即开发产品。

二、投资性房地产的范围

投资性房地产的范围包括已出租的土地使用权、持有并准备增值后转让的土地使用权、已出租的建筑物。

(一)已出租的土地使用权

已出租的土地使用权,是指企业通过出让或转让方式取得的、以经营租赁方式出租的土地使用权。企业取得的土地使用权,通常包括在一级市场上以缴纳土地出让金的方式取得土地使用权,也包括在二级市场上接受其他单位转让的土地使用权。对于以经营租赁方式租入土地使用权再转租给其他单位的,不能确认为投资性房地产。

(二)持有并准备增值后转让的土地使用权

持有并准备增值后转让的土地使用权,是指企业取得的、准备增值后转让的土地使用权。土地使用权在我国属于稀缺资源,国家限制与之相关的投机行为,因此,在我国实务中持有并准备增值后转让的土地使用权的这种情况较少。

企业依法取得土地使用权后,应当按照国有土地有偿使用合同或建设用地批准书规定的期限动工开发建设。土地使用者依法取得土地使用权后,未经原批准用地的人民政府同意,超过规定的期限未动工开发建设的建设用地属于闲置土地。按照国家有关规定认定的闲置土地,不属于持有并准备增值后转让的土地使用权,也就不属于投资性房地产。

(三)已出租的建筑物

已出租的建筑物是指企业拥有产权的、以经营租赁方式出租的建筑物,包括自行建造或开发活动完成后用于出租的建筑物,以及正在建造或开发过程中将来用于出租的建筑物。

用于出租的建筑物是指企业拥有产权的建筑物。企业以经营租赁方式租入再转租的建筑物不属于投资性房地产。已出租的建筑物是企业已经与其他方签订了租赁协议,约定以经营租赁方式出租的建筑物。对企业持有以备经营出租的空置建筑物或在建建筑物,如董事会或类似机构做出书面决议,明确表明将其用于经营出租且持有意图短期内不再发生变化的,即使尚未签订租赁协议,也应视为投资性房地产。企业将建筑物出租,按租赁协议向承租人提供的相关辅助服务在整个协议中不重大的,应当将该建筑物确认为投资性房地产。例如,企业将其办公楼出租,同时向承租人提供维护、保安等日常辅助服务,企业应当将其确认为投资性房地产。

第二节　投资性房地产的初始计量和后续支出

一、投资性房地产的确认和初始计量

投资性房地产只有在符合定义的前提下,同时满足下列条件的,才能予以确认:① 与该投资性房地产有关的经济利益很可能流入企业;② 该投资性房地产的成本能够可靠地计量。对已出租的土地使用权、已出租的建筑物,其作为投资性房地产的确认时点一般为租赁期开始日,即土地使用权、建筑物进入出租状态、开始赚取租金的日期。租赁期开始日,是指承租人有权行使其使用租赁资产权利的开始日。对持有并准备增值后转让的土地使用权,其作为投资性房地产的确认时点为企业将自用土地使用权停止自用,准备增值后转让的日期。

投资性房地产应当按照成本进行初始计量。

（一）外购投资性房地产的确认和初始计量

对于企业外购的房地产,只有在购入房地产的同时开始对外出租或用于资本增值,才能称之为外购的投资性房地产。外购投资性房地产的成本,包括购买价款、相关税费和可直接归属于该资产的其他支出。

企业购入房地产,自用一段时间之后再改为出租或用于资本增值的,应当先将外购的房地产确认为固定资产或无形资产,自租赁期开始日或用于资本增值之日起,才能从固定资产或无形资产转换为投资性房地产。

采用成本模式进行后续计量的,企业应当在购入投资性房地产时,借记"投资性房地产""应交税费——应交增值税(进项税额)"科目,贷记"银行存款"等科目;采用公允价值模式进行后续计量的,企业应当在"投资性房地产"科目下设置"成本"和"公允价值变动"两个明细科目,企业应当在购入投资性房地产时,借记"投资性房地产——成本""应交税费——应交增值税(进项税额)"科目,贷记"银行存款"等科目。

（二）自行建造投资性房地产的确认和初始计量

企业自行建造的房地产,只有在自行建造或开发活动完成(即达到预定可使用状态)的同时开始对外出租或用于资本增值,才能将自行建造的房地产确认为投资性房地产。自行建造投资性房地产的成本,由建造该项房地产达到预定可使用状态前发生的必要支出构成,包括土地开发费、建筑成本、安装成本、应予以资本化的借款费用、支付的其他费用和分摊的间接费用等。建造过程中发生的非正常性损失,直接计入当期损益,不计入建造成本。

企业自行建造房地产达到预定可使用状态后一段时间才对外出租或用于资本增值的,应当先将自行建造的房地产确认为固定资产或无形资产,自租赁期开始日或用于资本增值之日开始,从固定资产或无形资产转换为投资性房地产。

采用成本模式计量的,应按照确定的成本,借记"投资性房地产"科目,贷记"在建工程"或"开发成本"科目。采用公允价值模式计量的,应按照确定的成本,借记"投资性房地产——成本"科目,贷记"在建工程"或"开发成本"科目。

【例5-1】 2021年2月,甲公司从其他单位购入一块土地,并在这块土地上开始自行建造两栋厂房。2021年11月,甲公司预计厂房即将完工,与乙公司签订了经营租赁合同,将其中的一栋厂房租赁给乙公司使用。租赁合同约定,该厂房于完工时开始起租。2021年12月5日,两栋厂房同时完工。该块土地使用权的成本为900万元;两栋厂房的实际造价均为1 200万元,能够单独出售。采用成本模式进行后续计量。不考虑相关税费。对外出租房屋和土地,一并作为投资性房地产处理,应分别计算折旧和摊销。

甲公司的账务处理如下:

土地使用权中的对应部分转换为投资性房地产＝9 000 000÷2＝4 500 000(元)

借:固定资产——厂房　　　　　　　　　　　　　　　　12 000 000
　　投资性房地产——厂房　　　　　　　　　　　　　　12 000 000
　　贷:在建工程——厂房　　　　　　　　　　　　　　　　　24 000 000
借:投资性房地产——出租土地使用权　　　　　　　　　4 500 000
　　贷:无形资产——土地使用权(9 000 000÷2)　　　　　　　4 500 000

二、与投资性房地产有关的后续支出

(一)资本化的后续支出

与投资性房地产有关的后续支出,满足投资性房地产确认条件的,应当计入投资性房地产成本。例如,企业为了提高投资性房地产的使用效能,往往需要对投资性房地产进行改建、扩建而使其更加坚固耐用,或者通过装修而改善其室内装潢,改扩建或装修支出满足确认条件的,应当将其资本化。企业对某项投资性房地产进行改扩建等再开发且将来仍作为投资性房地产的,在再开发期间应继续将其作为投资性房地产,再开发期间不计提折旧或摊销。

采用成本模式计量的,投资性房地产进入改扩建或装修阶段后,应当将其账面价值转入改扩建工程。借记"投资性房地产——在建""投资性房地产累计折旧"等科目,贷记"投资性房地产"科目。发生改扩建或装修支出,借记"投资性房地产——在建"科目,贷记"银行存款""应付账款"等科目。改扩建或装修完成后,借记"投资性房地产"科目,贷记"投资性房地产——在建"科目。

采用公允价值模式计量的,投资性房地产进入改扩建或装修阶段,借记"投资性房地产——在建"科目,贷记"投资性房地产——成本""投资性房地产——公允价值变动"等科目,发生改扩建或装修支出,借记"投资性房地产——在建"科目,贷记"银行存款""应付账款"等科目。在改扩建或装修完成后,借记"投资性房地产——成本"科目,贷记"投资性房地产——在建"科目。

【例5-2】 2021年3月,甲企业与乙企业的一项厂房经营租赁合同即将到期。该厂房按照成本模式进行后续计量,原价为2 000万元,已计提折旧600万元。为了提高厂房的租金收入,甲企业决定在租赁期满后对厂房进行改扩建,并与丙企业签订了经营租赁合同,约定自改扩建完工时将厂房出租给丙企业。3月15日,与乙企业的租赁合同到期,厂房随即进入改扩建工程。12月10日,厂房改扩建工程完工,共发生支出150万元,即日按照租赁合同出租给丙企业。不考虑相关税费,采用成本计量。

甲企业的账务处理如下:

(1) 2021 年 3 月 15 日,投资性房地产转入改扩建工程。

借:投资性房地产——厂房(在建)　　　　　　　　14 000 000

　　投资性房地产累计折旧　　　　　　　　　　　　6 000 000

　　　贷:投资性房地产——厂房　　　　　　　　　　　　　　20 000 000

(2) 2021 年 3 月 15 日—12 月 10 日。

借:投资性房地产——厂房(在建)　　　　　　　　1 500 000

　　　贷:银行存款　　　　　　　　　　　　　　　　　　　　1 500 000

(3) 2021 年 12 月 10 日,改扩建工程完工。

借:投资性房地产——厂房　　　　　　　　　　　　15 500 000

　　　贷:投资性房地产——厂房(在建)　　　　　　　　　　　15 500 000

(二) 费用化的后续支出

与投资性房地产有关的后续支出,不满足投资性房地产确认条件的,应当在发生时计入当期损益。例如,企业对投资性房地产进行日常维护发生一些支出。企业在发生投资性房地产费用化的后续支出时,借记"其他业务成本"等科目,贷记"银行存款"等科目。

第三节　投资性房地产的后续计量

投资性房地产的计量模式有别于固定资产和存货的计量模式,企业可以选择成本模式或公允价值模式对投资性房地产进行后续计量,但是,同一企业只能采用一种模式对所有投资性房地产进行后续计量,不得同时采用两种计量模式进行后续计量。成本模式的处理原则与固定资产或无形资产的处理相同,公允价值模式的处理原则与交易性金融资产基本一致。企业通常应当采用成本模式对投资性房地产进行后续计量,只有在满足特定条件的情况下,即有确凿证据表明其所有投资性房地产的公允价值能够持续可靠取得的,才可以采用公允价值模式进行后续计量。

一、采用成本模式进行后续计量的投资性房地产

采用成本模式进行后续计量的投资性房地产,应当按照固定资产或无形资产的有关规定,按期(月)计提折旧或摊销,借记"其他业务成本"等科目,贷记"投资性房地产累计折旧(摊销)"科目。取得的租金收入,借记"银行存款"科目,贷记"其他业务收入""应交税费——应交增值税(销项税额)"科目。

投资性房地产存在减值迹象的,还应当适用资产减值的有关规定。经减值测试后确定发生减值的,应当计提减值准备,借记"资产减值损失"科目,贷记"投资性房地产减值准备"科目。如果已经计提减值准备的投资性房地产的价值又得以恢复,不得转回。

【例 5-3】 甲公司 2020 年 6 月 30 日购入一幢商务楼,当天即用于对外出租。该资产的买价为 3 000 万元,相关税费 20 万元,预计使用寿命为 40 年,预计净残值为 20 万元,甲公司采用直线法提取折旧。该办公楼的年租金为 400 万元,于年末一次结清。甲公司对此房产采用成本模式进行后续计量。2021 年年末商务楼的可收回金额为 2 330 万元,假定净残值未发

生变化。不考虑相关税费。该投资性房地产 2020—2022 年的账务处理如下：

（1）投资性房地产的入账成本＝3 000＋20＝3 020（万元）

借：投资性房地产 　　　　　　　　　　　　　　　　　　30 200 000

　　贷：银行存款 　　　　　　　　　　　　　　　　　　30 200 000

（2）2020 年折旧额＝（3 020－20）÷40×6÷12＝37.5（万元），会计分录如下：

借：其他业务成本 　　　　　　　　　　　　　　　　　　375 000

　　贷：投资性房地产累计折旧 　　　　　　　　　　　　375 000

（3）2021 年折旧额＝（3 020－20）÷40＝75（万元），年末的摊余价值＝3 020－37.5－75＝2 907.5（万元），此时的可收回金额为 2 330 万元，贬值 577.5 万元，会计分录如下：

借：其他业务成本 　　　　　　　　　　　　　　　　　　750 000

　　贷：投资性房地产累计折旧 　　　　　　　　　　　　750 000

借：资产减值损失 　　　　　　　　　　　　　　　　　　5 775 000

　　贷：投资性房地产减值准备 　　　　　　　　　　　　5 775 000

（4）2022 年折旧额＝（2 330－20）÷（40－1.5）＝60（万元），会计分录如下：

借：其他业务成本 　　　　　　　　　　　　　　　　　　600 000

　　贷：投资性房地产累计折旧 　　　　　　　　　　　　600 000

二、采用公允价值模式进行后续计量的投资性房地产

企业存在确凿证据表明其投资性房地产的公允价值能够持续可靠取得的，可以对投资性房地产采用公允价值模式进行后续计量。公允价值模式的最大特点是在会计期末按照公允价值调整投资性房地产的账面价值，并将公允价值变动计入当期损益。从理论上说，采用公允价值模式进行后续计量更符合投资性房地产的特点，但实务中能否持续可靠地取得投资性房地产公允价值是最大挑战。为此，会计准则提出了两种计量模式供企业选择，并对选择公允价值模式所应具备的条件进行了规范。

采用公允价值模式计量的投资性房地产，应同时满足下列条件：① 投资性房地产所在地有活跃的房地产交易市场。所在地，通常指投资性房地产所在的城市。大中型城市应当为投资性房地产所在的城区。② 企业能够从活跃的房地产交易市场上取得同类或类似房地产的市场价格及其他相关信息，从而对投资性房地产的公允价值做出合理的估计。

"公允价值变动损益"属于损益类科目，核算企业交易性金融资产、投资性房地产、交易性金融负债等公允价值变动形成的应计入当期损益的利得或损失。"其他综合收益"属于所有者权益类科目，核算企业未在损益中确认的各项利得和损失扣除所得税影响后的净额。

投资性房地产采用公允价值模式进行后续计量的，不计提折旧或摊销，应当以资产负债表日的公允价值计量。资产负债表日，投资性房地产的公允价值高于其账面余额的差额，借记"投资性房地产——公允价值变动"科目，贷记"公允价值变动损益"科目；公允价值低于其账面余额的差额，做相反的会计分录。取得的租金收入，借记"银行存款"科目，贷记"其他业务收入""应交税费——应交增值税（销项税额）"科目。

【例 5-4】丁公司 2021 年 10 月 1 日购入一幢商务楼，当天即用于对外出租。该资产的买价为 3 000 万元，租期为 10 年，年租金为 120 万元，租金于每年年末结清。按照当地的房地产交易市场的价格体系，该房产公允价值可以持续可靠获取，2021 年年末房产的公允价值为

3 200万元。不考虑相关税费。丁公司的账务处理如下：

该投资性房地产的入账成本＝3 000(万元)

(1) 取得该楼房时。

借：投资性房地产——成本   30 000 000

    贷：银行存款   30 000 000

(2) 2021年年末取得租金时。

借：银行存款   300 000

    贷：其他业务收入   300 000

(3) 2021年年末增值200万元应作为当年的公允价值变动收益。

借：投资性房地产——公允价值变动   2 000 000

    贷：公允价值变动损益   2 000 000

三、投资性房地产后续计量模式的变更

为保证会计信息的可比性,企业对投资性房地产的计量模式一经确定,不得随意变更。只有在房地产市场比较成熟、能够满足采用公允价值模式条件的情况下,才允许企业对投资性房地产从成本模式计量变更为公允价值模式计量。

成本模式转为公允价值模式的,应当作为会计政策变更处理,采用追溯调整法,按计量模式变更时公允价值与账面价值的差额调整期初留存收益。追溯调整法,是指对某项交易或事项变更会计政策,视同该项交易或事项初次发生时即采用变更后的会计政策,并以此对财务报表相关项目进行调整的方法。已采用公允价值模式计量的投资性房地产,不得从公允价值模式转为成本模式。

企业变更投资性房地产计量模式,应当按照计量模式变更日投资性房地产的公允价值,借记"投资性房地产——成本"科目,按照已计提的折旧或摊销,借记"投资性房地产累计折旧(摊销)"科目,原已计提减值准备的,借记"投资性房地产减值准备"科目,按照原账面余额,贷记"投资性房地产"科目,按照公允价值与其账面价值之间的差额,贷记或借记"利润分配——未分配利润""盈余公积"等科目。

【例5-5】 甲企业将一栋写字楼对外出租,采用成本模式进行后续计量。2022年1月2日,假设甲企业持有的投资性房地产满足采用公允价值模式条件,甲企业决定采用公允价值模式计量对该写字楼进行后续计量。2022年1月2日,该写字楼的原价为9 000万元,已计提折旧600万元,账面价值为8 400万元,公允价值为9 500万元。甲企业按净利润的10%计提盈余公积。假定除上述对外出租的写字楼外,甲企业无其他的投资性房地产,不考虑所得税的影响。

按新政策比按旧政策计算留存收益增加1 100万元。甲企业的账务处理如下：

借：投资性房地产——成本   95 000 000

    投资性房地产累计折旧   6 000 000

    贷：投资性房地产   90 000 000

      利润分配——未分配利润   9 900 000

      盈余公积   1 100 000

第四节 投资性房地产的转换和处置

一、投资性房地产的转换

(一)投资性房地产转换形式和转换日

1. 房地产转换形式

房地产的转换,是因房地产用途发生改变而对房地产进行的重新分类。这里所说的房地产转换是针对房地产用途发生改变而言,而不是后续计量模式的转变。企业必须有确凿的证据表明房地产用途发生改变,才能将投资性房地产转换为非投资性房地产或者将非投资性房地产转换为投资性房地产,如自用的办公楼改为出租等。这里的确凿证据包括两个方面:一是企业董事会或类似机构应当就改变房地产用途形成正式的书面决议;二是房地产因用途改变而发生实际状态上的改变,如从自用状态改为出租状态。房地产转换形式主要包括:

(1)投资性房地产开始自用,相应地由投资性房地产转换为固定资产或无形资产。投资性房地产开始自用是指企业将原来用于赚取租金或资本增值的房地产改为用于生产商品、提供劳务或者经营管理。例如,企业将出租的厂房收回,并用于生产本企业的产品。又如,从事房地产开发的企业将出租的开发产品收回,作为企业的固定资产使用。

(2)作为存货的房地产改为出租,通常指地产开发企业将其持有的开发产品以经营租赁的方式出租,相应地由存货转换为投资性房地产。

(3)自用土地使用权停止自用,用于赚取租金或资本增值,相应地由无形资产转换为投资性房地产。

(4)自用建筑物停止自用,改为出租,相应地由固定资产转换为投资性房地产。

(5)房地产企业将用于经营出租的房地产重新开发用于对外销售,从投资性房地产转为存货。

2. 投资性房地产转换日的确定

转换日的确定关系到资产的确认时点和入账价值,因此非常重要。转换日是指房地产的用途发生改变、状态相应发生改变的日期。转换日的确定标准主要包括:

(1)投资性房地产开始自用,转换日是指房地产达到自用状态,企业开始将房地产用于生产商品、提供劳务或者经营管理的日期。

(2)投资性房地产转换为存货,转换日为租赁期届满、企业董事会或类似机构做出书面决议明确表明将其重新开发用于对外销售的日期。

(3)作为存货的房地产改为出租,或者自用建筑物或土地使用权停止自用改为出租,转换日通常为租赁期开始日。

(二）房地产转换的会计处理

1. 成本模式下的转换

1）投资性房地产转换为自用房地产

企业将采用成本模式计量的投资性房地产转换为自用房地产时,应当按该项投资性房地产在转换日的账面余额、累计折旧、减值准备等,分别转入"固定资产""累计折旧""固定资产减值准备"等科目,按其账面余额,借记"固定资产"或"无形资产"科目,贷记"投资性房地产"科目,按已计提的折旧或摊销,借记"投资性房地产累计折旧(摊销)"科目,贷记"累计折旧"或"累计摊销"科目,原已计提减值准备的,借记"投资性房地产减值准备"科目,贷记"固定资产减值准备"或"无形资产减值准备"科目。

【例5-6】 2021年8月31日,租赁期满,甲公司将出租在外的厂房收回,开始用于本公司生产产品,公司董事会就将该厂房用于本公司生产产品形成了书面决议。该项房地产在转换前采用成本模式计量,账面价值为4 500万元,其中,原价6 000万元,累计已提折旧1 500万元。假定不考虑土地使用权。

甲公司的账务处理如下:

借:固定资产——厂房   60 000 000

    投资性房地产累计折旧   15 000 000

  贷:投资性房地产——厂房   60 000 000

    累计折旧——厂房   15 000 000

2）投资性房地产转换为存货(房地产企业)

企业将采用成本模式计量的投资性房地产转换为存货时,应当按照该项房地产在转换日的账面价值,借记"开发产品"科目,按照已计提的折旧或摊销,借记"投资性房地产累计折旧(摊销)"科目,原已计提减值准备的,借记"投资性房地产减值准备"科目,按其账面余额,贷记"投资性房地产"科目。

3）自用房地产转换为投资性房地产

企业将自用土地使用权或建筑物转换为采用成本模式计量的投资性房地产时,应当按该项建筑物或土地使用权在转换日的原价、累计折旧、减值准备等,分别转入"投资性房地产""投资性房地产累计折旧(摊销)""投资性房地产减值准备"科目,按其账面余额,借记"投资性房地产"科目,贷记"固定资产"或"无形资产"科目,按已计提的折旧或摊销,借记"累计折旧"或"累计摊销"科目,贷记"投资性房地产累计折旧(摊销)"科目,原已计提减值准备的,借记"固定资产减值准备"或"无形资产减值准备"科目,贷记"投资性房地产减值准备"科目。

4）作为存货的房地产转换为投资性房地产(房地产企业)

企业将作为存货的房地产转换为采用成本模式计量的投资性房地产时,应当按该项存货在转换日的账面价值借记"投资性房地产"科目,原已计提跌价准备的,借记"存货跌价准备",按其账面余额贷记"开发产品"等科目。

2. 公允价值模式下的转换

1）投资性房地产转换为自用房地产

企业将采用公允价值模式计量的投资性房地产转换为自用房地产时,应当以其转换当日的公允价值作为自用房地产的账面价值,公允价值与原账面价值的差额计入当期损益。转换日,按该项投资性房地产的公允价值,借记"固定资产"或"无形资产"科目,按该项投资性房地产的成本,贷记"投资性房地产——成本"科目,按该项投资性房地产的累计公允价值变动,贷记或借记"投资性房地产——公允价值变动"科目,按其差额,贷记或借记"公允价值变动损益"科目。

2)投资性房地产转换为存货(房地产企业)

企业将采用公允价值模式计量的投资性房地产转换为存货时,应当以其转换当日的公允价值作为存货的账面价值,公允价值与原账面价值的差额计入当期损益。转换日,按该项投资性房地产的公允价值,借记"开发产品"等科目,按该项投资性房地产的成本,贷记"投资性房地产——成本"科目,按该项投资性房地产的累计公允价值变动,贷记或借记"投资性房地产——公允价值变动"科目,按其差额,贷记或借记"公允价值变动损益"科目。

【例5-7】 甲房地产开发企业将其开发的部分写字楼用于对外经营租赁。2021年10月15日,因租赁期满,甲企业将出租的写字楼收回,并做出书面决议,将该写字楼重新开发用于对外销售,即由投资性房地产转换为存货,当日的公允价值为5 500万元。该项房地产在转换前采用公允价值模式计量,原账面价值为5 600万元,其中,成本为5 000万元,公允价值增值为600万元。

甲企业的账务处理如下:

借:开发产品　　　　　　　　　　　　　　　　　　　　　　55 000 000
　　公允价值变动损益　　　　　　　　　　　　　　　　　　　1 000 000
　　贷:投资性房地产——成本　　　　　　　　　　　　　　　　50 000 000
　　　　　　　——公允价值变动　　　　　　　　　　　　　　　 6 000 000

3)自用房地产转换为投资性房地产

企业将自用土地使用权或建筑物转换为采用公允价值模式计量的投资性房地产时,应当按该项土地使用权或建筑物在转换日的公允价值,借记"投资性房地产——成本"科目,按已计提的累计摊销或累计折旧,借记"累计摊销"或"累计折旧"科目,原已计提减值准备的,借记"无形资产减值准备""固定资产减值准备"科目,按其账面余额,贷记"无形资产"或"固定资产"科目;同时,转换日的公允价值小于账面价值的,按其差额,借记"公允价值变动损益"科目,转换日的公允价值大于账面价值的,按其差额,贷记"其他综合收益"科目。待该项投资性房地产处置时,因转换计入其他综合收益的部分应转入当期损益(其他业务成本)。

【例5-8】 甲公司打算搬迁至新建办公楼,由于原办公楼处于商业繁华地段,准备将其出租,以赚取租金收入,已经公司董事会批准形成书面决议。2022年1月1日,甲公司与乙公司签订了租赁协议,租赁期为3年。假设甲公司对出租的该办公楼采用公允价值模式计量。该办公楼的公允价值为38 000万元,其原价为55 000万元,已提折旧15 000万元。不考虑土地使用权。

甲公司的账务处理如下:

借:投资性房地产——办公楼——成本　　　　　　　　　　380 000 000
　　公允价值变动损益　　　　　　　　　　　　　　　　　　20 000 000
　　累计折旧　　　　　　　　　　　　　　　　　　　　　150 000 000
　　贷:固定资产　　　　　　　　　　　　　　　　　　　 550 000 000

4）作为存货的房地产转换为投资性房地产（房地产企业）

企业将作为存货的房地产转换为采用公允价值模式计量的投资性房地产时,应当按该项房地产在转换日的公允价值,借记"投资性房地产——成本"科目,原已计提跌价准备的,借记"存货跌价准备"科目,按其账面余额,贷记"开发产品"等科目;同时,转换日的公允价值小于账面价值的,按其差额,借记"公允价值变动损益"科目,转换日的公允价值大于账面价值的,按其差额,贷记"其他综合收益"科目。待该项投资性房地产处置时,因转换计入其他综合收益的部分应转入当期损益(其他业务成本)。

【例 5-9】 2021 年 4 月 15 日,甲房地产开发公司董事会形成书面决议,将其开发的一栋写字楼用于出租。甲公司遂与乙公司签订了租赁协议,租赁期开始日为 2021 年 5 月 1 日,租赁期为 5 年。当日,该写字楼的账面余额为 40 000 万元,公允价值为 43 000 万元。

甲公司的账务处理如下:

借:投资性房地产——成本   430 000 000

    贷:开发产品   400 000 000

        其他综合收益   30 000 000

二、投资性房地产的处置

当投资性房地产被处置,或者永久退出使用且预计不能从其处置中取得经济利益时,应当终止确认该项投资性房地产。企业出售、转让、报废投资性房地产或者发生投资性房地产毁损,应当将处置收入扣除其账面价值和相关税费后的金额计入当期损益。此外,企业因其他原因,如非货币性资产交换等而减少投资性房地产,也属于投资性房地产的处置。企业转让房地产需要缴纳增值税和土地增值税。土地增值税是对有转让房地产的单位和个人,就其转让房地产所取得的增值额征收的一种税。

（一）采用成本模式计量的投资性房地产的处置

处置采用成本模式计量的投资性房地产时,应当按实际收到的金额,借记"银行存款"等科目,贷记"其他业务收入""应交税费——应交增值税(销项税额)"科目;按该项投资性房地产的账面价值,借记"其他业务成本"科目,按其账面余额,贷记"投资性房地产"科目,按照已计提的折旧或摊销,借记"投资性房地产累计折旧(摊销)"科目,原已计提减值准备的,借记"投资性房地产减值准备"科目。

（二）采用公允价值模式计量的投资性房地产的处置

处置采用公允价值模式计量的投资性房地产时,应当按实际收到的金额,借记"银行存款"等科目,贷记"其他业务收入""应交税费——应交增值税(销项税额)"科目;按该项投资性房地产的账面余额,借记"其他业务成本"科目,按其成本,贷记"投资性房地产——成本"科目,按其累计公允价值变动,贷记或借记"投资性房地产——公允价值变动"科目。若存在原转换日计入其他综合收益的金额,应一并结转。

【例 5-10】 甲为一家房地产开发企业,2021 年 3 月 10 日,甲企业与乙企业签订了租赁协议,将其开发的一栋写字楼出租给乙企业使用,租赁期开始日为 2021 年 4 月 1 日,该写字楼的账面余额为 45 000 万元,公允价值为 47 000 万元。2021 年 12 月 31 日,该项投资性房地产的公允价值为 48 000 万元。2022 年 9 月租赁期届满,企业收回该项投资性房地产,并以 55 000 万元出售,出售款项已收讫。甲企业采用公允价值模式计量,不考虑办公楼处置时的相关税费。

甲企业的账务处理如下:

(1) 2021 年 4 月 1 日,存货转换为投资性房地产。

借:投资性房地产——成本 470 000 000

　　贷:开发产品 450 000 000

　　　　其他综合收益 20 000 000

(2) 2021 年 12 月 31 日,公允价值变动。

借:投资性房地产——公允价值变动 10 000 000

　　贷:公允价值变动损益 10 000 000

(3) 2022 年 9 月,出售投资性房地产。

借:银行存款 550 000 000

　　贷:其他业务收入 550 000 000

借:其他业务成本 460 000 000

　　其他综合收益 20 000 000

　　贷:投资性房地产——成本 470 000 000

　　　　　　　　　　——公允价值变动 10 000 000

练 习 题

一、单项选择题

1. 下列有关投资性房地产后续计量会计处理的表述中,不正确的是( )。

　A. 不同企业可以分别采用成本模式或公允价值模式

　B. 满足特定条件时可以采用公允价值模式

　C. 同一企业可以分别采用成本模式和公允价值模式

　D. 同一企业不得同时采用成本模式和公允价值模式

2. 投资性房地产采用公允价值模式进行后续计量时其公允价值变动应计入( )。

　A. 投资收益　　　　　　　　　　B. 其他综合收益

　C. 公允价值变动损益　　　　　　D. 其他业务收入

3. 企业将采用公允价值计量模式的投资性房地产转换为自用房地产时,应当以其转换日的公允价值作为自用房地产的账面价值,公允价值与账面价值的差额应计入的会计科目是( )。

　A. 公允价值变动损益　　　　　　B. 投资收益

　C. 利润分配——未分配利润　　　D. 其他综合收益

4. 企业将作为存货的房地产转换为采用公允价值模式计量的投资性房地产时,转换日其公允价值大于账面价值的差额,应贷记的会计科目是( )。

　A. 投资收益　　　　　　　　　　B. 公允价值变动损益

　C. 其他业务收入　　　　　　　　D. 其他综合收益

5. 3 月 1 日,甲公司外购一栋写字楼直接租赁给乙公司使用,租赁期为 6 年,每年租金为 180 万元。甲公司对投资性房地产采用公允价值模式进行后续计量,该写字楼的买价为 3 000 万元;12 月 31 日,该写字楼的公允价值为 3 200 万元。假设不考虑相关税费,则该项投资性房地产对甲公司本年利润总额的影响金额是(　　)万元。

    A. 180　　　　　　　　　　B. 200

    C. 350　　　　　　　　　　D. 380

6. 关于投资性房地产后续计量模式的转换,下列说法中正确的是(　　)。

    A. 成本模式转为公允价值模式的,应当作为会计估计变更

    B. 已采用公允价值模式计量的投资性房地产,不得从公允价值模式转为成本模式

    C. 已采用成本模式计量的投资性房地产,不得从成本模式转为公允价值模式

    D. 企业对投资性房地产的计量模式可以随意变更

二、多项选择题

1. 企业将投资性房地产从成本计量模式变更为公允价值计量模式,对此事项进行会计处理时,可能涉及的会计科目有(　　)。

    A. 投资性房地产　　　　　　B. 累计折旧

    C. 利润分配——未分配利润　　D. 盈余公积

2. 某企业处置采用公允价值模式计量的投资性房地产,可能涉及的会计科目有(　　)。

    A. 其他综合收益　　　　　　B. 其他业务收入

    C. 其他业务成本　　　　　　D. 投资性房地产

3. 下列各项关于土地使用权会计处理的表述中,正确的有(　　)。

    A. 为建造固定资产购入的土地使用权确认为无形资产

    B. 房地产开发企业为开发商品房购入的土地使用权确认为存货

    C. 用于出租的土地使用权及其地上建筑物一并确认为投资性房地产

    D. 地上建筑物达到预定可使用状态时与土地使用权一并确认为固定资产

三、综合分析题

1. 2020年12月20日甲公司与乙公司签订协议,将自用的办公楼出租给乙公司,租期为3年,每年年初收取租金500万元,甲公司采用公允价值模式计量投资性房地产。租赁期开始日办公楼的原值为2 000万元,已提折旧为1 200万元,公允价值为900万元。2021—2023年该办公楼年末的公允价值分别为1 200万元、1 800万元、1 900万元。租赁协议到期后,将该办公楼出售给乙公司,价款为1 916万元,不考虑相关税费。

要求:计算甲公司出售办公楼时对营业利润的影响金额。

2. 甲公司将一幢办公楼用于对外出租,租赁期开始日为2022年1月1日,该办公楼的年租金为400万元,于年末一次结清。该办公楼系甲公司于2020年12月份购入,买价为3 000万元,相关税费20万元,甲公司对该办公楼采用直线法提取折旧,预计使用寿命为40年,预计净残值为20万元。2022年年末该办公楼的可收回金额为2 560万元,预计净残值为14万元,预计使用寿命不变。2023年12月31日以2 800万元的价格对外转让该房产,不考虑办公楼处置时的相关税费。

要求:对该办公楼转换为投资性房地产以及处置投资性房地产的账务进行处理。

第六章　长期股权投资

通过本章学习,理解控制、共同控制、重大影响,掌握形成控股合并的长期股权投资初始投资成本的确定方法、长期股权投资成本法核算、长期股权投资权益法核算、长期股权投资核算方法的转换和处置核算。

第一节　长期股权投资概述

股权投资,又称权益性投资,是指通过付出现金或非现金资产等取得被投资单位的股份或股权,相应地享有被投资单位净资产有关份额,通过自被投资单位分得现金股利或利润以及待被投资单位增值后出售等获利。股权投资一方面形成投资方的金融资产,另一方面形成被投资单位的权益工具,原则上属于金融工具。在大的范畴属于金融工具的情况下,根据投资方在投资后对被投资单位能够施加影响的程度,企业会计准则将股权投资区分为按照金融工具确认和计量准则进行核算和按照长期股权投资准则进行核算两种情况。对被投资单位能实施控制、共同控制或者重大影响的权益性投资,应当按照长期股权投资准则进行核算。对被投资单位不具有控制、共同控制或重大影响的权益性投资,应当按照金融工具确认和计量准则进行核算。

一、对子公司投资

对子公司投资,是指投资方持有的能够对被投资单位实施控制的股权投资。控制,是指投资方拥有对被投资方的权力,通过参与被投资方的相关活动而享有可变回报,并且有能力运用对被投资方的权力影响其回报金额。

投资方要实现控制,必须具备两项基本要素,一是因涉入被投资方而享有可变回报;二是拥有对被投资方的权力,并且有能力运用对被投资方的权力影响其回报金额。投资方只有同时具备上述两个要素时,才能控制被投资方。

投资方能够主导被投资方的相关活动时,称投资方对被投资方享有"权力"。权力通常表现为表决权,但有时也可能表现为其他合同安排。

二、合营企业投资

合营企业投资,是指投资方持有的对构成合营企业的合营安排的投资。投资方应当首先看是否构成合营安排,其次看有关合营安排是否构成合营企业。

合营安排,是指一项由两个或两个以上的参与方共同控制的安排。合营安排具有下列特征：各参与方均受到该安排的约束；两个或两个以上的参与方对该安排实施共同控制。任何一个参与方都不能够单独控制该安排，对该安排具有共同控制的任何一个参与方均能够阻止其他参与方或参与方组合单独控制该安排。

　　合营安排的一个重要特征是共同控制。是否存在共同控制是判断一项安排是否为合营安排的关键。共同控制是指按照相关约定对某项安排所共有的控制，并且该安排的相关活动必须经过分享控制权的参与方一致同意后才能决策。共同控制不同于控制，共同控制是由两个或两个以上的参与方实施，而控制由单一参与方实施。共同控制也不同于重大影响，享有重大影响的参与方只拥有参与安排的财务和经营政策的决策权力，但并不能够控制或者与其他方一起共同控制这些政策的制定。在判断是否存在共同控制时，应当首先判断所有参与方或参与方组合是否集体控制该安排，再判断该安排相关活动的决策是否必须经过这些参与方一致同意。相关活动是指对某项安排的回报产生重大影响的活动，具体应视安排的情况而定，通常包括商品或劳务的销售和购买、金融资产的管理、资产的购买和处理、研究与开发活动以及融资活动等。

　　如果所有参与方或一组参与方必须一致行动才能决定某项安排的相关活动，则称所有参与方或一组参与方集体控制该安排。在判断集体控制时，需要注意以下几点：① 集体控制不是单独一方控制。如果某一个参与方能够单独主导该安排中的相关活动，则为控制。如果一组参与方或所有参与方联合起来才能够主导该安排中的相关活动，则为集体控制。即在集体控制下，不存在任何一个参与方能够单独控制某安排，而是由一组参与方或所有参与方联合起来才能控制该安排。② 尽管所有参与方联合起来一定能够控制该安排，但集体控制下，集体控制该安排的组合指的是那些既能联合起来控制该安排，又使得参与方数量最少的一个或几个参与方组合。能够集体控制一项安排的参与方组合很可能不止一个。如果存在两个或两个以上的参与方组合能够集体控制某项安排的，不构成共同控制。共同控制是最小唯一控制组合。仅享有保护性权利的参与方不享有共同控制。保护性权利，是指仅为了保护权利持有人利益却没有赋予持有人对相关活动进行决策的一项权利。

　　当且仅当相关活动的决策要求集体控制该安排的参与方一致同意时，才存在共同控制。一致同意的规定保证了对合营安排具有共同控制的任何一个参与方均可以阻止其他参与方在未经其同意的情况下就相关活动单方面做出决策。

　　【例6-1】　假定A公司、B公司、C公司、D公司分别持有乙公司50%、20%、20%和10%的表决权股份，该安排相关活动决策至少需要70%的表决权通过方可做出。A公司、B公司、C公司、D公司任何一方均不能单独控制乙公司。A公司和B公司的组合或A公司和C公司的组合是联合起来能够控制乙公司的参与方数量最少的组合。A公司和B公司的组合或A公司和C公司的组合均可集体控制乙公司。

　　【例6-2】　假定A公司、B公司、C公司、D公司分别持有甲公司40%、30%、20%和10%的表决权股份，甲公司重大经营决策需由股东大会2/3或以上表决权通过方可执行。A公司、B公司、C公司、D公司任何一方均不能单独控制甲公司。A公司、B公司是联合起来能够控制甲公司的参与方数量最少且唯一的组合。A、B共同控制甲公司，A、B是甲公司的合营方，甲公司是A、B的合营企业。

　　只要两个或两个以上的参与方对该安排实施共同控制，一项安排就可以被认定为合营安排,并不要求所有参与方都对该安排享有共同控制。即一项合营安排的所有投资者群体中,只要其中部分投资者能够对该合营安排实施共同控制即可,不要求所有投资者均具有共同控制能力。对合营安排享有共同控制的参与方(分享控制权的参与方)被称为"合营方",对合营安排不享有共同控制的参与方被称为"非合营方"。

合营安排分为共同经营和合营企业。共同经营,是指合营方享有该安排相关资产且承担该安排相关负债的合营安排。合营企业,是指合营方仅对该安排的净资产享有权利的合营安排。合营方应当根据其在合营安排的正常经营中享有的权利和承担的义务,来确定合营安排的分类。对权利和义务进行评价时,应当考虑该合营安排的结构、法律形式以及合营安排中约定的条款、其他相关事实和情况等因素。合营安排是为不同目的而设立的,可以采用不同的结构和法律形式。一些安排不要求采用单独主体形式开展活动,另一些安排则涉及构造单独主体。在实务中,可以以合营安排是否通过单独主体达成为起点,判断一项合营安排是共同经营还是合营企业。单独主体,是指具有单独可辨认的财务架构的主体,包括单独的法人主体和不具备法人主体资格但法律所认可的主体。当合营安排未通过单独主体达成时,该合营安排为共同经营。如果合营安排通过单独主体达成,在判断该合营安排是共同经营还是合营企业时,通常首先分析单独主体的法律形式,法律形式不足以判断时,将法律形式与合同安排结合进行分析,法律形式和合同安排均不足以判断时,进一步考虑其他事实和情况。企业对合营安排是否拥有共同控制权,以及评估该合营安排是共同经营还是合营企业,需要在初始判断的基础上持续评估。

合营企业,合营方应当按照长期股权投资准则的规定核算其对合营企业的投资。对合营企业不享有共同控制的参与方(非合营方)应当根据其对该合营企业的影响程度进行相关会计处理:对该合营企业具有重大影响的,应当按照长期股权投资准则的规定核算其对该合营企业的投资;对该合营企业不具有重大影响的,应当按照金融工具确认和计量准则的规定核算其对该合营企业的投资。

合营方应当确认其与共同经营中利益份额相关的下列项目,并按照相关企业会计准则的规定进行会计处理:一是确认单独所持有的资产,以及按其份额确认共同持有的资产;二是确认单独所承担的负债,以及按其份额确认共同承担的负债;三是确认出售其享有的共同经营产出份额所产生的收入;四是按其份额确认共同经营因出售产出所产生的收入;五是确认单独所发生的费用,以及按其份额确认共同经营发生的费用。

对共同经营不享有共同控制的参与方(非合营方),如果享有该共同经营相关资产且承担该共同经营相关负债的,比照合营方进行会计处理。否则,应当按照相关企业会计准则的规定对其利益份额进行会计处理。

三、联营企业投资

联营企业投资,是指投资方能够对被投资单位施加重大影响的股权投资。重大影响是指投资方对被投资单位的财务和经营政策有参与决策的权力,但并不能够控制或者与其他方一起共同控制这些政策的制定。投资方直接或通过子公司间接持有被投资单位 20% 以上但低于 50% 的表决权时,一般认为对被投资单位具有重大影响,除非有明确的证据表明该种情况下不能参与被投资单位的生产经营决策,不形成重大影响。在确定能否对被投资单位施加重大影响时,应当考虑投资方持有的股权以及投资方和其他方持有的被投资单位当期可转换公司债券、当期可执行认股权证等潜在表决权因素。

企业通常可以通过以下一种或几种情形来判断是否对被投资单位具有重大影响：

（1）在被投资单位的董事会或类似权力机构中派有代表。这种情况下，由于在被投资单位的董事会或类似权力机构中派有代表，并相应享有实质性的参与决策权，投资方可以通过该代表参与被投资单位财务和经营政策的制定，达到对被投资单位施加重大影响。

（2）参与被投资单位财务和经营政策制定过程。这种情况下，在制定政策过程中可以为其自身利益提出建议和意见，从而可以对被投资单位施加重大影响。

（3）与被投资单位之间发生重要交易。有关的交易因对被投资单位的日常经营具有重要性，进而一定程度上可以影响被投资单位的生产经营决策。

（4）向被投资单位派出管理人员。在这种情况下，管理人员有权力主导被投资单位的相关活动，从而能够对被投资单位施加重大影响。

（5）向被投资单位提供关键技术资料。因被投资单位的生产经营需要依赖投资方的技术或技术资料，表明投资方对被投资单位具有重大影响。

第二节　对子公司的权益性投资

一、初始计量

企业合并是将两个或两个以上单独的企业（主体）合并形成一个报告主体的交易或事项。从会计角度，交易是否构成企业合并，进而是否能够按照企业合并准则进行会计处理，主要应关注两个方面：

一是被购买方是否构成业务。企业合并本质上是一种购买行为，但其不同于单项资产的购买，而是一组有内在联系、为了某一既定的生产经营目的存在的多项资产组合或是多项资产、负债构成的净资产的购买。企业合并的结果通常是一个企业取得了对一个或多个业务的控制权。也就是说，要形成会计意义上的"企业合并"，前提是被购买的资产或资产负债组合要形成"业务"。如果一个企业取得了对另一个或多个企业的控制权，而被购买方（或被合并方）并不构成业务，则该交易或事项不形成企业合并。业务是指企业内部某些生产经营活动或资产负债的组合，该组合具有投入、加工处理过程和产出能力，能够独立计算其成本费用或所产生的收入。

企业取得了不形成业务的一组资产或是资产、负债的组合时，应将购买成本在购买日所取得各项可辨认资产、负债的相对公允价值基础上进行分配，不按照企业合并准则进行处理。被购买方构成业务的，需要按照企业合并准则的有关规定进行处理。

二是交易发生前后是否涉及业务控制权的转移。报告主体的变化产生于控制权的变化。在交易事项发生以后，投资方拥有对被投资方的权力，通过参与被投资方的相关活动享有可变回报，且有能力运用对被投资方的权力影响其回报金额的，投资方对被投资方具有控制权，形成母子公司关系，涉及控制权的转移，该交易或事项发生以后，子公司需要纳入母公司合并财务报表的范围中，从合并财务报告角度形成报告主体的变化；交易事项发生以后，一方能够控制另一方的全部净资产,被合并的企业在合并后失去其法人资格,也涉及控制权及报告主体的变化,形成企业合并。

企业合并按合并方式划分,包括控股合并、吸收合并和新设合并。控股合并,是指合并方(或购买方)在企业合并中取得对被合并方(或被购买方)的控制权,合并方(或购买方)确认对被合并方(或被购买方)的长期股权投资;被合并方(或被购买方)在合并后仍保持其独立的法人资格并继续经营。吸收合并,是指合并方(或购买方)通过企业合并取得被合并方(或被购买方)的全部净资产,合并后注销被合并方(或被购买方)的法人资格,被合并方(或被购买方)原持有的资产、负债在合并后成为合并方(或购买方)的资产、负债。新设合并,是指参与合并的各方在合并后法人资格均被注销,重新注册成立一家新的企业,由新成立的企业持有参与合并各方的资产和负债。

企业合并按照控制对象的不同而划分为同一控制下企业合并和非同一控制下企业合并。同一控制下的企业合并,是指参与合并的企业在合并前后均受同一方或相同的多方最终控制且该控制并非暂时性。非同一控制下的企业合并,是指参与合并各方在合并前后不受同一方或相同的多方最终控制的合并交易,即同一控制下企业合并以外的其他企业合并。

无论是同一控制下的企业合并还是非同一控制下的企业合并形成的长期股权投资,实际支付的价款或对价中包含的已宣告但尚未发放的现金股利或利润,应作为应收股利处理。

合并方或购买方为企业合并发生的审计、法律服务、评估咨询等中介费用以及其他相关管理费用,应当于发生时计入当期损益。股票发行费用应冲减"资本公积——股本溢价",如果溢价不够冲或无溢价时则冲减留存收益。债券发行费用应计入"应付债券——利息调整",冲减溢价或追加折价。

对子公司投资应当在企业合并的合并日(或购买日)确认。合并日(或购买日)是指合并方(或购买方)实际取得对被合并方(或被购买方)控制权的日期。

形成控股合并的长期股权投资应当按照下列规定确定其初始投资成本。

(一)形成同一控制下控股合并

对于同一控制下的企业合并,从能够以参与合并各方在合并前及合并后均实施最终控制的一方来看,最终控制方在企业合并前及合并后能够控制的资产并没有发生变化,只是由于合并方的加入,其所控制子公司相互的层级、直接或间接关系发生了变化。合并方通过企业合并形成的对被合并方的长期股权投资,其成本代表的是在被合并方账面所有者权益中享有的份额。同一控制下企业合并本质上不作为购买,是两个或多个会计主体权益的整合,交易作价往往不公允。因此,同一控制下的企业合并采用权益结合法核算,采用账面价值计量,不反映非货币性资产作对价的处置损益。权益结合法与购买法基于不同的假设,权益结合法视企业合并为参与合并的双方,通过股权的交换形成所有者权益的联合,而非资产的交易。

同一控制下的企业合并,合并方以支付现金、转让非现金资产或承担债务方式作为合并对价的,应当在合并日按照被合并方所有者权益在最终控制方合并财务报表中的账面价值的份额作为长期股权投资的初始投资成本。长期股权投资初始投资成本与支付的现金、转让的非现金资产以及所承担债务账面价值之间的差额,应当调整资本公积(资本溢价或股本溢价);资本公积不足冲减的,调整留存收益。

合并方以发行权益性证券作为合并对价的,应当在合并日以被合并方所有者权益在最终控制方合并财务报表中的账面价值的份额作为长期股权投资的初始投资成本。以发行股份的面值总额作为股本,长期股权投资初始投资成本与所发行股份面值总额之间的差额,应当调整资本公积(资本溢价或股本溢价);资本公积不足冲减的,调整留存收益。

对于被合并方账面所有者权益,应当在考虑以下几个因素的基础上计算确定形成长期股权投资的初始投资成本:① 被合并方与合并方的会计政策、会计期间是否一致。如果合并前合并方与被合并方的会计政策、会计期间不同,应首先按照合并方的会计政策、会计期间对被合并方资产、负债的账面价值进行调整,在此基础上计算确定被合并方的账面所有者权益,并计算确定长期股权投资的初始投资成本。② 被合并方账面所有者权益是指被合并方的所有者权益相对于最终控制方而言的账面价值。该账面净资产并非是指被合并方个别财务报表中体现的有关资产、负债的价值,而是从最终控制方的角度,被合并方自其被最终控制方开始控制时开始,其所持有的资产、负债确定对于最终控制方的价值持续计算至合并日的账面价值。③ 同一控制下企业合并形成的长期股权投资,如果子公司按照改制时确定的资产、负债经评估确认的价值调整资产、负债账面价值的,合并方应当按照取得子公司经评估确认的净资产的份额作为长期股权投资的初始投资成本。④ 如果被合并方本身编制合并财务报表的,被合并方的所有者权益的账面价值应当以其合并财务报表为基础确定。

企业通过多次交易分步取得同一控制下被投资单位的股权,最终形成企业合并的,应当判断多次交易是否属于“一揽子交易”。“一揽子交易”是指大规模的或无区别的交易或行为,各交易步骤是作为一个整体一并筹划和确定下来的,旨在实现同一交易目的、互为前提和条件。属于“一揽子交易”的,合并方应当将各项交易作为一项取得控制权的交易进行会计处理。不属于“一揽子交易”的,取得控制权日,应按照以下步骤进行会计处理:① 确定同一控制下企业合并形成的长期股权投资的初始投资成本。在合并日,根据合并后应享有被合并方净资产在最终控制方合并财务报表中的账面价值的份额,确定长期股权投资的初始投资成本。② 长期股权投资初始投资成本与合并对价账面价值之间的差额的处理。合并日长期股权投资的初始投资成本,与达到合并前的股权投资账面价值加上合并日进一步取得股份新支付对价的账面价值之和的差额,调整资本公积(资本溢价或股本溢价),资本公积不足冲减的,冲减留存收益。合并前持有股权投资账面价值,是指该股权投资合并日应有的账面价值。③ 合并日之前持有的股权投资,因采用权益法核算或金融工具确认和计量准则核算而确认的其他综合收益,暂不进行会计处理,直至处置该项投资时采用与被投资单位直接处置相关资产或负债相同的基础进行会计处理;因采用权益法核算而确认的被投资单位净资产中除净损益、其他综合收益和利润分配以外的所有者权益其他变动,暂不进行会计处理,直至处置该项投资时转入当期损益。其中,处置后的剩余股权采用成本法或权益法核算的,其他综合收益和其他所有者权益应按比例结转,处置后的剩余股权改按金融工具确认和计量准则进行会计处理的,其他综合收益和其他所有者权益应全部结转。

【例6-3】 A、B公司分别为P公司控制下的两家子公司。A公司于2022年3月10日自母公司P处取得B公司100%的股权,合并后B公司仍维持其独立法人资格继续经营。为进行该项企业合并,A公司发行了1 500万股本公司普通股(每股面值1元)作为对价。合并日,A公司、B公司的所有者权益构成如表6-1所示。

表6-1 所有者权益构成情况表

A公司		B公司	
项目	金额(万元)	项目	金额(万元)
股本	9 000	股本	1 500
资本公积	2 500	资本公积	500
盈余公积	2 000	盈余公积	1 000
未分配利润	5 000	未分配利润	2 000
合计	18 500	合计	5 000

借:长期股权投资　　　　　　　　　　　　　　　　5 000
　　贷:股本　　　　　　　　　　　　　　　　　　　1 500
　　　　资本公积——股本溢价　　　　　　　　　　　3 500

(二)形成非同一控制下控股合并

非同一控制下的企业合并,在购买日取得对其他参与合并企业控制权的一方为购买方,参与合并的其他企业为被购买方。购买日,是指购买方实际取得对被购买方控制权的日期。

非同一控制下的企业合并视同一个企业购买另一个企业的交易行为,参与合并的各方不受同一方或相同的多方控制,是非关联的企业之间进行的合并,企业合并大多出于企业自愿的原则,是双方自愿交易的结果,有双方认可的公允价值,合并各方出于自身的利益考虑会进行讨价还价,交易以公允价值为基础,交易作价相对公平合理。因此,非同一控制下的企业合并采用购买法进行核算,采用公允价值计量,反映非货币性资产作对价的处置损益。

非同一控制下的企业合并,购买方应当以确定的企业合并成本作为长期股权投资的初始投资成本。企业合并成本包括购买方付出的资产、发生或承担的负债、发行的权益性证券的公允价值之和。以支付非货币性资产为对价的,所支付的非货币性资产在购买日的公允价值与其账面价值的差额应区分不同资产反映资产处置损益,计入企业合并当期损益。

(1)投出资产为固定资产或无形资产,其差额计入资产处置损益。

(2)投出资产为存货或投资性房地产,按其公允价值确认主营业务收入或其他业务收入,同时结转主营业务成本或其他业务成本。

(3)投出资产为长期股权投资或金融资产(其他权益工具投资除外),其差额计入投资收益。

控股合并的情况下,合并成本大于被购买方可辨认净资产公允价值的差额,作为商誉,包含在"长期股权投资"的初始成本中,不得在账簿上单独确认商誉,只在合并财务报表上予以列示。合并成本小于合并中取得的被购买方可辨认净资产公允价值的差额,不影响对子公司初始投资成本的确定,在编制合并财务报表时,体现在企业合并发生当期合并利润表的损益,因购买日不需要编制合并利润表,该差额体现在合并资产负债表上,应调整合并资产负债表的盈余公积和未分配利润。

企业通过多次交易分步取得非同一控制下被投资单位的股权,最终形成企业合并的,不构成"一揽子交易"的,在编制个别财务报表时,应当按照原持有的股权投资账面价值加上新增投资成本之和,作为该项投资的初始投资成本。购买日之前持有股权投资账面价值,是指该股权投资购买日应有的账面价值。购买日之前持有的股权投资因采用权益法核算而确认的其他综合收益或其他资本公积暂时不处理,待到处置该项投资时采用与被投资单位直接处置相关资产或负债相同的基础进行会计处理。处置后的剩余股权采用成本法或权益法的，其他综合收益和其他所有者权益变动应按比例结转，处置后剩余股权改按金融工具确认和计量准则进行会计处理的，其他综合收益和其他所有者权益变动应全部结转。对于购买日前持有的股权投资指定为以公允价值计量且其变动计入其他综合收益的非交易性权益工具的，其公允价值与账面价值之间的差额以及原计入其他综合收益的累积公允价值变动改按成本法核算时直接转入留存收益。属于"一揽子交易"的，应当将各项交易作为一项取得子公司控制权的交易进行会计处理。在编制合并财务报表时，应当按照《合并财务报表》的有关规定进行会计处理。

【例 6-4】 A 公司于 2022 年 3 月 31 日取得了 B 公司 70% 的股权。合并中，A 公司支付的有关资产在购买日的账面价值与公允价值如表 6-2 所示。本例中假定合并前 A 公司与 B 公司不存在任何关联方关系。不考虑相关税费。

表 6-2 购买日资产账面价值与公允价值

2022 年 3 月 31 日

单位:元

项　　目	账面价值	公允价值
土地使用权	28 000 000	42 000 000
银行存款	8 000 000	8 000 000
合　　计	36 000 000	50 000 000

本例中因 A 公司与 B 公司在合并前不存在任何关联方关系，应作为非同一控制下的企业合并处理。A 公司对于合并形成的对 B 公司的长期股权投资，应按支付对价的公允价值确定其初始投资成本。A 公司应进行的账务处理为：

借:长期股权投资　　　　　　　　　　　　　　　　　50 000 000
　贷:无形资产　　　　　　　　　　　　　　　　　　　28 000 000
　　银行存款　　　　　　　　　　　　　　　　　　　 8 000 000
　　资产处置损益　　　　　　　　　　　　　　　　　 14 000 000

二、后续计量

投资方能够对被投资单位实施控制的长期股权投资应当采用成本法核算。成本法，是指投资按成本计价的方法。被投资单位实现净损益、其他综合收益、分派股票股利以及发生除净损益以外所有者权益的其他变动，投资方均不做处理。长期股权投资持有期间被投资单位宣告发放现金股利或利润时，企业按应享有的部分确认为投资收益，借记"应收股利"账户，贷记"投资收益"账户。

追加或收回投资应当调整长期股权投资的成本。成本法下长期股权投资的账面价值除非增加或减少了投资，不然一般不会调整。成本法可以简单理解为收付实现制，不管其是盈利还是亏损，被投资企业宣告发放现金股利或利润的时候才确认投资收益。

企业持有的对子公司投资比对联营企业和合营企业投资影响程度更深，企业持有的对子公司投资要编制合并报表，一般认为长期股权投资的权益法是合并报表的另外一种表现形式，是一种相对简化的合并报表处理。为了避免重复，提供更多信息，实务中企业持有的对子公司投资采用成本法核算。

【例6-5】 2022年1月,甲公司自非关联方处以现金800万元取得对乙公司60％的股权,相关手续于当日完成,并能够对乙公司实施控制。当年乙公司盈利300万元,次年3月,乙公司宣告分派现金股利,甲公司按其持股比例可取得现金12万元。不考虑相关税费等其他因素的影响。

借:长期股权投资　　　　　　　　　　　　　　　　　　　8 000 000
　　贷:银行存款　　　　　　　　　　　　　　　　　　　　　8 000 000
借:应收股利　　　　　　　　　　　　　　　　　　　　　120 000
　　贷:投资收益　　　　　　　　　　　　　　　　　　　　　120 000

投资方应当关注长期股权投资的账面价值是否大于享有被投资单位所有者权益账面价值的份额等类似情况。出现类似情况时,投资方应当按照资产减值准则对长期股权投资进行减值测试,可收回金额低于长期股权投资账面价值的,应当计提减值准备。长期股权投资减值损失一经确认,在以后期间不得转回。

企业计提长期股权投资减值准备,应当设置"长期股权投资减值准备"账户。企业按应减记的金额,借记"资产减值损失"账户,贷记"长期股权投资减值准备"账户。

第三节　对合营企业和联营企业的权益性投资

一、初始计量

不形成控股合并的长期股权投资,应当按照下列规定确定其初始投资成本:

(1) 以支付现金取得的长期股权投资,应当按照实际支付的购买价款作为初始投资成本。初始投资成本包括与取得长期股权投资直接相关的费用、税金及其他必要支出。

(2) 以发行权益性证券取得的长期股权投资,应当按照发行权益性证券的公允价值作为初始投资成本。与发行权益性证券直接相关的费用,应当按照《金融工具列报》的有关规定确定,应自权益性证券的溢价发行收入中扣除。权益性证券的溢价收入不足冲减的,应冲减盈余公积和未分配利润。

(3) 通过非货币性资产交换取得的长期股权投资,其初始投资成本应当按照《非货币性资产交换》的有关规定确定。

(4) 通过债务重组取得的长期股权投资,其初始投资成本应当按照《债务重组》的有关规定确定。

企业无论是以何种方式取得长期股权投资,取得投资时,对于投资成本中包含的应享有被投资单位已经宣告但尚未发放的现金股利或利润,应作为应收项目单独核算,不构成取得长期股权投资的初始投资成本。

二、后续计量

投资方对联营企业和合营企业的长期股权投资,应当采用权益法核算。权益法,是指投资以初始投资成本计量后,在投资持有期间根据投资企业享有被投资单位所有者权益的份额的变动对投资的账面价值进行调整的方法。一般认为长期股权投资的权益法是合并报表的另外一种表现形式,即将应享有被投资单位净资产的变动总括反映为长期股权投资账面价值的变动,而合并报表则是将应享有被投资单位净资产的变动分解到被投资单位的每一项资产、负债账面价值的变动中。与合并财务报表的不同之处在于,合并财务报表的处理方式是母公司在取得投资以后,对子公司净资产的变动是全额合并,在抵销未实现内部交易损益的影响后,均全额反映在母公司的合并财务报表中,而权益法是按照投资方的持股比例将应享有被投资单位净资产变动的份额确认在长期股权投资账面价值中。

长期股权投资账面价值随着被投资方所有者权益的变动而变动。被投资方实现净损益、其他综合收益、发生除净损益以外所有者权益的其他变动时,投资方应根据享有的份额分别确认投资收益、其他综合收益、资本公积,同时调整长期股权投资的账面价值。被投资方宣告分配现金股利时,投资方应抵减长期股权投资的账面价值。被投资方分派股票股利时,投资方不做账务处理。权益法可以理解为权责发生制,只要被投资企业年终有了利润,不管其分不分,都按照享有的份额确认投资收益,调整长期股权投资的账面价值。

长期股权投资采用权益法核算的,应当分别设置"成本""损益调整""其他综合收益""其他权益变动"明细科目进行明细核算。

(一)初始投资成本的调整

长期股权投资的初始投资成本大于投资时应享有被投资单位可辨认净资产公允价值份额的,该部分差额从本质上是投资企业在取得投资过程中通过购买作价体现出的与所取得股权份额相对应的商誉及被投资单位不符合确认条件的资产价值,不调整长期股权投资的初始投资成本,入账价值等于初始投资成本,差额为商誉,商誉不单独确认,体现在长期股权投资的入账价值中。长期股权投资的初始投资成本小于投资时应享有被投资单位可辨认净资产公允价值份额的,该部分差额体现为交易作价过程中转让方的让步,其差额应当计入当期损益,确认为营业外收入,同时调整长期股权投资的成本,以享有被投资单位可辨认净资产公允价值的份额作为长期股权投资的入账价值。

【例6-6】 A公司于2022年1月1日取得B公司30%的股权,实际支付价款3 000万元。取得投资时被投资单位净资产账面价值为7 500万元(假定被投资单位各项可辨认资产、负债的公允价值与其账面价值相等)。因能够对B公司的生产经营决策施加重大影响,A公司对该项投资采用权益法核算。取得投资时,A公司应进行的账务处理为:

借:长期股权投资——成本 　　　　　　　　　　　30 000 000
　贷:银行存款 　　　　　　　　　　　　　　　　　　　30 000 000

长期股权投资的成本3 000万元大于取得投资时应享有B公司可辨认净资产公允价值的份额2 250万元(=7 500×30%),不对其初始投资成本进行调整。

假定上例中取得投资时B公司可辨认净资产公允价值为12 000万元,A公司按持股比例30%计算确定应享有3 600万元,则初始投资成本与应享有B公司可辨认净资产公允价值份额之间的差额600万元应计入取得投资当期的损益。

借:长期股权投资——成本 　　　　　　　　　　　36 000 000
　贷:银行存款 　　　　　　　　　　　　　　　　　　　30 000 000
　　营业外收入 　　　　　　　　　　　　　　　　　　　6 000 000

　　（二）投资收益的确认

　　投资企业取得长期股权投资后，应当按照应享有或应分担被投资单位实现净利润或发生净亏损的份额，调整长期股权投资的账面价值，并确认为当期投资损益。

　　对被投资单位实现的净损益的调整。在确认应享有或应分担被投资单位的净利润或净亏损时，在被投资单位账面净利润的基础上，应考虑以下因素的影响进行适当调整：

　　一是被投资单位采用的会计政策及会计期间与投资方不一致的，应当按照投资方的会计政策及会计期间对被投资单位的财务报表进行调整。

　　二是投资方在确认应享有被投资单位净损益的份额时，应当以取得投资时被投资单位可辨认净资产的公允价值为基础，对被投资单位的净利润进行调整后确认。以取得投资时被投资单位固定资产、无形资产等的公允价值为基础计提的折旧额或摊销额，以及以投资企业取得投资时的公允价值为基础计算确定的资产减值准备金额等对被投资单位净利润进行调整。

　　被投资单位个别利润表中的净利润是以其持有的资产、负债账面价值为基础持续计算的，而投资企业在取得投资时，是以被投资单位有关资产、负债的公允价值为基础确定投资成本，长期股权投资的投资收益所代表的是被投资单位资产、负债在公允价值计量的情况下在未来期间通过经营产生的损益中归属于投资企业的部分。取得投资时有关资产、负债的公允价值与其账面价值不同的，未来期间，在计算归属于投资企业应享有的净利润或应承担的净亏损时，应以投资时被投资单位有关资产对投资企业的成本（即取得投资时的公允价值）为基础计算确定，从而产生了需要对被投资单位账面净利润进行调整的情况。

　　在针对上述事项对被投资单位实现的净利润进行调整时，应考虑重要性原则，不具重要性的项目可不予调整。符合下列条件之一的，投资企业可以以被投资单位的账面净利润为基础，计算确认投资损益，同时应在会计报表附注中说明不能按照准则规定进行核算的原因：① 投资企业无法合理确定取得投资时被投资单位各项可辨认资产等的公允价值；② 投资时被投资单位可辨认资产的公允价值与其账面价值相比，两者之间的差额不具重要性的；③ 其他原因导致无法取得被投资单位的有关数据，不能按照准则中规定的原则对被投资单位的净损益进行调整的。

　　【例6-7】　甲公司于2022年1月10日购入乙公司30%的股份，购买价款为3300万元，并自取得投资之日起派人参与乙公司的财务和生产经营决策。取得投资当日，乙公司可辨认净资产公允价值为9000万元，除表6-3所列项目外，乙公司其他资产、负债的公允价值与账面价值相等。

表6-3

单位：万元

项　　目	账面原价	已提折旧或摊销	公允价值	乙公司预计使用年限	甲公司取得投资后剩余使用年限
存货	750		1 050		
固定资产	1 800	360	2 400	20	16
无形资产	1 050	210	1 200	10	8
合　　计	3 600	570	4 650		

　　假定乙公司于2022年实现净利润900万元，其中，在甲公司取得投资时账面存货的80%

对外出售。甲公司与乙公司的会计年度及采用的会计政策相同。固定资产、无形资产均按直线法提取折旧或摊销,预计净残值均为 0。假定甲、乙公司间未发生任何内部交易。

甲公司在确定其应享有的投资收益时,应在乙公司实现净利润的基础上,根据取得投资时乙公司有关资产的账面价值与其公允价值差额的影响进行调整(假定不考虑所得税影响)。

存货账面价值与公允价值的差额调减利润＝(1 050－750)×80%＝240(万元)

固定资产账面价值与公允价值的差额调减利润＝2 400÷16－1 800÷20＝60(万元)

无形资产账面价值与公允价值的差额调减利润＝1 200÷8－1 050÷10＝45(万元)

调整后的净利润＝900－240－60－45＝555(万元)

甲公司应享有份额＝555×30%＝166.50(万元)

确认投资收益的账务处理如下:

借:长期股权投资——损益调整　　　　　　　　　　　　　　1 665 000

　　贷:投资收益　　　　　　　　　　　　　　　　　　　　　　　1 665 000

三是在评估投资方对被投资单位是否具有重大影响时,应当考虑潜在表决权的影响,但在确定应享有的被投资单位实现的净损益、其他综合收益和其他所有者权益变动的份额时,潜在表决权所对应的权益份额不应予以考虑。

四是法规或章程规定不属于投资单位的净损益,应当扣除后计算。例如,如果被投资单位发行了分类为权益的可累积优先股等类似的权益工具,无论被投资单位是否宣告分配优先股股利,投资方计算应享有被投资单位的净利润时,均应将归属于其他投资方的累积优先股股利予以扣除。

五是对于投资方与其联营企业及合营企业之间发生的未实现内部交易损益应予抵销。即投资企业与联营企业、合营企业之间发生的未实现内部交易损益按照应享有的比例计算归属于投资方的部分应当予以抵销,在此基础上确认投资收益。投资方与被投资单位发生的未实现内部交易损失,按照《资产减值》等的有关规定属于资产减值损失的,应当全额确认,减值损失与转让交易无关。与合并财务报表不同的是,投资方持有联营企业或合营企业的投资,其能够视为一体的主体是投资方与联营或合营企业中自身持有的股权份额部分,该部分交易是内部交易,超越这个范围,即为投资方与联营企业、合营企业其他投资方的交易,相关方面不存在特殊关系的情况下,这类交易即为投资方与外部进行的交易,交易中进行的价值量转换是实现了的。因此,投资方在计算确认应享有联营、合营企业的投资损益时,应予抵销的仅为与自身持股比例相对应的部分。

应当注意的是,该未实现内部交易损益的抵销既包括顺流交易也包括逆流交易,其中,顺流交易是指投资企业向其联营企业或合营企业出售资产,逆流交易是指联营企业或合营企业向投资企业出售资产。当该未实现的内部交易损益体现在投资企业或其联营企业、合营企业持有的资产账面价值中时,相关的损益在计算确认投资损益时应予抵销。投资方与联营企业或合营企业中自身持有股权份额部分是尚未实现的内部交易,投资方与联营企业或合营企业其他投资方的交易已经实现。投资方的个别财务报表及合并财务报表中的处理方式不同,原因在于个别报表反映的是法律主体,合并财务报表更多体现的是会计主体的概念。

(1)对于联营企业或合营企业向投资企业出售资产的逆流交易,在该交易存在未实现内部交易损益的情况下(即有关资产未对外部独立第三方出售),投资企业在采用权益法计算确认应享有联营企业或合营企业的投资损益时,应抵销该未实现内部交易损益的影响。当投资企业自其联营企业或合营企业购买资产时,在将该资产出售给外部独立的第三方之前,不应确认联营企业或合营企业因该交易产生的损益中本企业应享有的部分。逆流交易影响被投资企业的损益,从而影响投资企业权益法核算的长期股权投资。

因逆流交易产生的未实现内部交易损益,在未对外部独立第三方出售之前,体现在投资企业持有资产的账面价值当中。投资企业(如有子公司)对外编制合并财务报表的,应在合并财务报表中对长期股权投资及包含未实现内部交易损益的资产账面价值进行调整,抵销有关资产账面价值中包含的未实现内部交易损益,并相应调整对联营企业或合营企业的长期股权投资。

【例 6-8】 甲企业于 2021 年 1 月取得乙公司 20％有表决权股份,能够对乙公司施加重大影响。假定甲企业取得该项投资时,乙公司各项可辨认资产、负债的公允价值与其账面价值相等。2021 年 8 月,乙公司将其成本为 600 万元的某商品,以 1 000 万元的价格出售给甲企业,甲企业将取得的商品作为存货。至 2021 年资产负债表日,甲企业仍未对外出售该存货。乙公司 2021 年实现净利润为 3 200 万元。假定不考虑所得税因素。

甲企业在按照权益法确认应享有乙公司 2021 年净损益时,应进行以下账务处理:

借:长期股权投资——损益调整[(3 200-400)×20％]　　　　　5 600 000
　　贷:投资收益　　　　　　　　　　　　　　　　　　　　　　　5 600 000

进行上述处理后,投资企业如有子公司,需要编制合并财务报表的,在合并财务报表中,因该未实现内部交易损益体现在投资企业持有存货的账面价值当中,应在合并财务报表中进行以下调整:

借:长期股权投资——损益调整　　　　　　　　　　　　　　　　800 000
　　贷:存货　　　　　　　　　　　　　　　　　　　　　　　　　800 000

甲企业于 2022 年将上述商品全部出售,乙公司 2022 年实现净利润为 3 600 万元。假定不考虑所得税因素。

个别报表应确认投资收益=(3 600+400)×20％=800(万元)

借:长期股权投资——损益调整　　　　　　　　　　　　　　　8 000 000
　　贷:投资收益　　　　　　　　　　　　　　　　　　　　　　8 000 000

因甲公司将上述存货已全部出售,所以合并报表中无调整分录。

(2) 对于投资企业向联营企业或合营企业出售资产的顺流交易,在该交易存在未实现内部交易损益的情况下(即有关资产未向外部独立第三方出售),投资企业在采用权益法计算确认应享有联营企业或合营企业的投资损益时,应抵销该未实现内部交易损益的影响,同时调整对联营企业或合营企业长期股权投资的账面价值。当投资企业向联营企业或合营企业出售资产,同时有关资产由联营企业或合营企业持有时,投资方因出售资产应确认的损益仅限于与联营企业或合营企业其他投资者交易的部分。即在顺流交易中,投资方出售资产给其联营企业或合营企业产生的损益中,按照持股比例计算确定归属于本企业的部分不予确认。顺流交易影响被投资企业的资产,从而影响被投资单位的净资产,进一步影响投资企业权益法核算的长期股权投资。

因顺流交易产生的未实现内部交易损益,在未对外部独立第三方出售之前,体现为投资企业的销售利润。投资企业(如有子公司)对外编制合并财务报表的,应在合并财务报表中对投资收益及包含未实现内部交易损益的销售利润进行调整,抵销有关销售利润中包含的未实现内部交易损益,并相应调整对联营企业或合营企业的投资收益。

个别财务报表反映的是法律主体,相比之下,合并报表体现的是会计主体。顺流交易,未实现内部交易损益在个别财务报表中无法调整收入和成本,仅能通过长期股权投资的损益予以体现。未实现的收入成本可以在合并财务报表中予以抵销。

【例 6-9】 甲企业持有乙公司 20% 有表决权股份,能够对乙公司的财务和生产经营决策施加重大影响。2021 年,甲企业将其账面价值为 600 万元的商品以 1 000 万元的价格出售给乙公司。至 2021 年资产负债表日,该批商品尚未对外部第三方出售。假定甲企业取得该项投资时,乙公司各项可辨认资产、负债的公允价值与其账面价值相等,两者在以前期间未发生过内部交易。乙公司 2021 年净利润为 2 000 万元。假定不考虑所得税因素。

甲企业在该项交易中实现利润 400 万元,其中的 80 万元(=400×20%)是针对本企业持有的对联营企业的权益份额,在采用权益法计算确认投资损益时应予抵销,即甲企业应当进行的账务处理为:

借:长期股权投资——损益调整[(2 000-400)×20%]　　　　3 200 000
　贷:投资收益　　　　　　　　　　　　　　　　　　　　　　　　　3 200 000

甲企业如需编制合并财务报表,在合并财务报表中对该未实现内部交易损益应在个别报表已确认投资损益的基础上进行以下调整:

借:营业收入　　　　　　　　　　　　　　　　　　　　　　　　2 000 000
　贷:营业成本　　　　　　　　　　　　　　　　　　　　　　　　1 200 000
　　投资收益　　　　　　　　　　　　　　　　　　　　　　　　　800 000

乙公司于 2022 年将上述商品全部出售,乙公司 2022 年实现净利润为 3 600 万元。假定不考虑所得税因素。

个别报表应确认投资收益=(3 600+400)×20%=800(万元)

借:长期股权投资——损益调整　　　　　　　　　　　　　　　8 000 000
　贷:投资收益　　　　　　　　　　　　　　　　　　　　　　　　8 000 000

合并报表中无调整分录。

【例 6-10】 甲公司持有乙公司 20% 有表决权股份,能够对乙公司生产经营决策施加重大影响。2022 年,甲公司将其账面价值为 800 万元的商品,以 640 万元的价格出售给乙公司。2022 年资产负债表日,该批商品尚未对外部第三方出售。假定甲公司取得该项投资时,乙公司各项可辨认资产、负债的公允价值与其账面价值相等,两者在以前期间未发生过内部交易。乙公司 2022 年净利润为 2 000 万元。

上述甲公司在确认应享有乙公司 2022 年净损益时,如果有证据表明交易价格 640 万元与甲公司该商品账面价值 800 万元之间的差额是该资产发生了减值损失,在确认投资损益时不应予以抵销。甲公司应当进行的会计处理为:

借:长期股权投资——损益调整　　　　　　　　　　　　　　　4 000 000
　贷:投资收益　　　　　　　　　　　　　　　　　　　　　　　　4 000 000

否则,按调整后的净利润 2 160 万元确认投资收益 432 万元。

(3) 合营方向合营企业投出非货币性资产应当按照以下原则处理,符合下列情况之一的,合营方不应确认该类交易的损益:与投出非货币性资产所有权有关的重大风险和报酬没有转移给合营企业;投出非货币性资产的损益无法可靠计量;投出非货币性资产交易不具有商业实质。合营方转移了与投出非货币性资产所有权有关的重大风险和报酬并且投出资产留给合营企业使用的,应在该项交易中确认属于合营企业其他合营方的利得和损失。交易表明投出非货币性资产发生减值损失的,合营方应当全额确认该部分损失。在投出非货币性资产的过程中,合营方除了取得合营企业长期股权投资外还取得了其他货币性资产或非货币性资产,应当确认该项交易中与所取得其他货币性、非货币性资产相关的损益。

应予注意的是,合营方向合营企业投出非货币性资产的交易亦应区分投资方个别财务报表和合并财务报表分别进行处理。投资方按照持股比例计算应予抵销的未实现内部交易损益,在合并财务报表中应在抵销相关收入、成本的同时,调整长期股权投资的账面价值。

【例6-11】 甲公司、乙公司和丙公司共同出资设立丁公司,注册资本为5 000万元,甲公司持有丁公司注册资本的38%,乙公司和丙公司各持有丁公司注册资本的31%,丁公司为甲、乙、丙公司的合营企业。甲公司以其固定资产(机器)出资,该机器的原价为1 600万元,累计折旧为400万元,公允价值为1 900万元,未计提减值;乙公司和丙公司以现金出资,各投资1 550万元。假定甲公司需要编制合并财务报表,不考虑所得税影响。

甲公司在个别财务报表中,对丁公司的长期股权投资成本为1 900万元,投出机器的账面价值与公允价值之间的差额为700万元(=1 900-1 200),确认损益。

借:固定资产清理 12 000 000
　累计折旧 4 000 000
　贷:固定资产 16 000 000
借:长期股权投资——丁公司(成本) 19 000 000
　贷:固定资产清理 12 000 000
　　资产处置损益 7 000 000

甲公司在合并财务报表中,对于上述投资所产生的利得,仅能够确认归属于乙、丙公司的利得部分,需要抵销归属于甲公司的利得部分。在合并财务报表中做如下抵销分录:

借:资产处置损益 2 660 000
　贷:长期股权投资——丁公司 2 660 000

合营方向合营企业投出非货币性资产在个别报表和合并报表中的处理,也可以比照顺流交易对未实现内部交易损益抵销进行处理。

六是投资方与联营、合营企业之间发生投出或出售资产的交易构成业务的,应当按照《企业合并》和《合并财务报表》有关规定进行处理。联营、合营企业向投资方出售业务的,投资方按企业合并进行会计处理,投资方应全额确认与交易相关的利得或损失。投资方向联营、合营企业投出业务,投资方因此取得长期股权投资但未取得控制权的,应以投出业务的公允价值作为新增长期股权投资的初始投资成本,初始投资成本与投出业务的账面价值之差,全额计入当期损益。投资方向联营、合营企业出售业务取得的对价与业务的账面价值之间的差额,全额计入当期损益。

现行会计准则体系中对于购买或出售资产与购买或出售业务的会计处理理念很大程度上并不一致,这种不一致性一般不是体现为出售方的会计处理,而是体现为购买方会计处理的差异。即作为资产的购买方与作为业务的购买方,其在进行会计处理过程中应当分别遵循不同的原则,购买资产的情况下,应当将购买成本按照相对公允价值的比例分配给所购入资产,但若有关交易是发生在投资方与其联营或合营企业之间时,投资方相关损益的确认仅限于除自身以外与联营或合营其他投资者之间的部分;购买业务的情况下,因构成企业合并,其会计处理遵从企业合并的处理原则,此时无论交易是否发生在投资方与其联营或合营企业之间,有关损益均需全额确认,不再作为权益法下与长期股权投资相关投资损益的调整因素。

(三)超额亏损的确认

按照权益法核算的长期股权投资,投资企业确认应分担被投资单位发生的损失,原则上应以长期股权投资及其他实质上构成对被投资单位净投资的长期权益减记至零为限,投资企业负有承担额外损失义务的除外。这里所讲的"其他实质上构成对被投资单位净投资的长期权益"通常是指长期应收项目,比如,企业对被投资单位的长期债权,该债权没有明确的清收计划且在可预见的未来期间不准备收回的,实质上构成对被投资单位的净投资,但不包括投资企业与被投资单位之间因销售商品、提供劳务等日常活动所产生的长期债权。

投资企业在确认应分担被投资单位发生的亏损时,具体应按照以下顺序处理:

首先,减记长期股权投资的账面价值。其次,在长期股权投资的账面价值减记至零的情况下,对于未确认的投资损失,考虑除长期股权投资以外,账面上是否有其他实质上构成对被投资单位净投资的长期权益项目,如果有,则应以其他长期权益的账面价值为限,继续确认投资损失,冲减长期应收项目等的账面价值。最后,经过上述处理,按照投资合同或协议约定,投资企业仍需要承担额外损失弥补等义务的,应按预计将承担的义务金额确认预计负债,计入当期投资损失。除上述情况仍未确认的应分担被投资单位的损失,应在账外备查登记。

企业在实务操作过程中,在发生投资损失时,应借记"投资收益"科目,贷记"长期股权投资——损益调整"科目。在长期股权投资的账面价值减记至零以后,考虑其他实质上构成对被投资单位净投资的长期权益,继续确认的投资损失,应借记"投资收益"科目,贷记"长期应收款"等科目;因投资合同或协议约定导致投资企业需要承担额外义务的,按照或有事项准则的规定,对于符合确认条件的义务,应确认为当期损失,同时确认预计负债,借记"投资收益"科目,贷记"预计负债"科目。

在确认有关的投资损失以后,被投资单位于以后期间实现盈利的,应按以上相反顺序分别减记账外备查登记的金额、已确认的预计负债、恢复其他长期权益及长期股权投资的账面价值,同时确认投资收益。即应当按顺序分别借记"预计负债""长期应收款""长期股权投资"等科目,贷记"投资收益"科目。

【例6-12】 甲企业持有乙企业40%的股权,能够对乙企业施加重大影响。2021年12月31日,该项长期股权投资的账面价值为6 000万元。乙企业2022年由于一项主营业务市场条件发生变化,当年度亏损9 000万元。假定甲企业在取得该投资时,乙企业各项可辨认资产、负债的公允价值与其账面价值相等,双方所采用的会计政策及会计期间也相同。则甲企业当年度应确认的投资损失为3 600万元。确认上述投资损失后,长期股权投资的账面价值变为2 400万元。

如果乙企业当年度的亏损额为18 000万元,则甲企业按其持股比例确认应分担的损失为7 200万元,但长期股权投资的账面价值仅为6 000万元。如果没有其他实质上构成对被投资单位净投资的长期权益项目,则甲企业应确认的投资损失仅为6 000万元,超额损失在账外进行备查登记。在确认了6 000万元的投资损失,长期股权投资的账面价值减记至零以后,如果甲企业账上仍有应收乙企业的长期应收款2 000万元,该款项从目前情况看,没有明确的清偿计划(并非产生于商品购销等日常活动),则在长期应收款的账面价值大于1 200万元的情况

下,应以长期应收款的账面价值为限,进一步确认投资损失 1 200 万元。甲企业应进行的账务处理如下:

借:投资收益   60 000 000
 贷:长期股权投资——损益调整   60 000 000
借:投资收益   12 000 000
 贷:长期应收款   12 000 000

(四)其他综合收益的确认

在权益法核算下,被投资单位确认的其他综合收益及其变动,也会影响被投资单位所有者权益总额,进而影响投资企业应享有被投资单位所有者权益的份额。因此,当被投资单位其他综合收益发生变动时,投资企业应当按照归属于本企业的部分,相应调整长期股权投资的账面价值,同时增加或减少其他综合收益。其他综合收益区分以后会计期间不能重分类进损益的其他综合收益和以后会计期间在满足规定条件时将重分类进损益的其他综合收益。被投资单位的其他综合收益重分类进损益,投资方的其他综合收益也重分类进损益,被投资单位的其他综合收益不能重分类进损益,投资方的其他综合收益也不能重分类进损益。

【例6-13】 A公司持有B公司30%的股份,能够对B公司施加重大影响。当期B公司因持有的其他权益工具投资公允价值的变动计入其他综合收益的金额为1 800万元,当期B公司因持有的其他债权投资公允价值的变动计入其他综合收益的金额为1 000万元,B公司当期实现的净利润为9 600万元。A公司与B公司适用的会计政策、会计期间相同,投资时B公司有关资产、负债的公允价值与其账面价值相等。双方在当期及以前期间未发生任何内部交易。有关账务处理如下:

借:长期股权投资——损益调整   28 800 000
     ——其他综合收益   8 400 000
 贷:投资收益   28 800 000
  其他综合收益——权益法下不能转损益的其他综合收益 5 400 000
     ——权益法下可转损益的其他综合收益 3 000 000

(五)被投资单位利润分配的处理

按照权益法核算的长期股权投资,投资方按照被投资单位宣告分派的现金股利或利润计算应享有的部分,相应减少长期股权投资的账面价值。在被投资单位宣告分派现金股利或利润时,借记"应收股利"科目,贷记"长期股权投资——损益调整"科目。被投资单位分派的股票股利,投资企业不做账务处理,但应于除权日注明所增加的股数,以反映股份的变化情况。被投资企业提取盈余公积、资本公积转增资本、盈余公积转增资本、盈余公积弥补亏损,所有者权益总额不变,投资企业不做账务处理。

(六)被投资单位所有者权益的其他变动的处理

投资方对于被投资单位除净损益、其他综合收益和利润分配以外所有者权益的其他变动,投资方应按所持股权比例计算应享有的份额,调整长期股权投资的账面价值,同时计入资本公积(其他资本公积)。被投资单位除净损益、其他综合收益以及利润分配以外的所有者权益的其他变动,主要包括被投资单位接受其他股东的资本性投入、被投资单位发行可分离交易的可转债中包含的权益成分、以权益结算的股份支付等。

【例 6-14】 2021 年 3 月 20 日,A、B、C 公司分别以现金 200 万元、400 万元和 400 万元出资设立 D 公司,分别持有 D 公司 20%、40%、40% 的股权。A 公司对 D 公司具有重大影响。D 公司自设立之日起至 2022 年 1 月 1 日实现净利润 1 000 万元,除此之外,无其他影响净资产的事项。2022 年 1 月 5 日,经 A、B、C 公司协商,B 公司对 D 公司增资 800 万元,增资后 D 公司净资产为 2 800 万元,A、B、C 公司分别持有 D 公司 15%、50%、35% 的股权。相关手续于当日完成。A 公司与 D 公司适用的会计政策、会计期间相同,双方在当期及以前期间未发生其他内部交易。不考虑相关税费的影响。A 公司账务处理为:

借:长期股权投资——投资成本　　　　　　　　　　　　　　2 000 000
　　贷:银行存款　　　　　　　　　　　　　　　　　　　　　　2 000 000
借:长期股权投资——损益调整　　　　　　　　　　　　　　2 000 000
　　贷:投资收益　　　　　　　　　　　　　　　　　　　　　　2 000 000
借:长期股权投资——其他权益变动(28 000 000×15%－4 000 000) 200 000
　　贷:资本公积——其他资本公积　　　　　　　　　　　　　　200 000

第四节　长期股权投资核算方法的转换和处置

一、公允价值计量转为权益法

投资方因追加投资等原因能够对被投资单位施加重大影响或实施共同控制但不构成控制的,应当按照《金融工具确认和计量》确定的原持有的股权投资的公允价值加上新增投资成本之和,作为改按权益法核算的初始投资成本。原股权投资分类为以公允价值计量且其变动计入当期损益的金融资产,其公允价值与账面价值的差额计入投资收益,原股权投资指定为以公允价值计量且其变动计入其他综合收益的金融资产,其公允价值与账面价值之间的差额以及原计入其他综合收益的累计公允价值变动应当转入改按权益法核算的留存收益。在此基础上,比较初始投资成本与获得被投资单位共同控制或重大影响时应享有被投资单位可辨认净资产公允价值份额之间的差额,前者大于后者的,不调整长期股权投资的账面价值;前者小于后者的,调整长期股权投资的账面价值,并计入当期营业外收入。

【例 6-15】 2021 年 1 月 4 日,甲公司以银行存款 1 000 万元自非关联方处取得乙公司股票 100 万股,占乙公司 10% 的股权,准备长期持有,因其取得该项投资时甲公司对乙公司不具有控制、共同控制或重大影响,乙公司股票在活跃市场中公允价值能够可靠计量,因此甲公司取得时指定为以公允价值计量且其变动计入其他综合收益的金融资产。2021 年 6 月 30 日,甲公司持有的乙公司的该项股票投资公允价值为 1 250 万元。2021 年 6 月 30 日,甲公司又以银行存款 2 500 万元自另一非关联方处取得乙公司股票 200 万股,占乙公司 20% 的股权。此时甲公司共计持有乙公司的股票占乙公司股权的 30%,对乙公司具有重大影响。此时,乙公司可辨认净资产的公允价值为 11 000 万元。不考虑其他因素的影响。

(1) 取得投资时的会计处理:

借:其他权益工具投资——成本　　　　　　　　　　　　　　10 000 000
　　贷:银行存款　　　　　　　　　　　　　　　　　　　　　　10 000 000

（2）公允价值变动时的会计处理：

借：其他权益工具投资——公允价值变动　　　　　　　　2 500 000

　　贷：其他综合收益　　　　　　　　　　　　　　　　　　　　2 500 000

（3）转换时的会计处理（不调整初始投资成本）：

借：长期股权投资——投资成本　　　　　　　　　　　　37 500 000

　　贷：银行存款　　　　　　　　　　　　　　　　　　　　25 000 000

　　　　其他权益工具投资——成本　　　　　　　　　　　　10 000 000

　　　　　　　　　　　　　——公允价值变动　　　　　　　　2 500 000

借：其他综合收益　　　　　　　　　　　　　　　　　　2 500 000

　　贷：利润分配——未分配利润　　　　　　　　　　　　　　2 500 000

二、公允价值计量或权益法转为成本法

投资方因追加投资等原因能够被投资单位实施控制的，参见通过多次交易分步实现企业合并的相关处理。

【例 6-16】　2021 年 1 月 4 日，甲公司以银行存款 1 000 万元取得乙公司股票 100 万股，占乙公司 10% 的股权，准备长期持有，因其取得该项投资时甲公司对乙公司不具有控制、共同控制或重大影响，乙公司股票在活跃市场中公允价值能够可靠计量，因此甲公司取得时指定为以公允价值计量且其变动计入其他综合收益的金融资产。甲公司和乙公司不存在关联方关系。2021 年 7 月 1 日，甲公司持有的乙公司的该项股票投资公允价值为 1 250 万元。2021 年 7 月 1 日，甲公司又以银行存款 7 500 万元取得乙公司股票 600 万股，占乙公司 60% 的股权。此时甲公司共计持有乙公司的股票占乙公司股权的 70%，对乙公司具有控制权。甲公司购买乙公司的股权不构成"一揽子交易"。不考虑其他因素的影响。

（1）取得投资时的会计处理：

借：其他权益工具投资——成本　　　　　　　　　　　10 000 000

　　贷：银行存款　　　　　　　　　　　　　　　　　　　　10 000 000

（2）公允价值变动时的会计处理：

借：其他权益工具投资——公允价值变动　　　　　　　　2 500 000

　　贷：其他综合收益　　　　　　　　　　　　　　　　　　　2 500 000

（3）转换时的会计处理：

借：长期股权投资　　　　　　　　　　　　　　　　　87 500 000

　　贷：银行存款　　　　　　　　　　　　　　　　　　　　75 000 000

　　　　其他权益工具投资——成本　　　　　　　　　　　　10 000 000

　　　　　　　　　　　　　——公允价值变动　　　　　　　　2 500 000

借：其他综合收益　　　　　　　　　　　　　　　　　　2 500 000

　　贷：利润分配——未分配利润　　　　　　　　　　　　　　2 500 000

【例 6-17】　2021 年 1 月 1 日，甲公司以银行存款 3 000 万元自非关联方处取得乙公司股票 300 万股，占乙公司 30% 的股权，准备长期持有，因其取得该项投资时甲公司对乙公司具有重大影响，长期股权投资采用权益法核算。2021 年 1 月 1 日，乙公司可辨认净资产的公允价值为 10 000 万元。至 2021 年 12 月 31 日，乙公司当年实现净利润 1 000 万元，其他综合收益

为 10 万元(满足条件时可转入损益),其他所有者权益变动 20 万元。2022 年 1 月 1 日,甲公司又以银行存款 3 750 万元从另一非关联方处取得乙公司股票 300 万股,占乙公司 30% 的股权。此时甲公司共计持有乙公司的股票占乙公司股权的 60%,对乙公司具有控制权。甲公司购买乙公司的股权不构成"一揽子交易"。不考虑其他因素的影响。

(1) 取得投资时的会计处理(不调整初始投资成本):

借:长期股权投资——投资成本	30 000 000	
贷:银行存款		30 000 000

(2) 权益法下在资产负债表日的会计处理:

借:长期股权投资——损益调整	3 000 000	
——其他综合收益	30 000	
——其他权益变动	60 000	
贷:投资收益		3 000 000
其他综合收益		30 000
资本公积——其他资本公积		60 000

(3) 转换时的会计处理:

借:长期股权投资	70 590 000	
贷:银行存款		37 500 000
长期股权投资——投资成本		30 000 000
——损益调整		3 000 000
——其他综合收益		30 000
——其他权益变动		60 000

三、权益法转为公允价值计量

投资方因处置部分股权投资等原因丧失了对被投资单位的共同控制或重大影响的,处置后的剩余股权应当改按《金融工具确认和计量》核算,其在丧失共同控制或重大影响之日的公允价值与账面价值之间的差额计入当期损益。原采用权益法核算的相关其他综合收益应当在终止采用权益法核算时,采用与被投资单位直接处置相关资产或负债相同的基础进行会计处理,因被投资方除净损益、其他综合收益和利润分配以外所有者权益的其他变动而确认的所有者权益,应当在终止采用权益法核算时全部转入当期损益。

【例 6-18】 2021 年 1 月 1 日,甲公司以银行存款 3 750 万元取得乙公司股票 300 万股,占乙公司 30% 的股权,准备长期持有,因其取得该项投资时甲公司对乙公司具有重大影响,长期股权投资采用权益法核算。2021 年 1 月 1 日,乙公司可辨认净资产的公允价值为 10 000 万元。至 2021 年 12 月 31 日,乙公司当年实现净利润 1 000 万元,其他综合收益为 10 万元(满足条件时可转入损益),其他所有者权益变动为 20 万元。2022 年 1 月 1 日,甲公司将持有的乙公司的该项股票投资处置了 2/3,取得处置所得 3 000 万元,剩余的 1/3 的对乙公司的股票投资的公允价值为 1 500 万元。

此时甲公司持有乙公司的股票仅占乙公司股权的 10%,不具有控制、共同控制或重大影响,乙公司股票在活跃市场中公允价值能够可靠计量,指定为以公允价值计量且其变动计入其他综合收益的金融资产。不考虑其他因素的影响。

（1）取得投资时的会计处理（不调整初始投资成本）：

借：长期股权投资——投资成本　　　　　　　　　　　　37 500 000

　　贷：银行存款　　　　　　　　　　　　　　　　　　　　　37 500 000

（2）权益法下在资产负债表日的会计处理：

借：长期股权投资——损益调整　　　　　　　　　　　　　3 000 000

　　　　　　　　　——其他综合收益　　　　　　　　　　　　30 000

　　　　　　　　　——其他权益变动　　　　　　　　　　　　60 000

　　贷：投资收益　　　　　　　　　　　　　　　　　　　　　3 000 000

　　　其他综合收益——权益法下可转损益的其他综合收益　　　30 000

　　　资本公积——其他资本公积　　　　　　　　　　　　　　60 000

（3）部分处置时的会计处理：

借：银行存款　　　　　　　　　　　　　　　　　　　　30 000 000

　　贷：长期股权投资——投资成本　　　　　　　　　　　　25 000 000

　　　　　　　　　——损益调整　　　　　　　　　　　　　2 000 000

　　　　　　　　　——其他综合收益　　　　　　　　　　　　20 000

　　　　　　　　　——其他权益变动　　　　　　　　　　　　40 000

　　　投资收益　　　　　　　　　　　　　　　　　　　　　2 940 000

借：其他综合收益——权益法下可转损益的其他综合收益　　　30 000

　　贷：投资收益　　　　　　　　　　　　　　　　　　　　　30 000

借：资本公积——其他资本公积　　　　　　　　　　　　　　60 000

　　贷：投资收益　　　　　　　　　　　　　　　　　　　　　60 000

（4）转换时的会计处理：

借：其他权益工具投资——成本　　　　　　　　　　　　15 000 000

　　贷：长期股权投资——投资成本　　　　　　　　　　　　12 500 000

　　　　　　　　　——损益调整　　　　　　　　　　　　　1 000 000

　　　　　　　　　——其他综合收益　　　　　　　　　　　　10 000

　　　　　　　　　——其他权益变动　　　　　　　　　　　　20 000

　　　投资收益　　　　　　　　　　　　　　　　　　　　　1 470 000

四、成本法转为权益法

投资方因处置部分权益性投资等原因丧失了对被投资单位的控制的，处置后的剩余股权能够对被投资单位实施共同控制或施加重大影响的，并对该剩余股权视同自取得时即采用权益法核算进行调整。成本法转化为权益法应当作为会计政策变更处理，采用追溯调整法。会计政策变更，是指企业对相同的交易或事项由原来采用的会计政策改用另一会计政策的行为。追溯调整法，是指对某项交易或事项变更会计政策，视同该项交易或事项初次发生时即采用变更后的会计政策，并以此对财务报表相关项目进行调整的方法。

首先，按处置或收回投资的比例结转应终止确认的长期股权投资成本。

其次，比较剩余的长期股权投资成本与按照剩余持股比例计算原投资时（假定用权益法）应享有被投资单位可辨认净资产公允价值的份额：属于投资作价中体现商誉部分，不调整长期股权投资的账面价值;属于投资成本小于应享有被投资单位可辨认净资产公允价值份额的,在调整长期股权投资账面价值的同时,应调整留存收益。

再次,对于原取得投资后至转变为权益法核算之间被投资单位实现净损益(扣除已发放及已宣告发放的现金股利或利润)中按照持股比例计算应享有的份额,一方面应调整长期股权投资的账面价值,同时调整留存收益(原取得投资时至处置投资当期期初)和当期损益(处置投资当期期初至处置日)。

对于原取得投资后至因处置投资导致转变为权益法核算之间被投资单位实现的其他综合收益中应享有的份额,调整长期股权投资和其他综合收益。其他原因导致被投资单位所有者权益变动中应享有的份额,在调整长期股权投资账面价值的同时,应当计入"资本公积——其他资本公积"。

【例 6 - 19】 2021 年 1 月 1 日,甲公司以银行存款 6 000 万元取得乙公司 60%的股权,能够对乙公司实施控制。2023 年 7 月 1 日,甲公司将其持有的对乙公司长期股权投资的 1/3 出售给丙公司,出售取得价款 2 600 万元已存入银行。甲公司原取得乙公司 60%股权时,乙公司可辨认净资产公允价值总额为 9 000 万元(假定乙公司各项资产、负债的公允价值与账面价值均相等)。自甲公司取得对乙公司长期股权投资后至部分处置投资前,乙公司实现净利润 500 万元,其中 100 万元系乙公司 2023 年 1 月 1 日至 6 月 30 日实现的净利润,其他综合收益为 10 万元(满足条件时可转入损益),其他所有者权益变动为 20 万元。甲公司按净利润的 10%提取法定盈余公积。不考虑其他因素的影响。

甲公司在部分出售乙公司的股权后,对乙公司的持股比例下降为 40%。此时,甲公司对乙公司具有重大影响。

(1)取得投资时的会计处理:

借:长期股权投资——投资成本		60 000 000
贷:银行存款		60 000 000

(2)部分处置时的会计处理:

借:银行存款		26 000 000
贷:长期股权投资——投资成本		20 000 000
投资收益		6 000 000

(3)转换时的会计处理(不调整初始投资成本):

借:长期股权投资——损益调整		2 000 000
——其他综合收益		40 000
——其他权益变动		80 000
贷:盈余公积——法定盈余公积		160 000
利润分配——未分配利润		1 440 000
投资收益		4 000 000
其他综合收益——权益法下可转损益的其他综合收益		40 000
资本公积——其他资本公积		80 000

投资方因其他投资方对其子公司增资而导致本投资方持股比例下降,从而丧失控制权但能实施共同控制或施加重大影响的,投资方在个别财务报表中,应当对该项长期股权投资从成本法转为权益法核算。首先,按照新的持股比例确认投资方应享有的原子公司因增资扩股而增加净资产的份额,与应结转持股比例下降部分所对应的长期股权投资原账面价值之间的差

额计入当期损益;然后,按照新的持股比例视同自取得投资时即采用权益法核算进行调整。

五、成本法转为公允价值计量

投资方因处置部分权益性投资等原因丧失了对被投资单位的控制的,在编制个别财务报表时,处置后的剩余股权不能对被投资单位实施共同控制或施加重大影响的,应当改按《金融工具确认和计量》的有关规定进行会计处理,按处置投资的比例结转应终止确认的长期股权投资成本,在丧失控制权之日剩余股权的公允价值与账面价值之间的差额计入当期投资收益。在编制合并财务报表时,应当按照《合并财务报表》的有关规定进行会计处理。

【例 6-20】 2021 年 1 月 1 日,甲公司以银行存款 6 000 万元取得乙公司 60% 的股权,能够对乙公司实施控制。2023 年 7 月 1 日,甲公司将其持有的对乙公司长期股权投资的 5/6 出售给丙公司,出售取得价款 5 500 万元已存入银行。对乙公司的持股比例下降为 10%。此时,甲公司对乙公司不具有控制、共同控制或重大影响,乙公司股票在活跃市场中公允价值能够可靠计量,指定为以公允价值计量且其变动计入其他综合收益的金融资产。此时,剩余部分投资的公允价值为 1 100 万元。不考虑其他因素的影响。

(1) 取得投资时的会计处理:

借:长期股权投资　　　　　　　　　　　　　　　60 000 000

　　贷:银行存款　　　　　　　　　　　　　　　　　60 000 000

(2) 部分处置时的会计处理:

借:银行存款　　　　　　　　　　　　　　　　　55 000 000

　　贷:长期股权投资　　　　　　　　　　　　　　　50 000 000

　　　　投资收益　　　　　　　　　　　　　　　　　5 000 000

(3) 转换时的会计处理:

借:其他权益工具投资——成本　　　　　　　　　11 000 000

　　贷:长期股权投资　　　　　　　　　　　　　　　10 000 000

　　　　投资收益　　　　　　　　　　　　　　　　　1 000 000

六、长期股权投资的处置

企业处置长期股权投资时,应相应结转与所售股权相对应的长期股权投资的账面价值,出售所得价款与处置长期股权投资账面价值之间的差额,应确认为处置损益。

采用权益法核算的长期股权投资,原计入其他综合收益(不能结转损益的除外)或资本公积(其他资本公积)中的金额,如处置后因具有重大影响或共同控制仍然采用权益法核算的,在处置时亦应进行结转,将与所出售股权相对应的部分在处置时自其他综合收益或资本公积转入当期损益。如处置后终止采用权益法的,则原计入其他综合收益(不能结转损益的除外)或资本公积(其他资本公积)中的金额应全部结转。

练 习 题

一、单项选择题

1. 长期股权投资采用权益法核算时,初始投资成本大于应享有被投资单位可辨认净资产公允价值份额的差额,正确的会计处理是(　　)。

  A. 计入投资收益   B. 冲减资本公积

  C. 计入营业外支出   D. 不调整初始投资成本

  2. 下列项目中,应采用长期股权投资成本法核算的有(　　)。

  A. 对子公司的投资

  B. 对联营企业的投资

  C. 投资企业对被投资单位不具有控制、共同控制或重大影响

  D. 对合营企业的投资

  3. 甲公司和A公司均为M集团公司内的子公司,甲公司以1 300万元购入A公司60%的普通股权,并准备长期持有,甲公司同时支付相关税费10万元。合并日A公司所有者权益账面价值总额为2 000万元,可辨认净资产的公允价值为2 400万元。则甲公司应确认的长期股权投资初始投资成本为(　　)万元。

  A. 1 300   B. 1 310   C. 1 200   D. 1 440

  4. 甲公司以定向增发股票的方式购买同一集团内另一企业持有的A公司80%的股权。为取得该股权,甲公司增发2 000万股普通股,每股面值为1元,每股公允价值为5元;为发行股票另支付承销商佣金50万元。取得该股权时,A公司可辨认净资产账面价值为9 000万元,公允价值为12 000万元。假定甲公司和A公司采用的会计政策、会计期间相同,甲公司取得该股权时应确认的资本公积为(　　)万元。

  A. 5 150   B. 5 200   C. 7 550   D. 7 600

  5. 甲公司定向增发普通股100万股给丙公司,从其手中换得乙公司60%的股权,甲公司与乙公司、丙公司无关联方关系,该股票每股面值为1元,每股市价为10元,当天乙公司净资产账面价值为800万元,净资产公允价值为1 200万元。证券公司收取了45万元的发行费用。则甲公司取得投资当日"资本公积"金额应为(　　)万元。

  A. 835   B. 750   C. 800   D. 855

  6. 下列事项发生时,投资方应确认当期损益的是(　　)。

  A. 按成本法核算的投资方确认在被投资单位实现净利润中应享有的份额

  B. 按成本法核算的投资方在被投资单位分配的现金股利

  C. 按成本法核算收到的股票股利

  D. 按成本法核算的投资方确认在被投资单位其他综合收益变动应享有的份额

二、多项选择题

  1. 下列项目中,投资企业应确认为投资收益的有(　　)。

  A. 权益法核算下被投资单位实现净利润

  B. 成本法核算下被投资企业宣告发放现金股利

  C. 权益法核算下被投资企业宣告发放股票股利

  D. 权益法核算下被投资单位发生亏损

  2. 下列各项中,应计入"投资收益"科目的有(　　)。

  A. 长期股权投资采用权益法被投资单位宣告分配的现金股利

  B. 长期股权投资采用成本法被投资单位宣告分配的现金股利

  C. 长期股权投资采用权益法被投资单位其他综合收益变动

D. 长期股权投资采用权益法被投资单位发生亏损

3. 企业采用权益法核算时,下列事项中,最终会引起投资方长期股权投资账面价值发生增减变动的有(　　)。

A. 被投资方宣告分派现金股利

B. 投资方与被投资方之间存在未实现内部交易损益

C. 处置长期股权投资

D. 被投资方宣告分派股票股利

三、综合分析题

1. A公司2021年1月1日以950万元(含支付的相关费用10万元)购入B公司股票400万股,每股面值1元,占B公司发行在外股份的20%,A公司采用权益法核算。当日B公司股东权益的公允价值总额为4 000万元。2021年B公司实现净利润1 400万元,宣告发放现金股利100万元,A公司已经收到。2021年B公司其他债权投资公允价值增加200万元,假定不考虑所得税。2022年1月5日A公司转让对B公司的全部投资,实得价款1 300万元。

要求:根据上述资料编制A公司上述有关投资业务的会计分录。

2. 甲公司以银行存款1 000万元及一项土地使用权取得其母公司控制的乙公司80%的股权,并于当日起能够对乙公司实施控制。合并日,该土地使用权的账面价值为3 200万元(其中成本4 000万元,累计摊销800万元),公允价值为9 500万元;合并日乙公司净资产的账面价值为6 000万元,公允价值为6 250万元。假定甲公司与乙公司的会计年度和采用的会计政策相同,不考虑其他因素。

要求:编制有关会计分录。

3. 甲公司以一项固定资产与一批存货作为对价,取得乙公司60%的股权。固定资产的原价为3 000万元,累计折旧为1 800万元,公允价值为1 400万元,存货的成本为500万元,公允价值为600万元。甲公司适用的增值税税率为13%,购买日乙公司所有者权益账面价值为5 000万元,公允价值为5 400万元。在企业合并过程中,甲公司支付相关法律咨询费用40万元,相关手续均已办理完毕。合并前甲公司与乙公司不具有关联方关系。

要求:编制甲公司取得该项长期股权投资时的会计分录。

4. 甲公司年初取得乙公司30%的股份,长期股权投资采用权益法核算,当年乙公司实现净利润400万元,购买日乙公司一项专利权账面价值30万元,公允价值40万元,剩余摊销期5年;购买日乙公司A商品账面价值20万元,公允价值50万元,当年卖出40%,年末结存60%;当年甲公司B商品卖给乙公司,售价20万元,成本10万元,乙公司当年卖出10%,年末结存90%;当年乙公司C商品卖给甲公司,售价60万元,成本30万元,甲公司购入后当作固定资产用于销售部门,折旧期5年,当年采用直线法计提半年折旧。

要求:根据上述资料,计算甲公司当年确认投资收益。

四、简述题

1. 比较同一控制下企业合并与非同一控制下企业合并的会计处理。

2. 比较长期股权投资的成本法与权益法。

第七章 资产减值

通过本章学习,理解资产减值的范围、资产可收回金额的计量,掌握单项资产减值的会计处理、资产组的认定及减值的处理、总部资产与商誉减值的会计处理。

第一节 资产减值概述

资产是企业过去的交易或者事项形成的、由企业拥有或者控制的、预期会给企业带来经济利益的资源。资产的主要特征之一是它必须能够为企业带来经济利益的流入,如果资产不能够为企业带来经济利益或者带来的经济利益低于其账面价值,那么,该资产就不能再予确认,或者不能再以原账面价值予以确认,否则不符合资产的定义,也无法反映资产的实际价值,其结果会导致企业资产虚增和利润虚增。因此,当企业资产的可收回金额低于其账面价值时,即表明资产发生了减值,企业应当确认资产减值损失,并把资产的账面价值减记至可收回金额。

一、资产减值的范围

企业所有的资产在发生减值时,原则上都应当对所发生的减值损失及时加以确认和计量,因此,资产减值包括所有资产的减值。但是,由于有关资产特性不同,其减值会计处理也有所差别,因而所适用的具体准则也不尽相同。资产减值准则涉及的资产通常属于企业非流动且非金融资产(狭义),具体包括:① 长期股权投资;② 采用成本模式进行后续计量的投资性房地产;③ 固定资产;④ 生产性生物资产;⑤ 承租人确认的使用权资产;⑥ 无形资产;⑦ 商誉;⑧ 探明石油天然气矿区权益和井及相关设施。这八项资产一旦提取了减值准备,不得在其处置前转回。其他资产的减值适用其他相关会计准则。

二、资产减值的迹象与测试

(一)资产减值迹象的判断

企业在资产负债表日应当判断资产是否存在可能发生减值的迹象,主要可从外部信息来源和内部信息来源两方面加以判断。

从企业外部信息来源来看,如果出现了资产的市价在当期大幅度下跌,其跌幅明显高于因时间的推移或者正常使用而预计的下跌;企业经营所处的经济、技术或者法律等环境以及资产所处的市场在当期或者将在近期发生重大变化,从而对企业产生不利影响;市场利率或者其他市场投资报酬率在当期已经提高,从而影响企业计算资产预计未来现金流量现值的折现率,导致资产可收回金额大幅度降低;企业所有者权益(净资产)的账面价值远高于其市值等,均属于资产可能发生减值的迹象,企业需要据此估计资产的可收回金额,决定是否需要确认减值损失。

从企业内部信息来源来看,资产可能发生减值的迹象如下:如果有证据表明资产已经陈旧过时或者其实体已经损坏;资产已经或者将被闲置、终止使用或者计划提前处置;企业内部报告的证据表明资产的经济绩效已经低于或者将低于预期,如资产所创造的净现金流量或者实现的营业利润远远低于原来的预算或者预计金额,资产发生的营业损失远远高于原来的预算或者预计金额,资产在建造或者收购时所需的现金支出远远高于最初的预算,资产在经营或者维护中所需的现金支出远远高于最初的预算等。

需要说明的是,上述列举的资产减值迹象并不能穷尽所有的减值迹象,企业应当根据实际情况来认定资产可能发生减值的迹象。

(二) 资产减值的测试

如果有确凿证据表明资产存在减值迹象的,应当进行减值测试,估计资产的可收回金额。资产存在减值迹象是资产是否需要进行减值测试的必要前提,但是以下资产除外,即因企业合并形成的商誉和使用寿命不确定的无形资产,对于这些资产,无论是否存在减值迹象,都应当至少于每年年度终了进行减值测试。其原因是,因企业合并所形成的商誉和使用寿命不确定的无形资产在后续计量中不再进行摊销,但是考虑到这些资产的价值和产生的未来经济利益有较大的不确定性,为了避免资产价值高估,及时确认商誉和使用寿命不确定的无形资产的减值损失,如实反映企业财务状况和经营成果,对于这些资产,企业至少应当于每年年度终了进行减值测试。另外,对于尚未达到可使用状态的无形资产,由于其价值具有较大的不确定性,也应当每年进行减值测试。

企业在判断资产减值迹象以决定是否需要估计资产可收回金额时,应当遵循重要性原则。根据这一原则,企业资产存在下列情况的,可以不估计其可收回金额:

(1)以前报告期间的计算结果表明,资产可收回金额远高于其账面价值,之后又没有发生消除这一差异的交易或者事项的,企业在资产负债表日可以不需重新估计该资产的可收回金额。

(2)以前报告期间的计算与分析表明,资产可收回金额对于资产减值准则中所列示的一种或者多种减值迹象反应不敏感,在本报告期间又发生了这些减值迹象的,在资产负债表日企业可以不需因为上述减值迹象的出现而重新估计该资产的可收回金额。

第二节 资产可收回金额的计量

一、估计资产可收回金额的基本方法

企业资产存在减值迹象的,应当估计其可收回金额,然后将所估计的资产可收回金额与其账面价值相比较,以确定资产是否发生了减值,以及是否需要计提资产减值准备并确认相应的减值损失。在估计资产可收回金额时,原则上应当以单项资产为基础,如果企业难以对单项资产的可收回金额进行估计的,应当以该资产所属的资产组为基础确定资产组的可收回金额。本章中的资产除特别指明外,既包括单项资产,也包括资产组。

资产可收回金额的估计,应当根据其公允价值减去处置费用后的净额与资产预计未来现金流量的现值两者之间较高者确定。因此,要估计资产的可收回金额,通常需要同时估计该资产的公允价值减去处置费用后的净额和资产预计未来现金流量的现值。但是,在下列情况下,可以有例外或者做特殊考虑:

(1)资产的公允价值减去处置费用后的净额与资产预计未来现金流量的现值,只要有一项超过了资产的账面价值,就表明资产没有发生减值,不需再估计另一项金额。

(2)没有确凿证据或者理由表明,资产预计未来现金流量现值显著高于其公允价值减去处置费用后的净额的,可以将资产的公允价值减去处置费用后的净额视为资产的可收回金额。对于企业持有待售的资产往往属于这种情况,即该资产在持有期间(处置之前)所产生的现金流量可能很少,其最终取得的未来现金流量往往就是资产的处置净收入,因此,在这种情况下,以资产公允价值减去处置费用后的净额作为其可收回金额是适宜的,因为资产的未来现金流量现值不大会显著高于其公允价值减去处置费用后的净额。

(3)资产的公允价值减去处置费用后的净额如果无法可靠估计的,应当以该资产预计未来现金流量的现值作为其可收回金额。

二、资产的公允价值减去处置费用后的净额的估计

资产的公允价值减去处置费用后的净额,通常反映的是资产如果被出售或者处置时可以收回的净现金收入。其中,资产的公允价值,是指市场参与者在计量日发生的有序交易中,出售一项资产所能收到的价格;处置费用是指可以直接归属于资产处置的增量成本,包括与资产处置有关的法律费用、相关税费、搬运费以及为使资产达到可销售状态所发生的直接费用等,但是,财务费用和所得税费用等不包括在内。

企业在估计资产的公允价值减去处置费用后的净额时,应当按照下列顺序进行:

首先,应当根据公平交易中资产的销售协议价格减去可直接归属于该资产处置费用的金额确定资产的公允价值减去处置费用后的净额。这是估计资产的公允价值减去处置费用后的净额的最佳方法,企业应当优先采用这一方法。但是,在实务中,企业的资产往往都是内部持续使用的,取得资产的销售协议价格并不容易,为此,需要采用其他方法估计资产的公允价值减去处置费用后的净额。

其次,在资产不存在销售协议但存在活跃市场的情况下,应当根据该资产的市场价格减去处置费用后的金额确定。资产的市场价格通常应当按照资产的买方出价确定。但是,如果难以获得资产在估计日的买方出价的,企业可以以资产最近的交易价格作为其公允价值减去处置费用后的净额的估计基础,其前提是资产的交易日和估计日之间,有关经济、市场环境等没有发生重大变化。

最后,在既不存在资产销售协议又不存在资产活跃市场的情况下,企业应当以可获取的最佳信息为基础,根据在资产负债表日如果处置资产的话,熟悉情况的交易双方自愿进行公平交易愿意提供的交易价格减去资产处置费用后的金额,估计资产的公允价值减去处置费用后的净额。在实务中,该金额可以参考同行业类似资产的最近交易价格或者结果进行估计。

如果企业按照上述要求仍然无法可靠估计资产的公允价值减去处置费用后的净额的,应当以该资产预计未来现金流量的现值作为其可收回金额。

三、资产预计未来现金流量的现值的估计

资产预计未来现金流量的现值,应当按照资产在持续使用过程中和最终处置时所产生的预计未来现金流量,选择恰当的折现率对其进行折现后的金额加以确定。因此,预计资产未来现金流量的现值,主要涉及以下三个方面:① 资产的预计未来现金流量;② 资产的使用寿命;③ 折现率。其中,资产使用寿命的预计与固定资产准则、无形资产准则等规定的使用寿命预计方法相同。以下重点阐述资产未来现金流量和折现率的预计方法。

(一)资产未来现金流量的预计

1. 预计资产未来现金流量的基础

为了估计资产未来现金流量的现值,需要首先预计资产的未来现金流量,为此,企业管理层应当在合理和有依据的基础上对资产剩余使用寿命内整个经济状况进行最佳估计,并将资产未来现金流量的预计建立在经企业管理层批准的最近财务预算或者预测数据之上。但是,出于数据可靠性和便于操作等方面的考虑,建立在该预算或者预测基础上的预计现金流量最多涵盖 5 年,企业管理层如能证明更长的期间是合理的,可以涵盖更长的期间。其原因是,在通常情况下,要对期限超过 5 年的未来现金流量进行较为可靠的预测比较困难,即使企业管理层可以以超过 5 年的财务预算或者预测为基础对未来现金流量进行预计,企业管理层应当确保这些预计的可靠性,并提供相应的证明,比如根据过去的经验和实践,企业有能力而且能够对超过 5 年的期间做出较为准确的预测。

如果资产未来现金流量的预计还包括最近财务预算或者预测期之后的现金流量,企业应当以该预算或者预测期之后年份稳定的或者递减的增长率为基础进行估计。但是,企业管理层如能证明递增的增长率是合理的,可以以递增的增长率为基础进行估计。同时,所使用的增长率除了企业能够证明更高的增长率是合理的之外,不应当超过企业经营的产品、市场、所处的行业或者所在国家或者地区的长期平均增长率,或者该资产所处市场的长期平均增长率。在恰当、合理的情况下,该增长率可以是零或者负数。

需要说明的是,由于经济环境随时都在变化,资产的实际现金流量往往会与预计数有出入,而且预计资产未来现金流量时的假设也有可能发生变化,因此,企业管理层在每次预计资产未来现金流量时,应当首先分析以前期间现金流量预计数与现金流量实际数出现差异的情况,以评判当期现金流量预计所依据的假设的合理性。通常情况下,企业管理层应当确保当期现金流量预计所依据的假设与前期实际结果相一致。

2. 资产预计未来现金流量应当包括的内容

预计的资产未来现金流量应当包括下列各项:① 资产持续使用过程中预计产生的现金流入。② 为实现资产持续使用过程中产生的现金流入所必需的预计现金流出(包括为使资产达到预定可使用状态所发生的现金流出)。③ 资产使用寿命结束时,处置资产所收到或者支付的净现金流量。

3. 预计资产未来现金流量应当考虑的因素

企业为了预计资产未来现金流量,应当综合考虑下列因素:

(1) 以资产的当前状况为基础预计资产未来现金流量。

企业资产在使用过程中有时会因为修理、改良、重组等原因而发生变化,因此,在预计资产未来现金流量时,企业应当以资产的当前状况为基础,不应当包括与将来可能会发生的、尚未做出承诺的重组事项或者与资产改良有关的预计未来现金流量。① 重组通常会对资产的未来现金流量产生影响,有时还会产生较大影响,因此,对于重组的界定就显得十分重要。这里所指的重组,专门指企业制定和控制的,将显著改变企业组织方式、经营范围或者经营方式的计划实施行为。关于重组的具体界定和对已做出承诺的重组事项的判断标准,企业应当依据或有事项准则有关规定加以判断。② 企业已经承诺重组的,在确定资产的未来现金流量的现值时,预计的未来现金流入和流出数,应当反映重组所能节约的费用和由重组所带来的其他利益,以及因重组所导致的估计未来现金流出数。③ 企业在发生与资产改良(包括提高资产的营运绩效)有关的现金流出之前,预计的资产未来现金流量仍然应当以资产的当前状况为基础,不应当包括因与该现金流出相关的未来经济利益增加而导致的预计未来现金流入金额。④ 企业未来发生的现金流出如果是为了维持资产正常运转或者资产正常产出水平而必要的支出或者属于资产维护支出,应当在预计资产未来现金流量时将其考虑在内。

(2) 预计资产未来现金流量不应当包括筹资活动和所得税收付产生的现金流量。

企业预计的资产未来现金流量,不应当包括筹资活动产生的现金流入或者流出以及与所得税收付有关的现金流量。其原因:一是所筹集资金的货币时间价值已经通过折现因素予以考虑;二是折现率要求是以税前基础计算确定的,因此,现金流量的预计也必须建立在税前基础之上,这样可以有效避免在资产未来现金流量现值的计算过程中可能出现的重复计算等问题,以保证现值计算的正确性。

(3) 对通货膨胀因素的考虑应当和折现率相一致。

企业在预计资产未来现金流量和折现率时,考虑因一般通货膨胀而导致物价上涨的因素,应当采用一致的基础。如果折现率考虑了因一般通货膨胀而导致的物价上涨影响因素,资产预计未来现金流量也应予以考虑;反之,如果折现率没有考虑因一般通货膨胀而导致的物价上涨影响因素,资产预计未来现金流量也应当剔除这一影响因素。总之,在考虑通货膨胀因素的问题上,资产未来现金流量的预计和折现率的预计,应当保持一致。

(4) 内部转移价格应当予以调整。

在一些企业集团里,出于集团整体战略发展的考虑,某些资产生产的产品或者其他产出可能是供其集团内部其他企业使用或者对外销售的,所确定的交易价格或者结算价格基于内部转移价格,而内部转移价格很可能与市场交易价格不同。在这种情况下,为了如实测算企业资产的价值,就不应当简单地以内部转移价格为基础预计资产未来现金流量,而应当采用在公平交易中企业管理层能够达成的最佳未来价格估计数进行预计。

4. 预计资产未来现金流量的方法

预计资产未来现金流量,通常可以根据资产未来每期最有可能产生的现金流量进行预测。这种方法是传统法,它使用的是单一的未来每期预计现金流量和单一的折现率计算资产未来现金流量的现值。

有时影响资产未来现金流量的因素较多,情况较为复杂,带有很大的不确定性,使用单一的现金流量可能并不会如实反映资产创造现金流量的实际情况,采用期望现金流量法比较合理。期望现金流量法,指资产未来现金流量根据每期现金流量期望值进行预计,每期现金流量期望值按照各种可能情况下的现金流量与其发生概率加权计算。

【例7-1】　企业某固定资产剩余使用年限为3年,假定利用固定资产生产的产品受市场行情波动影响大,企业预计未来3年每年的现金流量情况如表7-1所示。

表7-1　各年现金流量概率分布及发生情况

年　数	产品行情好 （30%的可能性）	产品行情一般 （60%的可能性）	产品行情差 （10%的可能性）
第1年	150	100	50
第2年	80	50	20
第3年	20	10	0

按照表7-1提供的情况,企业计算资产每年的预计未来现金流量如下:

第1年的预计现金流量(期望现金流量):

$150×30\%+100×60\%+50×10\%=110(万元)$

第2年的预计现金流量(期望现金流量):

$80×30\%+50×60\%+20×10\%=56(万元)$

第3年的预计现金流量(期望现金流量):

$20×30\%+10×60\%+0×10\%=12(万元)$

应当注意的是,如果资产未来现金流量的发生时间是不确定的,企业应当根据资产在每一种可能情况下的现值及其发生概率直接加权计算资产未来现金流量的现值。

（二）折现率的预计

为了资产减值测试的目的,计算资产未来现金流量现值时所使用的折现率应当是反映当前市场货币时间价值和资产特定风险的税前利率。该折现率是企业在购置或者投资资产时所要求的必要报酬率。需要说明的是,如果在预计资产的未来现金流量时已经对资产特定风险的影响做了调整的,折现率的估计不需要考虑这些特定风险。如果用于估计折现率的基础是税后的,应当将其调整为税前的折现率,以便于与资产未来现金流量的估计基础相一致。

在实务中,折现率的确定,应当首先以该资产的市场利率为依据。如果该资产的利率无法从市场获得,可以使用替代利率估计。在估计替代利率时,可以根据企业加权平均资金成本、增量借款利率或者其他相关市场借款利率做适当调整后确定。调整时,应当考虑与资产预计现金流量有关的特定风险以及其他有关政治风险、货币风险和价格风险等。

估计资产未来现金流量现值,通常应当使用单一的折现率。但是,如果资产未来现金流量的现值对未来不同期间的风险差异或者利率的期间结构反应敏感的,企业应当在未来各不同期间采用不同的折现率。

（三）资产未来现金流量现值的预计

在预计了资产的未来现金流量和折现率后,资产未来现金流量的现值只需将该资产的预计未来现金流量按照预计的折现率在预计的资产使用寿命里加以折现即可确定。其计算公式如下:

资产未来现金流量的现值 $PV = \sum \left[第\ t\ 年预计资产未来现金流量\ NCF_t/(1+折现率\ R)^t \right]$

【例7-2】 某航运公司 2020 年年末对一艘远洋运输船只进行减值测试。该船舶账面价值为 1.6 亿元,预计尚可使用年限为 8 年。该船舶的公允价值减去处置费用后的净额难以确定,因此,企业需要通过计算其未来现金流量的现值确定资产的可收回金额。假定公司当初购置该船舶用的资金是银行长期借款资金,借款年利率为 15%,公司认为 15% 是该资产的最低必要报酬率,已考虑了与该资产有关的货币时间价值和特定风险。因此,在计算其未来现金流量现值时,使用 15% 作为其折现率(税前)。公司将于 2025 年更新船舶的发动机系统,预计为此发生资本性支出 1 500 万元,这一支出将显著提高船舶的运营绩效。

为了计算船舶年末未来现金流量的现值,公司首先必须预计其未来现金流量。预计资产未来现金流量时,应当以资产当时的状况为基础,不应考虑与该资产改良有关的预计未来现金流量。假定公司管理层批准的 2020 年年末该船舶预计未来现金流量如表 7-2 所示。

表 7-2 现值的计算   金额单位:万元

年 数	预计未来现金流量(不考虑改良)	15%的折现系数	预计未来现金流量的现值
1	2 500	0.869 6	2 174
2	2 460	0.756 1	1 860
3	2 380	0.657 5	1 565
4	2 360	0.571 8	1 349
5	2 390	0.497 2	1 188
6	2 470	0.432 3	1 068
7	2 500	0.375 9	940
8	2 510	0.326 9	821
合 计			10 965

由于船舶年末的账面价值(尚未确认减值损失)为 16 000 万元,而其可收回金额为 10 965 万元,账面价值高于其可收回金额,因此,应当确认减值损失,并计提相应的资产减值准备。应确认的减值损失为 5 035 万元(=16 000-10 965)。

(四)外币未来现金流量及其现值的预计

随着我国企业日益融入世界经济体系和国际贸易的大幅度增加,企业使用资产所收到的未来现金流量有可能为外币,在这种情况下,企业应当按照以下顺序确定资产未来现金流量的现值:首先,应当以该资产所产生的未来现金流量的结算货币为基础预计其未来现金流量,并按照该货币适用的折现率计算资产的现值。其次,将该外币现值按照计算资产未来现金流量现值当日的即期汇率进行折算,从而折现成按照记账本位币表示的资产未来现金流量的现值。最后,以记账本位币表示的资产未来现金流量的现值与资产公允价值减去处置费用后的净额相比较,确定其可收回金额,根据可收回金额与资产账面价值相比较,确定是否需要确认减值损失以及确认多少减值损失。

第三节 资产减值损失的确认与计量

一、资产减值损失确认与计量的一般原则

企业在对资产进行减值测试后,如果可收回金额的计量结果表明,资产的可收回金额低于其账面价值的,应当将资产的账面价值减记至可收回金额,减记的金额确认为资产减值损失,计入当期损益,同时,计提相应的资产减值准备。这样,企业当期确认的减值损失应当反映在其利润表中,而计提的资产减值准备应当作为相关资产的备抵项目,反映于资产负债表中,从而夯实企业资产价值,避免利润虚增,如实反映企业的财务状况和经营成果。

资产减值损失确认后,减值资产的折旧或者摊销费用应当在未来期间做相应调整,以使该资产在剩余使用寿命内,系统地分摊调整后的资产账面价值(扣除预计净残值)。比如,固定资产计提了减值准备后,固定资产账面价值将根据计提的减值准备相应抵减,因此,固定资产在未来计提折旧时,应当以新的固定资产账面价值为基础计提每期折旧。

考虑到固定资产、无形资产、商誉等资产发生减值后,一方面价值回升的可能性比较小,通常属于永久性减值;另一方面从会计信息稳健性要求考虑,为了避免确认资产重估增值和操纵利润,资产减值损失一经确认,在以后会计期间不得转回。以前期间计提的资产减值准备,需要等到资产处置时才可转出。

二、资产减值损失的账务处理

为了正确核算企业确认的资产减值损失和计提的资产减值准备,企业应当设置"资产减值损失"科目,按照资产类别进行明细核算,反映各类资产在当期确认的资产减值损失金额;同时,应当根据不同的资产类别,分别设置"固定资产减值准备""在建工程减值准备""投资性房地产减值准备""无形资产减值准备""商誉减值准备""长期股权投资减值准备""生产性生物资产减值准备""使用权资产减值准备"等科目。

当企业确定资产发生了减值时,应当根据所确认的资产减值金额,借记"资产减值损失"科目,贷记"固定资产减值准备""在建工程减值准备""投资性房地产减值准备""无形资产减值准备""商誉减值准备""长期股权投资减值准备""生产性生物资产减值准备""使用权资产减值准备"等科目。在期末,企业应当将"资产减值损失"科目余额转入"本年利润"科目,结转后该科目应当没有余额。各资产减值准备科目累积每期计提的资产减值准备,直至相关资产被处置时才予以转出。

【例7-3】 2021年1月1日,甲企业外购M无形资产,实际支付的价款为100万元,假定未发生其他税费。该无形资产使用寿命为5年。2022年12月31日,由于与M无形资产相关的经济因素发生不利变化,致使M无形资产发生价值减值,甲企业估计其可收回金额为18万元。2024年12月31日,甲企业发现,导致M无形资产在2022年发生减值损失的不利经济因素已全部消失,且此时估计M无形资产的可收回金额为22万元。假定该项无形资产计提减值准备后,原预计使用年限、摊销方法不变。

(1) 2021 年 M 的摊销额＝100÷5＝20(万元)

(2) 2022 年 M 的摊销额＝100÷5＝20(万元)

(3) 2022 年年末 M 的摊余价值＝100－20－20＝60(万元)

(4) 2022 年年末 M 的可收回价值为 18 万元,则应提取 42 万元的减值准备。

(5) 2023 年 M 的摊销额＝18÷3＝6(万元),2024 年的摊销额与 2023 年相同。

(6) 2024 年年末 M 的账面价值＝18－6－6＝6(万元),可收回金额为 22 万元。无形资产一旦减值,在其处置前不得转回,所以 2024 年年末的账面价值依然是 6 万元。

第四节 资产组的认定及减值处理

一、资产组的认定

根据规定,如果有迹象表明一项资产可能发生减值的,企业应当以单项资产为基础估计其可收回金额。但是,在企业难以对单项资产的可收回金额进行估计的情况下,应当以该资产所属的资产组为基础确定资产组的可收回金额。因此,资产组的认定就显得十分重要。

(一)资产组的定义

资产组是企业可以认定的最小资产组合,其产生的现金流入应当基本上独立于其他资产或者资产组。资产组应当由创造现金流入相关的资产组成。

(二)认定资产组应当考虑的因素

(1)资产组的认定,应当以资产组产生的主要现金流入是否独立于其他资产或者资产组的现金流入为依据。因此,资产组能否独立产生现金流入是认定资产组的最关键因素。比如,企业的某一生产线、营业网点、业务部门等,如果能够独立于其他部门或者单位等创造收入、产生现金流,或者其创造的收入和现金流入绝大部分独立于其他部门或者单位的,并且属于可认定的最小的资产组合的,通常应将该生产线、营业网点、业务部门等认定为一个资产组。

在资产组的认定中,企业几项资产的组合生产的产品(或者其他产出)存在活跃市场的,无论这些产品或者其他产出是用于对外出售还是仅供企业内部使用,均表明这几项资产的组合能够独立创造现金流入,在符合其他相关条件的情况下,应当将这些资产的组合认定为资产组。

(2)资产组的认定,应当考虑企业管理层对生产经营活动的管理或者监控方式(是按照生产线、业务种类还是按照地区或者区域等)和对资产的持续使用或者处置的决策方式等。比如企业各生产线都是独立生产、管理和监控的,那么各生产线很可能应当认定为单独的资产组;如果某些机器设备是相互关联、互相依存的,其使用和处置是一体化决策的,那么,这些机器设备很可能应当认定为一个资产组。

(三)资产组认定后不得随意变更

资产组一经确定,在各个会计期间应当保持一致,不得随意变更。即资产组的各项资产构成通常不能随意变更。但是,如果由于企业重组、变更资产用途等原因导致资产组构成确需变更的,企业可以进行变更,但企业管理层应当证明该变更是合理的,并应当在附注中做相应说明。

二、资产组减值测试

资产组减值测试的原理和单项资产是一致的,即企业需要预计资产组的可收回金额和计算资产组的账面价值,并将两者进行比较,如果资产组的可收回金额低于其账面价值,表明资产组发生了减值损失,应当予以确认。

(一) 资产组账面价值和可收回金额的确定基础

资产组账面价值的确定基础应当与其可收回金额的确定方式相一致。因为这样的比较才有意义,否则,如果两者在不同的基础上进行估计和比较,就难以正确估算资产组的减值损失。在确定资产组的可收回金额时,应当按照该资产组的公允价值减去处置费用后的净额与其预计未来现金流量的现值两者之中较高者确定。

资产组的账面价值则应当包括可直接归属于资产组与可以合理和一致地分摊至资产组的资产账面价值,通常不应当包括已确认负债的账面价值,但如不考虑该负债金额就无法确定资产组可收回金额的除外。这是因为在预计资产组的可收回金额时,既不包括与该资产组的资产无关的现金流量,也不包括与已在财务报表中确认的负债有关的现金流量。因此,为了与资产组可收回金额的确定基础相一致,资产组的账面价值也不应当包括这些项目。

资产组在处置时如要求购买者承担一项负债(如环境恢复负债等),该负债金额已经确认并计入相关资产账面价值,而且企业只能取得包括上述资产和负债在内的单一公允价值减去处置费用后的净额的,为了比较资产组的账面价值和可收回金额,在确定资产组的账面价值及其预计未来现金流量的现值时,应当将已确认的负债金额从中扣除。

【例 7 - 4】　丙公司在某山区经营一座某有色金属矿山,根据规定,公司在矿山完成开采后应当将该地区恢复原貌。恢复费用主要为山体表层复原费用(比如恢复植被等),因为山体表层必须在矿山开发前挖走。因此,企业在山体表层挖走后,就应当确认一项预计负债,并计入矿山成本,假定其金额为 500 万元。2021 年 12 月 31 日,随着开采进展,公司发现矿山中的有色金属储量远低于预期,因此,公司对该矿山进行了减值测试。考虑到矿山的现金流量状况,整座矿山被认定为一个资产组。该资产组在 2021 年年末的账面价值为 1 000 万元(包括确认的恢复山体原貌的预计负债)。

矿山(资产组)如于 2021 年 12 月 31 日对外出售,买方愿意出价 820 万元(已经扣减恢复山体原貌成本),预计处置费用为 20 万元,因此,该矿山的公允价值减去处置费用后的净额为 800 万元。

矿山的预计未来现金流量的现值为 1 200 万元,未考虑恢复费用。

根据上述资料,为了比较资产组的账面价值和可收回金额,在确定资产组的账面价值及其预计未来现金流量的现值时,应当将已确认的负债金额从中扣除。

在本例中,资产组的公允价值减去处置费用后的净额为 800 万元,该金额已经考虑了恢复费用。该资产组预计未来现金流量的现值在考虑了恢复费用后为 700 万元(＝1 200－500)。因此,该资产组的可收回金额为 800 万元。资产组的账面价值在扣除了已确认的恢复原貌预计负债后的金额为 500 万元(＝1 000－500)。这样,资产组的可收回金额大于其账面价值,所以,资产组没有发生减值,不必确认减值损失。

(二) 资产组减值的会计处理

根据减值测试的结果,资产组(包括资产组组合,在后述有关总部资产或者商誉的减值测

试时涉及)的可收回金额如低于其账面价值的,应当确认相应的减值损失。减值损失金额应当按照以下顺序进行分摊:

首先,抵减分摊至资产组中商誉的账面价值;然后,根据资产组中除商誉之外的其他各项资产的账面价值所占比重,按比例抵减其他各项资产的账面价值。以上资产账面价值的抵减,应当作为各单项资产(包括商誉)的减值损失处理,计入当期损益。抵减后的各资产的账面价值不得低于以下三者之中最高者:该资产的公允价值减去处置费用后的净额(如可确定的)、该资产预计未来现金流量的现值(如可确定的)和零。因此而导致的未能分摊的减值损失金额,应当按照相关资产组中其他各项资产的账面价值所占比重进行再分摊。

商誉本身具有极大的不可靠性,不可脱离企业独立转让和存在,将资产减值损失优先冲减商誉符合谨慎性原则。

【例 7 - 5】 丁公司有一条甲生产线,该生产线生产光学器材,由 A、B、C 三部机器构成,成本分别为 400 000 元、600 000 元、1 000 000 元。使用年限为 10 年,净残值为零,以年限平均法计提折旧。各机器均无法单独产生现金流量,但整条生产线构成完整的产销单位,属于一个资产组。2021 年甲生产线所生产的光学产品有替代产品上市,到年底,导致公司光学产品的销路锐减 40%,因此,公司对甲生产线进行减值测试。

2021 年 12 月 31 日,A、B、C 三部机器的账面价值分别为 200 000 元、300 000 元、500 000元。估计 A 机器的公允价值减去处置费用后的净额为 150 000 元,B、C 机器都无法合理估计其公允价值减去处置费用后的净额以及未来现金流量的现值。

整条生产线预计尚可使用 5 年。经估计其未来 5 年的现金流量及其恰当的折现率后,得到该生产线预计未来现金流量的现值为 600 000 元。由于无法合理估计生产线的公允价值减去处置费用后的净额,公司以该生产线预计未来现金流量的现值为其可收回金额。

鉴于在 2021 年 12 月 31 日该生产线的账面价值为 1 000 000 元,而其可收回金额为 600 000 元,生产线的账面价值高于其可收回金额,因此,该生产线已经发生了减值,因此,公司应当确认减值损失 400 000 元,并将该减值损失分摊到构成生产线的 3 部机器中。由于 A 机器的公允价值减去处置费用后的净额为 150 000 元,因此,A 机器分摊了减值损失后的账面价值不应低于 150 000 元。具体分摊过程如表 7 - 3 所示。

表 7 - 3 资产组减值损失分摊表   单位:元

项 目	机器 A	机器 B	机器 C	整个生产线(资产组)
账面价值	200 000	300 000	500 000	1 000 000
可收回金额				600 000
减值损失				400 000
减值损失分摊比例	20%	30%	50%	
分摊减值损失	50 000	120 000	200 000	370 000
分摊后账面价值	150 000	180 000	300 000	
尚未分摊的减值损失				30 000
二次分摊比例		37.50%	62.50%	

续　表

项　目	机器 A	机器 B	机器 C	整个生产线（资产组）
二次分摊减值损失		11 250	18 750	30 000
二次分摊后应确认减值损失总额		131 250	218 750	
二次分摊后账面价值	150 000	168 750	281 250	600 000

注：按照分摊比例，机器 A 应当分摊减值损失 80 000 元（＝400 000×20%），但由于机器 A 的公允价值减去处置费用后的净额为 150 000 元，因此，机器 A 最多只能确认减值损失 50 000 元（＝200 000－150 000），未能分摊的减值损失 30 000 元（＝80 000－50 000），应当在机器 B 和机器 C 之间进行再分摊。

根据上述计算和分摊结果，构成甲生产线的机器 A、机器 B 和机器 C 应当分别确认减值损失 50 000 元、131 250 元和 218 750 元，账务处理如下：

借：资产减值损失——机器 A　　　　　　　　　　50 000
　　　　　　　　——机器 B　　　　　　　　　　131 250
　　　　　　　　——机器 C　　　　　　　　　　218 750
　贷：固定资产减值准备——机器 A　　　　　　　　50 000
　　　　　　　　　　——机器 B　　　　　　　　131 250
　　　　　　　　　　——机器 C　　　　　　　　218 750

三、总部资产的减值测试

企业总部资产包括企业集团或其事业部的办公楼、电子数据处理设备、研发中心等资产。总部资产的显著特征是难以脱离其他资产或者资产组产生独立的现金流入，而且其账面价值难以完全归属于某一资产组。因此，总部资产通常难以单独进行减值测试，需要结合其他相关资产组或者资产组组合进行。资产组组合，是指由若干个资产组组成的最小资产组组合，包括资产组或者资产组组合，以及按合理方法分摊的总部资产部分。

在资产负债表日，如果有迹象表明某项总部资产可能发生减值的，企业应当计算确定该总部资产所归属的资产组或者资产组组合的可收回金额，然后将其与相应的账面价值相比较，据以判断是否需要确认减值损失。

基于此，企业对某一资产组进行减值测试时，应当先认定所有与该资产组相关的总部资产，再根据相关总部资产能否按照合理和一致的基础分摊至该资产组，分别按照下列情况处理：

（1）对于相关总部资产能够按照合理和一致的基础分摊至该资产组的部分，应当将该部分总部资产的账面价值分摊至该资产组，再据以比较该资产组的账面价值（包括已分摊的总部资产的账面价值部分）和可收回金额，并按照前述有关资产组减值测试的顺序和方法处理。

先将总部资产分摊到各个资产组中，按照账面价值所占比重分摊。如果各资产组使用寿命不同，还要考虑时间权重。比较资产组（含分摊的总部资产）的账面价值与可收回金额，计算各个资产组（含分摊的总部资产）的减值损失。再将各个资产组的资产减值损失在总部资产和各个资产组之间按照账面价值的比例进行分摊。

（2）对于相关总部资产中有部分资产难以按照合理和一致的基础分摊至该资产组的，应当按照下列步骤处理:首先,在不考虑相关总部资产的情况下,估计和比较资产组的账面价值和可收回金额,并按照前述有关资产组减值测试的顺序和方法处理。其次,认定由若干个资产组组成的最小的资产组组合,该资产组组合应当包括所测试的资产组与可以按照合理和一致的基础将该部分总部资产的账面价值分摊其上的部分。该资产组组合也包括不能分配的总部资产。最后,比较所认定的资产组组合的账面价值(包括已分摊的总部资产的账面价值部分)和可收回金额,并按照前述有关资产组减值测试的顺序和方法处理。

【例 7-6】 甲公司在三地拥有 A、B、C 三家分公司,其中,C 分公司是上年吸收合并的公司。这三家分公司的经营活动由一个总部负责运作。由于 A、B、C 三家分公司均能产生独立于其他分公司的现金流入,所以,该公司将这三家分公司确定为三个资产组。2021 年 12 月 31日,企业经营所处的技术环境发生了重大不利变化,出现减值迹象,需要进行减值测试。假设总部资产的账面价值为 150 万元,能够按照各资产账面价值的比例进行合理分摊,A 分公司资产的使用寿命为 10 年,B、C 分公司和总部资产的使用寿命为 20 年。减值测试时,A、B、C 三个资产组的账面价值分别为 100 万元、150 万元和 200 万元(其中合并商誉 15 万元)。该公司计算得出 A 分公司资产的可收回金额为 219 万元,B 分公司资产的可收回金额为 156 万元,C分公司资产的可收回金额为 200 万元。对于总部资产的账面价值,企业根据各资产组的账面价值和剩余使用寿命加权平均计算的账面价值分摊比例进行分摊。

对该公司 A、B、C 三个资产组进行减值测试分析如下:

(1) 将总部资产分配给各资产组。

各资产组加权平均计算后的账面价值合计＝100＋2×150＋2×200＝800(万元)

总部资产应分配给 A 资产组的数额＝150×100÷800＝18.75(万元)

总部资产应分配给 B 资产组的数额＝150×300÷800＝56.25(万元)

总部资产应分配给 C 资产组的数额＝150×400÷800＝75(万元)

分配后各资产组的账面价值为:

A 资产组的账面价值＝100＋18.75＝118.75(万元)

B 资产组的账面价值＝150＋56.25＝206.25(万元)

C 资产组的账面价值＝200＋75＝275(万元)

(2) 进行减值测试。

A 资产组的账面价值＝118.75 万元,可收回金额＝219 万元,没有发生减值;

B 资产组的账面价值＝206.25 万元,可收回金额＝156 万元,发生减值 50.25 万元;

C 资产组的账面价值＝275 万元,可收回金额＝200 万元,发生减值 75 万元。

(3) 将各资产组的减值额在总部资产和各资产组之间分配。

B 资产组减值额分配给总部资产的数额＝50.25×56.25÷206.25＝13.7(万元)

B 资产组减值额分配给 B 资产组本身的数额＝50.25×150÷206.25＝36.55(万元)

C 资产组包含商誉在内确认减值损失 75 万元,首先确认商誉减值损失＝75-60＝15 万元,剩余的减值损失 60 万元在 C 资产组中总部资产和其他资产之间分摊。

C 资产组减值额分配给总部的资产减值＝60×75÷260＝17.3(万元)

C 资产组减值额分配给 C 资产组本身的数额＝60×185÷260＝42.7(万元)

(4) 各资产组的减值。

A 资产组未减值;B 资产组减值额为 36.55 万元;C 资产组(含商誉)减值额为 57.7 万元

（＝42.7＋15）；总部资产减值额为31万元（＝13.7＋17.3）。

【例 7-7】 甲企业拥有 A、B、C 三个资产组，在 2021 年年末，这三个资产组的账面价值分别为 350 万元、300 万元、550 万元，合计 1 200 万元。三个资产组为三条生产线，预计剩余使用寿命相同。由于竞争对手通过技术创新推出了更高技术含量的产品，并且受到市场欢迎，从而对甲公司产品产生了重大的不利影响，甲公司于 2021 年年末对各资产组进行了减值测试。

在对资产组进行减值测试时，首先应当认定与其相关的总部资产。甲公司的经营管理活动由总部负责，总部资产的账面价值 160 万元，难以在合理和一致的基础上分摊至各相关资产组。假定各资产组和资产组组合的公允价值减去处置费用后的净额难以确定，企业根据预计未来现金流量的现值来计算其可收回金额。

资产组 A、B、C 的预计未来现金流量的现值分别为 400 万元、280 万元、510 万元。资产组 B 和 C 的可收回金额均低于其账面价值，应当分别确认 20 万元和 40 万元减值损失。在不考虑相关总部资产的情况下，经过上述减值测试后，资产组 A、B、C 的账面价值分别为 350 万元、280 万元、510 万元，总部资产的账面价值为 160 万元，包括总部资产的最小资产组组合的账面价值总额为 1 300 万元（＝350＋280＋510＋160），假定考虑办公楼的资产组合的预计未来现金流量的现值为 1 380 万元。比较资产组组合的账面价值和可收回金额，则不必再进一步确认减值损失。

如果考虑办公楼的资产组合的预计未来现金流量的现值为 1 235 万元，则资产组组合确认减值损失 65 万元。

A 资产组＝（1 300－1 235）×350÷1 300＝17.5（万元）

B 资产组＝（1 300－1 235）×280÷1 300＝14（万元）

C 资产组＝（1 300－1 235）×510÷1 300＝25.5（万元）

总部资产＝（1 300－1 235）×160÷1 300＝8（万元）

资产组 A、B、C 和总部资产确认减值（包括第一次分摊减值损失）分别为 17.5 万元、34 万元（＝20＋14）、65.5 万元（＝40＋25.5）、8 万元。

第五节 商誉减值测试与处理

一、商誉减值测试的基本要求

企业合并所形成的商誉，至少应当在每年年度终了进行减值测试。由于商誉难以独立产生现金流量，因此，商誉应当结合与其相关的资产组或者资产组组合进行减值测试。为了达到资产减值测试的目的，对于因企业合并形成的商誉的账面价值，应当自购买日起按照合理的方法分摊至相关的资产组；难以分摊至相关的资产组的，应当将其分摊至相关的资产组组合。这些相关的资产组或者资产组组合应当是能够从企业合并的协同效应中受益的资产组或者资产组组合，但不应当大于企业确定的报告分部。

二、商誉减值测试的方法与会计处理

企业在对包含商誉的相关资产组或者资产组组合进行减值测试时,如与商誉相关的资产组或者资产组组合存在减值迹象的,应当首先对不包含商誉的资产组或者资产组组合进行减值测试,计算可收回金额,并与相关账面价值相比较,确认相应的减值损失。然后,再对包含商誉的资产组或者资产组组合进行减值测试,比较这些相关资产组或者资产组组合的账面价值(包括所分摊的商誉的账面价值部分)与其可收回金额,如相关资产组或者资产组组合的可收回金额低于其账面价值的,应当就其差额确认减值损失。

减值损失金额应当首先抵减分摊至资产组或者资产组组合中商誉的账面价值;再根据资产组或者资产组组合中除商誉之外的其他各项资产的账面价值所占比重,按比例抵减其他各项资产的账面价值。与资产减值测试的处理一样,以上资产账面价值的抵减,也都应当作为各单项资产(包括商誉)的减值损失处理,计入当期损益。抵减后的各资产的账面价值不得低于以下三者之中最高者:该资产的公允价值减去处置费用后的净额(如可确定的)、该资产预计未来现金流量的现值(如可确定的)和零。因此而导致的未能分摊的减值损失金额,应当按照相关资产组或者资产组组合中其他各项资产的账面价值所占比重进行再分摊。

非同一控制下吸收合并产生的商誉,在个别财务报表中列示,非同一控制下控股合并产生的商誉,在合并财务报表中列示。因控股合并所形成的商誉是母公司根据其在子公司所拥有的权益而确认的商誉,子公司中归属于少数股东的商誉并没有在合并财务报表中予以确认。因此,在对与商誉相关的资产组或者资产组组合进行减值测试时,由于其可收回金额的预计包括归属于少数股东的商誉价值部分,为了使减值测试建立在一致的基础上,企业应当调整资产组的账面价值,将归属于少数股东权益的商誉包括在内,然后,根据调整后的资产组账面价值与其可收回金额进行比较,以确定资产组(包括商誉)是否发生了减值。

上述资产组如发生减值的,应当首先抵减商誉的账面价值,但由于根据上述方法计算的商誉减值损失包括了应由少数股东权益承担的部分,而少数股东权益拥有的商誉价值及其减值损失都不在合并财务报表中反映,合并财务报表只反映归属于母公司的商誉减值损失,因此,应当将商誉减值损失在可归属于母公司和少数股东权益之间按比例进行分摊,以确认归属于母公司的商誉减值损失。

【例7-8】 甲企业在2021年1月1日以1 600万元的价格收购了乙企业80%股权。在收购日,乙企业可辨认资产的公允价值为1 500万元,没有负债和或有负债。因此,甲企业在其合并财务报表中确认商誉400万元(=1 600-1 500×80%)、乙企业可辨认净资产1 500万元和少数股东权益300万元(=1 500×20%)。

假定乙企业的所有资产被认定为一个资产组。由于该资产组包括商誉,因此,它至少应当于每年年度终了进行减值测试。在2021年年末,甲企业确定该资产组的可收回金额为1 000万元,可辨认资产的账面价值为1 350万元。由于乙企业作为一个单独的资产组的可收回金额1 000万元中,包括归属于少数股东权益在商誉价值中享有的部分。因此,出于减值测试的目的,在与资产组的可收回金额进行比较之前,必须对资产组的账面价值进行调整,使其包括归属于少数股东权益的商誉价值100万元[=(1 600÷80%-1 500)×20%]。然后,再据以比较该资产组的账面价值和可收回金额,确定是否发生了减值损失。

资产组调整后的账面价值 1 850 万元[＝1 350＋(400＋100)],资产组可收回金额 1 000 万元,减值损失 850 万元(＝1 850－1 000)。

以上计算出的减值损失 850 万元应当首先冲减商誉的账面价值,然后,再将剩余部分分摊至资产组中的其他资产。在本例中,850 万元减值损失中有 500 万元应当属于商誉减值损失,其中,由于确认的商誉仅限于甲企业持有乙企业 80％股权部分,因此,甲企业只需要在合并财务报表中确认归属于甲企业的商誉减值损失,即 500 万元商誉减值损失的 80％,即 400 万元。剩余的 350 万元(＝850－500)减值损失应当冲减乙企业可辨认资产的账面价值,作为乙企业可辨认资产的减值损失。减值损失的分摊过程如表 7－4 所示。

表 7－4　商誉减值分摊表　　　　单位:万元

2021 年年末	商　誉	可辨认资产	合　计
账面价值	400	1 350	1 750
调整后账面价值	500	1 350	1 850
确认的减值损失	(400)	(350)	(750)
确认减值损失后的账面价值		1 000	1 000

练 习 题

一、单项选择题

1. 甲企业以 1 600 万元收购乙企业 80％股权,乙企业购买日可辨认净资产的公允价值为 1 500 万元。乙企业的所有资产被认定为一个资产组,年末该资产组的可收回金额为 1 550 万元,可辨认净资产的账面价值为 1 350 万元。年末甲企业在合并报表中确认商誉(　　)万元。

　　A. 300　　　　　B. 100　　　　　C. 240　　　　　D. 160

2. 某项无形资产 2021 年年末的账面余额为 100 万元,累计摊销 20 万元,减值准备 10 万元,采用直线法摊销,剩余摊销年限 8 年,无形资产 2022 年的摊销金额为(　　)万元。

　　A. 10　　　　　B. 8.75　　　　　C. 8　　　　　D. 7

3. 2021 年 1 月 20 日,甲公司自行研发的某项非专利技术已经达到预定可使用状态,累计研究支出为 80 万元,累计开发支出为 250 万元(其中符合资本化条件的支出为 200 万元);但使用寿命不能合理确定。2021 年 12 月 31 日,该项非专利技术的可收回金额为 180 万元。假定不考虑相关税费,甲公司应就该项非专利技术计提的减值准备为(　　)万元。

　　A. 20　　　　　B. 70　　　　　C. 100　　　　　D. 150

4. 下列资产项目中,每年年末必须进行减值测试的是(　　)。

　　A. 使用寿命有限的无形资产　　　　　B. 投资性房地产
　　C. 使用寿命不确定的无形资产　　　　　D. 固定资产

5. 企业在计量资产可收回金额时,下列各项中,不属于资产预计未来现金流量的是(　　)。

　　A. 为维持资产正常运转发生的现金流出
　　B. 资产持续使用过程中产生的现金流入
　　C. 未来年度为改良资产发生的现金流出

D. 未来年度因实施已承诺重组减少的现金流出

6. 下列各项资产减值准备中,在相应资产的持有期间内其价值回升时可以转回的有( )。

    A. 固定资产减值准备   B. 债权投资减值准备

    C. 商誉减值准备   D. 长期股权投资减值准备

二、多项选择题

1. 下列各项资产减值准备中,在相应资产的持有期间其价值回升时可以转回的有( )。

    A. 商誉减值准备   B. 存货跌价准备

    C. 债权投资减值准备   D. 无形资产减值准备

2. 确定固定资产公允价值减去处置费用后的净额,下列费用中,属于处置费用的有( )。

    A. 法律费用   B. 相关税费   C. 财务费用   D. 所得税费用

3. 无论是否存在减值迹象,至少应于每年年度终了对其进行减值测试的是( )。

    A. 商誉   B. 使用寿命确定的无形资产

    C. 长期股权投资   D. 尚未达到可使用状态的无形资产

4. 下列各项关于资产组认定及减值处理的表述中,正确的有( )。

    A. 当企业难以估计某单项资产的可收回金额时,应当以其所属资产组为基础确定资产组的可收回金额

    B. 资产组账面价值的确定基础应当与其可收回金额的确定方式一致

    C. 资产组的认定与企业管理层对生产经营活动的管理或者监控方式密切相关

    D. 资产组的减值损失应当首先抵减分摊至该资产组中商誉的账面价值

三、综合分析题

1. 光谷公司拥有 A、B、C 三家分公司,三家分公司由总部负责运作。三家分公司均能产生独立于其他分公司的现金流入,所以该公司将这三家分公司确定为三个资产组。企业经营所处的技术环境发生了重大不利变化,出现减值迹象,进行减值测试。A、B、C 三个资产组的账面价值分别为 320 万元、160 万元和 320 万元。总部资产的账面价值为 200 万元,能够合理分摊,A、B、C 分公司和总部资产的使用寿命均为 20 年。A 分公司的可收回金额为 420 万元,B 分公司的可收回金额为 160 万元,C 分公司的可收回金额为 380 万元。

要求:计算 A、B、C 三个资产组和总部资产计提的减值准备。

2. 甲公司为一家生产 W 产品的上市公司,与 W 产品直接相关的部门有 A、B、C。由于市场需求及技术进步等因素影响,W 产品的销量大幅度减少。对上述部门的资产进行减值测试,部门 A、B、C 的资产账面价值分别为 400 万元、300 万元、200 万元。如果以减值测试当日的状态出售部门 C,预计售价为 190 万元,预计处置费用为 16 万元。部门 C 的未来现金流量现值无法单独确定。资产组未来现金流量现值 720 万元。

要求:计算 A、B、C 计提的减值准备并编制会计分录。

四、简述题

1. 比较各种资产减值。

2. 资产后续计量比较。

第八章 金融资产

学 习 目 标

　　通过本章学习,了解银行结算方式、银行存款清查,理解金融工具,掌握以摊余成本计量的金融资产、以公允价值计量且其变动计入其他综合收益的金融资产、以公允价值计量且其变动计入当期损益的金融资产以及金融资产重分类和减值的核算。

第一节　　金融资产概述

　　金融工具,是指形成一方的金融资产并形成其他方的金融负债或权益工具的合同。金融工具分为基本金融工具(原生金融工具)和衍生金融工具。基本金融工具是在实际信用活动中出具的能证明债权债务关系或所有权关系的合法凭证。衍生金融工具是指从传统金融工具中派生出来的新型金融工具。衍生金融工具是指其价值派生于或衍生于基本金融工具(如股票、债券)的一种双边合约,其价值随特定利率、金融工具价格、商品价格、汇率、价格指数、费率指数、信用等级、信用指数或其他变量的变动而变动,变量为非金融变量的,该变量不应与合同的任何一方存在特定关系;不要求初始净投资,或者与对市场因素变化预期有类似反应的其他合同相比,要求较少的初始净投资;在未来某一日期结算。衍生金融工具具有跨期性、杠杆性、联动性、不确定性或高风险性等特征,具有套期保值、价格发现和投机套利的功能。为套期保值而持有的衍生金融工具应通过套期工具核算;除套期保值外,为投机套利而持有的衍生金融工具应通过衍生工具核算。

　　常见的衍生工具包括远期合同、期货合同和期权合同、互换合同等。远期合同是指合同双方约定在未来某一日期以约定价值,由买方向卖方购买某一数量的标的项目的合同。期货合同是指由期货交易所统一制定的、规定在将来某一特定时间和地点交割一定数量和质量实物商品或金融商品的标准化合约。期权合同是指买方向卖方支付一定数额的权利金,在特定时间内以特定价格买卖一定数量特定标的物的权利,但不具有必须买进或卖出的义务。互换合同是指合同双方在未来某一期间内交换一系列现金流量的合同。金融工具包括金融资产、金融负债和权益工具。非合同的资产和负债不属于金融工具。

　　企业应当根据所发行金融工具的合同条款及其所反映的经济实质而非仅以法律形式,结合金融资产、金融负债和权益工具的定义,在初始确认时将该金融工具或其组成部分分类为金融资产、金融负债或权益工具。

一、金融资产的概念

金融资产,是指企业持有的现金、其他方的权益工具以及符合下列条件之一的资产:① 从其他方收取现金或其他金融资产的合同权利。② 在潜在有利条件下,与其他方交换金融资产或金融负债的合同权利。③ 将来须用或可用企业自身权益工具进行结算的非衍生工具合同,且企业根据该合同将收到可变数量的自身权益工具。④ 将来须用或可用企业自身权益工具进行结算的衍生工具合同,但以固定数量的自身权益工具交换固定金额的现金或其他金融资产的衍生工具合同除外。其中,企业自身权益工具不包括分类为权益工具的特殊金融工具,也不包括本身就要求在未来收取或交付企业自身权益工具的合同。

金融资产是单位或个人所拥有的以价值形态存在的资产,是一种索取实物资产的无形的权利,是一切可以在有组织的金融市场上进行交易、具有现实价格和未来估价的金融工具的总称。金融资产的最大特征是能够在市场交易中为其所有者提供即期或远期的货币收入流量。金融资产通常指企业的货币资金、应收账款、应收票据、贷款、其他应收款、股权投资、债权投资和衍生金融工具形成的资产等。公司持有的股票、债券等融资工具和货币叫金融资产,其他的叫非金融资产。本章金融资产不涉及长期股权投资。

二、金融资产的分类

金融资产的分类是确认和计量的基础。企业应当根据其管理金融资产的业务模式和金融资产的合同现金流量特征,将金融资产划分为以下三类:① 以摊余成本计量的金融资产。② 以公允价值计量且其变动计入其他综合收益的金融资产。③ 以公允价值计量且其变动计入当期损益的金融资产。

企业管理金融资产的业务模式,是指企业如何管理其金融资产以产生现金流量。业务模式决定企业所管理金融资产现金流量的来源是收取合同现金流量、出售金融资产还是两者兼有。企业管理金融资产的业务模式,是指企业如何管理其金融资产以产生现金流量。业务模式决定企业所管理金融资产现金流量的来源是收取合同现金流量、出售金融资产还是两者兼有。企业确定其管理金融资产的业务模式时,应当注意以下方面:① 企业应当在金融资产组合的层次上确定管理金融资产的业务模式,而不必按照单项金融资产逐项确定业务模式。② 一个企业可能会采用多个业务模式管理其金融资产。③ 企业应当以企业关键管理人员决定的对金融资产进行管理的特定业务目标为基础,确定管理金融资产的业务模式。④ 企业的业务模式并非企业自愿指定,通常可以从企业为实现其目标而开展的特定活动中得以反映。⑤ 企业不得以按照合理预期不会发生的情形为基础确定管理金融资产的业务模式。此外,如果金融资产实际现金流量的实现方式不同于评估业务模式时的预期,只要企业在评估业务模式时已经考虑了当时所有可获得的相关信息,这一差异不构成企业财务报表的前期差错,也不改变企业在该业务模式下持有的剩余金融资产的分类。但是,企业在评估新的金融资产的业务模式时,应当考虑这些信息。

金融资产的合同现金流量特征,是指金融工具合同约定的反映相关金融资产经济特征的现金流量属性。企业分类为以摊余成本计量的金融资产和以公允价值计量且其变动计入其他综合收益的金融资产,其合同现金流量特征,应当与基本借贷安排相一致。即相关金融资产在特定日期产生的合同现金流量仅为对本金和以未偿付本金金额为基础的利息的支付。

（一）金融资产的具体分类

金融资产同时符合下列条件的,应当分类为以摊余成本计量的金融资产:① 企业管理该金融资产的业务模式是以收取合同现金流量为目标。② 该金融资产的合同条款规定,在特定日期产生的现金流量,仅为对本金和以未偿付本金金额为基础的利息的支付。

金融资产同时符合下列条件的,应当分类为以公允价值计量且其变动计入其他综合收益的金融资产:① 企业管理该金融资产的业务模式既以收取合同现金流量为目标又以出售该金融资产为目标。② 该金融资产的合同条款规定,在特定日期产生的现金流量,仅为对本金和以未偿付本金金额为基础的利息的支付。

分类为以摊余成本计量的金融资产和以公允价值计量且其变动计入其他综合收益的金融资产之外的金融资产,企业应当将其分类为以公允价值计量且其变动计入当期损益的金融资产。例如,企业常见的下列投资产品通常应当分类为以公允价值计量且其变动计入当期损益的金融资产:股票、基金、可转换债券(作为一个整体进行评估)。

（二）金融资产分类的特殊规定

权益工具投资一般不符合本金加利息的合同现金流量特征,因此应当分类为以公允价值计量且其变动计入当期损益的金融资产。然而在初始确认时,企业可以将非交易性权益工具投资指定为以公允价值计量且其变动计入其他综合收益的金融资产,并按照规定确认股利收入。该指定一经做出,不得撤销。企业投资其他上市公司股票或者非上市公司股权的,都可能属于这种情形。

金融资产或金融负债满足下列条件之一的,表明企业持有该金融资产或承担该金融负债的目的是交易性的:① 取得相关金融资产或承担相关金融负债的目的,主要是为了近期出售或回购。② 相关金融资产或金融负债在初始确认时属于集中管理的可辨认金融工具组合的一部分,且有客观证据表明近期实际存在短期获利模式。在这种情况下,即使组合中有某个组成项目持有的期限稍长也不受影响。③ 相关金融资产或金融负债属于衍生工具。但符合财务担保合同定义的衍生工具以及被指定为有效套期工具的衍生工具除外。只有不符合上述条件的非交易性权益工具投资才可以进行该指定。

企业在非同一控制下的企业合并中确认的或有对价构成金融资产的,该金融资产应当分类为以公允价值计量且其变动计入当期损益的金融资产,不得指定为以公允价值计量且其变动计入其他综合收益的金融资产。

公允价值选择权是在初始确认时,为了提供更相关的会计信息,企业可以将一项金融资产、一项金融负债或者一组金融工具(金融资产、金融负债或者金融资产及负债)指定为以公允价值计量且其变动计入当期损益的金融资产或金融负债,但该指定应当满足下列条件之一:① 金融资产或金融负债能够消除或显著减少会计错配。② 根据正式书面文件载明的企业风险管理或投资策略,以公允价值为基础对金融负债组合或金融资产和金融负债组合进行管理和业绩评价,并在企业内部以此为基础向关键管理人员报告。企业将一项金融资产、一项金融负债或者一组金融工具(金融资产、金融负债或者金融资产及负债)指定为以公允价值计量且其变动计入当期损益的,一经做出不得撤销。

第二节　金融资产的确认和计量

一、金融资产的确认

企业成为金融工具合同的一方时,应当确认一项金融资产或金融负债。

金融资产终止确认,是指企业将之前确认的金融资产从其资产负债表中予以转出。金融资产满足下列条件之一的,应当终止确认:① 收取该金融资产现金流量的合同权利终止。② 该金融资产已转移,且该转移满足关于终止确认的规定。

金融资产整体转移满足终止确认条件的,应当将下列两项金额的差额计入当期损益。第一,所转移金融资产的账面价值;第二,因转移而收到的对价,与原直接计入所有者权益的公允价值变动累计之和。

企业转移了金融资产所有权上几乎所有风险和报酬的,应当终止确认该金融资产,并将转移中产生或保留的权利和义务单独确认为资产或负债。企业保留了金融资产所有权上几乎所有的风险和报酬的,应当继续确认该金融资产。企业既没有转移也没有保留金融资产所有权上几乎所有的风险和报酬,企业应当判断企业是否保留了对该金融资产的控制。如果没有保留对该金融资产的控制,应当终止确认该金融资产。企业既没有转移也没有保留金融资产所有权上几乎所有的风险和报酬,且未放弃对该金融资产控制的,应当按照其继续涉入被转移金融资产的程度确认有关金融资产,并相应确认有关负债。

金融商品转让按规定以盈亏相抵后的余额作为销售额计算增值税。金融商品实际转让月末,如产生转让收益,则按应纳税额借记"投资收益"等科目,贷记"应交税费——转让金融商品应交增值税"科目;如产生转让损失,则按可结转下月抵扣税额,借记"应交税费——转让金融商品应交增值税"科目,贷记"投资收益"等科目。缴纳增值税时,应借记"应交税费——转让金融商品应交增值税"科目,贷记"银行存款"科目。年末,本科目如有借方余额,则借记"投资收益"等科目,贷记"应交税费——转让金融商品应交增值税"科目。

二、金融资产的计量

企业初始确认金融资产或金融负债,应当按照公允价值计量。对于以公允价值计量且其变动计入当期损益的金融资产和金融负债,相关交易费用应当直接计入当期损益;对于其他类别的金融资产或金融负债,相关交易费用应当计入初始确认金额。但是,企业初始确认的应收账款未包含重大融资成分或不考虑不超过一年的合同中的融资成分的,应当按照其定义的交易价格进行初始计量。交易费用,是指可直接归属于购买、发行或处置金融工具的增量费用。增量费用是指企业没有发生购买、发行或处置相关金融工具的情形就不会发生的费用,包括支付给代理机构、咨询公司、券商、证券交易所、政府有关部门等的手续费、佣金、相关税费以及其他必要支出,不包括债券溢价、折价、融资费用、内部管理成本和持有成本等与交易不直接相关的费用。

公允价值,是指市场参与者在计量日发生的有序交易中,出售一项资产所能收到或者转移一项负债所需支付的价格。企业应当将公允价值计量所使用的输入值划分为三个层次,并首先使用第一层次输入值,其次使用第二层次输入值,最后使用第三层次输入值。

企业应当根据公允价值计量的规定,确定金融资产和金融负债在初始确认时的公允价值。公允价值通常为相关金融资产或金融负债的交易价格。金融资产或金融负债公允价值与交易价格存在差异的,企业应当区别下列情况进行处理:

在初始确认时,金融资产或金融负债的公允价值依据相同资产或负债在活跃市场上的报价或者仅使用可观察市场数据的估值技术确定的,企业应当将该公允价值与交易价格之间的差额确认为一项利得或损失。

在初始确认时,金融资产或金融负债的公允价值以其他方式确定的,企业应当将该公允价值与交易价格之间的差额递延。初始确认后,企业应当根据某一因素在相应会计期间的变动程度将该递延差额确认为相应会计期间的利得或损失。该因素应当仅限于市场参与者对该金融工具定价时将予考虑的因素,包括时间等。

企业取得金融资产所支付的价款中包含的已宣告但尚未发放的现金股利或已到付息期但尚未领取的债券利息,应当单独确认为应收项目进行处理。

金融资产的后续计量与金融资产的分类密切相关。企业应当对不同类别的金融资产,分别以摊余成本、以公允价值计量且其变动计入其他综合收益或以公允价值计量且其变动计入当期损益进行后续计量。

第三节　货币资金

货币资金是指企业生产经营过程中处于货币形态的资产,包括库存现金、银行存款和其他货币资金。货币资金属于金融资产,不存在减值和重分类问题。

企业的许多经济活动都是通过货币资金的收支进行的,企业必须按照国家制定的有关规定和制度,认真做好货币资金的管理和核算工作,保证货币资金的安全与完整。货币资金是企业流动资产的重要组成部分,是流动性最强的资产,具有流动性大、变现能力强等特点。货币资金既是企业资金运动的起点,又是企业资金运动的终点,在企业资金循环和周转过程起着连接和纽带作用。同时,从企业本身的经营管理来说,货币资金的管理也是一项重要的理财活动。因此,加强对企业货币资金的核算管理,具有十分重要的意义。

一、库存现金

库存现金是指通常存放于企业财会部门、由出纳人员经管的货币。库存现金是企业流动性最强的资产,企业应当严格遵守国家有关现金管理制度,正确进行现金收支的核算,监督现金使用的合法性与合理性。

(一)现金管理制度

根据国务院发布的《现金管理暂行条例》的规定,现金管理制度主要包括以下几方面内容。

1. 现金的使用范围

企业可用现金支付的款项有:职工工资、津贴;个人劳务报酬;根据国家规定颁发给个人的科学技术、文化艺术、体育等各种奖金；各种劳保、福利费用以及国家规定的对个人的其他支出；向个人收购农副产品和其他物资的款项；出差人员必须随身携带的差旅费；结算起点以下的零星支出；中国人民银行确定需要支付现金的其他支出。除上述情况可以用现金支付外，其他款项的支付应通过银行转账结算。

2. 现金的限额

现金的限额是指为了保证企业日常零星开支的需要，允许单位留存现金的最高数额。这一限额由开户银行根据单位的实际需要核定，一般按照单位3～5天日常零星开支的需要确定，边远地区和交通不便地区开户单位的库存现金限额，可按多于5天但不超过15天的日常零星开支的需要确定。核定后的现金限额，开户单位必须严格遵守，超过部分应于当日终了前存入银行。需要增加或减少现金限额的单位，应向开户银行提出申请，由开户银行核定。

3. 现金收支的规定

开户单位现金收支应当依照下列规定办理：开户单位现金收入应于当日送存开户银行，当日送存确有困难的，由开户银行确定送存时间；开户单位支付现金，可以从本单位库存现金中支付或从开户银行提取，不得从本单位的现金收入中直接支付，即不得"坐支"现金，因特殊情况需要坐支现金的单位，应事先报经有关部门审查批准，并在核定的范围和限额内进行，同时，收支的现金必须入账；开户单位从开户银行提取现金时，应如实写明提取现金的用途，由本单位财会部门负责人签字盖章，并经开户银行审查批准后予以支付；因采购地点不确定、交通不便、抢险救灾及其他特殊情况必须使用现金的单位，应向开户银行提出书面申请，由本单位财会部门负责人签字盖章，并经开户银行审查批准后予以支付。

此外，不准用不符合国家统一的会计制度的凭证顶替库存现金，即不得"白条顶库"；不准谎报用途套取现金；不准用银行账户代其他单位和个人存入或支取现金；不准用单位收入的现金以个人名义存入储蓄；不准保留账外公款，即不得"公款私存"，不得设置"小金库"等。银行对于违反上述规定的单位，将按照违规金额的一定比例予以处罚。

（二）现金的账务处理

为了总括地反映企业库存现金的收入、支出和结存情况，企业应当设置"库存现金"科目，借方登记现金的增加，贷方登记现金的减少，期末借方余额反映期末企业实际持有的库存现金的金额。企业内部各部门周转使用的备用金，可以单独设置"备用金"科目进行核算。为了全面、连续地反映和监督库存现金的收支和结存情况，企业应当设置现金总账和现金日记账，分别进行企业库存现金的总分类核算和明细分类核算。现金日记账由出纳人员根据收付款凭证，按照业务发生顺序逐笔登记。每日终了，应当在现金日记账上计算出当日的现金收入合计额、现金支出合计额和结余额，并将现金日记账的账面结余与实际库存现金相核对，保证账款相符；月度终了，现金日记账的余额应当与现金总账的余额核对，做到账账相符。

（三）现金的清查

为了保证现金的安全完整，企业应当按规定进行现金的清查，一般采用实地盘点法，对于清查的结果应当编制现金盘点报告单。如果有挪用现金、白条顶库的情况，应及时予以纠正；对于超限额留存的现金应及时送存银行。待查明原因的现金短缺或溢余，应先通过"待处理财产损溢"科目核算。按管理权限报经批准后，分别按照以下情况处理：如为现金短缺，属于应由责任人或保险公司赔偿的部分,计入其他应收款;属于无法查明的,计入管理费用。如为现金溢余,属于应支付给有关人员或单位的,计入其他应付款;属于无法查明原因的,计入营业外收入。

二、银行存款

银行存款是指企业存入银行或其他金融机构账户上的货币资金。按照国家有关规定,凡是独立核算的企业都必须在当地银行开设账户;企业在银行开设账户以后,除按核定的限额保留库存现金外,超过限额的现金必须存入银行;除了在规定的范围内可以用现金直接支付外,在经营过程中所发生的一切货币收支业务,都必须通过银行存款账户进行结算。

(一)银行存款管理制度

1. 银行存款账户的分类

企业银行存款账户依据用途不同可以分为基本存款账户、一般存款账户、临时存款账户、专用存款账户等。

基本存款账户是指企业办理日常结算和现金收付的账户。企业的工资、奖金等现金的支取,只能通过该账户办理。

一般存款账户是指企业在基本存款账户以外的银行借款转存、与基本存款账户的企业不在同一地点的附属非独立核算单位开立的账户。本账户只能办理转账结算和现金缴存,但不能支取现金。

临时存款账户是指企业因临时生产经营活动的需要而开立的账户,企业可以通过本账户办理转账结算和根据国家现金管理规定办理现金收付。企业暂时性的转账、现金收付业务可以通过本账户结算,如异地产品展销、临时性采购资金等。

专用存款账户是指企业因特定用途需要所开立的账户,如基建专款账户等。

企业在银行开立账户后,可到开户银行购买各种银行往来使用的凭证(如现金支票、转账支票、进账单、送款簿等),用以办理银行存款的收付。

一个企业只能选择一家银行的一个营业机构开立一个基本存款账户,不得在多家银行开立基本存款账户;不得在同一家银行的几个分支机构开立多个一般存款账户。

2. 银行存款账户的使用和管理

企业通过银行存款账户办理资金收付时,必须做到以下几点:企业银行存款账户只供本企业业务经营范围内的资金收付,不准出租或出借给其他单位或个人使用。各种收付款凭证,必须如实填写款项来源或用途,不得巧立名目,弄虚作假;不得套取现金,套购物资;严禁利用账户搞非法活动。在办理结算时,不准签发没有资金保证的票据或远期支票,套取银行信用;不准签发、取得和转让没有真实交易和债权债务的票据,套取银行和他人资金;不准无理拒付、任意占有他人资金;不准违规开立和使用账户。及时、正确地记录银行往来账务,并及时地与银行寄来的对账单进行核对,发现不符,尽快查对清楚。

(二)银行结算方式的种类

结算方式是指用一定的形式和条件来实现企业间或企业与其他单位或个人间货币收付的程序和方法,分现金结算和转账结算两种。根据结算形式的不同,可以划分为票据结算和支付结算两大类。根据结算地点的不同,可以划分为同城结算方式、异地结算方式和通用结算方式三大类。

根据中国人民银行有关支付结算办法的规定,目前企业发生的货币资金收付业务可以采用以下几种结算方式,通过银行办理转账结算。

1. 银行汇票

银行汇票是汇款人将款项交存当地开户银行,由银行签发给汇款人持往异地办理转账结算或支取现金的票据。银行汇票具有使用灵活、票随人到、兑现性强等特点。银行汇票适用于先收款后发货或钱货两清的商品交易。单位和个人向异地支付的各种款项均可使用银行汇票。

银行汇票可以用于转账,填明"现金"字样的银行汇票也可以用于支取现金。银行汇票一律记名,付款期为1个月。逾期银行汇票,兑付银行不予办理,汇票人可持汇票到签发银行办理退款手续。银行汇票在票据交换区域内可以背书转让。遗失了可以支取现金的银行汇票,应立即办理挂失;而不能提取现金的银行汇票,银行不予挂失。多余款项银行自动退回。

采用银行汇票结算方式的账务处理方法是:收款单位对于收到的银行汇票,应连同进账单一并送交银行办理转账,根据银行盖章退回的进账单第一联和有关的原始凭证编制收款凭证,借记"银行存款"账户,贷记有关账户。付款单位对于开出的银行汇票,应根据有关的原始凭证编制付款凭证,借记有关账户,贷记"其他货币资金——银行汇票存款"账户。

2. 银行本票

银行本票是申请人将款项交存银行,由银行签发给其凭以办理转账结算或支取现金的票据。由于银行本票是由银行签发并保证兑付,所以具有见票即付、信用高、支付能力强的特点。单位或个人在同一票据交换区域支付各种款项,都可以使用银行本票。

银行本票分为定额和不定额两种,一律记名,按票面金额结算。定额银行本票面额为1 000元、5 000元、10 000元和50 000元。申请人或收款人为单位的,银行不予签发现金银行本票。银行本票的付款期限为自出票日起最长不超过2个月,在付款期内银行本票见票即付。逾期银行本票,兑付银行不予受理,申请人可持本票到签发银行办理退款手续。银行本票见票即付,不予挂失;银行本票在同一票据交换区域内可能背书转让。

采用银行本票结算方式的账务处理方法是:收款单位对于收到的银行本票,应连同进账单一并送交银行办理转账,根据银行盖章退回的进账单第一联和有关的原始凭证编制收款凭证,借记"银行存款"账户,贷记有关账户。付款单位开出的银行本票,应根据有关的原始凭证编制付款凭证,借记有关账户,贷记"其他货币资金——银行本票存款"账户。

汇票为委付证券,经过承兑后,主债务人为承兑人,出票人则居于从债务人的地位;本票为自付证券,出票人始终居于主债务人的地位,自负到期偿付的义务,不必办理承兑手续。在我国现行《票据法》中,本票仅指银行本票,而汇票包括银行汇票和商业汇票两种。

3. 支票

支票是银行的存款人签发给收款人办理结算或委托开户银行将款项支付给收款人的票据。支票由银行统一印制,分为现金支票、转账支票和普通支票。印有"现金"字样的为现金支票,现金支票只能用于支取现金。印有"转账"字样的为转账支票,转账支票只能用于转账。未印有"现金"或"转账"字样的为普通支票,普通支票既可以用于支取现金,又可以用于转账;在普通支票左上角划两条平行线为划线支票,划线支票只能用于转账,不得支取现金。

单位和个人在同一票据交换区域的各种款项结算均可使用支票。支票的付款期限为自出票起 10 日内,中国人民银行另有规定的除外。支票在同一票据交换区域内可以背书转让。

企业财会部门在签发支票前,出纳人员应该认真查明银行存款的账面结余金额,防止签发超过存款余额的空头支票。签发空头支票,银行除退票外,还按照票面金额处以 5% 但不低于 1 000 元的罚款。持票人有权要求出票人赔偿支票金额 2% 的赔偿金。

采用支票结算方式的账务处理方法是:收款单位对于收到的支票,应连同进账单一并送交银行办理转账,根据银行盖章退回的进账单第一联和有关的原始凭证编制收款凭证,借记"银行存款"账户,贷记有关账户。付款单位对于开出的支票,应根据支票存根和有关的原始凭证编制付款凭证,借记有关账户,贷记"银行存款"账户。

4. 商业汇票

商业汇票是收款人或付款人签发,由承兑人承兑,并于到期日向收款人或持票人支付款项的票据。承兑是指票据付款人承诺在票据到期日支付票据金额的票据行为,是票据中所特有的。商业汇票使商业信用票据化,具有稳定、可靠、兑付性强的特点。

同城或异地在银行开立存款账户的法人与其他组织之间,订有购销合同的商品交易的款项结算才能使用商业汇票。采用商业汇票结算方式时,承兑人即付款人有到期无条件支付票款的责任。商业汇票的付款期限由双方商定,但最长不得超过 6 个月。其提示付款期为汇票到期前 10 日内。付款人应当自收到提示承兑的汇票之日起 3 日内承兑或拒绝承兑,付款人拒绝承兑必须出具拒绝承兑的证明。商业汇票一律记名,允许背书转让,但背书应连续。符合条件的商业汇票的持票人可持未到期的商业汇票连同贴现凭证一并送交银行,向银行申请贴现。按承兑人的不同,商业汇票分为商业承兑汇票和银行承兑汇票。

商业承兑汇票是由收款人签发经付款人承兑或付款人签发并承兑的票据。商业承兑汇票由银行以外的付款人承兑。由收款人签发的商业承兑汇票应交付款人承兑,由付款人签发商业承兑汇票应经本人承兑。承兑时,付款人应在汇票正面记载"承兑"字样和承兑日期并签章。承兑不得附有条件,否则视为拒绝承兑。汇票到期时,购货企业的开户银行凭票将票款划给销货企业或贴现银行。销货企业应在提示付款期限内通过开户银行委托收款或直接向付款人提示付款。对异地委托收款的,销货企业可以匡算邮程,提示通过开户银行委托收款。汇票到期时,如果购货企业的存款不足支付票款,开户银行应将汇票退还销货企业,银行不负责付款,由购销双方自行处理。

银行承兑汇票是由收款人或承兑申请人签发,由承兑申请人向开户银行申请,经银行审查同意承兑的票据。银行承兑汇票由银行承兑,承兑银行按票面金额向出票人收取万分之五的手续费。

购货企业应于汇票到期前将票款足额交存开户银行,以备由承兑银行在汇票到期日或到期日后的见票当日支付票款。销货企业应在到期时将汇票连同进账单送交开户银行以便转账收款。承兑银行凭汇票将承兑款项无条件转给销货企业,如果购货企业于汇票到期日未能足额交存票款时,承兑银行除凭汇票向持票人无条件付款外,对出票人尚未支付的汇票金额按照每天万分之五计收罚息。

商业承兑汇票和银行承兑汇票既有区别又有联系,商业承兑汇票是购销双方的票据交易行为,是一种商业信用,银行只作为清算的中介。而银行承兑汇票是银行的一种信用业务,体现购、销及银行三方关系,银行既是商业汇票的债务人,同时又是承兑申请人的债权人。银行承兑汇票由于有银行保证无条件付款,因而有较高信誉。

采用商业汇票结算方式的财务处理方法是:收款单位对于要到期的商业汇票连同填制的邮划或电划委托收款凭证,一并送交银行办理转账,根据银行的收账通知编制收款凭证,借记"银行存款"账户,贷记"应收票据"账户。付款单位在收到银行的付款通知时,应根据有关原始凭证编制付款凭证,借记"应付票据"账户,贷记"银行存款"账户。

5. 信用卡

信用卡是指商业银行向个人和单位发行的,凭其向特约单位购物、消费和向银行存取现金,具有消费信用的特制载体卡片。信用卡按使用对象分为单位卡和个人卡,按信用等分为金卡和普通卡。凡在中国境内金融机构开立基本存款账户的单位可申领单位卡。单位卡账户的资金一律从基本存款账户转账存入。在使用过程中,不得交存现金;不得直接将销货收入存入卡内;不得用于 10 万元以上的商品交易、劳务供应款项的结算;不得支取现金;不得出租或转借信用卡;不得将单位的款项存入个人账户。我国的银行卡业务品种大体分为借记卡、信用卡(包括贷记卡、准贷记卡)两大类三个系列产品。借记卡由发卡银行向社会发行,是具有转账结算、存取现金、购物消费等功能的信用工具,不能透支,享受银行的利息。信用卡按是否向发卡银行交存备用金分为贷记卡、准贷记卡两类。贷记卡是指发卡银行给予持卡人一定的信用额度,持卡人可在信用额度内先消费、后还款的信用卡。准贷记卡是指持卡人须先按发卡银行要求交存一定金额的备用金,当备用金账户余额不足支付时,可在发卡银行规定的信用额度内透支的信用卡。信用卡里的资金通过"其他货币资金——信用卡存款"账户核算。信用卡透支通过"短期借款"账户核算。

6. 汇兑

汇兑是汇款人委托银行将款项汇给外地收款人的结算方式。汇兑适用于单位和个人异地之间各种款项的结算。汇兑分为信汇、电汇两种。信汇是指汇款人委托银行通过邮寄方式将款项划给收款人。电汇是指汇款人委托银行通过电报将款项划转给收款人。采用汇兑结算方式的账务处理方法是:收款单位对于汇入的款项,应在收到银行的收款通知时,据以编制收款凭证,借记"银行存款"账户,贷记有关账户,付款单位对于汇出的款项,应在向银行办理汇款后,根据汇款回单编制付款凭证,借记有关账户,贷记"银行存款"账户。

7. 委托收款

委托收款是收款人委托银行向付款人收取款项的结算方式。委托收款在同城、异地均可以办理,不受金额起点限制。委托收款分为邮寄和电报划回两种。委托收款适用于收取电话费、电费等付款人众多、分散的公用事业费等有关款项的收取。

企业委托银行收款时,应填写银行印制的委托收款凭证和有关债务证明。银行受理后,将有关委托收款凭证寄交付款单位开户银行,并由付款单位开户银行通知付款单位,付款单位应在 3 天内审核,然后通知银行付款或出具拒付理由书通知开户银行拒付。

采用委托收款结算方式的账务处理方法是:收款单位对于托收款项,应在收到银行的收款通知时,据以编制收款凭证,借记"银行存款"账户,贷记"应收账款"账户。付款单位在收到银行转来的委托收款凭证后,根据委托收款凭证的付款通知和有关原始凭证,据以编制付款凭证,借记"应付账款"账户,贷记"银行存款"账户。如拒绝付款,不做账务处理。

8. 托收承付

托收承付是指根据购销合同由收款人发货后委托银行向异地付款人收取款项,由付款单位向银行承认付款的结算方式。它适用于异地单位之间有购销合同的商品交易或劳务供应等款项的结算。结算金额起点为 10 000 元。

托收承付款项的划回方式为邮寄和电报两种。销货单位依照购销合同发货后,填写托收承付凭证,盖章后连同发运证件或其他有关证明和交易单证送交开户银行办理托收手续。销货单位开户银行接受委托后,将有关凭证寄往购货单位开户银行,由购货单位开户银行通知购货单位付款。购货单位应立即对有关凭证进行审查,承付货款分为验单付款和验货付款两种,承付期分别为 3 天和 10 天。付款人不得无理拒付。

采用托收承付结算方式的账务处理方法是:收款单位对于托收款项,应在收到银行的收款通知时,根据收款通知和有关原始凭证,编制收款凭证,借记"银行存款"账户,贷记"应收账款"账户。付款单位对于承付的款项,应于承付时根据托收承付结算凭证的承付支款通知和有关原始凭证,据以编制付款凭证,借记"材料采购"等账户,贷记"银行存款"账户。如拒绝付款,不做账务处理。

9. 信用证

信用证是指由银行(开证行)依照申请人的要求和指示或自己主动,在符合信用证条款的条件下,凭规定单据向第三者(受益人)或其指定方进行付款的书面文件。信用证结算方式是国际结算的一种主要方式。

企业使用信用证办理国际结算和国内结算,应当填写开证申请书,信用证申请人承诺书连同有关购销合同一并提交开证行,开证行受理开证业务后,企业需向开证行交存一定金额的保证金;开证行开立信用证并以邮寄或电传方式将其发送通知行,通知行将信用证转交受益人;受益人收到信用证并审核无误后,即备货装运,持跟单汇票连同信用证一同送交当地议付行;议付行审核后扣除利息,垫付货款,之后将跟单汇票寄交开证行索回垫款;开证行收到跟单汇票后,通知申请人验单付款,赎单提货。

采用信用证结算方式的账务处理方法是:受益人根据议付单据及退还的信用证等编制收款凭证,借记"银行存款"账户,贷记有关账户。申请人在收到开证行的备款赎单通知时,根据付款赎回的有关单据编制付款凭证,借记有关账户,贷记"其他货币资金——信用证存款"账户。

网银支付也就是网上银行支付,是即时到账交易。微信支付和支付宝支付属于第三方支付。第三方支付是指具备一定实力和信誉保障的独立机构,通过与网联对接而促成交易双方进行交易的网络支付模式。在第三方支付模式,买方选购商品后,使用第三方平台提供的账户进行货款支付(支付给第三方),并由第三方通知卖家货款到账、要求发货;买方收到货物,检验货物,并且进行确认后,再通知第三方付款;第三方再将款项转至卖家账户。

(三)银行存款的账务处理

银行存款是企业存放在银行或其他金融机构的货币资金。企业应当根据业务需要,按照规定在其所在地银行开设账户,运用所开设的账户,进行存款、取款以及各种收支转账业务的结算。银行存款的收付应严格执行银行结算制度的规定。

企业应当设置银行存款总账和银行存款日记账,分别进行银行存款的总分类核算和明细分类核算。企业可按开户银行和其他金融机构、存款种类等设置"银行存款日记账",根据收付款凭证,按照业务的发生顺序逐笔登记。每日终了,应结出余额。

(四) 银行存款的核对

"银行存款日记账"应定期与"银行对账单"核对,至少每月核对一次。企业银行存款日记账的账面余额与银行对账单余额之间不一致的原因除存在未达账项外,还有记账错误。企业银行存款账面余额与银行对账单余额之间如有差额,应编制"银行存款余额调节表"。运用银行存款余额调节表,调节后的余额如果相等,通常说明企业和银行的账面记录一般没有错误,该余额通常为企业可以动用的银行存款实有数。调节后的余额如果不相等,通常说明一方或双方记账有误,需进一步追查,查明原因后予以更正和处理。银行存款余额调节表只是为了核对账目,并不能作为调整银行存款账面余额的记账依据。

未达账项是指由于企业与银行之间存在结算凭证传递上的时间差异,造成一方已经入账而另一方尚未入账的款项。具体有四种情况:① 企业已收、银行未收;② 企业已付、银行未付;③ 银行已收、企业未收;④ 银行已付、企业未付。前两种情况属于企业已登记入账、银行尚未登记入账的款项(以下简称第一类情况);后两种情况属于企业尚未登记入账而银行已登记入账的款项(以下简称第二类情况)。对于第二类情况中的银行已收、企业未收的款项,应在资产负债表内反映;对于银行已付、企业未付的款项,不应在资产负债表内反映。而目前的会计处理正好相反,对前者没有作为资产反映,对后者仍作为一项资产处理。

【例 8-1】 甲公司 2021 年 12 月 31 日银行存款日记账的余额为 5 400 000 元,银行转来对账单的余额为 8 300 000 元。经逐笔核对,发现以下未达账项:

(1) 企业收到转账支票 6 000 000 元,并已登记银行存款增加,但银行尚未记账。

(2) 企业开出转账支票 4 500 000 元,但持票单位尚未到银行办理转账,银行尚未记账。

(3) 企业委托银行代收某公司购货款 4 800 000 元,银行已收妥并登记入账,但企业尚未收到收款通知,尚未记账。

(4) 银行代企业支付电话费 400 000 元,银行已登记企业银行存款减少,但企业未收到银行付款通知,尚未记账。

表 8-1 银行存款余额调节表 单位:元

项 目	金 额	项 目	金 额
企业银行存款日记账	5 400 000	银行对账单余额	8 300 000
加:银行已收,企业未收	4 800 000	加:企业已收,银行未收	6 000 000
减:银行已付,企业未付	400 000	减:企业已付,银行未付	4 500 000
调节后的存款余额	9 800 000	调节后的存款余额	9 800 000

在本例中,反映了企业银行存款账面余额与银行对账单余额之间不一致的原因,是因为存在未达账项。核对未达账项时需要注意未达账项是自开户起至核对日止的累计未达账项。

三、其他货币资金

(一) 其他货币资金的内容

其他货币资金是指企业除库存现金、银行存款以外的各种货币资金,主要包括外埠存款、银行汇票存款、银行本票存款、信用证保证金存款、信用卡存款、存出投资款等。

（二）其他货币资金的账务处理

为了反映和监督其他货币资金的收支和结存情况,企业应当设置"其他货币资金"科目,借方登记其他货币资金的增加数,贷方登记其他货币资金的减少数,期末余额在借方,反映企业实际持有的其他货币资金。本科目应按其他货币资金的种类设置明细科目。

企业向证券公司划出资金时,应按实际划出的金额,借记"其他货币资金——存出投资款"科目,贷记"银行存款"科目;购买股票、债券等时,借记"交易性金融资产"等科目,贷记"其他货币资金——存出投资款"科目。

企业将款项汇往外地时,应填写汇款委托书,委托开户银行办理汇款。汇入地银行以汇款单位名义开立临时采购账户,该账户的存款不计利息、只付不收、付完清户,除了采购人员可从中提取少量现金外,一律采用转账结算。企业将款项汇往外地开立采购专用账户时,根据汇出款项凭证,编制付款凭证,进行账务处理,借记"其他货币资金——外埠存款"科目,贷记"银行存款"科目;收到采购人员转来供应单位发票账单等报销凭证时,借记"材料采购"或"原材料""库存商品""应交税费——应交增值税(进项税额)"等科目,贷记"其他货币资金——外埠存款"科目;采购完毕收回剩余款项时,根据银行的收账通知,借记"银行存款"科目,贷记"其他货币资金——外埠存款"科目。

第四节　以摊余成本计量的金融资产

以摊余成本计量的金融资产,初始确认按照公允价值计量,相关交易费用计入初始确认金额。但是,企业初始确认的应收账款未包含重大融资成分或不考虑不超过一年的合同中的融资成分的,应当按照交易价格进行初始计量。初始确认后,以摊余成本进行后续计量。

实际利率法,是指计算金融资产或金融负债的摊余成本以及将利息收入或利息费用分摊计入各会计期间的方法。实际利率,是指将金融资产或金融负债在预计存续期的估计未来现金流量,折现为该金融资产账面余额(不考虑减值)或该金融负债摊余成本所使用的利率。在确定实际利率时,应当在考虑金融资产或金融负债所有合同条款的基础上估计预期现金流量,但不应当考虑预期信用损失。经信用调整的实际利率,是指将购入或源生的已发生信用减值的金融资产在预计存续期的估计未来现金流量,折现为该金融资产摊余成本的利率。在确定经信用调整的实际利率时,应当在考虑金融资产的所有合同条款以及初始预期信用损失的基础上估计预期现金流量。合同各方之间支付或收取的、属于实际利率或经信用调整的实际利率组成部分的各项费用、交易费用及溢价或折价等,应当在确定实际利率或经信用调整的实际利率时予以考虑。

金融资产或金融负债的摊余成本,应当以该金融资产或金融负债的初始确认金额经下列调整后的结果确定:① 扣除已偿还的本金。② 加上或减去采用实际利率法将该初始确认金额与到期日金额之间的差额进行摊销形成的累计摊销额。③ 扣除累计计提的损失准备(仅适用于金融资产)。

企业应当按照实际利率法确认利息收入。利息收入应当根据金融资产账面余额乘以实际利率计算确定,但下列情况除外:① 对于购入或源生的已发生信用减值的金融资产,企业应当自初始确认起,按照该金融资产的摊余成本和经信用调整的实际利率计算确定其利息收入。② 对于购入或源生的未发生信用减值但在后续期间成为已发生信用减值的金融资产,企业应当在后续期间,按照该金融资产的摊余成本和实际利率计算确定其利息收入。若该金融工具在后续期间不再存在信用减值,应当转按实际利率乘以该金融资产账面余额来计算确定利息收入。

企业一般应当设置"应收账款""贷款(金融企业)""债权投资"等科目核算分类为以摊余成本计量的金融资产。

一、应收及预付款项

应收及预付款项是指企业在日常生产经营过程中发生的各项债权,包括应收款项和预付款项。应收款项包括应收票据、应收账款和其他应收款等;预付款项则是指企业按照合同规定预付的款项,如预付账款。一般企业对外销售商品或提供劳务形成的应收债权,通常应按从购货方应收的合同或协议价款作为初始确认金额。

(一)应收票据

1. 应收票据概述

应收票据是指企业因销售商品、提供劳务等而收到的商业汇票。商业汇票是一种由出票人签发的,委托付款人在指定日期无条件支付确定金额给收款人或者持票人的票据。

商业汇票的付款期限,最长不得超过六个月。根据承兑人不同,商业汇票分为商业承兑汇票和银行承兑汇票。企业申请使用银行承兑汇票时,应向其承兑银行按票面金额的万分之五缴纳手续费。按是否带息,商业汇票分为不带息商业汇票和带息商业汇票。不带息票据的到期值为票据的面值,带息票据到期值为票据到期的本利和。

2. 应收票据的账务处理

为了反映和监督应收票据取得、票款收回等经济业务,企业应当设置"应收票据"科目,借方登记取得的应收票据的面值,贷方登记到期收回票款或到期前向银行贴现的应收票据的票面余额,期末余额在借方,反映企业持有的商业汇票的票面金额。本科目可按照开出、承兑商业汇票的单位进行明细核算,并设置"应收票据备查簿",逐笔登记商业汇票的种类、号数和出票日、票面金额、交易合同号和付款人、承兑人、背书人的姓名或单位名称、到期日、背书转让日、贴现日、贴现率和贴现净额以及收款日和收回金额、退票情况等资料。商业汇票到期结清票款或退票后,在备查簿中应予以注销。

1)取得应收票据、带息票据计息、票据到期

应收票据取得的原因不同,其会计处理亦有所区别。因债务人抵偿前欠货款而取得的应收票据,借记"应收票据"科目,贷记"应收账款"科目;因企业销售商品、提供劳务等而收到开出、承兑的商业汇票,借记"应收票据"科目,贷记"主营业务收入""应交税费——应交增值税(销项税额)"等科目。带息票据一般应在中期期末(即 6 月 30 日)和年末(12 月 31 日)计提利息。带息票据计息时,借记"应收票据"科目,贷记"财务费用"科目。商业汇票到期收回款项时,应按实际收到的金额,借记"银行存款"科目,贷记"应收票据"科目。票据到期,债务人无力

支付款项时,借记"应收账款"科目,贷记"应收票据"科目。

【例8-2】 A公司2021年3月1日赊销商品给B公司,售价100万元,成本80万元,增值税税率为13%,当天B公司开出并承兑商业汇票一张,面值为113万元,期限为6个月,票面利率为6%。

(1) 赊销商品时:

借:应收票据 　　　　　　　　　　　　　　　　　　　1 130 000
　　贷:主营业务收入 　　　　　　　　　　　　　　　　　　1 000 000
　　　　应交税费——应交增值税(销项税额) 　　　　　　　130 000
借:主营业务成本 　　　　　　　　　　　　　　　　　　800 000
　　贷:库存商品 　　　　　　　　　　　　　　　　　　　800 000

(2) 6月30日计提利息:$113 \times 6\% \times 4 \div 12 = 2.26$(万元)。

借:应收票据 　　　　　　　　　　　　　　　　　　　　22 600
　　贷:财务费用 　　　　　　　　　　　　　　　　　　　22 600

(3) 票据到期:$113 + 113 \times 6\% \times 6 \div 12 = 116.39$(万元)。

借:银行存款 　　　　　　　　　　　　　　　　　　　1 163 900
　　贷:应收票据 　　　　　　　　　　　　　　　　　　1 152 600
　　　　财务费用 　　　　　　　　　　　　　　　　　　11 300

2) 应收票据贴现

应收票据贴现是指企业以未到期应收票据向银行融通资金,银行按票据的应收金额扣除一定期间的贴现利息后,将余额付给企业的筹资行为。应收票据的贴现一般有两种情形:一种是带追索权贴现(商业承兑汇票贴现),一种是不带追索权贴现(银行承兑汇票贴现)。票据到期日的计算分两种情形:① 以"月数"表示的票据。月末出票的,不论月份大小,以到期月份的月末日为到期日。月中出票的,以到期月的同一日为到期日。② 以"天数"表示的票据,应收票据的到期日计算为"算头不算尾"或"算尾不算头",按照实际天数计算到期日。

$$票据到期值 = 票据面值 \times (1 + 票据利息率 \times 票据期限)$$

$$贴现息 = 票据到期值 \times 贴现率 \times 贴现期$$

$$贴现额 = 票据到期值 - 贴现息$$

应收票据贴现时,如果不承担连带还款责任,借记"银行存款""财务费用"科目,贷记"应收票据"科目;如果承担连带还款责任,借记"银行存款"科目,贷记"短期借款"科目。附连带还款责任的票据贴现,如果承兑人还款,则借记"短期借款""财务费用"科目,贷记"应收票据"科目;如果承兑人未付款,则借记"短期借款""财务费用"科目,贷记"银行存款"科目,同时,借记"应收账款"科目,贷记"应收票据"科目。

【例8-3】 A公司2021年3月1日赊销商品给B公司,售价100万元,成本80万元,增值税税率为13%,当天收到不带息商业汇票一张,面值为113万元,期限为6个月。A公司于2021年6月1日将票据贴现给银行,银行执行贴现率8%。

(1) 贴现额 $= 113 - 113 \times 8\% \times 3 \div 12 = 110.74$(万元)

(2) 如果A公司不承担连带还款责任,则

借:银行存款	1 107 400	
财务费用	22 600	
贷:应收票据		1 130 000

（3）如果 A 公司承担连带还款责任，则

① 票据贴现时：

借:银行存款	1 107 400	
贷:短期借款		1 107 400

② 票据到期时：

如果 B 公司如期还款，则

借:短期借款	1 107 400	
财务费用	22 600	
贷:应收票据		1 130 000

如果 B 公司到期未付，则

借:短期借款	1 107 400	
财务费用	22 600	
贷:银行存款		1 130 000
借:应收账款	1 130 000	
贷:应收票据		1 130 000

3）应收票据的转让

背书，是指持票人为将票据权利转让给他人或者将票据权利授予他人行使，在票据背面或者粘单上记载有关事项并签章，然后将票据交付给被背书人的票据行为。企业将持有的商业汇票背书转让以取得所需物资时，按应计入取得物资成本的金额，借记"材料采购"或"在途物资"等科目，按专用发票上注明的可抵扣的增值税税额，借记"应交税费——应交增值税（进项税额）"科目，按商业汇票的票面金额，贷记"应收票据"科目，如有差额，借记或贷记"银行存款"等科目。如果票据背书不符合终止确认条件时，应收票据不能终止确认。

（二）应收账款

1. 应收账款的内容

应收账款是指企业因销售商品、提供劳务等经营活动，应向购货单位或接受劳务单位收取的款项，主要包括企业销售商品或提供劳务等应向有关债务人收取的价款及代购货单位垫付的包装费、运杂费等。

2. 应收账款的账务处理

为了反映和监督应收账款的增减变动及其结存情况，企业应设置"应收账款"科目，不单独设置"预收账款"科目的企业，预收的账款也在"应收账款"科目核算。"应收账款"科目的借方登记应收账款的增加，贷方登记应收账款的收回及确认的坏账损失，期末余额一般在借方，反映企业尚未收回的应收账款；如果期末余额在贷方，则反映企业预收的账款。企业代购货单位垫付包装费、运杂费也应计入应收账款，通过"应收账款"科目核算。

商业折扣是企业为促进商品销售而在商品标价上给予的价格扣除。企业采用商业折扣方式销售货物的，应按最终成交价格进行商品收入的计量。现金折扣是债权人为鼓励债务人在

规定的期限内付款而向债务人提供的债务扣除。现金折扣属于交易价格中的可变对价,一般作为销售收入的调整处理。

【例 8-4】 甲公司采用托收承付结算方式向乙公司销售商品一批,货款 300 000 元,增值税税额 39 000 元,以银行存款代垫运杂费 6 000 元,已办理托收手续。甲公司会计处理如下:

借:应收账款	345 000
贷:主营业务收入	300 000
应交税费——应交增值税(销项税额)	39 000
银行存款	6 000

甲公司实际收到款项时,应做如下会计处理:

借:银行存款	345 000
贷:应收账款	345 000

(三) 预付账款

预付账款是指企业按照合同规定预付的款项。预付账款不是金融资产,因其产生的未来经济利益是商品或服务,不是收取现金或其他金融资产的权利。

企业应当设置"预付账款"科目,核算预付账款的增减变动及其结存情况。预付款项业务不多的企业,可以不设置"预付账款"科目,而直接通过"应付账款"科目核算。

企业根据购货合同的规定向供应单位预付款项时,借记"预付账款"科目,贷记"银行存款"科目。企业收到所购物资,按应计入购入物资成本的金额,借记"材料采购"或"原材料""库存商品""应交税费——应交增值税(进项税额)"等科目,贷记"预付账款"科目;当预付货款小于采购货物所需支付的款项时,应将不足部分补付,借记"预付账款"科目,贷记"银行存款"科目;当预付货款大于采购货物所需支付的款项时,对收回的多余款项应借记"银行存款"科目,贷记"预付账款"科目。

【例 8-5】 甲公司向乙公司采购材料 5 000 吨,单价 10 元,所需支付的款项总额 50 000 元。按照合同规定向乙公司预付货款的 50%,验收货物后补付其余款项。甲公司会计处理如下:

(1) 预付 50% 的货款时。

借:预付账款——乙公司	25 000
贷:银行存款	25 000

(2) 收到乙公司发来的 5 000 吨材料,验收无误,增值税专用发票记载的货款为 50 000 元,增值税税额为 6 500 元。甲公司以银行存款补付所欠款项 31 500 元。

借:原材料	50 000
应交税费——应交增值税(进项税额)	6 500
贷:预付账款——乙公司	56 500
借:预付账款——乙公司	31 500
贷:银行存款	31 500

(四) 其他应收款

其他应收款是指企业除应收票据、应收账款、预付账款、应收股利、应收利息等以外的其他各种应收及暂付款项。

应收利息核算企业金融资产应收取的利息。分期付息计提利息时,借记"应收利息"科目,贷记"投资收益"科目。实际收到利息时,借记"银行存款"科目,贷记"应收利息"科目。应收股利核算企业应收取的现金股利和其他单位分配的利润。被投资单位宣告发放现金股利或利润,按应归本企业享有的金额,借记"应收股利"科目,贷记"投资收益"等科目。收到现金股利或利润,借记"银行存款"等科目,贷记"应收股利"科目。

其他应收款主要包括应收的各种赔款、罚款,如因企业财产等遭受意外损失而应向有关保险公司收取的赔款等;应收的出租包装物租金;应向职工收取的各种垫付款项,如为职工垫付的水电费、应由职工负担的医药费、房租费等;存出保证金,如租入包装物支付的押金;其他各种应收、暂付款项。

为了反映和监督其他应收账款的增减变动及其结存情况,企业应当设置"其他应收款"科目进行核算。"其他应收款"科目的借方登记其他应收款的增加,贷方登记其他应收款的收回,期末余额一般在借方,反映企业尚未收回的其他应收款项。

备用金是企业、机关、事业单位或其他经济组织等拨付给非独立核算的内部单位或工作人员备作差旅费、零星采购、零星开支等用的款项。对于零星开支用的备用金,可实行定额备用金制度,即由指定的备用金负责人按照规定的数额领取,支用后按规定手续报销,补足原定额。非定额管理是指用款部门根据实际需要向财会部门领款的管理办法。预支备作差旅费、零星采购等用的备用金,一般按估计需用数额领取,支用后一次报销,多退少补。前账未清,不得继续预支。实行备用金制度的企业,在账务处理上需设置"备用金"账户进行单独核算,或在"其他应收款——备用金"账户核算。

【例8-6】 企业财务部对后勤部门实行定额备用金制度,定额为1 000元。后勤部门的备用金保管人员于当月末凭有关单据向财会部门报销,报销金额为800元,财务部门以现金补足定额。此时,应做如下会计分录:

借:管理费用　　　　　　　　　　　　　　　　　800
　　贷:库存现金　　　　　　　　　　　　　　　　　800

【例8-7】 办公室主任出差回来,报销差旅费1 800元。原借差旅费1 500元,应根据差旅费报销单,做如下会计分录:

借:管理费用　　　　　　　　　　　　　　　　　1 800
　　贷:其他应收款——办公室主任　　　　　　　　　1 500
　　　　库存现金　　　　　　　　　　　　　　　　300

【例8-8】 甲公司租入包装物一批,以银行存款向出租方支付押金11 300元。

借:其他应收款——存出保证金　　　　　　　　　11 300
　　贷:银行存款　　　　　　　　　　　　　　　　11 300

租入包装物按期如数退回,甲公司收到出租方退还的押金11 300元,已存入银行。

借:银行存款　　　　　　　　　　　　　　　　　11 300
　　贷:其他应收款——存出保证金　　　　　　　　　11 300

(五) 长期应收款

长期应收款科目核算企业采用递延方式具有融资性质的销售商品和提供劳务等产生的应收款项,未实现融资收益科目是长期应收款的备抵科目。采用递延方式分期收款销售商品或提供劳务等经营活动产生的长期应收款,满足收入确认条件的,按应收合同或协议价款,借记"长期应收款"科目,按应收合同或协议价款的公允价值(折现值),贷记"主营业务收入"等科目,按其差额,贷记"未实现融资收益"科目。

二、债权投资

企业设置"债权投资"科目,用来核算企业债权投资的摊余成本,按债权投资的类别和品种,分别设置"成本""利息调整""应计利息"等明细科目进行明细核算。

(一)债权投资的初始计量

债权投资初始确认时,应当按照公允价值和相关交易费用之和作为初始入账金额。实际支付的价款中包括的已到付息期但尚未领取的债券利息,应单独确认为应收项目。债券购买价格包括平价、溢价、折价三种方式。对于购买者来说,溢价是以后多得利息的代价。折价是以后少得利息的补偿。企业与交易方修改或重新议定合同,未导致金融资产终止确认,但导致合同现金流量发生变化的,或者企业修正了对合同现金流量的估计的,应当重新计算该金融资产的账面余额,并将相关利得或损失计入当期损益。

取得时应按债券的面值,借记"债权投资——成本"账户,按支付的价款中包含的已到付息期但尚未领取的利息,借记"应收利息"账户,按实际支付的金额,贷记"银行存款"或者"其他货币资金"账户,按其差额,借记或贷记"债权投资——利息调整"账户。

(二)债权投资的后续计量

利息调整的摊销方法有两种:直线法和实际利率法。企业会计准则规定,企业应当采用实际利率法,按摊余成本对债权投资进行后续计量。资产负债表日,债权投资为分期付息、一次还本债券投资的,应按票面利率计算确定的应收未收利息,借记"应收利息"账户,按债权投资账面余额或摊余成本和实际利率计算确定的利息收入,贷记"投资收益"账户,按其差额,借记或贷记"债权投资——利息调整"账户。

债权投资为一次还本付息债券投资的,应于资产负债表日按票面利率计算确定的应收未收利息,借记"债权投资——应计利息"账户,按债权投资账面余额或摊余成本和实际利率计算确定的利息收入,贷记"投资收益"账户,按其差额,借记或贷记"债权投资——利息调整"账户。

利息收入应当根据金融资产账面余额乘以实际利率计算确定,但是,已发生信用减值的金融资产,按照该金融资产的摊余成本和实际利率计算确定其利息收入。账面余额指账户本身余额,摊余成本应扣除已发生的信用减值。

出售债权投资,应按实际收到的金额,借记"银行存款"等账户,按其账面余额,贷记"债权投资——成本、利息调整、应计利息"账户,按其差额,贷记或借记"投资收益"账户。已计提减值准备的,还应同时结转减值准备。

【例8-9】 2021年1月2日,甲公司购买一债券,期限5年,买价104.33万元,面值为100万元,票面利率为6%,每年年末付息,到期还本。分类为以摊余成本计量的金融资产。

计算该债券的实际利率为r,该利率应满足如下条件:

$$6 \div (1+r)^1 + 6 \div (1+r)^2 + \cdots + 106 \div (1+r)^5 = 104.33$$

计算得出 $r = 5\%$。每年利息收益计算过程如表8-2所示。

表 8-2

单位:万元

年 份	① 年初账面余额	② 利息收益＝①×r	③ 现金流入	④ 年末账面余额＝①＋③－②
2021	104.33	5.22	6.00	103.55
2022	103.55	5.18	6.00	102.73
2023	102.73	5.14	6.00	101.87
2024	101.87	5.09	6.00	100.96
2025	100.96	5.04	106.00	0

备注:最后一期的利息收益采取倒挤确定,计算过程为:5.04＝106－100.96。

年末账面余额＝年初账面余额－(面值×票面利率－年初账面余额×实际利率)

根据上述数据,甲公司的有关账务处理如下:

(1) 2021 年 1 月 2 日,购入债券。

借:债权投资——成本　　　　　　　　　　　　　　1 000 000

　　　　　——利息调整　　　　　　　　　　　　　　43 300

　贷:银行存款　　　　　　　　　　　　　　　　　　　1 043 300

(2) 2021 年 12 月 31 日,确认实际利息收入、收到票面利息等。

借:应收利息(银行存款)　　　　　　　　　　　　　60 000

　贷:投资收益　　　　　　　　　　　　　　　　　　　52 200

　　债权投资——利息调整　　　　　　　　　　　　　7 800

(3) 2022 年 12 月 31 日,确认实际利息收入、收到票面利息等。

借:应收利息(银行存款)　　　　　　　　　　　　　60 000

　贷:投资收益　　　　　　　　　　　　　　　　　　　51 800

　　债权投资——利息调整　　　　　　　　　　　　　8 200

(4) 2023 年 12 月 31 日,确认实际利息收入、收到票面利息等。

借:应收利息(银行存款)　　　　　　　　　　　　　60 000

　贷:投资收益　　　　　　　　　　　　　　　　　　　51 400

　　债权投资——利息调整　　　　　　　　　　　　　8 600

(5) 2024 年 12 月 31 日,确认实际利息收入、收到票面利息等。

借:应收利息(银行存款)　　　　　　　　　　　　　60 000

　贷:投资收益　　　　　　　　　　　　　　　　　　　50 900

　　债权投资——利息调整　　　　　　　　　　　　　9 100

(6) 2025 年 12 月 31 日,确认实际利息收入、收到票面利息等。

借:应收利息(银行存款)　　　　　　　　　　　　　60 000

　贷:投资收益　　　　　　　　　　　　　　　　　　　50 400

　　债权投资——利息调整　　　　　　　　　　　　　9 600

收到本金时。

借:银行存款　　　　　　　　　　　　　　　　　　　1 000 000

　贷:债权投资——成本　　　　　　　　　　　　　　　1 000 000

【例 8-10】 2021 年 1 月 2 日,甲公司购买了乙公司当日发行的公司债券,期限为 5 年,买价为 90 万元,交易费用为 5 万元,该债券面值为 100 万元,票面利率为 4%,到期一次还本付息,票面利息单利计息。分类为以摊余成本计量的金融资产。

计算该债券的实际利率为 r,该利率应满足如下条件:$120 \div (1+r)^5 = 95$

经测算,计算结果:$r \approx 4.78\%$,每年利息收益计算过程如表 8-3 所示。

表 8-3

单位:万元

年 份	① 年初账面余额	② 利息收益＝①×r	③ 现金流入	④ 年末账面余额 ＝①＋②－③
2021	95.00	4.54	0	99.54
2022	99.54	4.76	0	104.30
2023	104.3	4.99	0	109.29
2024	109.29	5.22	0	114.51
2025	114.51	5.49	120.00	0

备注:最后一期的利息收益采取倒挤确定,计算过程为:5.49＝120－114.51。

年末账面余额＝年初账面余额＋面值×票面利率＋(年初账面余额×实际利率－面值×
　　　　　　　票面利率)
　　　　　　＝年初账面余额＋年初账面余额×实际利率

(1) 2021 年 1 月 2 日,购入债券:

借:债权投资——成本　　　　　　　　　　　　　　　 1 000 000
　　贷:银行存款　　　　　　　　　　　　　　　　　　　　　 950 000
　　　　债权投资——利息调整　　　　　　　　　　　　　　 50 000

(2) 2021 年 12 月 31 日,确认实际利息收入:

借:债权投资——应计利息　　　　　　　　　　　　　　 40 000
　　　　　　——利息调整　　　　　　　　　　　　　　　 5 400
　　贷:投资收益　　　　　　　　　　　　　　　　　　　　 45 400

(3) 2022 年 12 月 31 日,确认实际利息收入:

借:债权投资——应计利息　　　　　　　　　　　　　　 40 000
　　　　　　——利息调整　　　　　　　　　　　　　　　 7 600
　　贷:投资收益　　　　　　　　　　　　　　　　　　　　 47 600

(4) 2023 年 12 月 31 日,确认实际利息收入:

借:债权投资——应计利息　　　　　　　　　　　　　　 40 000
　　　　　　——利息调整　　　　　　　　　　　　　　　 9 900
　　贷:投资收益　　　　　　　　　　　　　　　　　　　　 49 900

(5) 2024 年 12 月 31 日,确认实际利息收入:

借:债权投资——应计利息　　　　　　　　　　　　　　 40 000
　　　　　　——利息调整　　　　　　　　　　　　　　　 12 200
　　贷:投资收益　　　　　　　　　　　　　　　　　　　　 52 200

(6) 2025 年 12 月 31 日，确认实际利息收入、收到本金和利息：

借：债权投资——应计利息　　40 000

　　　　　——利息调整　　14 900

　贷：投资收益　　54 900

借：银行存款　　1 200 000

　贷：债权投资——成本　　1 000 000

　　　　　　——应计利息　　200 000

第五节　以公允价值计量且其变动计入其他综合收益的金融资产

一、以公允价值计量且其变动计入其他综合收益的金融资产概述

以公允价值计量且其变动计入其他综合收益的金融资产，初始确认按照公允价值计量，相关交易费用计入初始确认金额。初始确认后，以公允价值计量且其变动计入其他综合收益进行后续计量。

分类为以公允价值计量且其变动计入其他综合收益的金融资产所产生的所有利得或损失，除减值损失或利得和汇兑损益之外，均应当计入其他综合收益，直至该金融资产终止确认或被重分类。但是，采用实际利率法计算的该金融资产的利息应当计入当期损益。该金融资产计入各期损益的金额应当与视同其一直按摊余成本计量而计入各期损益的金额相等。该金融资产终止确认时，之前计入其他综合收益的累计利得或损失应当从其他综合收益中转出，计入当期损益。企业将该金融资产重分类为其他类别金融资产的，应当根据准则规定，对之前计入其他综合收益的累计利得或损失进行相应处理。

指定为以公允价值计量且其变动计入其他综合收益的非交易性权益工具投资，除了获得的股利（明确代表投资成本部分收回的股利除外）计入当期损益外，其他相关的利得和损失（包括汇兑损益）均应当计入其他综合收益，且后续不得转入当期损益。当其终止确认时，之前计入其他综合收益的累计利得或损失应当从其他综合收益中转出，计入留存收益。

二、以公允价值计量且其变动计入其他综合收益的金融资产的会计处理

企业应当设置“其他债权投资”科目核算分类为以公允价值计量且其变动计入其他综合收益的金融资产。该科目核算企业持有的其他债权投资的公允价值，按其他债权投资的类别和品种，分别设置“成本”“利息调整”“应计利息”“公允价值变动”等明细科目进行明细核算。

企业应当设置“其他权益工具投资”科目核算指定为以公允价值计量且其变动计入其他综合收益的非交易性权益工具投资。该科目核算企业持有的其他权益工具投资的公允价值，按其他权益工具投资的类别和品种，分别设置“成本”“公允价值变动”等明细科目进行明细核算。其他权益工具投资是一种战略性的投资，不是以获取差价为目的，所以终止确认时不确认损益

而是直接转入留存收益。

"其他综合收益"属于所有者权益类科目,反映企业根据企业会计准则规定未在损益中确认的各项利得和损失扣除所得税影响后的净额,反映直接计入所有者权益的利得和损失,分为以后会计期间重分类计入损益和以后会计期间不能重分类计入损益两类。

(1)企业取得公允价值计量且其变动计入其他综合收益的金融资产支付的价款中包含的已宣告但尚未发放的现金股利或已到付息期但尚未领取的债券利息,应单独确认为应收项目。公允价值计量且其变动计入其他综合收益的金融资产持有期间取得的利息或现金股利,应当计入投资收益。资产负债表日应当以公允价值计量,且公允价值变动计入其他综合收益。

企业取得的其他债权投资,应按债券的面值,借记"其他债权投资——成本"账户,按支付的价款中包含的已到付息期但尚未领取的利息,借记"应收利息"账户,按实际支付的金额,贷记"银行存款"等账户,按差额,借记或贷记"其他债权投资——利息调整"账户。

企业取得的其他权益工具投资,应按其公允价值与交易费用之和,借记"其他权益工具投资——成本"账户,按支付的价款中包含的已宣告但尚未发放的现金股利,借记"应收股利"账户,按实际支付的金额,贷记"银行存款"等账户。

(2)其他债权投资采用实际利率法计算的利息应当计入当期损益;其他权益工具投资的现金股利应当在被投资单位宣告发放股利时计入当期损益。资产负债表日,其他债权投资为分期付息、一次还本的,应按票面利率计算确定的应收未收利息,借记"应收利息"账户,按其他债权投资的账面余额(摊余成本)和实际利率计算确定的利息收入,贷记"投资收益"账户,按其差额,借记或贷记"其他债权投资——利息调整"账户。其他债权投资为一次还本付息的,应于资产负债表日按票面利率计算确定的应收未收利息,借记"其他债权投资——应计利息"账户,按其他债权投资的账面余额(摊余成本)和实际利率计算确定的利息收入,贷记"投资收益"账户,按其差额,借记或贷记"其他债权投资——利息调整"账户。上述账面余额(摊余成本)不包括其他债权投资公允价值变动明细账的余额。

(3)资产负债表日,公允价值计量且其变动计入其他综合收益的金融资产的公允价值高于其账面余额的差额,借记"其他债权投资(其他权益工具投资)——公允价值变动"账户,贷记"其他综合收益"账户;公允价值低于其账面余额的差额做相反的会计分录。

(4)出售其他债权投资,应按实际收到的金额,借记"银行存款"账户,按其账面余额,贷记"其他债权投资"账户,按应从所有者权益中转出的公允价值累计变动额,借记或贷记"其他综合收益"账户,按其差额,贷记或借记"投资收益"账户。终止确认其他权益工具投资,之前计入其他综合收益的累计利得或损失应当从其他综合收益中转出,计入留存收益。

【例 8-11】 2021 年 1 月 1 日,甲公司支付价款 1 000 万元(含交易费用)购入 A 公司同日发行的 5 年期公司债券,票面价值总额为 1 250 万元,票面年利率为 4.72%,实际利率为 10%。每年年末支付利息 59 万元,本金到期偿还。甲公司根据其管理该债券的业务模式和该债券的合同现金流量特征,将该债券分类为以公允价值计量且其变动计入其他综合收益的金融资产。2021 年 12 月 31 日,A 公司债券的公允价值为 1 200 万元(不含利息)。2022 年 12 月 31 日,A 公司债券的公允价值为 1 300 万元(不含利息)。2023 年 1 月 20 日,出售 A 公司债券,取得价款 1 260 万元。甲公司的有关账务处理如下:

(1) 2021 年 1 月 1 日,购入 A 公司债券。

借:其他债权投资——成本	12 500 000
贷:银行存款	10 000 000
其他债权投资——利息调整	2 500 000

(2) 2021 年 12 月 31 日,确认 A 公司债券实际利息收入和公允价值变动。

借:应收利息(银行存款)	590 000
其他债权投资——利息调整	410 000
贷:投资收益	1 000 000
借:其他债权投资——公允价值变动(12 000 000－10 410 000)	1 590 000
贷:其他综合收益——其他债权投资公允价值变动	1 590 000

(3) 2022 年 12 月 31 日,确认 A 公司债券实际利息收入和公允价值变动。

借:应收利息(银行存款)	590 000
其他债权投资——利息调整	450 000
贷:投资收益	1 040 000
借:其他债权投资——公允价值变动(13 000 000－10 860 000－1 590 000)	
	550 000
贷:其他综合收益——其他债权投资公允价值变动	550 000

(4) 2023 年 1 月 20 日,确认出售 A 公司债券实现的损益。

借:银行存款	12 600 000
投资收益	400 000
其他债权投资——利息调整	1 640 000
贷:其他债权投资——成本	12 500 000
——公允价值变动	2 140 000
借:其他综合收益——其他债权投资公允价值变动	2 140 000
贷:投资收益	2 140 000

【例 8-12】 2021 年 1 月 2 日,B 公司从股票二级市场以每股 15 元(含已宣告但尚未发放的现金股利 0.2 元)的价格购入 D 公司发行的股票 200 万股,占 D 公司有表决权股份的 5%,对 D 公司无重大影响,指定为以公允价值计量且其变动计入其他综合收益的金融资产。2021 年 1 月 10 日,B 公司收到 D 公司发放的上年现金股利 400 000 元。2021 年 12 月 31 日,该股票的市场价格为每股 16 元。2022 年 12 月 31 日,该股票的市场价格下跌到每股 10 元。2023 年 1 月 20 日,将该股票售出,售价为每股 12 元,另支付税费 40 000 元。不考虑其他因素,公司盈余公积计提比例为 10%,则 B 公司有关的账务处理如下:

(1) 2021 年 1 月 1 日,购入股票。

借:其他权益工具投资——成本	29 600 000
应收股利	400 000
贷:银行存款	30 000 000

(2) 2021 年 1 月 10 日,收到现金股利。

借:银行存款	400 000
贷:应收股利	400 000

（3）2021 年 12 月 31 日，确认股票公允价值变动。

借：其他权益工具投资——公允价值变动　　　　　　　　2 400 000

　　贷：其他综合收益　　　　　　　　　　　　　　　　　　2 400 000

（4）2022 年 12 月 31 日，确认股票公允价值变动。

借：其他综合收益　　　　　　　　　　　　　　　　　12 000 000

　　贷：其他权益工具投资——公允价值变动　　　　　　　12 000 000

（5）2023 年 1 月 20 日，出售股票。

借：银行存款　　　　　　　　　　　　　　　　　　　23 960 000

　　盈余公积——法定盈余公积　　　　　　　　　　　　　564 000

　　利润分配——未分配利润　　　　　　　　　　　　　5 076 000

　　其他权益工具投资——公允价值变动　　　　　　　　9 600 000

　　贷：其他权益工具投资——成本　　　　　　　　　　　29 600 000

　　　　其他综合收益　　　　　　　　　　　　　　　　　9 600 000

第六节　以公允价值计量且其变动
计入当期损益的金融资产

一、以公允价值计量且其变动计入当期损益的金融资产概述

以公允价值计量且其变动计入当期损益的金融资产是以摊余成本计量的金融资产和以公允价值计量且其变动计入其他综合收益的金融资产之外的金融资产，包括分类为以公允价值计量且其变动计入当期损益的金融资产和指定为以公允价值计量且其变动计入当期损益的金融资产。初始确认按照公允价值计量，相关交易费用直接计入当期损益。企业取得金融资产所支付的价款中包含已宣告但尚未发放的现金股利或已到付息期但尚未领取的债券利息的，应当单独确认为应收项目进行处理。以公允价值计量且其变动计入当期损益的金融资产的利得或损失计入当期损益。

二、以公允价值计量且其变动计入当期损益的金融资产的会计处理

为了核算以公允价值计量且其变动计入当期损益的金融资产的取得、收取现金股利或利息、公允价值变动、重分类、处置等业务，企业应当设置"交易性金融资产""公允价值变动损益"等账户。

"交易性金融资产"账户核算企业为交易目的所持有的债券投资、股票投资、基金投资等交易性金融资产的公允价值。"交易性金融资产"账户的借方登记交易性金融资产的取得成本、资产负债表日其公允价值高于账面余额的差额等；贷方登记资产负债表日其公允价值低于账面余额的差额，以及企业出售交易性金融资产时结转的成本。企业应当按照交易性金融资产的类别和品种，分别设置"成本""公允价值变动"等明细账户进行核算。

"公允价值变动损益"账户核算企业交易性金融资产等公允价值变动而形成的应计入当期

损益的利得或损失,属于持有收益,贷方登记资产负债表日企业持有的交易性金融资产等的公允价值高于账面余额的差额;借方登记资产负债表日企业持有的交易性金融资产等的公允价值低于账面余额的差额,期末结转本年利润。

(一)交易性金融资产的取得

企业取得交易性金融资产时,应当按照该金融资产取得时的公允价值作为其初始确认金额,计入"交易性金融资产——成本"账户。支付价款中包含了已宣告但尚未发放的现金股利或已到付息期但尚未领取的债券利息的,应当单独确认为应收项目,计入"应收股利"或"应收利息"账户。发生的相关交易费用应当在发生时计入"投资收益"账户。

(二)交易性金融资产的现金股利或利息

企业持有交易性金融资产期间对于被投资单位宣告发放的现金股利或企业在资产负债表日按分期付息、一次还本债券投资的票面利率计算的利息收入,应确认为应收项目,计入"应收股利"或"应收利息"账户,同时计入"投资收益"账户。

(三)交易性金融资产的期末计量

资产负债表日,交易性金融资产应当按照公允价值计量,公允价值与账面余额之间的差额计入当期损益。资产负债表日企业按照交易性金融资产公允价值与其账面余额的差额,借记或贷记"交易性金融资产——公允价值变动"账户,贷记或借记"公允价值变动损益"账户。

(四)交易性金融资产的处置

出售以公允价值计量且其变动计入当期损益的金融资产,企业按实际收到的金额,借记"银行存款"账户,按交易性金融资产的账面余额,贷记"交易性金融资产"账户,按其差额,贷记或借记"投资收益"账户。

【例8-13】 2021年3月20日甲公司购入乙公司股票1万股,每股买价6元(含0.2元现金股利),相关税费1 000元,分类为以公允价值计量且其变动计入当期损益的金融资产,4月1日收到现金股利,6月30日每股公允价值5元,8月20日出售,收到8万元存入银行,编制如下分录。

(1) 借:交易性金融资产——成本   58 000
     应收股利   2 000
     投资收益   1 000
      贷:银行存款   61 000

(2) 借:银行存款   2 000
      贷:应收股利   2 000

(3) 借:公允价值变动损益   8 000
      贷:交易性金融资产——公允价值变动   8 000

(4) 借:银行存款   80 000
     交易性金融资产——公允价值变动   8 000
      贷:交易性金融资产——成本   58 000
       投资收益   30 000

【例8-14】 2022年1月8日,甲公司购入丙公司发行的公司债券,该笔债券于2021年1

月2日发行,面值为2 500万元,票面利率为4%,债券利息按年支付。甲公司将其分类为以公允价值计量且其变动计入当期损益的金融资产,支付价款为2 650万元(其中包含已到期的利息100万元),另支付交易费用30万元。2022年1月15日,甲公司收到该笔债券利息100万元。假定2022年6月30日,甲公司购买的该笔债券的公允价值为2 580万元(不含利息);2022年12月31日,甲公司购买的该笔债券的公允价值为2 560万元(不含利息)。2023年1月15日,甲公司收到债券利息100万元。假定2023年1月20日,甲公司出售了所持有的丙公司债券,售价为2 565万元,甲公司应做如下会计处理。

(1) 2022年1月8日,购入丙公司的公司债券时:

借:交易性金融资产——成本　　　　　　　　　　　　　　　25 500 000
　　应收利息　　　　　　　　　　　　　　　　　　　　　　1 000 000
　　投资收益　　　　　　　　　　　　　　　　　　　　　　　300 000
　　　贷:银行存款　　　　　　　　　　　　　　　　　　　　26 800 000

(2) 2022年1月15日,收到购买价款中包含的已宣告发放的债券利息时:

借:银行存款　　　　　　　　　　　　　　　　　　　　　　1 000 000
　　　贷:应收利息　　　　　　　　　　　　　　　　　　　　1 000 000

(3) 2022年6月30日,确认公允价值变动损益时:

借:交易性金融资产——公允价值变动　　　　　　　　　　　　300 000
　　　贷:公允价值变动损益　　　　　　　　　　　　　　　　　300 000

(4) 2022年12月31日,确认公允价值变动损益时:

借:公允价值变动损益　　　　　　　　　　　　　　　　　　　200 000
　　　贷:交易性金融资产——公允价值变动　　　　　　　　　　200 000

(5) 2022年12月31日,确认丙公司的公司债券利息收入时:

借:应收利息　　　　　　　　　　　　　　　　　　　　　　1 000 000
　　　贷:投资收益　　　　　　　　　　　　　　　　　　　　1 000 000

(6) 2023年1月15日,收到持有丙公司的公司债券利息时:

借:银行存款　　　　　　　　　　　　　　　　　　　　　　1 000 000
　　　贷:应收利息　　　　　　　　　　　　　　　　　　　　1 000 000

(7) 2023年1月20日,出售所持有的丙公司债券时:

借:银行存款　　　　　　　　　　　　　　　　　　　　　　25 650 000
　　　贷:交易性金融资产——成本　　　　　　　　　　　　　25 500 000
　　　　　　　　　　　　——公允价值变动　　　　　　　　　　100 000
　　　　投资收益　　　　　　　　　　　　　　　　　　　　　　50 000

第七节　金融资产的重分类

企业改变其管理金融资产的业务模式时,应当按照《企业会计准则第22号——金融工具确认和计量》的规定对所有受影响的相关金融资产进行重分类。企业对金融资产进行重分类,应当自重分类日起采用未来适用法进行相关会计处理,不得对以前已经确认的利得、损失(包括减值损失或利得)或利息进行追溯调整。重分类日,是指导致企业对金融资产进行重分类的业务模式发生变更后的首个报告期间的第一天。企业对所有金融负债均不得进行重分类。

企业管理金融资产业务模式的变更是一种极其少见的情形。只有当企业开始或终止某项对其经营影响重大的活动时,其管理金融资产的业务模式才会发生变更。以下情形不属于业务模式变更:企业持有特定金融资产的意图改变;金融资产特定市场暂时性消失从而暂时影响金融资产出售;金融资产在企业具有不同业务模式的各部门之间转移。

需要注意的是,如果企业管理金融资产的业务模式没有发生变更,而金融资产的条款发生变更但未导致终止确认时,不允许重分类。如果金融资产条款发生变更导致金融资产终止确认的,不属于重分类,企业应当终止确认原金融资产,同时确认一项新金融资产。

权益工具投资有两类,一类公允价值变动计入当期损益,一类计入其他综合收益。准则基于反利润操纵,不允许权益类金融资产重分类。

一、以摊余成本计量的金融资产重分类

企业将一项以摊余成本计量的金融资产重分类为以公允价值计量且其变动计入当期损益的金融资产的,应当按照该资产在重分类日的公允价值进行计量。原账面价值与公允价值之间的差额计入当期损益。借记"交易性金融资产"账户,贷记"债权投资"账户,按其差额,借记或贷记"公允价值变动损益"账户。

企业将一项以摊余成本计量的金融资产重分类为以公允价值计量且其变动计入其他综合收益的金融资产的,应当按照该金融资产在重分类日的公允价值进行计量。原账面价值与公允价值之间的差额计入其他综合收益。该金融资产重分类不影响其实际利率和预期信用损失的计量。借记"其他债权投资"账户,贷记"债权投资"账户,按其差额,借记或贷记"其他综合收益"账户。

二、以公允价值计量且其变动计入其他综合收益的金融资产重分类

企业将一项以公允价值计量且其变动计入其他综合收益的金融资产重分类为以摊余成本计量的金融资产的,应当将之前计入其他综合收益的累计利得或损失转出,调整该金融资产在重分类日的公允价值,并以调整后的金额作为新的账面价值,即视同该金融资产一直以摊余成本计量。该金融资产重分类不影响其实际利率和预期信用损失的计量。借记"债权投资"账户,贷记"其他债权投资"账户,将之前计入其他综合收益的累计利得或损失转出,借记或贷记"其他综合收益"账户。

【例8-15】 A银行于2021年1月1日以面值500 000万元购入一项债券投资组合,将其分类为以公允价值计量且其变动计入其他综合收益的金融资产。2022年1月1日,将其重分类为以摊余成本计量的金融资产。重分类日,该债券组合的公允价值为480 000万元,已确认的损失准备为6 000万元。假定不考虑利息收入的会计处理。A银行会计处理如下:

借:债权投资——成本	500 000
其他债权投资——公允价值变动	20 000

其他综合收益——信用减值准备	6 000
贷：其他债权投资——成本	500 000
其他综合收益——其他债权投资公允价值变动	20 000
债权投资减值准备	6 000

　　企业将一项以公允价值计量且其变动计入其他综合收益的金融资产重分类为以公允价值计量且其变动计入当期损益的金融资产的,应当继续以公允价值计量该金融资产。同时,企业应当将之前计入其他综合收益的累计利得或损失从其他综合收益转入当期损益。借记"交易性金融资产"账户,贷记"其他债权投资"账户。将之前计入其他综合收益的累计利得或损失转出,借记或贷记"其他综合收益"账户,贷记或借记"公允价值变动损益"账户。

三、以公允价值计量且其变动计入当期损益的金融资产重分类

　　企业将一项以公允价值计量且其变动计入当期损益的金融资产重分类为以摊余成本计量的金融资产的,应当以其在重分类日的公允价值作为新的账面余额。借记"债权投资"账户,贷记"交易性金融资产"等账户。

　　企业将一项以公允价值计量且其变动计入当期损益的金融资产重分类为以公允价值计量且其变动计入其他综合收益的金融资产的,应当继续以公允价值计量该金融资产。借记"其他债权投资"账户,贷记"交易性金融资产"等账户。

　　以公允价值计量且其变动计入当期损益的金融资产的重分类,企业应当根据该金融资产在重分类日的公允价值确定其实际利率。同时,企业应当自重分类日起对该金融资产适用金融资产减值的相关规定,并将重分类日视为初始确认日。

第八节　金融工具的减值

一、金融工具减值概述

　　金融工具减值不再采用"已发生损失法",而是采用"预期信用损失法"。在预期信用损失法下,减值准备的计提不以减值的实际发生为前提,而是以未来可能的违约事件造成的损失的期望值来计量当前(资产负债表日)应当确认的损失准备。信用减值损失核算金融资产的减值,资产减值损失核算非金融资产的减值。

　　企业以预期信用损失为基础,对下列项目进行减值会计处理并确认损失准备:① 分类为以摊余成本计量的金融资产和分类为以公允价值计量且其变动计入其他综合收益的金融资产;② 租赁应收款;③ 合同资产;④ 部分贷款承诺和财务担保合同。

　　损失准备,是指针对分类为以摊余成本计量的金融资产、租赁应收款和合同资产的预期信用损失计提的准备,分类为以公允价值计量且其变动计入其他综合收益的金融资产的累计减值金额,以及针对贷款承诺和财务担保合同的预期信用损失计提的准备。

　　信用损失,是指企业按照原实际利率折现的、根据合同应收的所有合同现金流量与预期收

取的所有现金流量之间的差额,即全部现金短缺的现值。对于企业购买或源生的已发生信用减值的金融资产,应按照该金融资产经信用调整的实际利率折现。预期信用损失,是指以发生违约的风险为权重的金融工具信用损失的加权平均值。

(一) 金融工具减值的三个阶段

一般情况下,企业应当在每个资产负债表日评估相关金融工具的信用风险自初始确认后是否已显著增加,可以将金融工具发生信用减值的过程分为三个阶段,并按照下列情形分别计量其损失准备、确认预期信用损失及其变动。

第一阶段:信用风险自初始确认后未显著增加。对于处于该阶段的金融工具,企业应当按照未来 12 个月的预期信用损失计量损失准备,并按其账面余额(即未扣除减值准备)和实际利率计算利息收入。

第二阶段:信用风险自初始确认后已显著增加但尚未发生信用减值。对于处于该阶段的金融工具,企业应当按照该工具整个存续期的预期信用损失计量损失准备,并按其账面余额和实际利率计算利息收入。

第三阶段:初始确认后发生信用减值。对于处于该阶段的金融工具,企业应当按照该工具整个存续期的预期信用损失计量损失准备,但对利息收入的计算不同于处于前两阶段的金融资产。对于已发生信用减值的金融资产,企业应当按其摊余成本(账面余额减已计提减值准备)和实际利率计算利息收入。

上述三阶段的划分,适用于购买或源生时未发生信用减值的金融工具。对于购买或源生时已发生信用减值的金融资产,企业应当仅将初始确认后整个存续期内预期信用损失的变动确认为损失准备,并按其摊余成本和经信用调整的实际利率计算利息收入。

对于在资产负债表日具有较低信用风险的金融工具,企业可以不用与其初始确认时的信用风险进行比较,而直接做出该工具的信用风险自初始确认后未显著增加的假定。对于不含重大融资成分或不考虑不超过一年的合同中融资成分的应收款项和合同资产,应当始终按照整个存续期内预期信用损失的金额计量其损失准备。

(二) 预期信用损失的计量

企业计量金融工具预期信用损失的方法应当反映下列各项要素:① 通过评价一系列可能的结果而确定的无偏概率加权平均金额。② 货币时间价值。③ 在资产负债表日无须付出不必要的额外成本或努力即可获得的有关过去事项、当前状况以及未来经济状况预测的合理且有依据的信息。

企业应当按照下列方法确定有关金融工具的信用损失:① 对于金融资产,信用损失应为企业应收取的合同现金流量与预期收取的现金流量之间差额的现值。② 对于租赁应收款项,信用损失应为企业应收取的合同现金流量与预期收取的现金流量之间差额的现值。③ 对于未提用的贷款承诺,信用损失应为在贷款承诺持有人提用相应贷款的情况下,企业应收取的合同现金流量与预期收取的现金流量之间差额的现值。④ 对于财务担保合同,信用损失应为企业就该合同持有人发生的信用损失向其做出赔付的预计付款额,减去企业预期向该合同持有人、债务人或任何其他方收取的金额之间差额的现值。⑤ 对于资产负债表日已发生信用减值但并非购买或源生已发生信用减值的金融资产,信用损失应为该金融资产账面余额与按原实际利率折现的估计未来现金流量的现值之间的差额。

二、分类为以摊余成本计量的金融资产减值的会计处理

（一）应收款项减值

坏账是指企业无法收回或收回的可能性极小的应收款项。由于发生坏账而产生的损失，称为坏账损失。应收款项减值核算有两种方法，即直接转销法和备抵法。我国小企业会计准则采用直接转销法，企业会计准则采用备抵法。

采用直接转销法时，日常核算中应收款项可能发生的坏账损失不予考虑，只有在实际发生坏账时，才作为损失计入当期损益，同时冲销应收款项。

备抵法是采用一定的方法按期估计坏账损失，计入当期费用，同时建立坏账准备，待坏账实际发生时，冲销已提的坏账准备和相应的应收款项。

企业设置"坏账准备"账户，用以核算企业提取的坏账准备，"坏账准备"账户是应收款项的备抵账户。企业单设"信用减值损失"账户，反映计提的各项金融工具减值准备所形成的预期信用损失。"信用减值损失"是损益类账户。

估计坏账损失的方法主要有四种：

（1）余额百分比法是按照期末应收账款余额的一定百分比估计坏账损失的方法。坏账百分比由企业根据以往的资料或经验自行确定。在余额百分比法下，企业应在每个会计期末根据本期末应收账款的余额和相应的坏账率估计出期末坏账准备账户应有的余额，它与调整前坏账准备账户已有的余额的差额，就是当期应提的坏账准备金额。

（2）账龄分析法是根据应收账款账龄的长短来估计坏账损失的方法。通常而言，应收账款的账龄越长，发生坏账的可能性越大。应收账款按账龄长短进行分组，分别确定不同的计提百分比估算坏账损失，使坏账损失的计算结果更符合客观情况。账龄分析法和余额百分比法一样在计提坏账准备时，考虑到了该账户原有的余额再做出调整。

（3）销货百分比法是根据企业销售总额的一定百分比估计坏账损失的方法。百分比按本企业以往实际发生的坏账与销售总额的关系结合生产经营与销售政策变动情况测定。在实际工作中，企业也可以按赊销百分比估计坏账损失。采用销货百分比法在计提坏账准备时，并不需要考虑坏账准备账户上已有的余额。

（4）个别认定法是针对每项应收款项的实际情况分别估计坏账损失的方法。在同一会计期间内运用个别认定法的应收账款应从其他方法计提坏账准备的应收账款中剔除。

采用余额百分比法和账龄分析法计提坏账准备可按以下公式计算：

当期应计提的坏账准备＝当期按应收款项计算应有坏账准备金额－（或＋）
"坏账准备"科目计提前的贷方（或借方）余额

资产负债表日，本期应有的坏账准备大于其账面余额的，应按其差额计提，借记"信用减值损失"科目，贷记"坏账准备"科目；应有的坏账准备小于其账面余额的差额做相反的会计分录。对于确实无法收回的应收款项，按管理权限报经批准后作为坏账，转销应收款项，借记"坏账准备"科目，贷记"应收账款"等科目。已确认并转销的应收款项以后又收回的，应按实际收回的金额，借记"应收账款"等科目，贷记"坏账准备"科目；同时，借记"银行存款"科目，贷记"应收账款"等科目。

采用备抵法，以预期信用损失为基础，体现了配比原则的要求，避免了企业明盈实亏，在报表上列示了应收款项净额，使报表使用者能了解企业应收款项的可变现金额。

【例 8-16】 甲公司 2021 年年初坏账准备余额 10 万元;本年发生坏账 4 万元;以前发生坏账重新收回 3 万元;年末应收账款余额 200 万元;估计坏账损失比例为 4%。应编制如下会计分录:

期末计提坏账准备 $=200\times4\%-(10-4+3)=8-9=-1$(万元)

借:坏账准备	40 000	
贷:应收账款		40 000
借:应收账款	30 000	
贷:坏账准备		30 000
借:银行存款	30 000	
贷:应收账款		30 000
借:坏账准备	10 000	
贷:信用减值损失		10 000

如果年末应收账款 300 万元,期末计提坏账准备 $=300\times4\%-(10-4+3)=12-9=3$(万元)

借:信用减值损失	30 000	
贷:坏账准备		30 000

(二)债权投资减值

"债权投资减值准备"科目,核算企业债权投资的减值准备。资产负债表日,债权投资发生减值的,按应减记的金额,借记"信用减值损失"科目,贷记"债权投资减值准备"科目。已计提减值准备的债权投资价值以后又得以恢复,应在原已计提的减值准备金额内,按恢复增加的金额,借记"债权投资减值准备"科目,贷记"信用减值损失"科目。但是,该转回后的账面价值不应当超过假定不计提减值准备情况下该金融资产在转回日的摊余成本。

【例 8-17】 2021 年 1 月 1 日,A 企业购入 B 企业当日按面值发行的 5 年期公司债券 100 万元,年利率 5%,到期还本,每年 12 月 31 日付息,B 企业依照合同支付利息。购入时债券信用状况均良好。分类为以摊余成本计量的金融资产。

(1) 2021 年 1 月 1 日,A 企业购入债券。

借:债权投资——成本	1 000 000	
贷:银行存款		1 000 000

(2) 2021 年 12 月 31 日,B 企业的信用状况未发生明显变化,计算 12 个月内的预期信用损失 0.25 万元。

借:银行存款	50 000	
贷:投资收益		50 000
借:信用减值损失	2 500	
贷:债权投资减值准备		2 500

(3) 2022 年 12 月 31 日,债券的信用风险与初始确认时相比已经显著增加,债券整个存续期内的预期信用损失 7.5 万元,上年已确认 0.25 万元,今年确认信用损失 7.25 万元。

借:银行存款	50 000	
贷:投资收益		50 000
借:信用减值损失	72 500	
贷:债权投资减值准备		72 500

（4）2023 年 12 月 31 日,存在客观证据表明债券已发生减值,债券整个存续期内的预期损失为 52.2 万元。以前年度 A 企业已经计提了 7.5 万元的减值准备,因此 2023 年 A 企业需要再计提 44.7 万元(=52.2−7.5)的减值准备。

借:银行存款　　　　　　　　　　　　　　　　　　　　　　50 000
　　贷:投资收益　　　　　　　　　　　　　　　　　　　　　　　　50 000
借:信用减值损失　　　　　　　　　　　　　　　　　　　　447 000
　　贷:债权投资减值准备　　　　　　　　　　　　　　　　　　　447 000

（5）2024 年 12 月 31 日,按照摊余成本计算投资收益＝(100−52.2)×5％＝2.39 万元。债券投资预计现金流量的现值为 50 万元,转回减值损失 4.81 万元[=50−(100−52.2−2.61)]。

借:银行存款　　　　　　　　　　　　　　　　　　　　　　50 000
　　贷:投资收益　　　　　　　　　　　　　　　　　　　　　　　　23 900
　　　　债权投资——利息调整　　　　　　　　　　　　　　　　　　26 100
借:债权投资减值准备　　　　　　　　　　　　　　　　　　48 100
　　贷:信用减值损失　　　　　　　　　　　　　　　　　　　　　　48 100

（6）2025 年 12 月 31 日,B 企业债券到期,收回利息 5 万元和本金 47.5 万元。A 企业应按照摊余成本计算投资收益＝50×5％＝2.5 万元。结清债权投资。

借:银行存款　　　　　　　　　　　　　　　　　　　　　　50 000
　　贷:投资收益　　　　　　　　　　　　　　　　　　　　　　　　25 000
　　　　债权投资——利息调整　　　　　　　　　　　　　　　　　　25 000
借:银行存款　　　　　　　　　　　　　　　　　　　　　　475 000
　　债权投资——利息调整　　　　　　　　　　　　　　　　　　51 100
　　债权投资减值准备　　　　　　　　　　　　　　　　　　473 900
　　贷:债权投资——成本　　　　　　　　　　　　　　　　　　1 000 000

三、分类为以公允价值计量且其变动计入其他综合收益的金融资产减值的会计处理

分类为以公允价值计量且其变动计入其他综合收益的金融资产,企业应当在其他综合收益中确认其损失准备,并将减值损失或利得计入当期损益,且不应减少该金融资产在资产负债表中列示的账面价值。指定为以公允价值计量且其变动计入其他综合收益的金融资产不计提减值准备。

【例 8-18】　2021 年 12 月 1 日,某公司购买面值 1 000 万元的债券,分类为以公允价值计量且其变动计入其他综合收益的金融资产。该债务工具合同期限为五年,年利率为 5％,不考虑利息收入的处理。该资产购买时未发生信用减值。

借:其他债权投资——成本　　　　　　　　　　　　　　　10 000 000
　　贷:银行存款　　　　　　　　　　　　　　　　　　　　　　　　10 000 000

2021 年 12 月 31 日,该债务工具的公允价值下降至 950 万元。该公司认为信用风险自初始确认后没有显著增加,应按 12 个月预期信用损失的金额计量预期信用损失 30 万元。

借:其他综合收益——其他债权投资公允价值变动　　　　　500 000
　　贷:其他债权投资——公允价值变动　　　　　　　　　　　　　　500 000
借:信用减值损失　　　　　　　　　　　　　　　　　　　300 000

贷:其他综合收益——信用减值准备　　　　　　　　　　　　300 000

2022年1月5日,公司决定以当日的公允价值960万元,出售该债务工具。

借:银行存款　　　　　　　　　　　　　　　　　　　9 600 000

　　投资收益　　　　　　　　　　　　　　　　　　　　100 000

　　其他债权投资——公允价值变动　　　　　　　　　　500 000

　　其他综合收益——信用减值准备　　　　　　　　　　300 000

　贷:其他债权投资——成本　　　　　　　　　　　　10 000 000

　　其他综合收益——其他债权投资公允价值变动　　　　500 000

练 习 题

一、单项选择题

1. 某公司按应收款项余额的5%计提坏账准备。2021年12月31日应收款项余额为240万元。2022年发生坏账损失30万元,收回已核销的应收款项10万元,2022年12月31日应收款项余额为220万元,则该公司2022年年末应计提的坏账准备金额为(　　)万元。

　　A. −29　　　　　B. −9　　　　　C. 19　　　　　D. 49

2. 甲公司于2021年7月1日以每股27.5元的价格购入华山公司发行的股票100万股,指定为以公允价值计量且其变动计入其他综合收益的金融资产。2021年12月31日,该股票的市场价格为每股26.25元,则2021年12月31日,甲公司应做的会计处理为借记(　　)。

　　A. "信用减值损失"账户125万元　　　B. "公允价值变动损益"账户125万元

　　C. "其他权益工具投资"账户125万元　　D. "其他综合收益"账户125万元

3. 2022年1月1日,甲公司购入面值为2 000万元的债券,实际支付价款2 078.98万元,另外支付交易费用10万元。该债券每年年末付息、到期还本,期限为5年,票面利率为5%,实际利率为4%。甲公司将该债券投资分类为以摊余成本计量的金融资产。该债权投资2022年12月31日的账面价值为(　　)万元。

　　A. 2 062.14　　　B. 2 068.98　　　C. 2 072.54　　　D. 2 083.43

4. 下列各项中,不影响债权投资摊余成本因素的是(　　)。

　　A. 确认的减值准备　　　　　B. 分期收回的本金

　　C. 利息调整的累计摊销额　　D. 对分期付息债券确认的票面利息

5. 下列资产的后续计量中,应当以公允价值进行后续计量的是(　　)。

　　A. 无形资产　　B. 贷款　　C. 债权投资　　D. 其他债权投资

6. 企业现金清查,发现现金溢余,在处理过程中,不涉及的会计科目是(　　)。

　　A. 其他应付款　　B. 管理费用　　C. 待处理财产损溢　　D. 营业外收入

二、多项选择题

1. 关于金融资产的重分类,下列说法中正确的有(　　)。

　　A. 交易性金融资产可以重分类为其他债权投资

　　B. 交易性金融资产不能重分类为债券投资

　　C. 其他权益工具投资不能重分类为交易性金融资产

　　D. 债券投资可以重分类为其他债权投资

2. 下列金融资产可以确认损失准备的有(　　)。

    A. 债券投资   B. 其他债权投资

    C. 其他权益工具投资   D. 交易性金融资产

3. 下列各项,不通过"其他货币资金"科目核算的有(　　)。

    A. 信用证保证金存款   B. 备用金

    C. 银行汇票存款   D. 商业承兑汇票

4. 下列各项关于资产期末计量的表述中,正确的有(　　)

    A. 其他债权投资按照摊余成本后续计量

    B. 其他权益工具投资按照摊余成本后续计量

    C. 交易性金融资产按照公允价值后续计量

    D. 债权投资按照摊余成本后续计量

三、综合分析题

1. 2022 年 4 月 1 日,甲公司购入 A 上市公司的股票 4 000 股,每股买入价为 9 元,其中 0.25 元为已宣告但尚未分派的现金股利,另支付相关税费 360 元,作为交易性金融资产核算。2022 年 4 月 18 日,收到 A 公司分派的现金股利;2022 年 12 月 31 日,该股票的每股市价下跌至 8 元;2023 年 2 月 3 日,出售持有的 A 公司股票 1 000 股,实得价款 7 000 元,假设不考虑所得税。

要求:编制甲公司上述交易或事项的会计分录。

2. 某企业 1 月 1 日购买债券,价款 1 186 680 万元(含已到付息期但尚未领取的利息 8 万元),面值 100 万元,票面利率 8%,实际利率 4.992%,剩余期限 4 年,按年付息,到期还本,分类为以摊余成本计量的金融资产。

要求:编制购买时的会计分录,第一、第二年确认利息收入时的会计分录,以及第 4 年末到期收回本息的会计分录。

3. A 公司 2022 年 3 月 1 日赊销商品给 B 公司,售价 100 万元,成本 80 万元,增值税税率为 13%,收到 B 公司开出商业汇票一张,面值为 113 万元,期限为 6 个月,票面利率为 6%。6 月 1 日将票据贴现给银行,银行贴现率为 7%。

要求:区分票据贴现终止确认和未终止确认,编制有关会计分录。

4. 2021 年 12 月 1 日,A 公司应收账款账户期初余额为 125 万元,坏账准备账户期初余额 6.25 万元;12 月 5 日,向 B 公司赊销产品 110 件,单价 1 万元,单位成本 0.8 万元,增值税税率为 13%;12 月 10 日,因产品质量原因,收到 B 公司退回本月购买的 10 件商品;12 月 20 日发生坏账损失 3 万元;12 月 25 日收回前期已确认的坏账 1 万元;12 月 31 日,A 公司对应收账款进行减值测试,坏账准备的计提比例为 5%。

要求:根据上述资料编制会计分录。

5. 2021 年 1 月 2 日,A 公司按面值 100 万元购入 C 公司的债券,票面利率为 3%,每年年底付息。2021 年 12 月 31 日,该债券的公允价值下降为 80 万元,确认信用减值损失 15 万元。2022 年 1 月 20 日,以 95 万元出售该债券。

要求:分别按照债权投资和其他债权投资进行会计处理。

四、简述题

比较交易性金融资产、债权投资、其他债权投资、其他权益工具投资。

第九章　负　债

通过本章学习,理解金融负债的分类、应付和预收款项、短期借款、长期借款的核算,掌握应付职工薪酬、应交税费、应付债券的核算。

第一节　应付职工薪酬

负债按流动性不同划分(一年或一个营业周期为界),可分为流动负债和非流动负债。负债按与金融工具的关系不同划分,可分为金融负债和非金融负债。金融负债主要包括短期借款、应付票据、应付账款、长期借款、应付债券等。非金融负债是指企业在经营过程中除金融工具外的其他事项所承担的负债,主要包括应付职工薪酬、应交税费等。

职工薪酬,是指企业为获得职工提供的服务或解除劳动关系而给予的各种形式的报酬或补偿。职工,是指与企业订立劳动合同的所有人员,含全职、兼职和临时职工,也包括虽未与企业订立劳动合同但由企业正式任命的人员。具体而言,职工至少应当包括:① 与企业订立劳动合同的所有人员,含全职、兼职和临时职工。按照《劳动法》和《劳动合同法》的规定,企业作为用人单位与劳动者应当订立劳动合同,职工薪酬准则中的职工首先包括这部分人员,即与企业订立了固定期限、无固定期限和以完成一定的工作为期限的劳动合同的所有人员。② 未与企业订立劳动合同但由企业正式任命的人员,如董事会成员、监事会成员等。对其支付的津贴、补贴等报酬从性质上属于职工薪酬。③ 在企业的计划和控制下,虽未与企业订立劳动合同或未由其正式任命,但向企业所提供服务与职工所提供服务类似的人员,也属于职工的范畴,包括通过企业与劳务中介公司签订用工合同而向企业提供服务的人员,这些劳务用工人员属于本准则所称的职工。

从薪酬的涵盖时间和支付形式来看,职工薪酬包括企业在职工在职期间和离职后给予的所有货币性薪酬和非货币性福利;从薪酬的支付对象来看,职工薪酬包括提供给职工本人和其配偶、子女或其他被赡养人的福利。职工薪酬包括短期薪酬、离职后福利、辞退福利和其他长期职工福利。

实务中注意区分职工薪酬(会计准则)、工资总额(统计指标)、工资薪金总额(企业所得税法)和工资薪金所得(个人所得税法)。

一、短期薪酬

短期薪酬,是指企业在职工提供相关服务的年度报告期间结束后十二个月内需要全部予以支付的职工薪酬,因解除与职工的劳动关系给予的补偿除外。短期薪酬具体包括职工工资、奖金、津贴和补贴,职工福利费,医疗保险费、工伤保险费和生育保险费等社会保险费,住房公积金,工会经费和职工教育经费,短期带薪缺勤,短期利润分享计划,非货币性福利以及其他短期薪酬。

企业应当在职工为其提供服务的会计期间,将实际发生的短期薪酬确认为负债,并计入当期损益,其他会计准则要求或允许计入资产成本的除外。

企业应当在职工为其提供服务的会计期间,将应付的职工薪酬确认为负债,除因解除与职工的劳动关系给予的补偿外,应当根据职工提供服务的受益对象,分别按照下列情况处理:应由生产成本负担的职工薪酬,计入产品成本;应由在建工程、无形资产负担的职工薪酬,计入建造固定资产或无形资产成本;除上述两种情况外的其他职工薪酬应计入当期损益。

(一)职工工资、奖金、津贴和补贴

职工工资、奖金、津贴和补贴是指构成工资总额的计时工资、计件工资、支付给职工的超额劳动报酬和增收节支的劳动报酬、为了补偿职工特殊或额外的劳动消耗和因其他特殊原因支付给职工的津贴,以及为了保证职工工资水平不受物价影响支付给职工的物价补贴等。

一年365天扣除104天(52个双休日)休息日和11天法定节假日,年实际工作日为250天,按劳动法规定,法定节假日用人单位应依法支付工资,即折算日工资、小时工资时不剔除国家规定的11天法定节假日。职工月计薪天数为21.75天[=(365-104)÷12]。

企业发生的职工工资、奖金、津贴和补贴等短期薪酬,应当根据职工提供服务情况和工资标准等计算应计入职工薪酬的工资总额,并按照受益对象计入当期损益或相关资产成本,借记"生产成本""制造费用""合同履约成本""管理费用""销售费用"等科目,贷记"应付职工薪酬"科目。发放时,借记"应付职工薪酬"科目,贷记"银行存款"等科目。

(二)医疗保险费、工伤保险费和生育保险费等社会保险费

医疗保险费、工伤保险费和生育保险费等社会保险费是指企业按照国家规定的基准和比例计算,向社会保险经办机构缴纳的医疗保险费、工伤保险费和生育保险费。社会保险缴费基数原则上以上一年度本人月平均工资为基础,在当地职工平均工资的60%~300%的范围内进行核定。医疗保险费由用人单位和职工共同缴纳,工伤保险费和生育保险费由企业承担,个人不用承担。养老保险费和失业保险费属于"离职后福利"。用人单位和职工共同缴纳基本养老保险费和失业保险费。住房公积金,是指企业按照国家规定的基准和比例计算,向住房公积金管理机构缴存的住房公积金。缴存基数根据员工上一年度的月平均工资确定。住房公积金的基数与社保的基数可能存在差异。住房公积金是单位及其在职职工缴存的长期住房储金,是住房分配货币化、社会化和法制化的主要形式。职工个人缴存的住房公积金以及单位为其缴存的住房公积金,实行专户存储,归职工个人所有。

(三)工会经费和职工教育经费

工会经费和职工教育经费是指企业为了改善职工文化生活,为职工学习先进技术和提高文化水平和业务素质,用于开展工会活动和职工教育及职业技能培训等的相关支出。企业分别按照职工工资总额的2%和8%计提工会经费、职工教育经费。工会经费按工资总额的2%计提,成立工会组织的,工会经费按40%上缴上级工会组织;未成立工会组织的,工会经费按全额上缴上级工会组织,一般工会经费返回企业基层工会的比例为60%。工会经费单独开立

账户,独立进行核算。职工教育经费按照国家规定的比例提取,专项用于企业职工后续职业教育和职业培训。

企业发生的医疗保险费、工伤保险费、生育保险费等社会保险费和住房公积金,以及按规定提取的工会经费和职工教育经费,应当在职工为其提供服务的会计期间,按照受益对象计入当期损益或相关资产成本,借记"生产成本""制造费用""管理费用""销售费用"等科目,贷记"应付职工薪酬"科目。

【例 9-1】 2021 年 6 月,W 公司当月应发工资 2 000 万元,其中,生产部门生产人员工资 1 000 万元;生产部门管理人员工资 200 万元;公司管理部门人员工资 360 万元;公司专设产品销售机构人员工资 100 万元;建造厂房人员工资 220 万元;内部开发存货管理系统人员工资 120 万元。假定公司存货管理系统符合资本化为无形资产的条件。根据所在地政府规定,公司分别按照职工工资总额的 20%、6%、2%、1%、1% 和 8% 计提养老保险、医疗保险、失业保险、工伤保险、生育保险和住房公积金,上缴社保经办机构和住房公积金管理机构。公司分别按照职工工资总额的 2% 和 8% 计提工会经费和职工教育经费。假定公司缴费基数与本月工资相等。个人负担养老保险 8%、医疗保险 2%、失业保险 1%、住房公积金 8%,合计 380 万元,假定代扣个人所得税 20 万元,实际发放工资 1 600 万元。

(1)公司分配工资、社会保险费、住房公积金、工会经费和职工教育经费等职工薪酬时,应当做如下账务处理:

借:生产成本	14 800 000
制造费用	2 960 000
管理费用	5 328 000
销售费用	1 480 000
在建工程	3 256 000
研发支出——资本化支出	1 776 000
贷:应付职工薪酬——工资	20 000 000
——社会保险费	6 000 000
——住房公积金	1 600 000
——工会经费	400 000
——职工教育经费	1 600 000

(2)代扣个人负担的社会保险、住房公积和个人所得税,实际发放工资时:

借:应付职工薪酬——工资	20 000 000
贷:银行存款	16 000 000
其他应付款	3 800 000
应交税费——个人所得税	200 000

(3)缴纳的社会保险、住房公积和个人所得税:

借:应付职工薪酬——社会保险费	6 000 000
——住房公积金	1 600 000
其他应付款	3 800 000
应交税费——个人所得税	200 000
贷:银行存款	11 600 000

（4）使用职工教育经费，拨付工会经费：

借：应付职工薪酬——工会经费　　　　　　　　　　　　　400 000

　　　　　　——职工教育经费　　　　　　　　　　　　1 600 000

　　贷：银行存款　　　　　　　　　　　　　　　　　　　　　　2 000 000

（四）职工福利费

职工福利费是指企业为职工提供的除职工工资、奖金、津贴、补贴、职工教育经费、社会保险费和补充养老保险费、补充医疗保险费及住房公积金以外的福利待遇支出，包括发放给职工或为职工支付的以下各项现金补贴和非货币性集体福利：① 为职工卫生保健、生活等发放或支付的各项现金补贴和非货币性福利，包括职工因公外地就医费用、暂未实行医疗统筹企业职工医疗费用、职工供养直系亲属医疗补贴、职工疗养费用、自办职工食堂经费补贴或未办职工食堂统一供应午餐支出、符合国家有关财务规定的供暖费补贴、防暑降温费等。② 企业尚未分离的内设集体福利部门所发生的设备、设施和人员费用，包括职工食堂、职工浴室、理发室、医务所、托儿所、疗养院、集体宿舍等集体福利部门设备、设施的折旧、维修保养费用以及集体福利部门工作人员的工资薪金、社会保险费、住房公积金、劳务费等人工费用。③ 职工困难补助，或者企业统筹建立和管理的专门用于帮助、救济困难职工的基金支出。④ 离退休人员统筹外费用，包括离休人员的医疗费及离退休人员其他统筹外费用。⑤ 按规定发生的其他职工福利费，包括丧葬补助费、抚恤费、职工异地安家费、独生子女费、探亲假路费，以及符合企业职工福利费定义但没有包括在本通知各条款项目中的其他支出。

企业发生的职工福利费，应当在实际发生时根据实际发生额计入当期损益或相关资产成本。职工福利包括集体福利和个人福利两部分，以集体福利为主。职工福利包含货币性福利和非货币性福利。

货币性福利，支付时借记"应付职工薪酬"科目，贷记"银行存款"科目；同时根据受益对象，借记"生产成本""管理费用"等科目，贷记"应付职工薪酬"科目。

非货币性福利，是指企业以自己的产品或外购商品发放给职工作为福利，企业提供给职工无偿使用自己拥有的资产或租赁资产供职工无偿使用等。对于非货币性福利，统一采用公允价值计量，公允价值无法可靠获得时，可以采用成本计量。

企业向职工提供的非货币性职工薪酬，应当区分下列情况处理：

（1）以自产产品或外购商品发放给职工作为福利。企业以其生产的产品作为非货币性福利提供给职工的，应当按照该产品的公允价值和相关税费，计量应计入成本费用的职工薪酬金额。相关收入及其成本的确认计量和相关税费的处理，与正常商品销售相同。以外购商品作为非货币性福利提供给职工的，应当按照该商品的公允价值和相关税费，计量应计入成本费用的职工薪酬金额。

【例9-2】某公司为一家生产电脑的企业，共有职工100名，其中生产人员85名，管理人员15名。公司以其生产的成本为5 000元的电脑和外购的每台不含税价格为500元的电暖器作为春节福利发放给公司职工。该型号电脑的售价为每台7 000元，取得了购买电暖器增值税专用发票，增值税税率为13%。

（1）公司决定发放非货币性福利时，应做如下账务处理：

借：生产成本（7 910×85）　　　　　　　　　　　　　　　672 350

　管理费用（7 910×15）　　　　　　　　　　　　　　　118 650

贷:应付职工薪酬——非货币性福利	791 000

（2）实际发放非货币性福利时,应做如下账务处理:

借:应付职工薪酬——非货币性福利	791 000
贷:主营业务收入	700 000
应交税费——应交增值税(销项税额)	91 000
借:主营业务成本	500 000
贷:库存商品	500 000

（3）公司决定发放非货币性福利时,应做如下账务处理:

借:生产成本	48 025
管理费用	8 475
贷:应付职工薪酬——非货币性福利	56 500

（4）购买电暖器时,公司应做如下账务处理:

借:应付职工薪酬——非货币性福利	56 500
贷:银行存款	56 500

（2）将拥有的房屋等资产无偿提供给职工使用,或租赁住房等资产供职工无偿使用。企业将拥有的房屋等资产无偿提供给职工使用的,应当根据受益对象,将住房每期应计提的折旧计入相关资产成本或费用,同时确认应付职工薪酬。租赁住房等资产供职工无偿使用的,应当根据受益对象,将每期应付的租金计入相关资产成本或费用,并确认应付职工薪酬。难以认定受益对象的,直接计入当期损益,并确认应付职工薪酬。

【例 9-3】 某公司为 20 名部门经理提供轿车供他们免费使用,为 5 名副总裁租赁一套住房供他们免费使用,每辆轿车月折旧费用为 1 000 元,每套住房月租金 8 000 元。

（1）确认提供轿车免费使用时:

借:管理费用	20 000
贷:应付职工薪酬——非货币性福利	20 000

计提折旧时:

借:应付职工薪酬——非货币性福利	20 000
贷:累计折旧	20 000

（2）确认住房租金时:

借:管理费用	40 000
贷:应付职工薪酬——非货币性福利	40 000

实际支付住房租金时:

借:应付职工薪酬——非货币性福利	40 000
贷:银行存款	40 000

（3）向职工提供企业支付了补贴的商品或服务。企业有时以低于其取得成本的价格向职工提供商品或服务,如以低于成本的价格向职工出售住房或提供医疗保健服务,其实质是企业向职工提供补贴。对此,企业应根据出售商品或服务合同条款的规定区分下列情况处理:如果合同规定职工在取得住房等商品或服务后至少应提供服务的年限,企业应将出售商品或服务的价格与其成本间的差额,作为长期待摊费用处理,在合同规定的服务年限内平均摊销,根据受益对象分别计入相关资产成本或当期损益;如果合同没有规定职工在取得住房等商品或服

务后至少应提供服务的年限,企业应将出售商品或服务的价格与其成本间的差额,作为对职工过去提供服务的一种补偿,直接计入向职工出售商品或服务当期的损益。

（五）带薪缺勤

带薪缺勤是指职工虽然缺勤但企业仍向其支付报酬的安排,包括年休假、病假、婚假、产假、丧假、探亲假等。根据时间长短,带薪缺勤分为短期带薪缺勤和长期带薪缺勤。前者属于短期薪酬,后者属于其他长期职工福利。

根据职工享有的权利,带薪缺勤分为累积带薪缺勤和非累积带薪缺勤。

累积带薪缺勤,是指带薪缺勤权利可以结转下期的带薪缺勤,本期尚未用完的带薪缺勤权利可以在未来期间使用。企业应当在职工提供服务从而增加了其未来享有的带薪缺勤权利时,确认与累积带薪缺勤相关的职工薪酬,并以累积未行使权利而增加的预期支付金额计量。如果职工能够获得现金支付,企业就应当确认企业必须支付的、职工全部累积未使用权利的金额。如果职工不能获得现金支付,则企业应当根据资产负债表日因累积未使用权利而导致的预期支付的追加金额,作为累积带薪缺勤费用进行预计。累积带薪缺勤,在实务中采用简化的方法进行账务处理,即企业平时各月按照职工正常出勤的工资和当期实际使用的带薪年休假的薪酬来计算分配工资,职工尚未使用的带薪年休假权利则在年底一并处理。

【例 9-4】　乙公司共有 1 000 名职工,从 2021 年 1 月 1 日起,该公司实行累积带薪缺勤制度,每个职工每年可享受 5 个工作日带薪年休假。2021 年 12 月 31 日,每个职工当年平均未使用带薪年休假为 2 天。乙公司预计 2022 年有 950 名职工将享受不超过 5 天的带薪年休假,剩余 50 名职工每人将平均享受 6 天半年休假,假定这 50 名职工全部为管理人员,该公司平均每名职工每个工作日工资为 500 元。

（1）未使用的年休假只能向后结转一个日历年度,超过 1 年未使用的权利作废;职工休年休假时,首先使用当年可享受的权利,不足部分再从上年结转的带薪年休假中扣除;对未使用的累积带薪年休假无权获得现金支付。

乙公司在 2021 年 12 月 31 日,预计由于职工累积未使用的带薪年休假权利而导致预期将支付的年休假工资金额为 3.75 万元（=50×1.5×0.05）,并做如下账务处理:

借:管理费用　　　　　　　　　　　　　　　　　　　　　　　　　375 00
　贷:应付职工薪酬——短期累积带薪缺勤　　　　　　　　　　　　　　375 00

假定 2022 年 12 月 31 日,上述 50 名管理人员中有 40 名享受了 6 天半休假,应随同正常工资以银行存款支付。2022 年确认工资费用应扣除上年已确认的累计带薪费用。另有 10 名只享受了 5 天休假,由于该公司的带薪缺勤制度规定,未使用的权利只能结转一年,超过 1 年未使用的权利将作废,冲回上年确认的费用。2022 年,乙公司应做如下账务处理:

借:应付职工薪酬——短期累积带薪缺勤　　　　　　　　　　　　　　375 00
　贷:银行存款　　　　　　　　　　　　　　　　　　　　　　　　　30 000
　　管理费用　　　　　　　　　　　　　　　　　　　　　　　　　　7 500

（2）该公司的带薪缺勤制度规定,职工累积未使用的带薪缺勤权利可以无限期结转,且可以以现金支付。乙公司 1 000 名职工中,200 名为管理人员,800 名为直接生产工人。乙公司在 2021 年 12 月 31 日,应当预计由于职工累积未使用的带薪年休假权利而导致的带薪年休假工资为 100 万元（=1 000×2×0.05）,并做如下账务处理:

借：管理费用   200 000

     生产成本   800 000

     贷：应付职工薪酬——短期累积带薪缺勤   1 000 000

假定2022年，职工享受了累计未使用的带薪年休假，应随同正常工资以银行存款支付。2022年确认工资费用应扣除上年已确认的累计带薪费用。职工未享受累计未使用的带薪年休假，要求以现金支付时，则冲减累积带薪缺勤。

非累积带薪缺勤，是指带薪缺勤权利不能结转下期的带薪缺勤，本期尚未用完的带薪缺勤权利将予以取消，并且职工离开企业时也无权获得现金支付。我国企业职工休婚假、产假、丧假、探亲假的工资通常属于非累积带薪缺勤。由于职工提供服务本身不能增加其能够享受的福利金额，企业应当在职工实际发生缺勤的会计期间确认与非累积带薪缺勤相关的职工薪酬。实务中，一般是在缺勤期间计提应付工资时一并处理。

（六）利润分享计划

利润分享计划是指员工根据其工作绩效而获得一部分公司利润的组织整体激励计划。短期利润分享计划属于短期薪酬，长期利润分享计划属于其他长期职工福利。

利润分享计划同时满足下列条件的，企业应当确认相关的应付职工薪酬，并计入当期损益或相关资产成本：企业因过去事项导致现在具有支付职工薪酬的法定义务或推定义务；因利润分享计划所产生的应付职工薪酬义务金额能够可靠估计。

属于下列三种情形之一的，视为义务金额能够可靠估计：在财务报告批准报出之前企业已确定应支付的薪酬金额。该短期利润分享计划的正式条款中包括确定薪酬金额的方式。过去的惯例为企业确定推定义务金额提供了明显证据。

职工只有在企业工作一段特定期间才能分享利润的，企业在计量利润分享计划产生的应付职工薪酬时，应当考虑职工因离职而无法享受利润分享计划福利的可能性。如果企业在职工为其提供相关服务的年度报告期间结束后十二个月内，不需要全部支付利润分享计划产生的应付职工薪酬，该利润分享计划应当适用《企业会计准则第9号——职工薪酬》准则（简称《职工薪酬》准则）中其他长期职工福利的有关规定。企业根据经营业绩或职工贡献等情况提取的奖金，属于奖金计划，应当比照利润分享计划进行处理。

二、离职后福利

离职后福利，是指企业为获得职工提供的服务而在职工退休或与企业解除劳动关系后，提供的各种形式的报酬和福利，短期薪酬和辞退福利除外。离职后福利主要包括养老保险和失业保险。职工离职后福利，是其与企业签订的劳动合同到期时，或职工达到了国家规定的退休年龄时获得的离职后生活补偿金额，此种情况下给予补偿的事项是职工在职时提供的服务而不是退休本身。因此，企业应当在职工提供服务的会计期间进行确认和计量。

离职后福利计划，是指企业与职工就离职后的福利达成的协议，或者企业为向职工提供离职后福利制定的规章或办法等。企业应当按照企业承担的风险和义务情况，将离职后福利计划分类为设定提存计划和设定受益计划两种类型。

（一）设定提存计划

设定提存计划，是指企业向单独主体（如基金等）缴存固定费用后，不再承担进一步支付义务的离职后福利计划(如职工缴纳的养老、失业保险)。在设定提存计划下,企业的义务以企业应向独立主体缴存的提存金金额为限,职工未来所能取得的离职后福利金额取决于向独立主体支付的提存金金额,以及提存金所产生的投资回报,从而精算风险和投资风险实质上要由职工来承担。

设定提存计划的会计处理比较简单,企业在每一期间的义务取决于该期间将要提存的金额,在计量义务或费用时不需要精算假设,也不存在精算利得或损失。

对于设定提存计划,企业应当根据在资产负债表日为换取职工在会计期间提供的服务而应向单独主体缴存的提存金,确认为职工薪酬负债,并计入当期损益或相关资产成本。

(二) 设定受益计划

设定受益计划,是指除设定提存计划以外的离职后福利计划。二者的区分取决于计划的主要条款和条件所包含的经济实质。在设定受益计划下,企业的义务是为现在及以前的职工提供约定的福利,并且精算风险和投资风险实质上由企业来承担。设定受益计划,职工在退休后每期所能获得的收益是固定的,年金缴费和投资运营的风险都由企业承担。因此,如果精算或者投资的实际结果比预期差,则企业的义务可能会增加。设定受益计划所确认的费用并不一定是本期应付的提存金金额。当企业通过以下方式负有法定义务时,该计划就是一项设定受益计划:① 计划福利公式不仅仅与提存金金额相关,且要求企业在资产不足以满足该公式的福利时提供进一步的提存金;② 通过计划间接或直接地对提存金的特定回报做出担保。

设定受益计划的会计处理通常包括下列四个步骤:

第一步骤,确定设定受益计划义务的现值和当期服务成本。

企业应当通过下列两步确定设定受益义务现值和当期服务成本。

(1)企业应当根据预期累计福利单位法,采用无偏且相互一致的精算假设对有关人口统计变量(如职工离职率和死亡率)和财务变量(如未来薪金和医疗费用的增加)等做出估计,计量设定受益计划所产生的义务,并确定相关义务的归属期间。

(2)企业应当根据资产负债表日与设定受益计划义务期限和币种相匹配的国债或活跃市场上的高质量公司债券的市场收益率确定折现率,将设定受益计划所产生的义务予以折现,以确定设定受益计划义务的现值和当期服务成本。

① 设定受益计划义务的现值,是指企业在不扣除任何计划资产的情况下,为履行当期和以前期间职工服务产生的最终义务,所需支付的预期未来金额的现值。② 企业应当通过预期累计福利单位法确定其设定受益计划义务的现值、当期服务成本和过去服务成本。根据预期累计福利单位法,职工每提供一个期间的服务,就会增加一个单位的福利权利,企业应当对每一单位的福利权利进行单独计量,并将所有的单位福利权利累计形成最终义务。企业应当将福利归属于提供设定受益计划的义务发生的期间。③ 企业在确定设定受益计划义务的现值、当期服务成本以及过去服务成本时,应当根据计划的福利公式将设定受益计划产生的福利义务归属于职工提供服务的期间,并计入当期损益或相关资产成本。④ 当职工后续年度的服务将导致其享有的设定受益计划福利水平显著高于以前年度时,企业应当按照直线法将累计设定受益计划义务分摊确认于职工提供服务而导致企业第一次产生设定受益计划福利义务至职工提供服务不再导致该福利义务显著增加的期间。⑤ 精算假设,是指企业对确定离职后福利最终义务的各种变量的最佳估计。精算假设应当是客观公正和相互可比的,无偏且相互一致的。精

算假设包括人口统计假设和财务假设。人口统计假设包括死亡率、职工的离职率、伤残率、提前退休率等。财务假设包括折现率、福利水平和未来薪酬等。

第二步骤,确定设定受益计划净负债或净资产。

设定受益计划存在资产的,企业应当将设定受益计划义务的现值减去设定受益计划资产公允价值所形成的赤字或盈余确认为一项设定受益计划净负债或净资产。

$$设定受益计划净负债或净资产=设定受益计划义务现值-设定受益计划资产公允价值$$
$$(>0,净负债;<0,净资产)$$

设定受益计划存在盈余的,企业应当以设定受益计划的盈余和资产上限两项的孰低者计量设定受益计划净资产。其中,资产上限,是指企业可从设定受益计划退款或减少未来对设定受益计划缴存资金而获得的经济利益的现值。

计划资产包括长期职工福利基金持有的资产以及符合条件的保险单,不包括企业应付但未付给基金的提存金以及由企业发行并由基金持有的任何不可转换的金融工具。

第三步骤,确定应当计入当期损益的金额。

报告期末,企业应当在损益中确认的设定受益计划产生的职工薪酬成本包括服务成本、设定受益净负债或净资产的利息净额。服务成本包括当期服务成本、过去服务成本和结算利得或损失。

① 当期服务成本,是指因职工当期服务导致的设定受益计划义务现值的增加额。② 过去服务成本,是指设定受益计划修改所导致的与以前期间职工服务相关的设定受益计划义务现值的增加或减少。在修改或缩减与重组费用或者辞退福利无关的情况下,企业应当在修改或缩减发生时确认相关的过去服务成本。③ 结算利得和损失。企业应当在设定受益计划结算时,确认一项结算利得或损失。设定受益计划结算,是指企业为了消除设定受益计划所产生的部分或所有未来义务进行的交易,而不是根据计划条款和所包含的精算假设向职工支付福利。设定受益计划结算利得或损失是下列两项的差额:在结算日确定的设定受益计划义务现值;结算价格,包括转移的计划资产的公允价值和企业直接发生的与结算相关的支付。结算是未在计划条款中规定的福利的支付,未纳入精算假设中,因此结算利得或损失应当计入当期损益,而在计划条款中规定的福利的支付(包括可选择福利支付性质的情况)不属于结算,已纳入精算假设中,在支付此类福利时产生利得或损失,则属于精算利得或损失,应作为重新计量的一部分计入其他综合收益。④ 设定受益计划净负债或净资产的利息净额,是设定受益净负债或净资产在所处期间由于时间流逝产生的变动。其包括计划资产的利息收益、设定受益计划义务的利息费用以及资产上限影响的利息。设定受益计划净负债或净资产的利息净额通过将设定受益计划净负债或净资产乘以确定的折现率来确定。设定受益计划净负债或净资产的利息净额的计算应考虑资产上限的影响。计划资产的利息收益是计划资产回报的组成部分之一,通过将计划资产公允价值乘以折现率来确定。

第四步骤,确定应当计入其他综合收益的金额。

企业应当将重新计量设定受益计划净负债或净资产所产生的变动计入其他综合收益,并且在后续会计期间不允许转回至损益,但企业可以在权益范围内转移这些在其他综合收益中确认的金额。重新计量设定受益计划净负债或净资产所产生的变动包括下列部分:① 精算利得或损失,即由于精算假设和经验调整导致之前所计量的设定受益计划义务现值的增加或减少。② 计划资产回报,扣除包括在设定受益净负债或净资产的利息净额中的金额。③ 资产上限影响的变动,扣除包括在设定受益计划净负债或净资产的利息净额中的金额。

【例 9-5】 甲公司 2021 年 1 月 1 日设立一项设定受益计划,并于当日开始实施。甲公司向所有职工提供统筹外补充退休金,退休后每人每年 12 万元。现有职工 100 人,平均年龄 40 岁,还可以工作 20 年。假定在退休前无人离职,平均寿命 75 岁,假定折现率为 10%,假定无设定受益计划资产。

第一步骤,根据预期累计福利单位法,确定设定受益计划义务的现值和当期服务成本。

设定受益计划现值(退休时)9 127 万元(=1 200×7.606),即是期数为 15 年、每年支付 1 200 万元的年金现值。职工工作 20 年每年所赚取的福利为 1/20,即 456.35 万元(=9 127÷20)。当期的服务成本即为归属于当年的复利现值。因此,第一年服务成本为 74.61 万元(=456.35×0.163 5),即 456.35 的期数为 19 年的复利现值,第二年服务成本为 82.10 万元(=456.35×0.179 9),即 456.35 的期数为 18 年的复利现值,第一年的服务成本第二年应计息 7.46 万元。服务第 3 年至第 20 年,以此类推处理。每期期末义务等于期初义务及其利息加上当期服务成本。

第二步骤,确定设定受益计划净负债或净资产,该项设定受益计划没有计划资产,2021 年末的设定受益计划净负债即设定受益计划负债为 74.61 万元。2022 年年末的设定受益计划净负债即设定受益计划负债为 164.17 万元(=74.61+82.10+7.46)。

第三步骤,确定应当计入当期损益的金额,2021 年当期服务成本为 74.61 万元。期初负债为 0,2021 年设定受益计划净负债的利息费用为 0。2022 年当期服务成本为 82.10 万元。期初负债为 74.61 万元,2022 年设定受益计划净负债的利息费用为 7.46 万元。

第四步骤,确定应当计入其他综合收益的金额。假设 2022 年年末甲企业进行精算重估的时候发现折现率降低,不考虑计划资产回报和资产上限影响的变动,由于折现率变动导致重新计量设定受益计划净负债的增加额共计 200 万元。由于假设本例中没有计划资产,因此重新计量设定受益计划净负债或净资产所产生的变动仅包括精算利得或损失。

(1)服务第一年年末:

借:管理费用(或相关资产成本)	746 100
贷:应付职工薪酬——设定受益计划	746 100

(2)服务第二年年末:

借:管理费用(或相关资产成本)	821 000
贷:应付职工薪酬——设定受益计划	821 000
借:财务费用(或相关资产成本)	74 600
贷:应付职工薪酬——设定受益计划	74 600
借:其他综合收益——重新计量设定受益计划	2 000 000
贷:应付职工薪酬——设定受益计划	2 000 000

(3)退休后每年实际支付:

借:应付职工薪酬——设定受益计划	12 000 000
贷:银行存款	12 000 000

(4)设定受益计划终止结转其他综合收益:

借:利润分配——未分配利润	2 000 000
贷:其他综合收益——重新计量设定受益计划	2 000 000

三、辞退福利

辞退福利,是指企业在职工劳动合同到期之前解除与职工的劳动关系,或者为鼓励职工自愿接受裁减而给予职工的补偿。由于导致义务产生的事项是终止雇佣关系而不是为获得职工的服务,企业应当将辞退福利作为单独一类职工薪酬进行会计处理。

辞退福利包括两方面的内容:一是在职工劳动合同尚未到期前,不论职工本人是否愿意,企业决定解除与职工的劳动关系而给予的补偿。二是在职工劳动合同尚未到期前,为鼓励职工自愿接受裁减而给予的补偿,职工有权利选择继续在职或接受补偿离职。

辞退福利与正常退休养老金应当区分开来。企业对于辞退福利,应当在辞退时进行确认和计量;职工在正常退休时获得的养老金,应当在职工提供服务的会计期间确认和计量。对于职工虽然没有与企业解除劳动合同,但未来不再为企业提供服务,不再为企业带来经济利益,企业承诺提供实质上具有辞退福利性质的经济补偿的,应当比照辞退福利处理。

企业向职工提供辞退福利的,应当在企业不能单方面撤回因解除劳动关系计划或裁减建议所提供的辞退福利时、企业确认涉及支付辞退福利的重组相关的成本或费用时两者孰早日,确认辞退福利产生的职工薪酬负债,并计入当期损益。企业有详细、正式的重组计划并且该重组计划已对外公告时,表明已经承担了重组义务。重组计划包括重组涉及的业务、主要地点、需要补偿的职工人数及其岗位性质、预计重组支出、计划实施时间等。

对于分期或分阶段实施的解除劳动关系计划或自愿裁减建议,企业应当将整个计划看作是由各单项解除劳动关系计划或自愿裁减建议组成,在每期或每阶段计划符合预计负债确认条件时,将该期或该阶段计划中由提供辞退福利产生的预计负债予以确认,计入该部分计划满足预计负债确认条件的当期管理费用,不能等全部计划都符合确认条件时再予以确认。对于企业实施的职工内部退休计划,由于这部分职工不再为企业带来经济利益,企业应当比照辞退福利处理。

由于被辞退的职工不再为企业带来未来经济利益,因此,对于所有辞退福利,均应当于辞退计划满足负债确认条件的当期一次计入费用,不计入资产成本。

企业应当按照辞退计划条款的规定,合理预计并确认辞退福利产生的职工薪酬负债,并具体考虑下列情况:

(1)对于职工没有选择权的辞退计划,企业应当根据计划条款规定拟解除劳动关系的职工数量、每一职位的辞退补偿等确认应付职工薪酬。

(2)对于自愿接受裁减建议的辞退计划,由于接受裁减的职工数量不确定,企业应当根据或有事项准则规定,预计将会接受裁减建议的职工数量,根据预计的职工数量和每一职位的辞退补偿等确认应付职工薪酬。

(3)对于辞退福利预期在其确认的年度报告期间期末后十二个月内完全支付的辞退福利,企业应当适用短期薪酬的相关规定。

(4)对于辞退福利预期在年度报告期间期末后十二个月内不能完全支付的辞退福利,企业应当适用《职工薪酬》准则关于其他长期职工福利的相关规定,即实质性辞退工作在一年内实施完毕但补偿款项超过一年支付的辞退计划,企业应当选择恰当的折现率,以折现后的金额计量应计入当期损益的辞退福利金额。

【例9-6】 2021年10月1日,A企业集团主业改造、辅业分流过程,拟解除与一部分职工的劳动关系,因此一次性支付具有辞退福利性质的经济补偿,共计金额 100 万元。

借:管理费用   1 000 000

    贷:应付职工薪酬——辞退福利   1 000 000

2021 年 12 月 31 日,A 企业集团支付辞退福利性质的经济补偿。

借:应付职工薪酬——辞退福利   1 000 000

    贷:银行存款   1 000 000

四、其他长期职工福利

其他长期职工福利,是指除短期薪酬、离职后福利和辞退福利以外的其他所有职工福利。其他长期职工福利包括长期带薪缺勤、长期残疾福利、长期利润分享计划和长期奖金计划,以及递延酬劳等。

企业向职工提供的其他长期职工福利,符合设定提存计划条件的,应当按照设定提存计划的有关规定进行会计处理。符合设定受益计划条件的,企业应当按照设定受益计划的有关规定,确认和计量其他长期职工福利净负债或净资产。在报告期末,企业应当将其他长期职工福利产生的职工薪酬成本确认为下列组成部分:① 服务成本;② 其他长期职工福利净负债或净资产的利息净额;③ 重新计量其他长期职工福利净负债或净资产所产生的变动。为了简化相关会计处理,上述项目的总净额应计入当期损益或相关资产成本。

长期残疾福利水平取决于职工提供服务期间长短的,企业应在职工提供服务的期间确认应付长期残疾福利义务,计量时应当考虑长期残疾福利支付的可能性和预期支付的期限;与职工提供服务期间长短无关的,企业应当在导致职工长期残疾的事件发生的当期确认应付长期残疾福利义务。递延酬劳包括按比例分期支付或者经常性定额支付的递延奖金等。这类福利应当按照奖金计划的福利公式来对费用进行确认,或者按照直线法在相应的服务期间分摊确认。如果一个企业内部为其长期奖金计划或者递延酬劳设立一个账户,则这样的其他长期职工福利不符合设定提存计划的条件。

第二节 应交税费

目前,我国共有增值税、消费税、城市维护建设税、企业所得税、个人所得税、资源税、土地增值税、城镇土地使用税、房产税、车船税、印花税、车辆购置税、耕地占用税、契税、烟叶税、关税、船舶吨税、环境保护税等 18 个税种。除税金外,企业还需要缴纳教育费附加、地方教育附加、残疾人就业保障金等规费。

一、增值税

增值税是单位和个人在中华人民共和国境内销售货物、劳务、服务、无形资产、不动产以及进口货物征收的一种税。增值税的计税方法包括一般计税法、简易计税法、进口计税法和扣缴计税法。按照经营规模的大小和会计核算健全与否等标准,增值税纳税人可分为一般纳税人和小规模纳税人。按照增值税暂行条例规定,一般纳税人购入货物或接受应税劳务支付的增值税(即进项税额),可以从销售货物或提供劳务按规定收取的增值税(即销项税额)中抵扣。企业购入货物或者接受应税劳务,没有按照规定取得并保存增值税扣税凭证,或者增值税扣税凭证上未按照规定注明增值税税额及其他有关事项的,其进项税额不能从销项税额中抵扣,其已支付的增值税只能计入购入货物或接受劳务的成本。

一般纳税人应当在"应交税费"科目下设置"应交增值税""未交增值税""预交增值税""待抵扣进项税额""待认证进项税额""待转销项税额""增值税留抵税额""简易计税""转让金融商品应交增值税""代扣代缴增值税"等明细科目。在"应交增值税"明细账内设置"进项税额""销项税额抵减""已交税金""转出未交增值税""减免税款""出口抵减内销产品应纳税额""销项税额""出口退税""进项税额转出""转出多交增值税"等专栏。

小规模纳税人在"应交税费"科目下设置"应交增值税"(不设专栏)、"转让金融商品应交增值税""代扣代缴增值税"三个二级明细科目。

(一)取得资产或接受劳务等业务的账务处理

1. 采购等业务进项税额允许抵扣的账务处理

下列进项税额准予从销项税额中抵扣:从销售方取得的增值税专用发票上注明的增值税税额;从海关取得的海关进口增值税专用缴款书上注明的增值税税额;纳税人购进农产品,按照扣除率计算进项税额;符合条件的通行费发票和国内旅客运输服务计算进项税额;自境外单位或者个人购进劳务、服务、无形资产或者境内的不动产,从税务机关或者扣缴义务人取得的代扣代缴税款的完税凭证上注明的增值税税额。准予抵扣进项税额包括以票抵税和计算抵税两种。

一般纳税人购进货物、加工修理修配劳务、服务、无形资产或不动产,按应计入相关成本费用或资产的金额,借记"在途物资"或"原材料""库存商品""生产成本""固定资产""无形资产""管理费用"等科目,按当月已认证的可抵扣增值税税额,借记"应交税费——应交增值税(进项税额)"科目,按当月未认证的可抵扣增值税税额,借记"应交税费——待认证进项税额"科目,按应付或实际支付的金额,贷记"应付账款""应付票据""银行存款"等科目。发生退货的,如原增值税专用发票已做认证,应根据税务机关开具的红字增值税专用发票做相反的会计分录;如原增值税专用发票未做认证,应将发票退回并做相反的会计分录。

2. 采购等业务进项税额不得抵扣的账务处理

属于购入货物时即能认定其进项税额不能抵扣的,进行会计处理时,其增值税专用发票上注明的增值税税额,计入购入货物及接受劳务的成本。属于购入货物时不能直接认定其进项税额能否抵扣的,增值税专用发票上注明的增值税税额,按照增值税会计处理方法计入"应交税费——应交增值税(进项税额)"科目;如果这部分购入货物以后用于按规定不得抵扣进项税额项目的,应将原已计入进项税额并已支付的增值税转入有关的承担者予以承担,通过"应交税费——应交增值税(进项税额转出)"科目转入有关的"应付职工薪酬——职工福利""待处理财产损溢"等科目。

【例 9 - 7】 某食品厂为增值税一般纳税人,从农业生产者手中购进免税农产品,收购凭证上注明是 50 000 元;支付运费,取得增值税专用发票上注明运费 2 000 元,增值税税额为 180 元。该农产品扣除率为 9%,农产品已验收入库,款项已经支付。材料入库后该批材料因管理不善造成被盗。

（1）材料入库时：

进项税额＝50 000×9％＋180＝4 680（元）

借：原材料　　　　　　　　　　　　　　　　　　　　　　　　　47 500

　　应交税费——应交增值税（进项税额）　　　　　　　　　　　　4 680

　　　贷：银行存款　　　　　　　　　　　　　　　　　　　　　　　52 180

（2）因管理不善造成被盗时：

借：待处理财产损溢　　　　　　　　　　　　　　　　　　　　　52 180

　　　贷：原材料　　　　　　　　　　　　　　　　　　　　　　　47 500

　　　　应交税费——应交增值税（进项税额转出）　　　　　　　　4 680

3. 货物等已验收入库但尚未取得增值税扣税凭证的账务处理

一般纳税人购进的货物等已到达并验收入库，但尚未收到增值税扣税凭证并未付款的，应在月末按货物清单或相关合同协议上的价格暂估入账，不能将增值税的进项税额暂估入账。

4. 进口商品的账务处理

进口商品，其采购成本包括进口商品的国外进价（以到岸价格为基础）和应缴纳的关税。若进口商品系应税消费品，则其采购成本还应包括应纳消费税。纳税人进口货物，按照组成计税价格和规定的增值税税率计算应纳税额，不得抵扣任何税额（在计算进口环节的应纳增值税税额时，不得抵扣发生在我国境外的各种税金）。

$$组成计税价格＝关税完税价格＋关税＋消费税$$

$$应纳税额＝组成计税价格×税率$$

5. 购买方作为扣缴义务人的账务处理

按照现行增值税制度规定，境外单位或个人在境内发生应税行为，在境内未设有经营机构的，以购买方为增值税扣缴义务人。境内一般纳税人购进服务、无形资产或不动产，按应计入相关成本费用或资产的金额，借记"生产成本""固定资产""无形资产""管理费用"等科目，按可抵扣的增值税税额，借记"应交税费——进项税额"科目（小规模纳税人应借记相关成本费用或资产科目），按应付或实际支付的金额，贷记"应付账款"等科目，按应代扣代缴的增值税税额，贷记"应交税费——代扣代缴增值税"科目。实际缴纳代扣代缴增值税时，借记"应交税费——代扣代缴增值税"科目，贷记"银行存款"科目。

（二）销售等业务的账务处理

（1）企业销售货物、加工修理修配劳务、服务、无形资产或不动产，应当按应收或已收的金额，借记"应收账款""应收票据""银行存款"等科目，按取得的收入金额，贷记"主营业务收入""其他业务收入""固定资产清理""合同结算"等科目，按现行增值税制度规定计算的销项税额（或采用简易计税方法计算的应纳增值税税额），贷记"应交税费——应交增值税（销项税额）"或"应交税费——简易计税"科目（小规模纳税人应贷记"应交税费——应交增值税"科目）。发生销售退回的，应根据按规定开具的红字增值税专用发票做相反的会计分录。

（2）按照会计准则确认收入或利得的时点早于按照增值税制度确认增值税纳税义务发生时点的，应将相关销项税额计入"应交税费——待转销项税额"科目，待实际发生纳税义务时再转入"应交税费——应交增值税（销项税额）"或"应交税费——简易计税"科目。

（3）按照增值税制度确认增值税纳税义务发生时点早于按照会计准则确认收入或利得的时点的，应将应纳增值税税额，借记"应收账款"科目，贷记"应交税费——应交增值税（销项税额）"或"应交税费——简易计税"科目，按照会计准则确认收入或利得时，应按扣除增值税销项税额后的金额确认收入。

（4）视同销售的账务处理。企业发生视同销售的行为，应当按照企业会计准则相关规定进行相应的会计处理，并按照现行增值税制度规定计算的销项税额（或采用简易计税方法计算的应纳增值税税额），借记"应付职工薪酬""利润分配"等科目，贷记"应交税费——应交增值税（销项税额）"或"应交税费——简易计税"科目（小规模纳税人应计入"应交税费——应交增值税"科目）。

增值税的视同销售不同于企业所得税的视同销售。增值税的视同销售行为会计不一定确认收入，但是都应当贷记"应交税费——应交增值税（销项税额）"或"应交税费——简易计税"科目（小规模纳税人应计入"应交税费——应交增值税"科目）。

【例9-8】 甲公司为一般纳税人，自产饮料的成本为80万元，销售价格为100万元。
如果将自产的饮料作为春节福利发放给职工。增值税税率为13%。

借：生产成本	1 130 000
贷：应付职工薪酬——非货币性福利	1 130 000
借：应付职工薪酬——非货币性福利	1 130 000
贷：主营业务收入	1 000 000
应交税费——应交增值税（销项税额）	130 000
借：主营业务成本	800 000
贷：库存商品	800 000

如果将自产的饮料通过县政府无偿赠送给灾区。

借：营业外支出	930 000
贷：库存商品	800 000
应交税费——应交增值税（销项税额）	130 000

（三）差额征税的账务处理

1. 企业发生相关成本费用允许扣减销售额的账务处理

一般纳税企业提供应税服务，按照有关规定允许从销售额中扣除其支付给其他单位或个人价款的，在收入采用总额法确认的情况下，减少的销项税额应借记"应交税费——应交增值税（销项税额抵减）"或"应交税费——简易计税"科目（小规模纳税人应借记"应交税费——应交增值税"科目）；在收入采用净额法确认的情况下，按照增值税有关规定确定的销售额计算增值税销项税额并计入"应交税费——应交增值税（销项税额）科目"。

【例9-9】 某客运场站为增值税一般纳税人，为客运公司提供客源组织、售票、检票、发车、运费结算等服务。该企业采用差额征税的方式，以其取得的全部价款和价外费用，扣除支付给承运方运费后的余额为销售额。收入采用净额法，本期该企业向旅客收取车票款项530 000元，应向客运公司支付477 000元，剩下的53 000元中，50 000元作为销售额，3 000元为增值税销项税额。根据该项经济业务，企业可做如下账务处理：

借：银行存款	530 000
贷：主营业务收入	50 000

应交税费——应交增值税(销项税额)	3 000
应付账款	477 000

【例9-10】　长江房地产开发公司是一般纳税人,采用一般计税,实行差额征税,支付土地价款10 900万元,销售商品房取得房款54 500万元,进项税额1 600万元。采用总额法确认收入。

抵减的销项税额=10 900÷(1+9%)×9%=900(万元)

借:银行存款	545 000 000
贷:主营业务收入	500 000 000
应交税费——应交增值税(销项税额)	45 000 000
借:应交税费——应交增值税(销项税额抵减)	9 000 000
贷:主营业务成本	9 000 000

应纳增值税税额=(54 500-10 900)÷(1+9%)×9%-1 600=2 000(万元)

2. 金融商品转让按规定以盈亏相抵后的余额作为销售额的账务处理

转让金融商品出现的正负差,按盈亏相抵后的余额为销售额。若相抵后出现负差,可结转下一纳税期与下期转让金融商品销售额相抵,但年末时仍出现负差的,不得转入下一个会计年度。金融商品实际转让月末,如产生转让收益,则按应纳税额借记"投资收益"等科目,贷记"应交税费——转让金融商品应交增值税"科目;如产生转让损失,则按可结转下月抵扣税额,借记"应交税费——转让金融商品应交增值税"科目,贷记"投资收益"等科目。缴纳增值税时,应借记"应交税费——转让金融商品应交增值税"科目,贷记"银行存款"科目。年末,本科目如有借方余额,则借记"投资收益"等科目,贷记"应交税费——转让金融商品应交增值税"科目。

(四)出口退税的账务处理

为核算纳税人出口货物应收取的出口退税款,设置"应收出口退税款"科目。不予免征和抵扣税额,借记"主营业务成本"科目,贷记"应交税费——应交增值税(进项税额转出)"科目;应退税额,借记"应收出口退税款"科目,贷记"应交税费——应交增值税(出口退税)"科目;免抵税额,借记"应交税费——应交增值税(出口抵减内销产品应纳税额)"科目,贷记"应交税费——应交增值税(出口退税)"科目;收到退税款,借记"银行存款"科目,贷记"应收出口退税款"科目。

(五)进项税额抵扣情况发生改变的账务处理

因发生非正常损失或改变用途等,原已计入进项税额,但按现行增值税制度规定不得从销项税额中抵扣的,借记"待处理财产损溢""应付职工薪酬""固定资产""无形资产"等科目,贷记"应交税费——应交增值税(进项税额转出)";原不得抵扣且未抵扣进项税额的固定资产、无形资产等,因改变用途等用于允许抵扣进项税额的应税项目的,应按允许抵扣的进项税额,借记"应交税费——应交增值税(进项税额)"科目,贷记"固定资产""无形资产"等科目。固定资产、无形资产等经上述调整后,应按调整后的账面价值在剩余尚可使用寿命内计提折旧或摊销。

【例9-11】　某企业为增值税一般纳税人。本期购入一批原材料,增值税专用发票注明的增值税税额为26万元,材料价款为200万元,材料已入库,货款已经支付。

(1)材料入库时:

借:原材料	2 000 000
应交税费——应交增值税(进项税额)	260 000

    贷:银行存款   2 260 000
 (2)用于发放职工福利时:
  借:应付职工薪酬   2 260 000
    贷:应交税费——应交增值税(进项税额转出)   260 000
      原材料   2 000 000
 (3)用于办公楼工程建设项目时:
  借:在建工程   2 000 000
    贷:原材料   2 000 000

(六)月末转出多交增值税和未交增值税的账务处理

  月度终了,企业应当将当月应交未交或多交的增值税自"应交增值税"明细科目转入"未交增值税"明细科目。对于当月应交未交的增值税,借记"应交税费——应交增值税(转出未交增值税)"科目,贷记"应交税费——未交增值税"科目;对于当月多交的增值税,借记"应交税费——未交增值税"科目,贷记"应交税费——应交增值税(转出多交增值税)"科目。经过结转后,月份终了,"应交税费——应交增值税"科目的余额,反映企业尚未抵扣的增值税。

(七)缴纳增值税的账务处理

  1.缴纳当月应交增值税的账务处理

  企业缴纳当月应交的增值税,借记"应交税费——应交增值税(已交税金)"科目(小规模纳税人应借记"应交税费——应交增值税"科目),贷记"银行存款"科目。

  2.缴纳以前期间未交增值税的账务处理

  企业缴纳以前期间未交的增值税,借记"应交税费——未交增值税"科目,贷记"银行存款"科目。

  3.预缴增值税的账务处理

  企业预缴增值税时,借记"应交税费——预交增值税"科目,贷记"银行存款"科目。月末,企业应将"预交增值税"明细科目余额转入"未交增值税"明细科目,借记"应交税费——未交增值税"科目,贷记"应交税费——预交增值税"科目。房地产开发企业等在预缴增值税后,应直至纳税义务发生时方可从"应交税费——预交增值税"科目结转至"应交税费——未交增值税"科目。

  4.减免增值税的账务处理

  对于当期直接减免的增值税,借记"应交税费——应交增值税(减免税款)"科目,贷记损益类相关科目。

(八)留抵税额退税的会计处理

  增值税一般纳税人符合规定的条件,可以申请退还增值税增量留抵税额。纳税人收到退税款项的当月,应将退税额从增值税进项税额中转出。

(九)增值税税控系统专用设备和技术维护费用抵减增值税税额的账务处理

  企业初次购买增值税税控系统专用设备支付的费用以及缴纳的技术维护费,按应付或实际支付的金额,借记"管理费用"等科目,贷记"应付账款""银行存款"等科目。按规定抵减的增值税应纳税额,借记"应交税费——应交增值税(减免税款)"科目(小规模纳税人应借记"应交税费——应交增值税"科目),贷记"管理费用"等科目。

(十) 关于小规模纳税人增值税的会计处理

小规模纳税人适用简易计税方法,其应纳税额指按照销售额和增值税征收率计算的增值税税额。小规模纳税企业的销售额不包括其应纳税额。采用销售额和应纳税额合并定价方法的,按照公式"销售额=含税销售额÷(1+征收率)"还原为不含税销售额计算。小规模纳税人在"应交税费"科目下设置"应交增值税""转让金融商品应交增值税""代扣代缴增值税"三个二级明细科目。小规模纳税企业"应交税费"明细账采用三栏式。

小规模纳税人购买物资、服务、无形资产或不动产,取得增值税专用发票上注明的增值税应计入相关成本费用或资产,不通过"应交税费——应交增值税"科目核算。

小微企业在取得销售收入时,应当按照税法的规定计算应交增值税,并确认为应交税费,在达到增值税制度规定的免征增值税条件时,将有关应交增值税转入当期损益。

【例 9-12】 某企业为小规模纳税人,本期购入原材料,增值税专用发票上记载的原材料价款为 100 万元,支付的增值税税额为 13 万元,企业开出承兑的商业汇票,材料已到达并验收入库。该企业本期销售产品,销售价格总额为 103 万元(含税),假定符合收入确认条件,货款尚未收到。根据上述经济业务,企业应做如下账务处理。

(1)购进货物时:

借:原材料   1 130 000

    贷:应付票据   1 130 000

(2)销售货物时:

不含税价格=103÷(1+3%)=100(万元)

应交增值税=100×3%=3(万元)

借:应收账款   1 030 000

    贷:主营业务收入   1 000 000

        应交税费——应交增值税   30 000

二、消费税

消费税是对生产、委托加工和进口特定消费品的单位和个人征收的一种税。实行从价定率办法计征的应纳税额的税基为不含增值税的销售额,实行从量定额办法计征的应纳税额的销售数量是指应税消费品的数量。纳税人生产的应税消费品,于纳税人销售时纳税。纳税人自产自用的应税消费品,用于连续生产应税消费品的,不纳税;用于其他方面的,于移送使用时纳税。消费税是价内税。

(一) 应税消费品销售的会计处理

企业将生产的应税消费品直接对外销售的,需要缴纳增值税和消费税,对外销售产品应缴纳的消费税,通过"税金及附加"科目核算;企业按规定计算出应交的消费税,借记"税金及附加"科目,贷记"应交税费——应交消费税"科目。企业应税消费品用于在建工程、非生产机构等其他方面,按规定应缴纳的消费税,应计入有关的成本。

【例 9-13】 某企业适用的增值税税率为 13%,消费税税率为 10%。当月销售应税消费品,不含税售价 1 500 万元,成本 900 万元,货款尚未收到。

借:应收账款	16 950 000
贷:主营业务收入	15 000 000
应交税费——应交增值税(销项税额)	1 950 000
借:税金及附加	1 500 000
贷:应交税费——应交消费税	1 500 000
借:主营业务成本	9 000 000
贷:库存商品	9 000 000

(二)委托加工应税消费品的会计处理

按照税法规定,企业委托加工的应税消费品,由受托方在向委托方交货时代扣代缴税款(除受托加工或翻新改制金银首饰按规定由受托方缴纳消费税外)。委托加工应税消费品收回后直接用于销售的,委托方应将代收代缴的消费税计入委托加工的应税消费品成本,借记"委托加工物资"科目,贷记"应付账款""银行存款"等科目,待委托加工应税消费品销售时,不需要再缴纳消费税;委托加工的应税消费品收回后用于连续生产应税消费品,按规定准予抵扣的,委托方应按代收代缴的消费税款,借记"应交税费——应交消费税"科目,贷记"应付账款""银行存款"等科目,待用委托加工的应税消费品生产出应纳消费税的产品销售时,再计算缴纳消费税。

(三)进出口产品的会计处理

在进口环节由海关依法征收关税、增值税、消费税等税费。对报关出口的货物,退还或免征在国内各生产环节和流转环节按税法规定已缴纳的增值税和消费税。需要缴纳消费税的进口消费品,其缴纳的关税、消费税应计入该进口消费品的成本,借记"固定资产""在途物资"等科目,贷记"银行存款"等科目。有出口经营权的外贸企业购进应税消费品直接出口,以及外贸企业受其他外贸企业委托代理出口应税消费品,出口免税并退税。在应税消费品报关出口后申请出口退税时,借记"应收出口退税"科目,贷记"主营业务成本"科目。实际收到出口应税消费品退回的税金,借记"银行存款"科目,贷记"应收出口退税"科目。

三、城市维护建设税、教育费附加和地方教育附加

城市维护建设税是以纳税人实际缴纳的增值税、消费税税额为计税依据,依法计征的一种税。企业按规定计算出的城市维护建设税,借记"税金及附加"等科目,贷记"应交税费——应缴城市维护建设税"科目。教育费附加和地方教育附加的会计处理与城市维护建设税相同,都是以单位和个人实际缴纳的增值税、消费税的税额为计征依据。教育费附加的征费率为3%,地方教育附加征费率为2%。

四、资源税

资源税是国家对开发应税资源的单位和个人征收的一种税。资源税实行从价计征或者从量计征。计税销售额是指纳税人销售应税产品向购买方收取的全部价款和价外费用,不包括增值税和运杂费用。计税销售数量是指从量计征的应税产品销售数量。

(一)销售产品或自产自用产品相关的资源税的会计处理

企业按规定计算出销售应税产品应缴纳的资源税,借记"税金及附加"科目,贷记"应交税

费——应交资源税"科目;企业计算出自产自用的应税产品应缴纳的资源税,借记"生产成本""制造费用"等科目,贷记"应交税费——应交资源税"科目。

(二)收购未税矿产品相关资源税的会计处理

资源税暂行条例规定,收购未税矿产品的单位为资源税的扣缴义务人。企业收购未税矿产品,按实际支付的收购款,借记"材料采购"等科目,贷记"银行存款"等科目;按代扣代缴的资源税,借记"材料采购"等科目,贷记"应交税费——应交资源税"科目;缴纳资源税时,借记"应交税费——应交资源税"科目,贷记"银行存款"科目。

五、土地增值税

土地增值税是指转让国有土地使用权、地上建筑物及其附着物并取得收入的单位和个人,以转让所取得的收入减除法定扣除项目金额后的增值额为计税依据向国家缴纳的一种税。土地增值税实行四级超率累进税率。

在会计处理时,企业缴纳的土地增值税通过"应交税费——应交土地增值税"科目核算。房地产开发企业,按应交的土地增值税,借记"税金及附加"科目,贷记"应交税费——应交土地增值税"科目。转让的国有土地使用权与其地上建筑物及其附着物一并在"固定资产"或"在建工程"科目核算的,转让时应缴纳的土地增值税,借记"固定资产清理""在建工程"科目,贷记"应交税费——应交土地增值税"科目。企业转让的土地使用权在"无形资产"科目核算的,按实际收到的金额,借记"银行存款"科目。按摊销的无形资产金额,借记"累计摊销"科目,按已计提的无形资产减值准备,借记"无形资产减值准备"科目,按无形资产账面余额,贷记"无形资产"科目,按应交的土地增值税,贷记"应交税费——应交土地增值税"科目,按其差额,借记或贷记"资产处置损益"科目。

六、印花税、房产税、城镇土地使用税、车船税、船舶吨税和环境保护税

印花税是对经济活动和经济交往中书立、领受应税经济凭证所征收的一种税。印花税实行"三自"的纳税方法,印花税不通过"应交税费"核算。如果印花税采用申报纳税,可以通过"应交税费"核算。房产税是以房屋为征税对象,按房屋的计税余值或租金收入为计税依据,向产权所有人征收的一种财产税。城镇土地使用税是以实际占用的土地面积为计税依据,按照规定的税额计算征收的一种税。车船税是指对在中国境内应依法办理登记的车辆、船舶,按照规定的计税依据和年税额标准计算征收的一种财产税。船舶吨税是指自中华人民共和国境外港口进入境内港口的船舶,应当缴纳船舶吨税。船舶吨税由海关负责征收。环境保护税是直接向环境排放应税污染物的企业事业单位和其他生产经营者征收的一种税。采用定额税率。

企业按规定计算应交的印花税、房产税、土地使用税、车船税、船舶吨税和环境保护税时,借记"税金及附加"科目,贷记"应交税费"科目;上交时,借记"应交税费"科目,贷记"银行存款"科目。

七、关税、车辆购置税、耕地占用税、契税和烟叶税

关税是指货物经过关境时征收的税。关税的征税基础是关税完税价格。进口关税可以不通过"应交税费"科目核算,直接计入进口物质的成本。我国只对少数商品征收出口关税,出口

关税通过"税金及附加"科目核算。

车辆购置税是对在我国境内购置规定车辆的单位和个人征收的一种税。车辆购置税税款于纳税人办理纳税申报时一次缴清。企业购置应税车辆,按规定缴纳的车辆购置税,借记"固定资产"等科目,贷记"银行存款"科目。

耕地占用税是对占用耕地建房或从事其他非农业建设的单位和个人征收的税。在占用耕地环节一次性课征。企业缴纳的耕地占用税,不需要通过"应交税费"科目核算。企业按规定计算缴纳耕地占用税时,借记"开发成本"科目,贷记"银行存款"科目。

契税是对境内土地房屋发生产权转移时,向产权承受人征收的一种税。企业按规定计算缴纳的契税,借记"固定资产""无形资产"等科目,贷记"银行存款"科目。

烟叶税是对我国境内收购烟叶的行为、以实际支付的价款总额为征税依据而征收的一种税。采用20%的比例税率。计税依据为收购烟叶实际支付的价款总额,包括烟叶收购价款和价外补贴。烟叶税是取得资产应支付的相关税费,应当计入资产的成本。

八、企业所得税和个人所得税

企业所得税是以企业取得的生产经营所得和其他所得为征税对象所征收的一种税。企业所得税采取按期预缴、年终汇算清缴的办法。企业应缴纳的所得税,在"应交税费"科目下设置"应交所得税"明细科目核算;计提当期所得税费用时,借记"所得税费用"科目,贷记"应交税费——应交企业所得税"科目。

个人所得税是以个人(自然人)取得的各项应税所得为征税对象所征收的一种税。居民个人取得工资薪金、劳务报酬、稿酬和特许权使用费等四项所得(综合所得),按纳税年度合并计算个人所得税。有扣缴义务人的,由扣缴义务人按月或者按次预扣预缴税款;需要办理汇算清缴的,应当在取得所得的次年3月1日至6月30日内办理汇算清缴。代扣时,借记"应付职工薪酬"科目,贷记"应交税费——应交个人所得税"科目。上交代扣的个人所得税时,借记"应交税费——应交个人所得税"科目,贷记"银行存款"科目。

第三节 金融负债

一、金融负债的确认

金融负债,是指企业符合下列条件之一的负债:① 向其他方交付现金或其他金融资产的合同义务。② 在潜在不利条件下,与其他方交换金融资产或金融负债的合同义务。③ 将来须用或可用企业自身权益工具进行结算的非衍生工具合同,且企业根据该合同将交付可变数量的自身权益工具。④ 将来须用或可用企业自身权益工具进行结算的衍生工具合同,但以固定数量的自身权益工具交换固定金额的现金或其他金融资产的衍生工具合同除外。其中,企业自身权益工具不包括分类为权益工具的特殊金融工具,也不包括本身就要求在未来收取或交付企业自身权益工具的合同。

在判断一项金融工具是否应划分为金融负债或权益工具时,应当以相关合同条款及其所反映的经济实质而非仅以法律形式为依据。有些金融工具可能既有权益工具的特征，又有金融负债的特征。因此，企业应当全面细致地分析此类金融工具各组成部分的合同条款，以确定其显示的是金融负债还是权益工具的特征，并进行整体评估，以判定整个工具应划分为金融负债、权益工具，还是既包括金融负债成分又包括权益工具成分的复合金融工具。

如果企业不能无条件地避免以交付现金或其他金融资产来履行一项合同义务，则该合同义务符合金融负债的定义。实务中，常见的该类合同义务情形包括：不能无条件地避免的赎回，即金融工具发行方不能无条件地避免赎回此金融工具；强制付息，即金融工具发行方被要求强制支付利息。如果企业能够无条件地避免交付现金或其他金融资产，则此类交付现金或其他金融资产的结算条款不构成金融负债。有些金融工具虽然没有明确地包含交付现金或其他金融资产义务的条款和条件，但有可能通过其他条款和条件间接地形成合同义务。

对于以企业自身权益工具结算的金融工具，其分类需要考虑所交付的自身权益工具的数量是可变的还是固定的。如果一项金融工具须用或可用企业自身权益工具进行结算，企业需要考虑用于结算该工具的自身权益工具，是作为现金或其他金融资产的替代品（可变数量权益工具），还是为了使该工具持有方享有在发行方扣除所有负债后的资产中的剩余权益。如果是前者，该工具是发行方的金融负债；如果是后者，该工具是发行方的权益工具。

对于将来须用或可用企业自身权益工具结算的金融工具，应当区分衍生工具还是非衍生工具。对于非衍生工具，如果发行方未来有义务通过交付可变数量的自身权益工具进行结算，则该非衍生工具是金融负债；否则，该非衍生工具是权益工具。对于衍生工具，如果发行方只能通过以固定数量的自身权益工具交换固定金额的现金或其他金融资产进行结算（即"固定换固定"），则该衍生工具是权益工具；如果发行方，以固定数量的自身权益工具交换可变金额现金或其他金融资产，或者以可变数量自身权益工具交换固定金融现金或其他金融资产，或者以可变数量的自身权益工具交换可变金额现金或其他金融资产，则该衍生工具应当划分为衍生金融负债或衍生金融资产。因此，除非满足"固定换固定"条件，否则将来须用或可用企业自身权益工具结算的衍生工具应分类为衍生金融负债或衍生金融资产。运用上述"固定换固定"原则来判断会计分类的金融工具常见于可转换债券，具备转股条件的永续债券、优先股等。

比如，甲公司向乙公司发行以自身普通股为标的的看涨期权。股票市价高于行权价时，期权以现金净额结算，甲公司不能完全避免向另一方支付现金的义务，该工具应确认为金融负债，衍生工具按公允价值计量。如果期权以普通股净额结算，以普通股代替现金进行结算，企业发行的金融工具为衍生工具，企业通过交付非固定数量的自身权益工具进行结算，该工具应确认为金融负债，衍生工具按公允价值计量。如果期权以普通股总额结算，由于甲公司将以固定数量的自身股票换取固定金额现金，应将该衍生工具确认为其他权益工具，由于该期权合同确认为权益工具，无须进行后续的重新计量。

将金融工具或其组成部分划分为金融负债还是权益工具，决定了与该工具或其组成部分相关的利息、股利（或股息）、利得或损失的会计处理方法。企业应当以所发行金融工具的分类为基础，确定该工具利息支出或股利分配等的会计处理。与多项交易相关的共同交易费用，应当在合理的基础上，采用与其他类似交易一致的方法，在各项交易间进行分摊。

金融工具或其组成部分属于金融负债的，相关利息、股利、利得或损失，以及赎回或再融资产生的利得或损失等，应当计入当期损益。对于归类为金融负债的金融工具，无论其名称中是否包含"股"，其利息支出或股利分配原则上按照借款费用进行处理，其回购或赎回产生的利得或损失等计入当期损益。企业(发行方)发行金融工具,发生的手续费、佣金等交易费用(交易费用是指可直接归属于购买、发行或处置金融工具的增量费用),如分类为债务工具且以摊余成本计量的,应当计入所发行工具的初始计量金额。

二、金融负债的计量

除下列各项外,企业应当将金融负债分类为以摊余成本计量的金融负债:① 以公允价值计量且其变动计入当期损益的金融负债,包括交易性金融负债(含属于金融负债的衍生工具)和指定为以公允价值计量且其变动计入当期损益的金融负债。② 金融资产转移不符合终止确认条件或继续涉入被转移金融资产所形成的金融负债。对此类金融负债,企业应当按照金融资产转移准则相关规定进行计量。③ 不属于本条①或②情形的财务担保合同,以及不属于本条①情形的以低于市场利率贷款的贷款承诺。企业作为此类金融负债发行方的,应当在初始确认后按照依据准则确定的损失准备金额以及初始确认金额扣除依据收入准则相关规定所确定的累计摊销额后的余额孰高进行计量。企业对所有金融负债均不得进行重分类。

在非同一控制下的企业合并中,企业作为购买方确认的或有对价形成金融负债的,该金融负债应当按照以公允价值计量且其变动计入当期损益进行会计处理。在初始确认时,为了提供更相关的会计信息,企业可以将金融负债指定为以公允价值计量且其变动计入当期损益的金融负债,该指定一经做出,不得撤销。

企业成为金融工具合同的一方并承担相应义务时确认金融负债。企业初始确认金融负债,应当按照公允价值计量。对于以公允价值计量且其变动计入当期损益的金融负债,相关交易费用应当直接计入当期损益;对于其他类别的金融负债,相关交易费用应当计入初始确认金额。初始确认后,企业应当对不同类别的金融负债,分别以摊余成本、以公允价值计量且其变动计入当期损益或以准则规定的其他适当方法进行后续计量。以公允价值计量且其变动计入当期损益的金融负债所产生的利得或损失计入当期损益。以摊余成本计量金融负债所产生的利得或损失,应当在终止确认时计入当期损益或在按照实际利率法摊销时计入相关期间损益。金融负债的现时义务已经解除的,企业应当终止确认该金融负债。金融负债终止确认的,企业应当将其账面价值与支付的对价之间的差额,计入当期损益。

三、以公允价值计量且其变动计入当期损益的金融负债

企业对于以公允价值计量且其变动计入当期损益的金融负债,应当设置"交易性金融负债"科目核算其公允价值。分别设置"成本""公允价值变动"等明细科目进行明细核算。对于发行的且嵌入了非紧密相关的衍生金融资产或衍生金融负债的金融工具,如果发行方选择将其整体指定为以公允价值计量且其变动计入当期损益的,在"交易性金融负债"科目核算。交易性金融负债类似交易性金融资产的核算。企业承担的交易性金融负债,应当按照公允价值计量,相关交易费用应当直接计入当期损益。资产负债表日,按交易性金融负债的票面利率计算利息,借记"财务费用"科目,贷记"应付利息"科目。金融负债的公允价值变动,借记或贷记"公允价值变动损益"科目,贷记或借记"交易性金融负债"科目。

发行的金融工具本身是衍生金融负债或衍生金融资产或内嵌了衍生金融负债或衍生金融资产的,按照金融工具确认和计量准则中有关衍生工具的规定进行处理。"衍生工具"科目核算企业衍生工具的公允价值及其变动形成的衍生资产或衍生负债。期末借方余额,反

映企业衍生工具形成资产的公允价值;期末贷方余额,反映企业衍生工具形成负债的公允价值。衍生工具作为套期工具的,在"套期工具"科目核算。"衍生工具"和"套期工具"属于共同类科目。

四、短期借款

银行借款,是指企业向国家银行或其他金融机构借入的款项。银行借款按偿还期限的长短,分为短期借款和长期借款。

短期借款是指企业向银行或其他金融机构等借入的期限在一年以下(含一年)的各种借款。企业借入的短期借款构成一项负债。对于企业发生的短期借款,应设置"短期借款"科目核算,取得短期借款时,借记"银行存款"科目,贷记"短期借款"科目,短期借款利息一般计入财务费用。一般采取月末计提的方式进行核算。每个资产负债表日,企业应计算确定短期借款的应计利息,按照应计的金额,借记"财务费用""利息支出(金融企业)"等科目,贷记"应付利息"等科目。如果利息是按月支付的,或者利息连同本金一起归还,但是数额不大的,可以不采用月末预提的方法,实际支付直接计入当期损益。

【例9-14】 A股份有限公司1月1日向银行借入一笔生产经营用短期借款,共计12万元,期限为9个月,年利率为4%。根据与银行签署的借款协议,该项借款的本金到期后一次归还;利息分月预提,按季支付。A股份有限公司的有关会计分录如下。

(1)1月1日借入短期借款:

借:银行存款　　　　　　　　　　　　　　　　　　　　120 000
　　贷:短期借款　　　　　　　　　　　　　　　　　　　　　120 000

(2)1月末、2月末,计提应计利息＝120 000×4%÷12＝400(元)

借:财务费用　　　　　　　　　　　　　　　　　　　　400
　　贷:应付利息　　　　　　　　　　　　　　　　　　　　400

(3)3月末支付第一季度银行借款利息:

借:财务费用　　　　　　　　　　　　　　　　　　　　400
　　应付利息　　　　　　　　　　　　　　　　　　　　800
　　贷:银行存款　　　　　　　　　　　　　　　　　　　　1 200

第二、三季度的会计处理同上。

(4)10月1日偿还银行借款本金:

借:短期借款　　　　　　　　　　　　　　　　　　　　120 000
　　贷:银行存款　　　　　　　　　　　　　　　　　　　　120 000

五、应付和预收款项

(一)应付票据

应付票据是由出票人出票,委托付款人在指定日期无条件支付特定的金额给收款人或者持票人的票据。商业汇票的承兑期最长不超过6个月。商业汇票按承兑人的不同,可分为商业承兑汇票和银行承兑汇票两种。商业汇票按是否带息,分为带息商业汇票和不带息商业汇票两种。不带息应付票据到期值等于面值,带息应付票据到期值等于本利和。企业应设置"应付票据"科目进行核算。

企业购买材料、商品和接受劳务供应等开出、承兑的商业汇票,借记"在途物资""原材料""库存商品""应交税费——应交增值税(进项税额)"等科目,贷记"应付票据"科目。支付银行承兑汇票的手续费,借记"财务费用"科目,贷记"银行存款"科目。企业一般在提交半年度报告和年度报告时计提利息,不必按月计提利息。应付票据计提利息时,借记"财务费用"科目,贷记"应付票据"科目。到期支付票款,借记"应付票据"科目,贷记"银行存款"科目。开出并承兑的商业承兑汇票如果不能如期支付的,将"应付票据"账面价值转入"应付账款"科目。企业无力支付到期银行承兑汇票,借记"应付票据"科目,贷记"短期借款"科目。

(二) 应付账款

应付账款指因购买材料、商品或接受劳务供应等而发生的债务。这是买卖双方在购销活动中由于取得物资与支付货款在时间上不一致而产生的负债。

应付账款入账的时间,应以商品或服务控制权转移为标志。在实际工作中,应区别情况处理:① 物资和发票账单同时到达,应付账款一般待物资验收入库后,才按发票账单登记入账;② 物资和发票账单未同时到达,由于应付账款需根据发票账单登记入账,有时货物已到,发票账单要间隔较长时间才能到达,由于这笔负债已经成立,应作为一项负债反映。为在资产负债表上客观反映企业所拥有的资产和承担的债务,在实际工作中采用在月份终了将所购物资和应付债务估计入账,待下月初再用红字(或者相反分录)予以冲回。

因购买商品等而产生的应付账款,应设置"应付账款"科目进行核算。由于期限较短,应付账款一般按将来应付的金额入账,而不考虑货币的时间价值。应付账款附有现金折扣的,应按照扣除现金折扣前的应付账款总额入账。购货发生现金折扣时,一般不调整购货价格,而是把获得的现金折扣作为理财收入冲减财务费用。企业转销确实无法支付的应付账款,应借记"应付账款"科目,贷记"营业外收入"科目。

(三) 预收账款

预收账款是买卖双方协议商定,由购货方预先支付一部分货款给供应方而发生的一项负债。预收账款的核算应视企业的具体情况而定。预收账款业务不多的,可以不设置"预收账款"科目,直接计入"应收账款"科目的贷方。单独设置"预收账款"科目核算的,其"预收账款"科目的贷方,反映预收的货款和补付的货款;借方反映应收的货款和退回多收的货款;期末贷方余额,反映尚未结清的预收款项,借方余额反映应收的款项。

企业向购货单位预收款项时,应借记"银行存款"科目,贷记"预收账款"科目。销售实现时,应借记"预收账款"科目,贷记"主营业务收入""应交税费——应交增值税(销项税额)"科目。购货单位补付的款项,应借记"银行存款"科目,贷记"预收账款"科目。退回多付的款项,做相反的会计分录。

预收账款不属于金融负债,对于收取方而言,其并不承担向其他方交付现金或者交付其他金融资产的义务,而需要付出的代价是转移商品或者服务。

合同负债核算企业已收或应收客户对价而应向客户转让商品的义务。在合同成立前已收到的对价不能称为合同负债,作为预收账款。而且合同一旦正式成立,要将预收账款转入合同负债。企业因转让商品收到的预收款适用收入准则进行会计处理时,不再使用"预收账款"科目及"递延收益"科目。

（四）其他应付款

资产负债表中"其他应付款"项目，包含"应付利息""应付股利"和"其他应付款"。

其他应付款，是指企业除应付票据、应付账款、预收账款、应付职工薪酬、应付利息、应付股利、应交税费等以外的其他各项应付、暂收的款项。企业发生其他各种应付、暂收款项，借记"管理费用"等科目，贷记"其他应付款"；支付其他各种应付、暂收款项，借记"其他应付款"科目，贷记"银行存款"等科目。

售后回购，回购价格不低于原售价的，应当视为融资交易，在收到客户款项时确认金融负债，并将该款项和回购价格的差额在回购期间内确认为利息费用等。企业采用售后回购方式融入资金的，应按实际收到的金额，借记"银行存款"科目，贷记"其他应付款""应交税费"等科目。回购价格与原销售价格之间的差额，应在售后回购期间按期计提利息费用，借记"财务费用"科目，贷记"其他应付款"科目。按照合同约定购回该项商品时，应按实际支付的金额，借记"其他应付款""应交税费"等科目，贷记"银行存款"科目。

【例 9 - 15】　乙公司为一般纳税人，2021 年 6 月初因为资金紧张，与甲公司签订销售合同，出售一批木材给甲公司，合同约定价格为 50 万元（不含增值税）。合同还约定 2021 年 12 月初，乙公司以 53 万元（不含增值税）的价格回购这批木材，木材的成本价为 40 万元。回购价格不低于原售价的，应当视为融资交易。

销售木材时：

借：银行存款	565 000
贷：其他应付款	500 000
应交税费——应交增值税（销项税额）	65 000

每月末计提利息：

借：财务费用	5 000
贷：其他应付款	5 000

回购木材时：

借：其他应付款	530 000
应交税费——应交增值税（进项税额）	68 900
贷：银行存款	598 900

应付利息，是指企业按照合同约定应支付的利息，包括吸收存款、短期借款、分期付息到期还本的长期借款和应付债券等应支付的利息。期末贷方余额，反映企业应付未付的利息。资产负债表日，应按摊余成本和实际利率计算确定的利息费用，借记"利息支出（金融企业）""财务费用""制造费用""在建工程""研发支出"等科目，按合同利率计算确定的应付未付利息，贷记"应付利息"，按借贷双方之间的差额，借记或贷记"长期借款——利息调整"等科目。合同利率与实际利率差异较小的，也可以采用合同利率计算确定利息费用。实际支付利息时，借记"应付利息"，贷记"银行存款"等科目。

应付股利是指企业经股东大会或类似机构审议批准分配的现金股利或利润。企业经股东大会或类似机构审议批准的利润分配方案，按应支付的现金股利或利润，借记"利润分配"科目，贷记"应付股利"科目；实际支付现金股利或利润时，借记"应付股利"科目，贷记"银行存款"等科目。企业董事会或类似机构通过的利润分配方案中拟分配的现金股利或利润，不应确认负债,但应在附注中披露。

六、长期借款

长期借款,是指企业从银行或其他金融机构借入的期限在一年以上(不含一年)的借款。

企业借入长期借款,应按实际收到的金额,借记"银行存款"科目,贷记"长期借款——本金"科目;如存在差额,还应借记"长期借款——利息调整"科目。

借款费用,是指企业因借款而发生的利息及其他相关成本。借款费用包括借款利息、溢价或者折价的摊销、辅助费用以及因外币借款而发生的汇兑差额等。

根据借款费用准则的规定,借款费用确认的基本原则是:企业发生的借款费用,可直接归属于符合资本化条件的资产的购建或者生产的,应当予以资本化,计入相关资产成本;其他借款费用,应当在发生时根据其发生额确认为费用,计入当期损益。不符合资本化条件而且属于筹建期内发生的部分则计入"管理费用";既不符合资本化条件又未发生在筹建期内的部分则计入"财务费用"。符合资本化条件的资产,是指需要经过相当长时间的购建或者生产活动才能达到预定可使用或者可销售状态的固定资产、投资性房地产和存货等资产。

在资产负债表日,企业应按长期借款的摊余成本和实际利率计算确定的长期借款的利息费用,借记"在建工程""研发支出""制造费用""财务费用"等科目,按借款本金和合同利率计算确定的应付未付利息,贷记"应付利息"科目(对于一次还本付息的长期借款,贷记"长期借款——应计利息"科目),按其差额,贷记"长期借款——利息调整"科目。

企业归还长期借款,按归还的长期借款本金,借记"长期借款——本金"科目,按转销的利息调整金额,贷记"长期借款——利息调整"科目,按实际归还的款项,贷记"银行存款"科目,按其差额,借记"在建工程""研发支出""制造费用""财务费用"等科目。

【例 9-16】 某企业为建造一幢厂房,2021 年 1 月 1 日借入期限为两年的长期专门借款 100 万元,款项已存入银行。借款利率按市场利率确定为 9%,每年付息一次,期满后一次还清本金。2021 年年初,以银行存款支付工程价款共计 60 万元。2022 年年初又以银行存款支付工程费用 40 万元。该厂房子 2022 年 8 月底完工,达到预定可使用状态。假定不考虑闲置专门借款资金存款的利息收入或者投资收益。企业应做如下账务处理。

(1) 2021 年 1 月 1 日,取得借款时:

借:银行存款   1 000 000
  贷:长期借款   1 000 000

(2) 2021 年年初,支付工程款时:

借:在建工程   600 000
  贷:银行存款   600 000

(3) 2021 年 12 月 31 日,计算应计入工程成本的利息时:

借款利息 $= 1\,000\,000 \times 9\% = 90\,000$(元)

借:在建工程   90 000
  贷:应付利息   90 000

(4) 2022 年 1 月 1 日,支付借款利息时:

借:应付利息   90 000
  贷:银行存款   90 000

（5）2022年年初，支付工程款时：

借：在建工程　　　　　　　　　　　　　　　　　　　　　400 000

　　贷：银行存款　　　　　　　　　　　　　　　　　　　　　400 000

（6）2022年8月底，利息＝（1 000 000×9％÷12）×8＝60 000（元）

借：在建工程　　　　　　　　　　　　　　　　　　　　　60 000

　　贷：应付利息　　　　　　　　　　　　　　　　　　　　　60 000

（7）2022年8月底，结转在建工程：

借：固定资产　　　　　　　　　　　　　　　　　　　　1 150 000

　　贷：在建工程　　　　　　　　　　　　　　　　　　　　1 150 000

（8）2022年12月31日，利息＝（1 000 000×9％÷12）×4＝30 000（元）

借：财务费用　　　　　　　　　　　　　　　　　　　　　30 000

　　贷：应付利息　　　　　　　　　　　　　　　　　　　　　30 000

（9）2023年1月1日，支付利息时：

借：应付利息　　　　　　　　　　　　　　　　　　　　　90 000

　　贷：银行存款　　　　　　　　　　　　　　　　　　　　　90 000

（10）2023年1月1日，到期还本时：

借：长期借款　　　　　　　　　　　　　　　　　　　　1 000 000

　　贷：银行存款　　　　　　　　　　　　　　　　　　　　1 000 000

七、应付债券

　　企业发行的超过一年期以上的债券，构成了企业的长期负债。债券发行费用计入应付债券的初始入账金额。企业发行的债券通常分为到期一次还本付息或分期付息、一次还本两种。公司债券的发行方式有三种，即面值发行、溢价发行和折价发行。假设其他条件不变，债券的票面利率高于同期银行存款利率时，可按超过债券票面价值的价格发行，称为溢价发行。溢价是企业以后各期多付利息而事先得到的补偿；如果债券的票面利率低于同期银行存款利率，可按低于债券面值的价格发行，称为折价发行。折价是企业以后各期少付利息而预先给投资者的补偿。如果债券的票面利率与同期银行存款利率相同，可按票面价格发行，称为面值发行。溢价或折价是发行债券企业在债券存续期内对利息费用的一种调整。企业应当设置"应付债券"账户，属于负债类账户，用来核算企业发行债券的摊余成本，按应付债券的类别和品种，分别设置"面值""利息调整""应计利息"等明细账户进行明细核算。

　　发行方发行的金融工具归类为债务工具并以摊余成本计量的，应按实际收到的金额，借记"银行存款"等科目，按债务工具的面值，贷记"应付债券——优先股、永续债等（面值）"科目，按其差额，贷记或借记"应付债券——优先股、永续债等（利息调整）"科目。

　　利息调整应在债券存续期间内采用实际利率法进行摊销。资产负债表日，对于分期付息、一次还本的债券，企业应按应付债券的摊余成本和实际利率计算确定的债券利息费用，借记"在建工程""研发支出""制造费用""财务费用"等科目，按票面利率计算确定的应付未付利息，贷记"应付利息"科目，按其差额，借记或贷记"应付债券——优先股、永续债等（利息调整）"科目。对于一次还本付息的债券，应于资产负债表日按摊余成本和实际利率计算确定的债券利息费用，借记"在建工程""研发支出""制造费用""财务费用"等科目，按票面利率计算确定的应付未付利息,贷记"应付债券——优先股、永续债等(应计利息)"科目,按其差额,借记或贷记"应付债券——优先股、永续债等(利息调整)"科目。债券到期偿还本金时,借记"应付债券——优先股、永续债等(面值)"科目,贷记"银行存款"科目。

发行方按合同条款约定赎回所发行的分类为金融负债的金融工具,按该工具赎回日的账面价值,借记"应付债券"等科目,按赎回价格,贷记"银行存款"等科目,按其差额,借记或贷记"财务费用"科目。

【例9-17】甲公司经批准于2020年12月31日发行债券10 000张,每张面值100元,票面利率6%,期限5年,到期一次还本付息,债券发行时市场利率为7%,债券溢折价采用实际利率法摊销,则甲公司的账务处理如下。

(1)首先计算公允的发行价格:

$(100×10\ 000+100×10\ 000×6\%×5)÷(1+7\%)^5=1\ 300\ 000×0.713=926\ 882(元)$

计算利息摊销溢价,如表9-1所示。

表9-1 各期利息费用计算表 单位:元

年 份	① 年初摊余成本	② 利息费用=①×r	③ 现金流出	④ 年末摊余成本 =①+②-③
2021	926 882	64 882	0	991 764
2022	991 764	69 423	0	1 061 187
2023	1 061 187	74 283	0	1 135 470
2024	1 135 470	79 483	0	1 214 953
2025	1 214 953	85 047	1 300 000	0

$$年末摊余成本=年初摊余成本+面值×票面利率+\left(年初摊余成本×实际利率-面值×票面利率\right)$$
$$=年初摊余成本+年初摊余成本×实际利率$$

(2)2020年12月31日,发行债券时:

借:银行存款 926 882

应付债券——利息调整 73 118

贷:应付债券——面值 1 000 000

(3)2021年年末账务处理时:

实际利息费用=926 882×7%=64 882(元)

应计利息=1 000 000×6%=60 000(元)

利息调整的摊销额=64 882-60 000=4 882(元)

借:财务费用 64 882

贷:应付债券——应计利息 60 000

——利息调整 4 882

(4)2022年年末账务处理时:

实际利息费用=(926 882+64 882)×7%=69 423(元)

应计利息=1 000 000×6%=60 000(元)

利息调整的摊销额＝69 423－60 000＝9 423(元)

借:财务费用　　　　　　　　　　　　　　　　　　　　　　　　69 423

　　贷:应付债券——应计利息　　　　　　　　　　　　　　　　　60 000

　　　　　　——利息调整　　　　　　　　　　　　　　　　　　　9 423

2023年年末、2024年年末和2025年年末的分录均参照上述处理。

【例9－18】　2021年1月1日,甲公司发行面值8 000万元、票面利率为6％、期限为5年的债券,发行价格为8 400万元,每年年末计算并支付利息,到期还本;甲公司采用实际利率法摊销债券溢价。假设整个过程没有发生相关税费,甲公司筹集的该项资金没有用于购建或者生产符合资本化条件的资产。甲股份有限公司的账务处理如下。

(1)计算实际利率:

$8\,000×6\%×PA(5,r)+8\,000×PV(5,r)=8\,400$

经测算,计算结果:$r=4.85\%$,每年利息计算过程如表9－2所示。

表9－2　各期利息费用计算表　　　　　　　单位:万元

年份	① 年初摊余成本	② 利息费用＝①×r	③ 现金流出	④ 年末摊余成本 ＝①＋②－③
2021	8 400	407.4	480	8 327.4
2022	8 327.4	403.88	480	8 251.28
2023	8 251.28	400.19	480	8 171.47
2024	8 171.47	396.32	480	8 087.79
2025	8 087.79	392.21	8 480	0

年末摊余成本＝年初摊余成本－(面值×票面利率－年初摊余成本×实际利率)

(2)2021年1月1日,发行债券时:

借:银行存款　　　　　　　　　　　　　　　　　　　　　　84 000 000

　　贷:应付债券——面值　　　　　　　　　　　　　　　　　80 000 000

　　　　　　——利息调整　　　　　　　　　　　　　　　　　4 000 000

(3)2021年年末账务处理时:

实际利息费用＝8 400×4.85％＝407.4(万元)

应付利息(或支付利息)＝8 000×6％＝480(万元)

利息调整的摊销额＝480－407.4＝72.6(万元)

借:财务费用　　　　　　　　　　　　　　　　　　　　　　4 074 000

　　应付债券——利息调整　　　　　　　　　　　　　　　　　726 000

　　贷:银行存款(应付利息)　　　　　　　　　　　　　　　4 800 000

(4)2022年年末账务处理时:

实际利息费用＝(8 400－72.6)×4.85％＝403.88(万元)

应付利息(或支付利息)＝8 000×6％＝480(万元)

利息调整的摊销额＝480－403.88＝76.12(万元)

借:财务费用　　　　　　　　　　　　　　　　　　　　　　4 038 800

```
        应付债券——利息调整                                761 200
        贷:银行存款(应付利息)                                      4 800 000
```

2023 年年末、2024 年年末和 2025 年年末的分录均参照上述处理。

八、长期应付款

长期应付款,是指企业除长期借款和应付债券以外的其他各种长期应付款项,如以分期付款方式购入固定资产发生的应付款项等。

企业购买资产有可能延期支付有关价款。如果延期支付的购买价款超过正常信用条件,实质上具有融资性质的,所购资产的成本应当以延期支付购买价款的现值为基础确定。实际支付的价款与购买价款的现值之间的差额,应当在信用期间采用实际利率法进行摊销,计入相关资产成本或当期损益。

具体来说,企业购入资产超过正常信用条件延期付款实质上具有融资性质时,应按购买价款的现值,借记"固定资产""在建工程"等科目,按应支付的价款总额,贷记"长期应付款"科目,按其差额,借记"未确认融资费用"科目。按期支付价款,借记"长期应付款"科目,贷记"银行存款"科目。未确认融资费用应当在租赁期内各个期间进行分摊。企业应当采用实际利率法计算确认当期的融资费用,借记"财务费用"等科目,贷记"未确认融资费用"科目。

练 习 题

一、单项选择题

1. 企业缴纳上月应交未交的增值税时,应借记( )科目。

   A. 应交税费——应交增值税(转出未交增值税)

   B. 应交税费——未交增值税

   C. 应交税费——应交增值税(转出多交增值税)

   D. 应交税费——应交增值税(已交税金)

2. 企业发生的下列税费应通过"税金及附加"科目核算的是( )。

   A. 进口关税   B. 契税   C. 增值税   D. 教育费附加

3. 甲公司为增值税一般纳税人,适用的增值税税率为 13%。甲公司董事会决定将本公司生产的 500 件产品作为福利发放给公司管理人员。该批产品的单件成本为 1.2 万元/件,市场销售价格为每件 2 万元(不含增值税)。不考虑其他相关税费,甲公司因该项业务应计入管理费用的金额为( )万元。

   A. 600   B. 760   C. 1 000   D. 1 130

4. 甲公司经批准以面值 50 000 万元发行可转换公司债券,债券期限为 5 年,每年 1 月 1 日付息,票面年利率为 4%,实际年利率为 6%。利率为 6%、期数为 5 期的普通年金现值系数为 4.212 4,利率为 6%、期数为 5 期的复利现值系数为 0.747 3。发行可转换公司债券时应确认的权益成分的公允价值为( )万元。

   A. 45 789.8   B. 4 210.2   C. 50 000   D. 0

5. 甲公司发行三年期可转换公司债券,实际发行价款 100 000 万元,其中负债成分的公允价值为 90 000 万元。假定发行债券时另支付发行费用 300 万元。甲公司发行债券时应确认的"应付债券"的金额为(　　)万元。

  A. 90 270   B. 90 030   C. 89 970   D. 89 730

  6. 下列说法错误的是(　　)。

  A. 增值税的视同销售行为会计不确认收入

  B. 离职后福利分类为设定提存计划和设定受益计划

  C. 以摊余成本计量的金融负债包括短期借款、长期借款、应付票据、应付债券等

  D. 短期利润分享计划属于短期薪酬,长期利润分享计划属于其他长期职工福利

  7. 某股份有限公司于2021年1月1日发行3年期、每年1月1日付息、到期一次还本的公司债券,债券面值为200万元,票面利率为5%,实际利率为6%,发行价格为194.65万元。该债券2022年度确认的利息费用为(　　)万元。

  A. 11.78   B. 12   C. 10   D. 11.68

  8. 下列职工薪酬中,不应当根据职工提供服务的受益对象计入成本费用的是(　　)。

  A. 因解除与职工的劳动关系给予的补偿 B. 构成工资总额的各组成部分

  C. 工会经费和职工教育经费   D. 社会保险费

  9. 甲公司于2021年1月1日对外发行5年期、面值总额为2 000万元的公司债券,债券票面年利率为3%,到期一次还本付息,实际收到发行价款2 200万元。采用实际利率法摊销,实际利率为2%。2022年12月31日,该公司该项应付债券的账面余额为(　　)万元。

  A. 2 120   B. 2 320   C. 2 288.88   D. 2 287.68

  10. 关于应交增值税,下列说法不正确的是(　　)。

  A. "未交增值税"核算企业缴纳以前期间未交的增值税

  B. "预交增值税"余额应转入"未交增值税"

  C. 一般纳税人在应交税费下设置简易计税明细科目

  D. 月末应交未交的增值税不用结转

二、多项选择题

  1. 下列各项中属于企业应在"应交增值税"明细科目下设置的专栏有(　　)。

  A. 进项税额 B. 已交税金   C. 未交增值税   D. 出口退税

  2. 下列各项税金中,应计入相关资产成本的有(　　)。

  A. 契税   B. 耕地占用税   C. 印花税   D. 车辆购置税

  3. 下列各项税金中,应计入相关资产成本的有(　　)。

  A. 一般纳税人因购进原材料而支付的增值税

  B. 由受托方代扣代缴的委托加工收回后直接用于对外销售的商品负担的消费税

  C. 收购未税矿产品代收代缴的资源税

  D. 进口商品支付的关税

  4. 下列说法中正确的有(　　)。

  A. 职工薪酬包括短期薪酬、离职后福利、辞退福利和其他长期职工福利

  B. 根据时间长短,带薪缺勤分为短期带薪缺勤和长期带薪缺勤

  C. 辞退福利,是指企业在职工劳动合同到期之前解除与职工的劳动关系,或者为鼓励职工自愿接受裁减而给予职工的补偿

  D. 企业应当在职工实际发生缺勤的会计期间确认与非累积带薪缺勤相关的职工薪酬

5. 下列各项税款,应当通过"税金及附加"科目核算的有(　　)。

　　A. 房产税　　　　　B. 车船税　　　　　C. 资源税　　　　　D. 土地增值税

6. 对于发行分期付息债券企业来说,采用实际利率法摊销时,下列表述正确的有(　　)。

　　A. 随着各期债券溢价的摊销,债券的摊余成本逐期减少,利息费用逐期增加

　　B. 随着各期债券折价的摊销,债券的摊余成本逐期接近其面值

　　C. 随着各期债券溢价的摊销,债券的应付利息和利息费用都逐期减少

　　D. 随着各期债券折价的摊销,债券的摊余成本和利息费用都逐期增加

三、综合分析题

1. 甲公司 2021 年 12 月有关的交易或事项如下:① 分配职工工资 150 万元,其中直接生产产品人员工资 105 万元,车间管理人员工资 15 万元,企业管理人员工资 20 万元,销售人员工资 10 万元。② 缴纳企业负担的职工医疗保险费 6 万元。③ 计算代扣代缴职工个人所得税 0.5 万元。④ 以现金支付职工李某生活困难补助 0.3 万元。⑤ 为公司 25 位部门经理每人配备汽车一辆,免费使用,每辆汽车每月计提折旧 0.08 万元。

要求:编制有关会计分录。

2. 2021 年 12 月 31 日,以 7 755 万元的价格发行 3 年期分期付息公司债券,该债券面值为 8 000 万元,票面年利率为 4.5%,实际年利率为 5.64%,按年付息,到期还本。

要求:编制有关会计分录。

四、简述题

比较不同税金的会计处理。

第十章　所有者权益

学 习 目 标

通过本章学习,理解其他综合收益,区分金融负债和权益工具,掌握实收资本、其他权益工具、资本公积、其他综合收益、留存收益的核算。

所有者权益根据其核算的内容和要求,可分为实收资本(股本)、其他权益工具、资本公积、其他综合收益、盈余公积和未分配利润等部分。企业的组织形式主要有个人独资、合伙经营和公司等。不同组织形式的企业,其所有者权益有所不同。个人独资和合伙企业,负无限责任缴纳个人所得税,其所有者权益一般不必划分为投入资本、其他权益工具、资本公积、其他综合收益和留存收益,所有者权益统称为业主权益。

第一节　实收资本

一、实收资本概述

注册资本也叫法定资本,是公司制企业章程规定的全体股东或发起人认缴的出资额或认购的股本总额,并在公司登记机关依法登记。注册资本是企业承担民事责任的财力保证。

投入资本是指所有者在企业注册资本的范围内实际投入的资本,是指出资人作为资本实际投入企业的资金数额,进一步划分为资本金和资本公积。一般企业的资本金被称为实收资本,股份有限公司的资本金被称为股本。

按照我国有关法律规定,投资者设立企业首先必须投入资本。实收资本是投资者投入资本形成法定资本的价值。所有者向企业投入的资本,在一般情况下无须偿还,可以长期周转使用。实收资本的构成比例,即投资者的出资比例或股东的股份比例,通常是确定所有者在企业所有者权益中所占的份额和参与企业财务经营决策的基础,也是企业进行利润分配或股利分配的依据,同时还是企业清算时确定所有者对净资产的要求权的依据。

实缴制,在注册公司时需提供验资报告,全额支付注册资金才可注册;认缴制,注册时自行说明认缴数额和认缴期限,在期限内缴清即可,无须注册时全额支付。我国注册资本由实缴登记制改为认缴登记制,降低了开办公司成本,放宽了注册资本登记条件。

(1) 有限责任公司,股东以其出资额为限对公司承担责任,公司以其全部资产对公司的债务承担责任。对作为出资的非货币财产应当评估作价,核实财产,不得高估或者低估作价。法律、行政法规对评估作价有规定的,从其规定。

(2) 股份有限公司,全部资本由等额股份构成,通过发行股票筹集资本,股东以其认购的股份为限对公司承担责任,公司以其全部财产对公司债务承担责任的企业法人。股份有限公司的设立有两种方式,即发起式和募集式。发起式设立的特点是公司的股份全部由发起人认购,不向发起人之外的任何人募集股份;募集式设立的特点是公司股份除发起人认购外,还可以采用向其他法人或自然人发行股票的方式进行募集。公司设立方式不同,筹集资本的风险也不同。发起式设立公司,其所需资本由发起人一次认足,一般不会发生设立公司失败的情况,因此,其筹资风险小。社会募集股份,其筹资对象广泛,在资本市场不景气或股票的发行价格不恰当的情况下,有发行失败的可能,因此,其筹资风险大。按照有关规定,发行失败损失由发起人负担,包括承担筹建费用、公司筹建过程中的债务和对认股人已缴纳的股款支付银行同期存款利息等责任。股票的面值与股份总数的乘积为股本,股本应等于企业的注册资本,所以,股本是很重要的指标。

二、实收资本增减变动的会计处理

《中华人民共和国公司登记管理条例》规定,公司增加注册资本的,有限责任公司股东认缴新增资本的出资和股份有限公司的股东认购新股,应当分别依照《公司法》设立有限责任公司缴纳出资和设立股份有限公司缴纳股款的有关规定执行。按公司法的规定,公积金可分为法定公积金、任意公积金及资本公积金,对应会计准则上的法定盈余公积、任意盈余公积、资本公积。公司法定公积金累计额为公司注册资本的 50% 以上的,可以不再提取。公司法定公积金转增为注册资本的,留存的该项公积金不少于转增前公司注册资本的 25%。公司减少注册资本的,应当自公告之日起 45 日后申请变更登记,并应当提交公司在报纸上登载公司减少注册资本公告的有关证明和公司债务清偿或者债务担保情况的说明。公司减资后的注册资本不得低于法定的最低限额。

(一) 实收资本增加的会计处理

1. 所有者投入

有限责任公司应当设置“实收资本”科目,核算企业接受投资者投入的实收资本,投资者可以用现金投资,也可以用现金以外的其他有形资产投资,符合国家规定比例的,还可以用无形资产投资。企业收到投资时,一般应做如下会计处理:收到投资人投入的现金,应在实际收到或者存入企业开户银行时,按实际收到的金额,借记“银行存款”科目,以实物资产投资的,应在办理实物产权转移手续时,借记有关资产科目,以无形资产投资的,应在按照合同、协议或公司章程规定移交有关凭证时,借记“无形资产”科目;按投入资本在注册资本或股本中所占份额,贷记“实收资本”科目;按其差额,贷记“资本公积——资本溢价”科目。

初建有限责任公司时,各投资者按照合同、协议或公司章程投入企业的资本,应全部计入“实收资本”科目。在企业增资时,如有新投资者介入,新介入的投资者缴纳的出资额大于其按约定比例计算的其在注册资本中所占的份额部分,不计入“实收资本”科目,而作为资本公积,计入“资本公积——资本溢价”科目。

股份有限公司应设置“股本”科目。“股本”科目核算股东投入股份有限公司的股本,企业应将核定的股本总额、股份总数、每股面值在股本账户中做备查记录。为提供企业股份的构成情况,企业可在“股本”科目下按股东单位或姓名设置明细账。

企业的股本应在核定的股本总额范围内,发行股票取得。我国不允许企业折价发行股票。在采用溢价发行股票的情况下,企业应将相当于股票面值的部分计入"股本"科目,其余部分在扣除发行手续费、佣金等发行费用后计入"资本公积——股本溢价"科目。股票发行没有溢价或溢价金额不足以支付发行费用的部分,应当冲减盈余公积和未分配利润。

企业接受的投资者的投资如果为外币资本,无论是否存在合同约定的汇率,均不再采用合同约定汇率折算,而是采用交易日即期汇率折算为记账本位币,即外币投入资本与相应的货币性项目的记账本位币金额相等,不产生外币资本折算差额。

2. 资本公积和盈余公积转增注册资本

一是将资本公积转为实收资本或者股本。会计上应借记"资本公积——资本溢价"或"资本公积——股本溢价"科目,贷记"实收资本"或"股本"科目。二是将盈余公积转为实收资本。会计上应借记"盈余公积"科目,贷记"实收资本"或"股本"科目。这里要注意的是,资本公积和盈余公积均属所有者权益,转为实收资本或者股本时,企业如为独资企业的,核算比较简单,直接结转即可;如为股份有限公司或有限责任公司的,应按原投资者所持股份同比例增加各股东的股权。

3. 股份有限公司发放股票股利

股份有限公司采用发放股票股利实现增资的,在发放股票股利时,按照股东原来持有的股数分配,如股东所持股份按比例分配的股利不足一股时,有两种方法可供选择,一是将不足一股的股票股利改为现金股利,用现金支付;二是由股东相互转让,凑为整股。股东大会批准的利润分配方案中分配的股票股利,应在办理增资手续后,借记"利润分配"科目,贷记"股本"科目。

4. 可转换公司债券持有人行使转换权利

可转换公司债券持有人行使转换权利,将其持有的债券转换为股票,按可转换公司债券的余额,借记"应付债券——可转换公司债券"科目,按其权益成分的金额,借记"其他权益工具"科目,按股票面值和转换的股数计算的股票面值总额,贷记"股本"科目,按其差额,贷记"资本公积——股本溢价"科目。

5. 企业将重组债务转为资本

企业将重组债务转为资本的,应按重组债务的账面余额,借记"应付账款"等科目,按债权人因放弃债权而享有本企业股份的面值总额,贷记"实收资本"或"股本"科目,按股份的公允价值总额与相应的实收资本或股本之间的差额,贷记或借记"资本公积——资本溢价(或股本溢价)"科目,按所清偿债务账面价值与权益工具确认金额之间的差额,贷记"投资收益"科目。

6. 以权益结算的股份支付的行权

股份支付,是指企业为获取职工和其他方提供服务而授予权益工具或者承担以权益工具为基础确定的负债的交易。股份支付分为以权益结算的股份支付和以现金结算的股份支付。以现金结算的股份支付,企业应确认负债;以权益结算的股份支付,企业应确认权益。以权益结算的股份支付换取职工或其他方提供服务的,应在行权日,根据实际行权情况确定的金额,借记"资本公积——其他资本公积"科目,按应计入实收资本或股本的金额,贷记"实收资本"或"股本"科目,按其差额,贷记"资本公积——资本溢价(或股本溢价)"科目。

(二)实收资本减少的会计处理

企业实收资本减少的原因大体有两种:一是资本过剩;二是企业发生重大亏损而需要减少实收资本。

有限责任公司因资本过剩而减资,发还投资的会计处理比较简单,按法定程序报经批准减少注册资本的,借记"实收资本"科目,贷记"库存现金""银行存款"等科目。

股份有限公司由于采用的是发行股票的方式筹集股本,发还股款时,则要回购发行的股票,发行股票的价格与股票面值可能不同,回购股票的价格也可能与发行价格不同。股份有限公司因减少注册资本而回购本公司股份的,应按实际支付的金额,借记"库存股"科目,贷记"银行存款"科目。注销库存股时,应按股票面值和注销股数计算的股票面值总额,借记"股本"科目,按注销库存股的账面余额,贷记"库存股"科目,按其差额,冲减股票发行时原计入资本公积的溢价部分,借记"资本公积——股本溢价"科目,回购价格超过上述冲减"股本"及"资本公积——股本溢价"科目的部分,应依次借记"盈余公积""利润分配——未分配利润"等科目;如回购价格低于回购股份所对应的股本,所注销库存股的账面余额与所冲减股本的差额作为增加股本溢价处理,按回购股份所对应的股本面值,借记"股本"科目,按注销库存股的账面余额,贷记"库存股"科目,按其差额,贷记"资本公积——股本溢价"科目。

库存股是用来核算企业收购的尚未转让或注销的该公司股份金额。库存股是权益的备抵科目。和未发行的股票类似,没有投票权或分配股利的权利,而公司解散时也不能变现。

【例 10-1】 B公司发行股票 3 000 万股,每股股票面值为 1 元,资本公积(股本溢价)600 万元,盈余公积 400 万元。经股东大会批准,B公司回购本公司股票 300 万股并注销。

假定 B 公司按照每股 4 元回购股票,库存股的成本=3 000 000×4=12 000 000(元)

借:库存股	12 000 000	
贷:银行存款		12 000 000
借:股本	3 000 000	
资本公积——股本溢价	6 000 000	
盈余公积	3 000 000	
贷:库存股		12 000 000

假定 B 公司以每股 0.9 元回购股票,库存股的成本=3 000 000×0.9=2 700 000(元)

借:库存股	2 700 000	
贷:银行存款		2 700 000
借:股本	3 000 000	
贷:库存股		2 700 000
资本公积——股本溢价		300 000

中外合作经营企业在经营期间用利润归还投资,应按实际归还投资的金额,借记"实收资本——已归还投资"科目,贷记"银行存款"等科目,同时,借记"利润分配——利润归还投资"科目,贷记"盈余公积——利润归还投资"科目。

第二节　其他权益工具

权益工具,是指能证明拥有某个企业在扣除所有负债后的资产中的剩余权益的合同。在同时满足下列条件的情况下,企业应当将发行的金融工具分类为权益工具:① 该金融工具应当不包括交付现金或其他金融资产给其他方,或在潜在不利条件下与其他方交换金融资产或金融负债的合同义务;② 将来须用或可用企业自身权益工具结算该金融工具。如为非衍生工具,该金融工具应当不包括交付可变数量的自身权益工具进行结算的合同义务;如为衍生工具,企业只能通过以固定数量的自身权益工具交换固定金额的现金或其他金融资产结算该金融工具。其中,企业自身权益工具不包括分类为权益工具的特殊金融工具,也不包括本身就要求在未来收取或交付企业自身权益工具的合同。

一、归类为权益工具的金融工具(普通股除外)

金融工具或其组成部分属于权益工具的,其发行(含再融资)、回购、出售或注销时,发行方应当作为权益的变动处理;发行方不应当确认权益工具的公允价值变动;发行方对权益工具持有方的分配应做利润分配处理,发放的股票股利不影响所有者权益总额。对于归类为权益工具的金融工具,无论其名称中是否包含"债",其利息支出或股利分配都应当作为发行企业的利润分配,其回购、注销等作为权益的变动处理。与权益性交易相关的交易费用应当从权益(其他权益工具)中扣减。交易费用是指可直接归属于购买、发行或处置金融工具的增量费用。只有那些可直接归属于发行新的权益工具或者购买此前已经发行在外的权益工具的增量费用才是与权益交易相关的费用。

企业发行的除普通股以外的归类为权益工具的各种金融工具,在"其他权益工具"科目核算,按发行金融工具的种类等进行明细核算。发行方发行的金融工具归类为权益工具的,应按实际收到的金额,借记"银行存款"等科目,贷记"其他权益工具——优先股、永续债等"科目。分类为权益工具的金融工具,在存续期间分派股利(含分类为权益工具的工具所产生的利息)的,作为利润分配处理。发行方应根据经批准的股利分配方案,按应分配给金融工具持有者的股利金额,借记"利润分配——应付优先股股利、应付永续债利息等"科目,贷记"应付股利——优先股股利、永续债利息等"科目。

库存股可由企业自身购回和持有,也可由集团合并范围内的其他成员购回和持有。其他成员包括子公司,但是不包括集团的联营和合营企业。如果企业是替他人持有自身的权益工具,不是自身的资产,也不属于库存股。回购自身权益工具(库存股)支付的对价和交易费用,应当减少所有者权益,不得确认金融资产。如果企业持有库存股之后又将其重新出售,反映的是不同所有者之间的转让,而非企业本身的利得或损失,因此,无论这些库存股的公允价值如何波动,企业应直接将支付或收取的任何对价在权益中确认,而不产生任何损益。发行方按合同条款约定赎回所发行的除普通股以外的分类为权益工具的金融工具,按赎回价格,借记"库存股——其他权益工具"科目,贷记"银行存款"等科目;注销所购回的金融工具,按该工具对应的其他权益工具的账面价值,借记"其他权益工具"科目,按该工具的赎回价格,贷记"库存股——其他权益工具"科目,按其差额,借记或贷记"资本公积——资本溢价(或股本溢价)"科目,如资本公积不够冲减的,依次冲减盈余公积和未分配利润。

二、复合金融工具

企业应对发行的非衍生工具进行评估,以确定所发行的工具是否为复合金融工具。企业所发行的非衍生工具可能同时包含金融负债成分和权益工具成分。对于复合金融工具,发行方应于初始确认时将各组成部分分别分类为金融负债、金融资产或权益工具。企业发行的一项非衍生工具同时包含金融负债成分和权益工具成分的,应于初始计量时先确定金融负债成分的公允价值(包括其中可能包含的非权益性嵌入衍生工具的公允价值),再从复合金融工具公允价值中扣除负债成分的公允价值,作为权益工具成分的价值。任何与负债成分相关的利息、股利、利得或损失应计入损益,任何与权益成分相关的利息、股利、利得或损失应计入权益。发行复合金融工具发生的交易费用,也应当在负债成分和权益成分之间按照各自占总发行价款的比例进行分摊。可转换债券等可转换工具可能被分类为复合金融工具。

发行方发行的金融工具为复合金融工具的,应按实际收到的金额,借记"银行存款"等科目,按金融工具的面值,贷记"应付债券——面值"科目,按负债成分的公允价值与金融工具面值之间的差额,借记或贷记"应付债券——利息调整"科目,按实际收到的金额扣除负债成分的公允价值后的金额,贷记"其他权益工具"科目。

在可转换工具转换时,应终止确认负债成分,并将其确认为权益。原来的权益成分仍旧保留为权益(从权益的一个项目结转到另一个项目;从"其他权益工具"转入"资本公积——股本溢价")。可转换工具转换时不产生损益。发行方按合同条款约定将发行的除普通股以外的金融工具转换为普通股的,按该工具对应的金融负债或其他权益工具的账面价值,借记"应付债券""其他权益工具"等科目,按普通股的面值,贷记"股本"科目,按其差额,贷记"资本公积——股本溢价"科目,如转股时金融工具的账面价值不足转换为1股普通股而以现金或其他金融资产支付的,还需按支付的现金或其他金融资产的金额,贷记"银行存款"等科目。

企业发行的可转换公司债券在"应付债券"科目下设置"可转换公司债券"明细科目核算。对于可转换公司债券的负债成分,在转换为股份前,其会计处理与一般公司债券相同。

【例 10-2】 甲公司经批准于 2021 年 1 月 1 日按面值发行 5 年期、一次还本、按年付息的可转换公司债券 20 000 万元,债券票面年利率为 6%。债券发行 1 年后可转换为普通股股票,初始转股价为每股 10 元,股票面值为每股 1 元。假定 2022 年 1 月 1 日债券持有人将持有的可转换公司债券全部转换为普通股股票,债券持有人在当期付息前转换股票的,应按债券面值和应计利息之和除以转股价,计算转换的股份数。甲公司发行可转换公司债券时二级市场上与之类似的没有附带转换权的债券市场利率为 9%。甲公司的账务处理如下。

(1) 2021 年 1 月 1 日发行可转换公司债券时:

可转换公司债券负债成分的公允价值 = 200 000 000 × 0.649 9 + 200 000 000 × 6% × 3.889 7
= 176 656 400(元)

可转换公司债券权益成分的公允价值 = 200 000 000 - 176 656 400 = 23 343 600(元)

借:银行存款   200 000 000

应付债券——可转换公司债券(利息调整)   23 343 600

贷：应付债券——可转换公司债券（面值）　　　　　　200 000 000

其他权益工具　　　　　　23 343 600

（2）2021年12月31日确认利息费用时：

借：财务费用(176 656 400×9%)　　　　　　15 899 076

贷：应付利息(200 000 000×6%)　　　　　　12 000 000

应付债券——可转换公司债券（利息调整）　　　　　　3 899 076

（3）2022年1月1日债券持有人行使转换权时（利息尚未支付）：

转换的股份数＝(200 000 000＋12 000 000)÷10＝21 200 000（股）

借：应付债券——可转换公司债券（面值）　　　　　　200 000 000

应付利息　　　　　　12 000 000

其他权益工具　　　　　　23 343 600

贷：股本　　　　　　21 200 000

应付债券——可转换公司债券（利息调整）　　　　　　19 444 524

资本公积——股本溢价　　　　　　194 699 076

企业通过在到期日前赎回或回购而终止一项仍具有转换权的可转换工具时,应在交易日将赎回或回购所支付的价款以及发生的交易费用分配至该工具的权益成分和负债成分。分配价款和交易费用的方法应与该工具发行时采用的分配方法一致。价款和交易费用分配后,所产生的利得或损失应分别根据权益成分和负债成分所适用的会计原则进行处理,分配至权益成分的款项计入权益,与债务成分相关的利得或损失计入损益。

企业可能修订可转换工具的条款以促成持有方提前转换。例如,提供更有利的转换比率或在特定日期前转换则支付额外的对价。在条款修订日,对于持有方根据修订后的条款进行转换所能获得的对价的公允价值与根据原有条款进行转换所能获得的对价的公允价值之间的差额,企业应将其确认为一项损失。

企业发行认股权和债权分离交易的可转换公司债券,所发行的认股权符合有关权益工具定义的,应当确认为一项权益工具(其他权益工具),并以发行价格减去不附认股权且其他条件相同的公司债券公允价值后的净额进行计量。如果认股权持有方到期没有行权的,应当在到期时将原计入其他权益工具的部分转入资本公积(股本溢价)。

三、金融负债和权益工具之间的重分类

由于发行的金融工具原合同条款约定的条件或事项随着时间的推移或经济环境的改变而发生变化,可能会导致已发行金融工具(含特殊金融工具)的重分类。

发行方原分类为权益工具的金融工具,自不再被分类为权益工具之日起,发行方应当将其重分类为金融负债,以重分类日该工具的公允价值计量,重分类日权益工具的账面价值和金融负债的公允价值之间的差额确认为权益。重分类日,按该工具的账面价值,借记"其他权益工具——优先股、永续债等"科目,按该工具的面值,贷记"应付债券——优先股、永续债等(面值)"科目,按该工具的公允价值与面值之间的差额,借记或贷记"应付债券——优先股、永续债等(利息调整)"科目,按该工具的公允价值与账面价值的差额,贷记或借记"资本公积——资本溢价(或股本溢价)"科目,如资本公积不够冲减的,依次冲减盈余公积和未分配利润。以重分类日计算的实际利率作为应付债券后续计量利息调整等的基础。

发行方原分类为金融负债的金融工具,自不再被分类为金融负债之日起,发行方应当将其重分类为权益工具,以重分类日金融负债的账面价值计量。重分类日,按金融负债的面值,借记"应付债券——优先股、永续债等(面值)"科目,按利息调整余额,借记或贷记"应付债券——优先股、永续债等(利息调整)"科目,按金融负债的账面价值,贷记"其他权益工具——优先股、永续债等"科目。

金融工具投资方(持有人)考虑持有的金融工具或其组成部分是权益工具还是债务工具投资时,应当遵循金融工具确认和计量准则的相关要求,通常应当与发行方对金融工具的权益或负债属性的分类保持一致。例如,对于发行方归类为权益工具的非衍生金融工具,投资方通常应当将其归类为权益工具投资。如果投资方因持有发行方发行的金融工具而对发行方拥有控制、共同控制或重大影响的,按照长期股权投资进行会计处理。

第三节　资本公积

一、资本公积概述

资本公积是指企业收到的投资者的超出其在企业注册资本(或股本)中所占份额的投资以及某些特定情况下直接计入所有者权益的项目。资本公积从本质上讲属于投入资本的范畴,资本公积属于非收益转化而形成的公积金,作为一项准资本归由企业所有者所有,可以按法定程序转增资本金。资本公积金不得用于弥补公司的亏损。不同来源形成的资本公积由所有投资者共同享有。资本公积包括资本溢价(或股本溢价)和其他资本公积。

资本溢价(或股本溢价)是企业收到投资者的超出其在企业注册资本(或股本)中所占份额的投资。形成资本溢价(或股本溢价)的原因有溢价发行股票、投资者超额缴入资本等。其他资本公积是指除资本溢价(或股本溢价)项目以外所形成的资本公积。资本公积一般应当设置"资本(或股本)溢价""其他资本公积"明细科目核算。

二、资本公积的确认和计量

(一)资本溢价或股本溢价的会计处理

1. 资本溢价

资本溢价指有限责任公司投资者交付的出资额大于按合同、协议所规定的出资比例计算的部分,是资本公积金的组成之一。有限责任公司,投资者依其出资份额对企业经营决策享有表决权,依其所认缴的出资额对企业承担有限责任。会计上应设置"实收资本"科目,核算企业投资者按照公司章程所规定的出资比例实际缴付的出资额。在企业创立时,出资者认缴的出资额全部记入"实收资本"科目。在企业重组并有新的投资者加入时,为了维护原有投资者的权益,新加入的投资者的出资额,并不一定全部作为实收资本处理。这是因为,在企业正常经营过程中投入的资金即使与企业创立时投入的资金在数量上一致,但其获利能力却不一致。企业创立时,要经过筹建、试生产经营、为产品寻找市场、开辟市场等过程,从投入资金到取得投资回报,中间需要许多时间,并且这种投资具有风险性,在这个过程中资本利润率很低。而企业进行正常生产经营后,在正常情况下,资本利润率要高于企业初创阶段。而这高于初创阶段的资本利润率是初创时必要的垫支资本带来的,企业创办者为此付出了代价。因此,相同数量的投资,由于出资时间不同,其对企业的影响程度不同,由此而带给投资者的权利也不同,往往早期出资带给投资者的权利要大于后期出资带给投资者的权利。所以,新加入的投资者要付出大于原有投资者的出资额,才能取得与原有投资者相同的投资比例。另外,不仅原投资者原有投资从质量上发生了变化,从数量上也可能发生变化,这是因为企业经营过程中实现利润的一部分留在企业,形成留存收益,而留存收益也属于投资者权益,但其未转入实收资本。新加入的投资者如与原投资者共享这部分留存收益,也要求其付出大于原有投资者的出资额,才能取得与原有投资者相同的投资比例。投资者投入的资本中按其投资比例计算的出资额部分,应计入“实收资本”科目,大于部分应计入“资本公积——股本溢价”科目。

【例10-3】 某有限责任公司由甲、乙、丙三位股东各自出资100万元设立。设立时的实收资本为300万元。经过三年的经营,该企业留存收益为150万元。同意丁投资人以现金出资180万元,投入后占该公司全部注册资本的25%。公司的注册资本变更为400万元。

借:银行存款 1 800 000
 贷:实收资本 1 000 000
  资本公积——资本溢价 800 000

2. 股本溢价

股本溢价是指股份有限公司溢价发行股票时实际收到的款项超过股票面值总额的数额,股本溢价是资本公积一种。股份有限公司是以发行股票的方式筹集股本的,股票是企业签发的证明股东按其所持股份享有权利和承担义务的书面证明。由于股东按其所持企业股份享有权利和承担义务,为了反映和便于计算各股东所持股份占企业全部股本的比例,企业的股本总额应按股票的面值与股份总数的乘积计算。因此,为提供企业股本总额及其构成和注册资本等信息,在采用面值发行股票的情况下,企业发行股票取得的收入,应全部计入“股本”科目;在采用溢价发行的情况下,企业发行股票取得的收入,相当于股票面值的部分计入“股本”科目,超出股票面值的溢价收入计入“资本公积”科目。委托证券商代理发行股票而支付的手续费、佣金等,应从溢价发行收入中扣除,企业应按扣除手续费、佣金后的数额计入“资本公积——股本溢价”科目。

【例10-4】 A公司委托B证券公司代理发行普通股200万股,每股面值1元,按每股4元的价格发行。公司与受托单位约定,按发行收入的3%收取手续费,从发行收入中扣除。假如收到的股款已存入银行。A公司应做以下账务处理:

公司收到受托发行单位交来的现金=2 000 000×4×(1-3%)=7 760 000(元)
应计入资本公积的金额=2 000 000×(4-1)-2 000 000×4×3%=5 760 000(元)

借:银行存款 7 760 000
 贷:股本 2 000 000
  资本公积——股本溢价 5 760 000

(二)其他资本公积的会计处理

其他资本公积具有临时过渡性质。其他资本公积包括以权益结算的股份支付换取职工或其他方提供服务的,应按照确定的金额,计入"管理费用"等科目,同时增加资本公积(其他资本公积),在行权日,应按实际行权的权益工具数量计算预计的金额,借记"资本公积——其他资本公积"科目,按实收资本或股本的金额,贷记"实收资本"或"股本"科目,并将其差额贷记"资本公积——资本溢价(股本溢价)"。企业与股东之间的资本性交易,如股东对企业的捐赠、债务豁免、代为偿债等,借记"银行存款"等科目,贷记"资本公积——其他资本公积"科目。权益法下,被投资单位除净损益、其他综合收益和利润分配以外的所有者权益的其他变动,投资企业按持股计算应享有的份额,借记(或贷记)"长期股权投资——其他权益变动"科目,贷记(或借记)"资本公积——其他资本公积"科目。

第四节　其他综合收益

综合收益,是指企业在某一期间除与所有者以其所有者身份进行的交易之外的其他交易或事项所引起的所有者权益变动。综合收益总额项目反映净利润和其他综合收益扣除所得税影响后的净额相加后的合计金额。

其他综合收益用来反映企业根据会计准则规定未在损益中确认的各项利得和损失扣除所得税影响后的净额,也就是企业非日常活动所形成或发生且不计入当期损益的、会导致所有者权益变动但与所有者投入资本或者向所有者分配利润无关的经济利益的流入或流出。

按照一般会计理论,权益性交易与损益性交易相对应,权益性交易不得确认损益,而损益性交易须确认损益。权益性交易可分为两类:资本交易和权益交易。资本交易是会计主体与其所有者之间所发生的有关资本投入及收益分配方面的交易,是一种增量或减量交易;权益交易则是会计主体的所有者之间转让权益的交易,是一种存量交易。其他综合收益与所有者投入资本或者向所有者分配利润无关,与权益性交易无关。其他综合收益是直接计入所有者权益的利得和损失,不能直接转增资本。

"其他综合收益"科目的余额列报于资产负债表;本期发生额列报于利润表。其他综合收益项目应当根据其他相关会计准则的规定分为下列两类列报。

一、不能重分类计入损益的项目

(一)不能重分类进损益的其他综合收益

(1)重新计量设定受益计划变动额。重新计量设定受益计划净负债或净资产所产生的变动时,借记(或贷记)"应付职工薪酬",贷记(或借记)"其他综合收益"。

(2)权益法下不能转损益的其他综合收益。长期股权投资采用权益法核算时,被投资单位属于以后会计期间不能重分类进损益的其他综合收益变动,投资单位按其持股比例计算应享有的份额,借记(或贷记)"长期股权投资",贷记(或借记)"其他综合收益"。

(3)其他权益工具投资公允价值变动。企业指定为以公允价值计量且其变动计入其他综合收益的非交易性权益工具投资发生的公允价值变动,该金融资产终止确认时其他综合收益转入留存收益。

（4）企业自身信用风险公允价值变动。将金融负债指定为以公允价值计量且其变动计入当期损益的金融负债的，由企业自身信用风险变动引起的公允价值的变动计入其他综合收益，该金融负债终止确认时其他综合收益转入留存收益。

（二）将重分类进损益的其他综合收益

（1）权益法下可转损益的其他综合收益。长期股权投资采用权益法核算时，被投资单位属于以后期间可以计入损益的其他综合收益变动，投资单位按其持股比例计算应享有的份额，借记（或贷记）"长期股权投资"，贷记（或借记）"其他综合收益"。处置该长期股权投资时，应将与所出售股权相对应的部分在处置时自"其他综合收益"科目转入"投资收益"科目。

（2）其他债权工具投资公允价值变动。其他债权工具投资公允价值变动，借记（或贷记）"其他债权投资——公允价值变动"，贷记（或借记）"其他综合收益"。处置该金融资产时，将原计入其他综合收益的公允价值变动累计额对应处置部分的金额转出，计入"投资收益"科目。

（3）金融资产的重分类计入其他综合收益的金额。企业将一项以摊余成本计量的金融资产重分类为以公允价值计量且其变动计入其他综合收益的金融资产的，借记"其他债权工具投资"科目，贷记"债权投资"科目，贷记（或借记）"其他综合收益"科目。

（4）其他债权投资信用减值准备。计提其他债权投资的损失准备，借记"信用减值损失"科目，贷记"其他综合收益——信用减值准备"科目。

（5）现金流量套期储备。现金流量套期，是指对现金流量变动风险进行的套期。套期工具产生的利得或损失中属于套期有效的部分，作为现金流量套期储备，应当计入其他综合收益。套期工具产生的利得或损失中属于套期无效的部分（即扣除计入其他综合收益后的其他利得或损失），应当计入当期损益。

（6）外币报表折算差额。企业境外经营实体以外币为记账本位币编制的财务报表，按规定应折算为以人民币为计量单位的财务报表，由于报表项目采用不同汇率折算产生的外币报表折算差额应计入其他综合收益，企业处置境外经营实体时，应当将在所有者权益中列示的、与该境外经营相关的外币财务报表折算差额，全部或按处置比例从所有者权益项目转入处置当期损益。

（7）存货或自用房地产转换为采用公允价值模式计量的投资性房地产形成的利得。企业将作为存货或自用的房地产转换为采用公允价值模式计量的投资性房地产时，应按该项房地产在转换日的公允价值大于其账面价值的差额，贷记"其他综合收益"科目。处置投资性房地产时，按该项投资性房地产在转换日计入其他综合收益的金额，借记"其他综合收益"科目，贷记"其他业务成本"科目。

（8）确认与直接计入所有者权益的交易或事项相关的递延所得税资产（或递延所得税负债），借记（或贷记）"递延所得税资产"（"递延所得税负债"）科目，贷记（或借记）"其他综合收益"科目。企业在确认了递延所得税资产后，资产负债表日，预计未来很可能无法获得足够应纳税所得额用以抵扣可抵扣暂时性差异的，按原已确认递延所得税资产中应减记的金额，借记"其他综合收益"等科目，贷记"递延所得税资产"科目。

第五节 留存收益

一、盈余公积

（一）利润分配顺序

根据《公司法》等有关法规的规定，企业当年实现的净利润，一般应当按照如下顺序进行分配。

1. 提取法定公积金

公司制企业的法定公积金按照税后利润的 10% 提取，在计算提取法定盈余公积的基数时，不应包括企业年初未分配利润。公司法定公积金累计额为公司注册资本的 50% 以上时，可以不再提取法定公积金。公司的法定公积金不足以弥补以前年度亏损的，在提取法定公积金之前，应先用当年利润弥补亏损。

2. 提取任意公积金

公司从税后利润中提取法定公积金后，经股东会或者股东大会决议，还可以从税后利润中提取任意公积金。

3. 向投资者分配利润或股利

公司弥补亏损和提取公积金后所余税后利润，有限责任公司股东按照实缴的出资比例分取红利，但是，全体股东约定不按照出资比例分取红利的除外；股份有限公司按照股东持有的股份比例分配，但股份有限公司章程规定不按持股比例分配的除外。股东会、股东大会或者董事会违反规定，在公司弥补亏损和提取法定公积金之前向股东分配利润的，股东必须将违反规定分配的利润退还公司。公司持有的本公司股份不得分配利润。

（二）盈余公积主要用途

盈余公积是指企业按照规定从净利润中提取的各种积累资金。盈余公积分为法定盈余公积和任意盈余公积，两者的区别就在于其各自计提的依据不同。前者以国家的法律或行政规章为依据提取，后者则由企业自行决定提取。盈余公积主要可以用于以下几个方面。

1. 弥补亏损

企业发生亏损时，应由企业自行弥补。弥补亏损的渠道主要有三条：一是用以后年度税前利润弥补。按照现行制度规定，一般企业发生亏损时，可以用以后五年内实现的税前利润弥补，即税前利润弥补亏损的期间为五年。二是用以后年度税后利润弥补。企业发生的亏损经过五年期间未足额弥补的，尚未弥补的亏损应用所得税后的利润弥补。三是以盈余公积弥补亏损。企业以提取的盈余公积弥补亏损时，应当由公司董事会提议，并经股东大会批准。企业不能用资本公积弥补亏损。

2. 转增资本

企业将盈余公积转增资本时，必须经股东大会决议批准。在实际中将盈余公积转增资本时,要按股东原有持股比例结转。企业提取的盈余公积,无论是用于弥补亏损,还是用于转增资本,只不过是在企业所有者权益内部做结构上的调整,并不引起所有者权益总额的变动。

3.扩大企业生产经营

盈余公积的用途,并不是指其实际占用形态,提取盈余公积也并不是单独将这部分资金从企业资金周转过程中抽出。企业盈余公积的结存数,实际只表现为企业所有者权益的组成部分,表明企业生产经营资金的一个来源而已。其形成的资金可能表现为一定的货币资金,也可能表现为一定的实物资产,如存货和固定资产等,随同企业的其他来源所形成的资金进行循环周转,用于企业的生产经营。

(三)盈余公积的确认和计量

为了反映盈余公积的形成及使用情况,企业应设置"盈余公积"科目。企业应当分别设置"法定盈余公积""任意盈余公积"明细科目进行明细核算。外商投资企业还应分别设置"储备基金""企业发展基金"明细科目进行明细核算。

"本年利润"和"利润分配"都属于所有者权益类科目。"利润分配"是"本年利润"的调整账户。"本年利润"科目核算企业当期实现的净利润(或发生的净亏损)。"利润分配"科目核算企业利润的分配(或亏损的弥补)和历年分配(或弥补)后的余额。"利润分配"科目应当分别设置"提取法定盈余公积""提取任意盈余公积""应付现金股利或利润""转作股本的股利""盈余公积补亏"和"未分配利润"等明细科目进行明细核算。

企业提取盈余公积时,借记"利润分配——提取法定盈余公积""利润分配——提取任意盈余公积"科目,贷记"盈余公积——法定盈余公积""盈余公积——任意盈余公积"科目。外商投资企业提取储备基金、企业发展基金、职工奖励及福利基金,借记"利润分配——提取储备基金""利润分配——提取企业发展基金""利润分配——提取职工奖励及福利基金"科目,贷记"盈余公积——储备基金""盈余公积——企业发展基金""应付职工薪酬"科目。

税法亏损是会计亏损按税法规定调整后的金额。以税前利润或税后利润弥补亏损,均不需要进行专门的账务处理,只要将企业实现的利润自"本年利润"科目结转到"利润分配——未分配利润"科目的贷方,其贷方发生额与"利润分配——未分配利润"科目的借方余额自然抵补,所不同的是以税前利润进行弥补亏损的情况下,其弥补的数额可以抵减企业当期的应纳税所得额,而用税后利润进行弥补亏损的数额,则不能在企业当期的应纳税所得额中抵减。但如果用盈余公积弥补亏损,则需做账务处理,借记"盈余公积"科目,贷记"利润分配——盈余公积补亏"科目。

企业用盈余公积转增资本时,借记"盈余公积"科目,贷记"实收资本"或"股本"科目。企业经股东大会或类似机构决议,用盈余公积分派现金股利或利润时,应当借记"盈余公积"科目,贷记"应付股利"科目。经股东大会决议,用盈余公积派送新股,按派送新股计算的金额,借记"盈余公积"科目,贷记"股本"科目。盈余公积分配股利必须满足一定条件。

二、未分配利润

未分配利润是企业留待以后年度进行分配的结存利润,也是企业所有者权益的组成部分。

相对于所有者权益的其他部分来讲,企业对于未分配利润的使用分配有较大的自主权。从数量上来讲,未分配利润是期初未分配利润,加上本期实现的净利润,减去提取的各种盈余公积和分出利润后的余额。

(一)分配股利或利润的会计处理

董事会或类似机构制定的利润分配方案是对企业上年度的净利润所做的预分配,最终的利润分配方案只有等股东大会或类似机构审核批准后才能确定。按照现行规定,董事会提出议案时,提取盈余公积要做处理,因为这是按照公司法的规定必须计提的,而现金股利和股票股利则要等到股东大会通过后才做处理。

经股东大会或类似机构决议,分配给股东或投资者的现金股利或利润,借记"利润分配——应付现金股利或利润"科目,贷记"应付股利"科目。经股东大会或类似机构决议,分配给股东的股票股利,应在办理增资手续后,借记"利润分配——转作股本的股利"科目,贷记"股本"科目。

(二)期末结转的会计处理

企业期末结转利润时,应将各损益类科目的余额转入"本年利润"科目,结平各损益类科目,"以前年度损益调整"科目除外。结转后"本年利润"的贷方余额为当期实现的净利润,借方余额为当期发生的净亏损。年度终了,应将本年收入和费用相抵后结出的本年实现的净利润或净亏损,转入"利润分配——未分配利润"科目。发生亏损,借记"利润分配——未分配利润"科目,贷记"本年利润"科目;实现盈利,借记"本年利润"科目,贷记"利润分配——未分配利润"科目。最后,将"利润分配"科目所属的其他明细科目的余额转入"未分配利润"明细科目。结转后,"未分配利润"明细科目的贷方余额,就是未分配利润的金额;如出现借方余额,则表示未弥补亏损的金额。

【例 10-5】 丙公司 2020 年发生亏损 200 万元,在年度终了时,结转本年发生的亏损。

借:利润分配——未分配利润   2 000 000
  贷:本年利润   2 000 000

假设该公司 2021 年至 2025 年每年实现税前利润 30 万元,该公司在 2021 年至 2025 年均可在税前进行亏损弥补,在年度终了时,结转本年实现的利润。

借:本年利润   300 000
  贷:利润分配——未分配利润   300 000

该公司 2025 年"利润分配——未分配利润"账户期末余额为借方余额 50 万元,即尚未弥补亏损 50 万元。

假设 2026 年该公司董事会提议并经股东大会批准用盈余公积 50 万元弥补亏损。

借:盈余公积   500 000
  贷:利润分配——盈余公积补亏   500 000

假设该公司 2026 年实现税后利润 60 万元,税后利润弥补亏损。结转本年利润。

借:本年利润   600 000
  贷:利润分配——未分配利润   600 000

【例 10-6】 丁股份有限公司的股本为 10 000 万元,每股面值 1 元。2021 年年初未分配利润为贷方 8 000 万元,2021 年实现利润总额 6 800 万元,所得税费用 1 800 万元,实现净利润

5 000 万元。假定公司按照 2021 年实现净利润的 10％提取法定盈余公积,5％提取任意盈余公积,2022 年 3 月 15 日,决定向股东按每股 0.2 元派发现金股利,按每 10 股送 3 股的比例派发股票股利。2022 年 4 月 15 日,公司以银行存款支付了全部现金股利,新增股本也已经办理完股权登记和相关增资手续。

(1) 2021 年年度终了时,企业结转本年实现的净利润:

借:本年利润 50 000 000

　贷:利润分配——未分配利润 50 000 000

(2) 提取法定盈余公积和任意盈余公积:

借:利润分配——提取法定盈余公积 5 000 000

　　　　　　——提取任意盈余公积 2 500 000

　贷:盈余公积——法定盈余公积 5 000 000

　　　　　　——任意盈余公积 2 500 000

(3) 结转"利润分配"的明细科目:

借:利润分配——未分配利润 7 500 000

　贷:利润分配——提取法定盈余公积 5 000 000

　　　　　　——提取任意盈余公积 2 500 000

A 公司 2021 年年底"利润分配——未分配利润"科目的贷方余额＝80 000 000＋50 000 000－7 500 000＝122 500 000(元)

(4) 2022 年 3 月 15 日,股东大会批准发放现金股利＝100 000 000×0.2＝20 000 000(元)

借:利润分配——应付现金股利 20 000 000

　贷:应付股利 20 000 000

(5) 2022 年 4 月 15 日,实际发放现金股利时:

借:应付股利 20 000 000

　贷:银行存款 20 000 000

(6) 2022 年 4 月 15 日,发放股票股利＝100 000 000×1×30％＝30 000 000(元)

借:利润分配——转作股本的股利 30 000 000

　贷:股本 30 000 000

练 习 题

一、单项选择题

1. 下列各项,能够引起所有者权益总额变化的是(　　)。

A. 以资本公积转增资本

B. 增发新股

C. 向股东支付已宣告分派的现金股利

D. 以盈余公积弥补亏损

2. 企业采用回购股票方式减资,回购股票时应借记的会计科目是(　　)。

A. 股本 　　　B. 库存股

C. 利润分配——未分配利润 　　　D. 资本公积

3. A公司由两位投资者投资设立,每人各出资100万元。一年后经批准,第三位投资者加入,注册资本增加到300万元。按照投资协议,新投资者缴入110万元,同时享有该公司三分之一的股份。A公司计入"资本公积——资本溢价"的金额是( )万元。

    A. 10   B. 20   C. 100   D. 110

4. 企业发生的下列交易或事项,不会引起当期资本溢价或股本溢价发生变动的是( )。

    A. 将收购的本公司股票注销

    B. 以资本公积转增股本

    C. 授予员工股票期权,在等待期内确认相关费用

    D. 同一控制下企业合并中取得被合并方净资产金额小于所支付的对价账面价值

5. 下列不属于所有者权益账户的有( )。

    A. 衍生工具   B. 本年利润

    C. 其他综合收益   D. 库存股

6. 某企业当年实现净利润2 000万元,年初未分配利润为500万元,股东大会决议按10%提取法定盈余公积,按5%提取任意盈余公积,该企业当年可供投资者分配的利润为( )万元。

    A. 1 700   B. 2 000   C. 2 200   D. 2 500

7. 下列各项中,会引起负债和所有者权益同时发生变动的有( )。

    A. 以盈余公积补亏   B. 以现金回购本公司股票

    C. 宣告发放现金股利   D. 分配股票股利

8. 下列事项中,计入"其他综合收益"的是( )。

    A. 可转换公司债券转股时

    B. 以权益结算的股份支付行权时

    C. 同一控制下控股合并中确认长期股权投资时

    D. 其他权益工具投资公允价值上升

二、多项选择题

1. 公司发行股票支付的手续费、佣金等发行费用,可能做出的会计处理有( )。

    A. 计入财务费用   B. 计入管理费用

    C. 从溢价中抵销   D. 冲减盈余公积和未分配利润

2. 下列说法中正确的有( )。

    A. 其他综合收益属于所有者权益账户

    B. 其他综合收益不同于其他资本公积

    C. 其他权益工具投资终止确认时其他综合收益转入投资收益

    D. 综合收益反映净利润和其他综合收益扣除所得税影响后的净额相加后的合计金额

三、综合分析题

1. 甲公司2021年"未分配利润"年初贷方余额300万元,按10%提取法定盈余公积,所得税税率25%,2021年至2023年的有关资料如下:2021年实现净利润200万元;提取法定盈余公积后,宣告派发现金股利100万元;2022年发生亏损600万元;2023年实现利润总额800万元。不考虑其他纳税调整因数。

要求:编制2021年结转利润及利润分配、2022年结转亏损、2023年结转利润的会计分录。

2. 乙公司经股东大会决议,并报有关部门核准,2021 年 3 月 5 日,增发普通股 50 000 万股,每股面值 1 元,每股发行价格 4 元,股款已全部收到并存入银行。2021 年 5 月 30 日,以资本公积 3 500 万元转增股本。2022 年 6 月 30 日,以银行存款回购本公司股票 150 万股,每股回购价格为 3.5 元。2022 年 7 月 20 日,将回购的本公司股票 150 万股注销。

要求:编制上述业务的会计分录。

四、简述题

比较资本公积与其他综合收益。

第十一章 收入、费用和利润

学 习 目 标

通过本章学习,理解管理费用、销售费用、财务费用和营业外收支的核算内容,计税基础的确定,暂时性差异的确定;掌握收入确认和计量的五步法模型,合同成本的核算,特殊交易的会计处理,递延所得税资产和递延所得税负债的确认与计量,所得税费用的确认和计量等,以及本年利润的会计处理。

第一节 收 入

一、收入的定义及其分类

收入是指企业在日常活动中形成的、会导致所有者权益增加的、与所有者投入资本无关的经济利益的总流入。其中,日常活动是指企业为完成其经营目标所从事的经常性活动以及与之相关的其他活动。工业企业制造并销售产品、商品流通企业销售商品、咨询公司提供咨询服务、软件公司为客户开发软件、安装公司提供安装服务、建筑企业提供建造服务等,均属于企业的日常活动。

营业收入包括主营业务收入和其他业务收入。其中,主营业务收入是指企业为完成其经营目标从事的经常性活动实现的收入。其他业务收入是指与企业为完成其经营目标所从事的经常性活动相关的活动实现的收入。确认收入时,按交易价格加上增值税税额,借记"银行存款""应收账款""应收票据"等科目,按分摊的交易价格,贷记"主营业务收入""其他业务收入"等科目,按增值税税额,贷记"应交税费——应交增值税(销项税额)"科目。

收入准则不涉及企业对外出租资产收取的租金、进行债权投资收取的利息、进行股权投资取得的现金股利、保险合同取得的保费收入等。企业以存货换取客户的存货、固定资产、无形资产以及长期股权投资等,按照收入准则的规定进行会计处理;其他非货币性资产交换,按照非货币性资产交换的规定进行会计处理。企业处置固定资产、无形资产等,在确定处置时点以及计量处置损益时,按照收入准则的有关规定进行处理。

二、收入的确认和计量

企业确认收入的方式应当反映其向客户转让商品(或提供服务,以下简称转让商品)的模式,收入的金额应当反映企业因转让这些商品(或服务,以下简称商品)而预期有权收取的对价金额。收入确认和计量分为五步:第一步,识别与客户订立的合同;第二步,识别合同中的单项履约义务;第三步,确定交易价格;第四,将交易价格分摊至各单项履约义务;第五,履行每一单项履约义务时确认收入。其中第一步、第二步和第五步主要与收入的确认有关,第三步和第四步主要与收入的计量有关。收入确认原则在于企业有无履行合同中的履约义务,而判断履约义务是否得以履行时,以控制权转移作为收入确认的标准,当客户取得相关商品或服务的控制权时,表明企业已履行了合同中的履约义务。企业应在将商品或服务的控制权转移给客户的时点(或过程中)确认收入,并以分摊至各单项履约义务的交易价格计量收入。

(一) 识别与客户订立的合同

收入准则所称合同,是指双方或多方之间订立有法律约束力的权利义务的协议。合同有书面形式、口头形式以及其他可验证的形式。

1. 收入确认的原则

企业应当在履行了合同中的履约义务,即在客户取得相关商品控制权时确认收入。取得相关商品控制权,是指能够主导该商品的使用并从中获得几乎全部的经济利益,也包括有能力阻止其他方主导该商品的使用并从中获得经济利益。

2. 收入确认的前提条件

企业与客户之间的合同同时满足下列条件的,企业应当在客户取得相关商品控制权时确认收入:① 合同各方已批准该合同并承诺将履行各自义务;② 该合同明确了合同各方与所转让的商品(或提供的服务)相关的权利和义务;③ 该合同有明确的与所转让的商品相关的支付条款;④ 该合同具有商业实质,即履行该合同将改变企业未来现金流量的风险、时间分布或金额;⑤ 企业因向客户转让商品而有权取得的对价很可能收回。在进行上述判断时,需要注意以下三点:

一是合同约定的权利和义务是否具有法律约束力,需要根据企业所处的法律环境和实务操作进行判断,包括合同订立的方式和流程、具有法律约束力的权利和义务的时间等。对于合同各方均有权单方面终止完全未执行的合同,且无须对合同其他方做出补偿的,企业应当视为该合同不存在。其中,完全未执行的合同,是指企业尚未向客户转让任何合同中承诺的商品,也尚未收取且尚未有权收取已承诺商品的任何对价的合同。

二是合同具有商业实质,是指履行该合同将改变企业未来现金流量的风险、时间分布或金额。关于商业实质,应按照非货币性资产交换中有关商业实质说明进行判断。

三是企业在评估其因向客户转让商品而有权取得的对价是否很可能收回时,仅应考虑客户到期时支付对价的能力和意图(即客户的信用风险)。企业预期很可能无法收回全部合同对价时,应当判断其原因是客户的信用风险还是企业向客户提供了价格折让所致。存在价格折让的,应当在估计交易价格时进行考虑。

实务中,企业可能存在一组类似的合同,企业在对该组合同中的每一份合同进行评估时,均认为其合同对价很可能收回,但是根据历史经验,企业预计可能无法收回该组合同的全部对价。在这种情况下,企业应当认为这些合同满足"因向客户转让商品而有权取得的对价很可能收回"这一条件,并以此为基础估计交易价格。与此同时,企业应当考虑这些合同下确认的合同资产或应收款项是否存在减值。

对于不能同时满足上述收入确认的五个条件的合同,企业只有在不再负有向客户转让商品的剩余义务(如合同已完成或取消),且已向客户收取的对价(包括全部或部分对价)无须退回时,才能将已收取的对价确认为收入;否则,应当将已收取的对价作为负债进行会计处理。其中,企业向客户收取无须退回的对价的,应当在已经将该部分对价所对应的商品的控制权转移给客户,并且已不再向客户转让额外的商品且不再负有此类义务时,将该部分对价确认为收入;或者,在相关合同已经终止时将该部分对价确认为收入。

对于在合同开始日即满足上述收入确认条件的合同,企业在后续期间无须对其进行重新评估,除非有迹象表明相关事实和情况发生重大变化。对于不满足上述收入确认条件的合同,企业应当在后续期间对其进行持续评估,以判断其能否满足这些条件。企业如果在合同满足相关条件之前已经向客户转移了部分商品,当该合同在后续期间满足相关条件时,企业应当将在此之前已经转移的商品所分摊的交易价格确认为收入。通常情况下,合同开始日,是指合同开始赋予合同各方具有法律约束力的权利和义务的日期,即合同生效日。

需要说明的是,没有商业实质的非货币性资产交换,无论何时均不应确认收入。从事相同业务经营的企业之间,为便于向客户或潜在客户销售而进行的非货币性资产交换(例如,两家石油公司之间相互交换石油,以便及时满足各自不同地点客户的需求),不应确认收入。

【例 11-1】 甲公司与乙公司签订合同,将一项专利技术授权给乙公司使用,并按其使用情况收取特许权使用费。甲公司评估认为,该合同在合同开始日满足确认收入的五个条件。该专利技术在合同开始日即授权给乙公司使用。在合同开始日后的第一年内,乙公司每季度向甲公司提供该专利技术的使用情况报告,并在约定的期间内支付特许权使用费。在合同开始日后的第二年内,乙公司继续使用该专利技术,但是乙公司的财务状况下滑,融资能力下降,可用现金不足,因此,乙公司仅按合同支付了当年第一季度的特许权使用费。在合同开始日后的第三年内,乙公司继续使用甲公司的专利技术,但是,乙公司已经完全丧失了融资能力,且流失了大部分客户,乙公司的付款能力进一步恶化,信用风险显著升高。

本例中,该合同在合同开始日满足收入确认的前提条件,因此,甲公司在乙公司使用该专利技术的行为发生时,按照约定的特许权使用费确认收入。合同开始日后的第二年,由于乙公司的信用风险升高,甲公司在确认收入的同时,按照金融资产减值的要求对乙公司的应收款项进行减值测试。合同开始日后的第三年,由于乙公司的财务状况恶化,信用风险显著升高,甲公司对该合同进行了重新评估,认为"企业因向客户转让商品而有权取得的对价很可能收回"这一条件不再满足,因此,甲公司不再确认特许权使用费收入,同时对现有应收款项是否发生减值继续进行评估。

企业与客户之间合同的会计处理是以单个合同为基础,应用于具有类似特征的合同组合的前提是企业能够合理预计,不会对企业的财务报表产生显著不同的影响。对于具有类似特征的合同组合,企业可以在确定退货率、坏账率、合同存续期间等方面运用组合法进行估计。

企业与同一客户(或该客户的关联方)同时订立或在相近时间内先后订立的两份或多份合同,在满足下列条件之一时,应当合并为一份合同进行会计处理:① 该两份或多份合同基于同一商业目的而订立并构成一揽子交易,如一份合同在不考虑另一份合同的对价的情况下将会发生亏损;② 该两份或多份合同中的一份合同的对价金额取决于其他合同的定价或履行情况,如一份合同如果发生违约,将会影响另一份合同的对价金额;③ 该两份或多份合同中所承诺的商品(或每份合同中所承诺的部分商品)构成准则规定的单项履约义务。两份或多份合同合并为一份合同进行会计处理的,仍然需要区分该一份合同中包含的各单项履约义务。

3. 合同变更

所谓合同变更,是指经合同各方同意对原合同范围或价格(或两者)做出的变更。企业应当区分下列三种情形对合同变更分别进行会计处理:

(1)合同变更部分作为单独合同进行会计处理的情形。合同变更增加了可明确区分的商品及合同价款,且新增合同价款反映了新增商品单独售价的,应当将该合同变更作为一份单独的合同进行会计处理。判断新增合同价款是否反映了新增商品的单独售价时,应当考虑为反映该特定合同的具体情况而对新增商品价格所做的适当调整。例如,在合同变更时,企业由于无须发生为发展新客户等所需发生的相关销售费用,可能会向客户提供一定的折扣,从而在新增商品单独售价的基础上予以适当调整。

(2)合同变更作为原合同终止及新合同订立进行会计处理的情形。合同变更不属于上述第(1)种情形,且在合同变更日已转让商品与未转让商品之间可明确区分的,应当视为原合同终止,同时,将原合同未履约部分与合同变更部分合并为新合同进行会计处理。新合同的交易价格应当为下列两项金额之和:一是原合同交易价格中尚未确认为收入的部分(包括已从客户收取的金额);二是合同变更中客户已承诺的对价金额。

【例 11—2】　A 公司与客户签订合同,每周为客户的办公楼提供保洁服务,合同期限为三年,客户每年向 A 公司支付服务费 10 万元(假定该价格反映了合同开始日该项服务的单独售价)。在第二年年末,合同双方对合同进行了变更,以 14 万元的价格将合同期限延长两年(假定该价格不反映合同变更日该三年服务的单独售价),即每年的服务费为 7 万元,于每年年初支付。上述价格均不包含增值税。

本例中,在合同开始日,A 公司认为其每周为客户提供的保洁服务是可明确区分的,但由于 A 公司向客户转让的是一系列实质相同且转让模式相同的、可明确区分的服务,因此将其作为单项履约义务。在合同开始的前两年,即合同变更之前,A 公司每年确认收入 10 万元。在合同变更日,由于新增的两年保洁服务的价格不能反映该项服务在合同变更时的单独售价,因此,该合同变更不能作为单独的合同进行会计处理,由于在剩余合同期间需提供的服务与已提供的服务是可明确区分的,A 公司应当将该合同变更,作为原合同终止,同时将原合同中未履约的部分与合同变更合并为一份新合同进行会计处理。该新合同的合同期限为三年,对价为 24 万元,即原合同下尚未确认收入的对价 10 万元与新增的两年服务相应的对价 14 万元之和,新合同中 A 公司每年确认的收入为 8 万元(=24÷3)。

(3)合同变更部分作为原合同的组成部分进行会计处理的情形。合同变更不属于上述第(1)种情形,且在合同变更日已转让商品与未转让商品之间不可明确区分的,应当将该合同变更部分作为原合同的组成部分,在合同变更日重新计算履约进度,并调整当期收入和相应成本等。

【例 11—3】　乙建筑公司和客户签订了一项总金额为 1 000 万元的固定造价合同,在客户自有土地上建造一幢办公楼,预计合同总成本为 700 万元。假定该建造服务属于在某一时段内履行的履约义务,并根据累计发生的合同成本占合同预计总成本的比例确定履约进度。年末,乙公司累计已发生成本 420 万元,履约进度为 60%(=420÷700)。乙公司在当年确认收入 600 万元(=1 000×60%)。第二年年初,合同双方同意更改该办公楼屋顶的设计,合同价格和预计总成本因此分别增加 100 万元和 50 万元。

在本例中,由于合同变更后拟提供的剩余服务与在合同变更日或之前已提供的服务不可明确区分(即该合同仍为单项履约义务),因此,乙公司应当将合同变更作为原合同的组成部分进行会计处理。合同变更后的交易价格为 1 100 万元(＝1 000＋100),乙公司重新估计的履约进度为 56%[＝420÷(700＋50)],乙公司在合同变更日应额外确认收入 16 万元(＝56%×1 100－600)。

如果在合同变更日未转让商品为上述第(2)和第(3)种情形的组合,企业应当按照上述第(2)或第(3)种情形中更为恰当的一种方式对合同变更后尚未转让(或部分未转让)商品进行会计处理。

企业应当区分交易价格的变动是属于合同变更还是可变对价。如果价格折让在合同开始日根据其所获得的相关信息无法合理预期的,由此导致的合同各方达成协议对原合同价格做出的变更,不属于可变对价,应作为合同变更进行会计处理。实际给予的折扣与初始预计的折扣差异属于相关不确定性消除而发生的可变对价的变化,而非合同变更导致的,应作为合同可变对价的后续变动进行会计处理。

(二)识别合同中的单项履约义务

合同开始日,企业应当对合同进行评估,识别该合同所包含的各单项履约义务,并确定各单项履约义务是在某一时段内履行,还是在某一时点履行,然后,在履行了各单项履约义务时分别确认收入。履约义务,是指合同中企业向客户转让可明确区分商品的承诺。企业应当将下列向客户转让商品的承诺作为单项履约义务。

1. 企业向客户转让可明确区分商品(或者商品或服务的组合)的承诺

企业向客户承诺的商品同时满足下列条件的,应当作为可明确区分商品:一是客户能够从该商品本身或者从该商品与其他易于获得的资源一起使用中受益,即该商品能够明确区分;二是企业向客户转让该商品的承诺与合同中其他承诺可单独区分,即转让该商品的承诺在合同中是可明确区分的。表明客户能够从某项商品本身或者将其与其他易于获得的资源一起使用获益的因素有很多,如企业通常会单独销售该商品等。需要特别指出的是,在评估某项商品是否能够明确区分时,应当基于该商品自身的特征,而与客户可能使用该商品的方式无关。因此,企业无须考虑合同中可能存在的阻止客户从其他来源取得相关资源的限制性条款。

企业确定了商品本身能够明确区分后,还应当在合同层面继续评估转让该商品(或提供该服务)的承诺是否与合同中其他承诺彼此之间可明确区分。下列情形通常表明企业向客户转让该商品的承诺与合同中的其他承诺不可明确区分:

一是企业需提供重大的服务以将该商品与合同中承诺的其他商品进行整合,形成合同约定的某个或某些组合产出转让给客户。例如,企业为客户建造写字楼的合同中,企业向客户提供的砖头、水泥、人工等都能够使客户获益,但是,在该合同下,企业对客户承诺的是为其建造一栋写字楼,而并非提供这些砖头、水泥和人工等,企业需提供重大的服务将这些商品或服务进行整合,以形成合同约定的一项组合产出(即写字楼)转让给客户。因此,在该合同中,砖头、水泥和人工等商品或服务与合同中其他承诺不可单独区分。

二是该商品将对合同中承诺的其他商品予以重大修改或定制。例如,企业承诺向客户提供其开发的一款现有软件,并提供安装服务,虽然该软件无须更新或技术支持也可直接使用,但是企业在安装过程中需要在该软件现有基础上对其进行定制化的重大修改,以使其能够与客户现有的信息系统相兼容。此时,转让软件的承诺与提供定制化重大修改的承诺在合同层面是不可明确区分的。

三是该商品与合同中承诺的其他商品具有高度关联性。也就是说,合同中承诺的每一单项商品均受到合同中其他商品的重大影响。例如,企业承诺为客户设计一种新产品并负责生产 10 个样品,企业在生产和测试样品的过程中需要对产品的设计进行不断的修正,导致已生产的样品均可能需要进行不同程度的返工。此时,企业提供的设计服务和生产样品的服务是不断交替反复进行的,二者高度关联,因此,在合同层面是不可明确区分的。

需要说明的是,企业向客户销售商品时,往往约定企业需要将商品运送至客户指定的地点。通常情况下,商品控制权转移给客户之前发生的运输活动不构成单项履约义务;相反,商品控制权转移给客户之后发生的运输活动可能表明企业向客户提供了一项运输服务,企业应当考虑该项服务是否构成单项履约义务。

2. 企业向客户转让一系列实质相同且转让模式相同的、可明确区分商品的承诺

企业应当将实质相同且转让模式相同的一系列商品作为单项履约义务,即使这些商品可明确区分。其中,转让模式相同,是指每一项可明确区分商品均满足在某一时段内履行履约义务的条件,且采用相同方法确定其履约进度。例如,每天为客户提供保洁服务的长期劳务合同等。企业在判断所转让的一系列商品是否实质相同时,应当考虑合同中承诺的性质,如果企业承诺的是提供确定数量的商品,那么需要考虑这些商品本身是否实质相同;如果企业承诺的是在某一期间内随时向客户提供某项服务,则需要考虑企业在该期间内的各个时间段(如每天或每小时)的承诺是否相同,而并非具体的服务行为本身。例如,企业向客户提供 2 年的酒店管理服务,具体包括保洁、维修、安保等,但没有具体的服务次数或时间的要求,尽管企业每天提供的具体服务不一定相同,但是企业每天对于客户的承诺都是相同的,因此,该服务符合"实质相同"的条件。

企业为履行合同而应开展的初始活动,通常不构成履约义务,除非该活动向客户转让了承诺的商品。例如,某俱乐部为注册会员建立档案,该活动并未向会员转让承诺的商品,因此不构成单项履约义务。

(三) 确定交易价格

交易价格,是指企业因向客户转让商品而预期有权收取的对价金额。企业代第三方收取的款项(如增值税)以及企业预期将退还给客户的款项,应当作为负债进行会计处理,不计入交易价格。合同标价并不一定代表交易价格,企业应当根据合同条款,并结合以往的习惯做法等确定交易价格。企业在确定交易价格时,应当假定将按照现有合同的约定向客户转让商品,且该合同不会被取消、续约或变更。在确定交易价格时,企业应当考虑可变对价、合同中存在的重大融资成分、非现金对价、应付客户对价等因素的影响。

1. 可变对价

企业与客户的合同中约定的对价金额可能会因折扣、价格折让、返利、退款、奖励积分、激励措施、业绩奖金、索赔等因素而变化。此外,根据一项或多项或有事项的发生而收取不同对价金额的合同,也属于可变对价的情形。企业在判断合同中是否存在可变对价时,不仅应当考虑合同条款的约定,还应当考虑下列情况:一是根据企业已公开宣布的政策、特定声明或者以往的习惯做法等,客户能够合理预期企业将会接受低于合同约定的对价金额,即企业会以折扣、返利等形式提供价格折让;二是其他相关事实和情况表明企业在与客户签订合同时即意图向客户提供价格折让。合同中存在可变对价的,企业应当对计入交易价格的可变对价进行估计。

（1）可变对价最佳估计数的确定。企业应当按照期望值或最可能发生金额确定可变对价的最佳估计数。企业所选择的方法应当能够更好地预测其有权收取的对价金额，并且对于类似的合同，应当采用相同的方法进行估计。对于某一事项的不确定性对可变对价金额的影响，企业应当在整个合同期间一致地采用同一种方法进行估计。但是，当存在多个不确定性事项均会影响可变对价金额时，企业可以采用不同的方法对其进行估计。期望值是按照各种可能发生的对价金额及相关概率计算确定的金额。如果企业拥有大量具有类似特征的合同，并估计可能产生多个结果时，通常按照期望值估计可变对价金额。最可能发生金额是一系列可能发生的对价金额中最可能发生的单一金额，即合同最可能产生的单一结果。当合同仅有两个可能结果时，通常按照最可能发生金额估计可变对价金额。

（2）计入交易价格的可变对价金额的限制。企业按照期望值或最可能发生金额确定可变对价金额之后，计入交易价格的可变对价金额还应该满足限制条件，即包含可变对价的交易价格，应当不超过在相关不确定性消除时，累计已确认的收入极可能不会发生重大转回的金额。企业在评估是否极可能不会发生重大转回时，应当同时考虑收入转回的可能性及其比重。其中，"极可能"发生的概率应远高于"很可能（即可能性超过50%）"，但不要求达到"基本确定（即可能性超过95%）"，其目的是为了避免因为一些不确定性因素的发生导致之前已经确认的收入发生转回；在评估收入转回金额的比重时，应同时考虑合同中包含的固定对价和可变对价，即可能发生的收入转回金额相对于合同总对价（包括固定对价和可变对价）的比重。企业应当将满足上述限制条件的可变对价的金额，计入交易价格。需要说明的是，将可变对价计入交易价格的限制条件不适用于企业向客户授予知识产权许可并约定按客户实际销售或使用情况收取特许权使用费的情况。

每一资产负债表日，企业应当重新估计应计入交易价格的可变对价金额，包括重新评估将估计的可变对价计入交易价格是否受到限制，以如实反映报告期末存在的情况以及报告期内发生的情况变化。

【例11-4】 甲公司签订合同，为一只股票型基金提供资产管理服务，合同期限为3年。甲公司所能获得的报酬包括两部分：一是每季度按照季度末该基金净值的1%收取管理费，该管理费不会因基金净值的后续变化而调整或被要求退回；二是该基金在三年内的累计回报如果超过10%，则甲公司可以获得超额回报部分的20%作为业绩奖励。年末该基金的净值为6亿元。假定不考虑相关税费影响。

本例中，在合同开始日，甲公司无法对其能够收取的管理费和业绩奖励进行估计，不满足累计已确认的收入金额极可能不会发生重大转回的条件。年末，甲公司重新估计该合同的交易价格时，影响该季度管理费收入金额的不确定性已经消除，甲公司确认管理费收入6 000 000（=600 000 000×1%）。甲公司未确认业绩奖励收入，这是因为，该业绩奖励仍然会受到基金未来累计回报的影响，有关将可变对价计入交易价格的限制条件仍然没有得到满足。甲公司应当在后续的每一资产负债表日，估计业绩奖励是否满足上述条件，以确定其收入金额。

2.合同中存在的重大融资成分

当合同各方以在合同中（或者以隐含的方式）约定的付款时间为客户或企业就该交易提供了重大融资利益时，合同中即包含了重大融资成分。合同中存在重大融资成分的，企业应当按照假定客户在取得商品控制权时即以现金支付的应付金额（即现销价格）确定交易价格。在评估合同中是否存在融资成分以及该融资成分对于该合同而言是否重大时，企业应当考虑所有相关的事实和情况，包括：① 已承诺的对价金额与已承诺商品的现销价格之间的差额；② 下列两项的共同影响，一是企业将承诺的商品转让给客户与客户支付相关款项之间的预计时间间隔；二是相关市场的现行利率。

表明企业与客户之间的合同未包含重大融资成分的情形有：一是客户就商品支付了预付款，且可以自行决定这些商品的转让时间（例如，企业向客户出售其发行的储值卡，客户可随时持卡购物；企业向客户授予奖励积分，客户可随时兑换这些积分等）；二是客户承诺支付的对价中有相当大的部分是可变的，该对价金额或付款时间取决于某一未来事项是否发生，且该事项实质上不受客户或企业控制（如按照实际销量收取的特许权使用费）；三是合同承诺的对价金额与现销价格之间的差额是由于向客户或企业提供融资利益以外的其他原因所导致的，且这一差额与产生该差额的原因是相称的（例如，合同约定的支付条款目的是向企业或客户提供保护，以防止另一方未能依照合同充分履行其部分或全部义务）。

此外，某些交易中，公司向客户转让商品或服务的时间与收款的时间间隔可能较长，而导致该时间间隔的主要原因是国家有关部门需要履行相关的审批程序，且该时间间隔是履行上述程序所需经历的必要时间，其性质并非是提供融资利益。

需要说明的是，企业应当在单个合同层面考虑融资成分是否重大，而不应在合同组合层面考虑。合同中存在重大融资成分的，企业在确定该重大融资成分的金额时，应使用将合同对价的名义金额折现为商品的现销价格的折现率。该折现率一经确定，不得因后续市场利率或客户信用风险等情况的变化而变更。企业确定的交易价格与合同承诺的对价金额之间的差额，应当在合同期间采用实际利率法摊销。

为简化实务操作，如果在合同开始日，企业预计客户取得商品控制权与客户支付价款间隔不超过一年的，可以不考虑合同中存在的重大融资成分。企业应当对类似情形下的类似合同一致地应用这一简化处理方法。

融资有两种情况：一种是购货方向销售方融资，即购货方延期付款；另一种是销售方向购货方融资，即购货方提前付款。对于销售方来讲，前者需要确认"未实现融资收益"，后者需要确认"未确认融资费用"，当然前提是"企业预计客户取得商品控制权与客户支付价款间隔超过一年的"。

【例 11-5】　丙公司采用分期收款方式销售一大型设备给长江公司，合同不含税价格为 4 万元，分 4 年等额付款，每年年末支付 1.13 万元。该大型设备现销不含税价格为 3 万元，该设备实际成本 2 万元。实际利率为 12.5%。合同约定的收款日期当天产生纳税义务。

借：长期应收款	45 200	
贷：主营业务收入		30 000
未实现融资收益		10 000
应交税费——待转销项税额		5 200
借：主营业务成本	20 000	
贷：库存商品		20 000
借：银行存款	11 300	
应交税费——待转销项税额	1 300	
贷：长期应收款		11 300

应交税费——应交增值税(销项税额)　　　　　　　　　　　1 300
借:未实现融资收益(期初本金 30 000×实际利率 12.5%)　　3 750
　贷:财务费用　　　　　　　　　　　　　　　　　　　　　　　　　3 750

第二年摊销金额=(30 000-10 000+3 750)×12.5%=2 968.75(万元)

后两年以此类推,四年摊销完毕。

3. 非现金对价

非现金对价包括实物资产、无形资产、股权、客户提供的广告服务等。客户支付非现金对价的,通常情况下,企业应当按照非现金对价在合同开始日的公允价值确定交易价格。非现金对价公允价值不能合理估计的,企业应当参照其承诺向客户转让商品的单独售价间接确定交易价格。比如,房地产开发企业,其与客户签订了一项以房换地的合同。

非现金对价的公允价值可能会因对价的形式而发生变动(例如,企业有权向客户收取的对价是股票,股票本身的价格会发生变动),也可能会因为其形式以外的原因而发生变动。合同开始日后,非现金对价的公允价值因对价形式以外的原因而发生变动的,应当作为可变对价,按照与计入交易价格的可变对价金额的限制条件相关的规定进行处理;合同开始日后,非现金对价的公允价值因对价形式而发生变动的,该变动金额不应计入交易价格。

4. 应付客户对价

企业存在应付客户对价的,应当将该应付对价冲减交易价格,但应付客户对价是为了自客户取得其他可明确区分商品的除外。企业应付客户对价是为了向客户取得其他可明确区分商品的,应当采用与企业其他采购相一致的方式确认所购买的商品。企业应付客户对价超过向客户取得可明确区分商品公允价值的,超过金额应当冲减交易价格。向客户取得的可明确区分商品公允价值不能合理估计的,企业应当将应付客户对价全额冲减交易价格。在将应付客户对价冲减交易价格时,企业应当在确认相关收入与支付(或承诺支付)客户对价二者孰晚的时点冲减当期收入。

(四)将交易价格分摊至各单项履约义务

企业应当按照分摊至各单项履约义务的交易价格计量收入。合同中包含两项或多项履约义务的,企业应当在合同开始日,按照各单项履约义务所承诺商品的单独售价的相对比例,将交易价格分摊至各单项履约义务。

单独售价,是指企业向客户单独销售商品的价格。单独售价无法直接观察的,企业应当综合考虑其能够合理取得的全部相关信息,采用市场调整法、成本加成法、余值法等方法合理估计单独售价。市场调整法,是指企业根据某商品或类似商品的市场售价,考虑本企业的成本和毛利等进行适当调整后,确定其单独售价的方法。成本加成法,是指企业根据某商品的预计成本加上其合理毛利后的价格,确定其单独售价的方法。余值法,是指企业根据合同交易价格减去合同中其他商品可观察的单独售价后的余值,确定某商品单独售价的方法。企业应当最大限度地采用可观察的输入值,并对类似的情况采用一致的估计方法。

企业在商品近期售价波动幅度巨大,或者因未定价且未曾单独销售而使售价无法可靠确定时,可采用余值法估计其单独售价。

1. 分摊合同折扣

合同折扣,是指合同中各单项履约义务所承诺商品的单独售价之和高于合同交易价格的金额。对于合同折扣,企业应当在各单项履约义务之间按比例分摊。

【例 11-6】　甲公司与客户签订合同,向其销售 A、B 两项商品,A 商品的单独售价为 6 000 元,B 商品的单独售价为 24 000 元,合同价款为 25 000 元。合同约定,A 商品于合同开始日交付,B 商品在一个月之后交付,只有当两项商品全部交付之后,甲公司才有权收取 25 000 元的合同对价。假定 A 商品和 B 商品分别构成单项履约义务,其控制权在交付时转移给客户。上述价格均不包含增值税,且假定不考虑相关税费影响。

分摊至 A 商品的合同价款为 5 000 元[＝6 000÷(6 000＋24 000)×25 000],分摊至 B 商品的合同价款为 20 000 元[＝24 000÷(6 000＋24 000)×25 000]。甲公司的账务处理如下。

(1) 交付 A 商品时:

借:合同资产　　　　　　　　　　　　　　　　　　　　　　　5 000
　　贷:主营业务收入　　　　　　　　　　　　　　　　　　　　　　5 000

(2) 交付 B 商品时:

借:应收账款　　　　　　　　　　　　　　　　　　　　　　　25 000
　　贷:合同资产　　　　　　　　　　　　　　　　　　　　　　　　5 000
　　　　主营业务收入　　　　　　　　　　　　　　　　　　　　　　20 000

合同资产,是指企业已向客户转让商品而有权收取对价的权利,且该权利取决于时间流逝之外的其他因素。应收款项是企业无条件收取合同对价的权利,该权利应当作为应收款项单独列示。二者的区别在于,应收款项代表的是无条件收取合同对价的权利,即企业仅仅随着时间的流逝即可收款,而合同资产并不是一项无条件收款权,该权利除了时间流逝之外,还需具备其他条件(如履行合同中的其他履约义务)才能收取相应的合同对价。因此,与合同资产和应收款项相关的风险是不同的,应收款项仅承担信用风险,而合同资产除信用风险之外,还可能承担其他风险,如履约风险等。合同资产减值的计量、列报和披露应当按照相关金融工具准则的要求进行会计处理。合同资产发生减值的,企业按应减记的金额,借记"信用减值损失"科目,贷记"合同资产减值准备"科目;转回已计提的资产减值准备时,做相反的会计分录。

有确凿证据表明合同折扣仅与合同中一项或多项(而非全部)履约义务相关的,企业应当将该合同折扣分摊至相关一项或多项履约义务。同时满足下列条件时,企业应当将合同折扣全部分摊至合同中的一项或多项(而非全部)履约义务:① 企业经常将该合同中的各项可明确区分的商品单独销售或者以组合的方式单独销售;② 企业经常将其中部分可明确区分的商品以组合的方式按折扣价格单独销售;③ 上述第②项中的折扣与该合同中的折扣基本相同,且针对每一组合中的商品的分析为将该合同的全部折扣归属于某一项或多项履约义务提供了可观察的证据。有确凿证据表明合同折扣仅与合同中的一项或多项(而非全部)履约义务相关,且企业采用余值法估计单独售价的,企业应当首先在该一项或多项(而非全部)履约义务之间分摊合同折扣,然后再采用余值法估计单独售价。

【例 11-7】　甲公司与客户签订合同,向其销售 A、B、C 三种产品,合同总价款为 120 万元,这三种产品构成 3 个单项履约义务。企业经常单独出售 A 产品,其可直接观察的单独售价为 50 万元;B 产品和 C 产品的单独售价不可直接观察,企业采用市场调整法估计 B 产品的单独售价为 25 万元,采用成本加成法估计 C 产品的单独售价为 75 万元。甲公司经常以 50 万元的价格单独销售 A 产品,并且经常将 B 产品和 C 产品组合在一起以 70 万元的价格销售。假定上述价格均不包含增值税。

本例中,这三种产品的单独售价合计为 150 万元,而该合同的价格为 120 万元,因此该合同的折扣为 30 万元。由于甲公司经常将 B 产品和 C 产品组合在一起以 70 万元的价格销售,该价格与其单独售价的差额为 30 万元,与该合同的折扣一致,而 A 产品单独销售的价格与其单独售价一致,证明该合同的折扣仅应归属于 B 产品和 C 产品。因此,在该合同下,分摊至 A 产品的交易价格为 50 万元,分摊至 B 产品和 C 产品的交易价格合计为 70 万元,甲公司应当进一步按照 B 产品和 C 产品的单独售价的相对比例将该价格在二者之间进行分摊。因此,各产品分摊的交易价格分别为:A 产品为 50 万元,B 产品为 17.5 万元($=25 \div 100 \times 70$),C 产品为 52.5 万元($=75 \div 100 \times 70$)。

2. 分摊可变对价

合同中包含可变对价的,该可变对价可能与整个合同相关,也可能仅与合同中的某一特定组成部分有关,后者包括两种情形:一是可变对价可能与合同中的一项或多项(而非全部)履约义务有关;二是可变对价可能与企业向客户转让的构成单项履约义务的一系列可明确区分商品中的一项或多项(而非全部)商品有关。

同时满足下列条件的,企业应当将可变对价及可变对价的后续变动额全部分摊至与之相关的某项履约义务,或者构成单项履约义务的一系列可明确区分商品中的某项商品:① 可变对价的条款专门针对企业为履行该项履约义务或转让该项可明确区分商品所做的努力(或者是履行该项履约义务或转让该项可明确区分商品所导致的特定结果);② 企业在考虑了合同中的全部履约义务及支付条款后,将合同对价中的可变金额全部分摊至该项履约义务或该项可明确区分商品符合分摊交易价格的目标。

对于不满足上述条件的可变对价及可变对价的后续变动额,以及可变对价及其后续变动额中未满足上述条件的剩余部分,企业应当按照分摊交易价格的一般原则,将其分摊至合同中的各单项履约义务。对于已履行的履约义务,其分摊的可变对价后续变动额应当调整变动当期的收入。

3. 交易价格的后续变动

交易价格发生后续变动的,企业应当按照在合同开始日所采用的基础将该后续变动金额分摊至合同中的履约义务。企业不得因合同开始日之后单独售价的变动而重新分摊交易价格。对于合同变更导致的交易价格后续变动,应当按照有关合同变更的要求进行会计处理。合同变更之后发生可变对价后续变动的,企业应当区分下列三种情形分别进行会计处理:

(1) 合同变更属于合同变更第(1)款规定情形的,企业应当判断可变对价后续变动与哪一项合同相关,并按照分摊可变对价的相关规定进行会计处理。

(2) 合同变更属于合同变更第(2)款规定情形,且可变对价后续变动与合同变更前已承诺可变对价相关的,企业应当首先将该可变对价后续变动额以原合同开始日确定的单独售价为基础进行分摊,然后再将分摊至合同变更日尚未履行履约义务的该可变对价后续变动额以新合同开始日确定的基础进行二次分摊。

(3) 合同变更之后发生除上述第(1)和第(2)种情形以外的可变对价后续变动的,企业应当将该可变对价后续变动额分摊至合同变更日尚未履行(或部分未履行)的履约义务。

【例 11-8】 2021 年 9 月 1 日,甲公司与乙公司签订合同,向其销售 A 产品和 B 产品。A 产品和 B 产品均为可明确区分商品,其单独售价相同,且均属于在某一时点履行的履约义务。合同约定,A 产品和 B 产品分别于 2021 年 11 月 1 日和 2022 年 3 月 31 日交付给乙公司。

合同约定的对价包括 1 000 元的固定对价和估计金额为 200 元的可变对价。假定甲公司将 200 元的可变对价计入交易价格,满足有关将可变对价金额计入交易价格的限制条件。因此,该合同的交易价格为 1 200 元。假定上述价格均不包含增值税。

2021 年 12 月 1 日,双方对合同范围进行了变更,乙公司向甲公司额外采购 C 产品,合同价格增加 300 元,C 产品与 A,B 两种产品可明确区分,但该增加的价格不反映 C 产品的单独售价。C 产品的单独售价与 A 产品和 B 产品相同。C 产品将于 2022 年 6 月 30 日交付给乙公司。

2021 年 12 月 31 日,企业预计有权收取的可变对价的估计金额由 200 元变更为 240 元,该金额符合计入交易价格的条件。因此,合同的交易价格增加了 40 元,且甲公司认为该增加额与合同变更前已承诺的可变对价相关。

假定上述三种产品的控制权均随产品交付而转移给乙公司。

本例中,在合同开始日,该合同包含两个单项履约义务,甲公司应当将估计的交易价格分摊至这两项履约义务。由于两种产品的单独售价相同,且可变对价不符合分摊至其中一项履约义务的条件,因此,甲公司将交易价格 1 200 元平均分摊至 A 产品和 B 产品,即 A 产品和 B 产品各自分摊的交易价格均为 600 元。

2021 年 11 月 1 日,当 A 产品交付给客户时,甲公司相应确认收入 600 元。

2021 年 12 月 1 日,双方进行了合同变更。该合同变更属于合同变更的第(2)种情形,因此该合同变更应当作为原合同终止,并将原合同的未履约部分与合同变更部分合并为新合同进行会计处理。在该新合同下,合同的交易价格为 900 元(=600+300),由于 B 产品和 C 产品的单独售价相同,分摊至 B 产品和 C 产品的交易价格的金额均为 450 元。

2021 年 12 月 31 日,甲公司重新估计可变对价,增加了交易价格 40 元。由于该增加额与合同变更前已承诺的可变对价相关,因此应首先将该增加额分摊给 A 产品和 B 产品,之后再将分摊给 B 产品的部分在 B 产品和 C 产品形成的新合同中进行二次分摊。在本例中,由于 A、B 和 C 的单独售价相同,在将 40 元的可变对价后续变动分摊至 A 产品和 B 产品时,各自分摊的金额为 20 元。由于甲公司已经转让了 A 产品,在交易价格发生变动的当期即应将分摊至 A 产品的 20 元确认为收入。之后,甲公司将分摊至 B 产品的 20 元平均分摊至 B 产品和 C 产品,即各自分摊的金额为 10 元,经过上述分摊后,B 产品和 C 产品的交易价格金额均为 460 元(=450+10)。因此,甲公司分别在 B 产品和 C 产品控制权转移时确认收入 460 元。

(五)履行每一单项履约义务时确认收入

企业应当在履行了合同中的履约义务,即客户取得相关商品控制权时确认收入。企业应当根据实际情况,首先判断履约义务是否满足在某一时段内履行的条件,如不满足,则该履约义务属于在某一时点履行的履约义务。对于在某一时段内履行的履约义务,企业应当选取恰当的方法来确定履约进度;对于在某一时点履行的履约义务,企业应当综合分析控制权转移的迹象,判断其转移时点。

1. 在某一时段内履行的履约义务的收入确认条件

满足下列条件之一的,属于在某一时段内履行的履约义务,相关收入应当在该履约义务履行的期间内确认:

(1)客户在企业履约的同时即取得并消耗企业履约所带来的经济利益。企业在履约过程中是持续地向客户转移该服务的控制权的,该履约义务属于在某一时段内履行的履约义务,企业应当在提供该服务的期间内确认收入。企业在进行判断时,可以假定在企业履约的过程中更换为其他企业继续履行剩余履约义务,如果该继续履行合同的企业实质上无须重新执行企业累计至今已经完成的工作,则表明客户在企业履约的同时即取得并消耗了企业履约所带来的经济利益。例如,企业承诺将客户的一批货物从 A 市运送到 B 市,假定该批货物在途经 C 市时,由另外一家运输公司接替企业继续提供该运输服务,由于 A 市到 C 市之间的运输服务是无须重新执行的,因此,表明客户在企业履约的同时即取得并消耗了企业履约所带来的经济利益,因此,企业提供的运输服务属于在某一时段内履行的履约义务。企业在判断其他企业是否实质上无须重新执行企业累计至今已经完成的工作时,应当基于以下两个前提:一是不考虑可能会使企业无法将剩余履约义务转移给其他企业的潜在限制,包括合同限制或实际可行性限制;二是假设继续履行剩余履约义务的其他企业将不会享有企业目前已控制的任何资产的利益,也不会享有剩余履约义务转移后企业仍然控制的任何资产的利益。

（2）客户能够控制企业履约过程中在建的商品。企业在履约过程中创建的商品包括在产品、在建工程、尚未完成的研发项目、正在进行的服务等,如果客户在企业创建该商品的过程中就能够控制这些商品,应当认为企业提供该商品的履约义务属于在某一时段内履行的履约义务。例如,企业与客户签订合同,在客户拥有的土地上按照客户的设计要求为其建造厂房。在建造过程中客户有权修改厂房设计,并与企业重新协商设计变更后的合同价款。客户每月末按当月工程进度向企业支付工程款。如果客户终止合同,已完成建造部分的厂房归客户所有。这些均表明客户在该厂房建造的过程中就能够控制该在建的厂房。因此,企业提供的该建造服务属于在某一时段内履行的履约义务。

（3）企业履约过程中所产出的商品具有不可替代用途,且该企业在整个合同期间内有权就累计至今已完成的履约部分收取款项。

① 商品具有不可替代用途。在判断商品是否具有不可替代用途时,企业既应当考虑合同限制,也应当考虑实际可行性限制,但无须考虑合同被终止的可能性。企业在判断商品是否具有不可替代用途时,需要注意以下四点:

一是企业应当在合同开始日判断所承诺的商品是否具有不可替代用途。在此之后,除非发生合同变更,且该变更显著改变了原合同约定的履约义务,否则,企业无须重新进行评估。

二是合同中是否存在实质性限制条款,导致企业不能将合同约定的商品用于其他用途。保护性条款不应被视为实质性限制条款。

三是是否存在实际可行性限制。例如,虽然合同中没有限制,但是企业将合同中约定的商品用作其他用途,将遭受重大的经济损失或发生重大的返工成本。

四是企业应当根据最终转移给客户的商品的特征判断其是否具有不可替代用途。例如,某商品在生产的前期可以满足多种用途需要的,从某一时点或某一流程开始,才进入定制化阶段,此时,企业应当根据该商品在最终转移给客户时的特征来判断其是否满足"具有不可替代用途"的条件。

② 企业在整个合同期间有权就累计至今已完成的履约部分收取款项。有权就累计至今已完成的履约部分收取款项,是指在由于客户或其他方原因终止合同的情况下,企业有权就累计至今已完成的履约部分收取能够补偿其已发生成本和合理利润的款项,并且该权利具有法律约束力。需要强调的是,合同终止必须是由于客户或其他方面非企业自身的原因(即由于企业未按照合同承诺履约之外的其他原因)所致,在整个合同期间的任一时点,企业均应当拥有

此项权利。企业在进行判断时,需要注意以下五点:

一是企业有权就累计至今已完成的履约部分收取的款项应当大致相当于累计至今已经转移给客户的商品的售价,即该金额应当能够补偿企业已经发生的成本和合理利润。

二是企业有权就累计至今已完成的履约部分收取款项,并不意味着企业拥有随时可行使的无条件收款权。企业在判断时应当考虑,在整个合同期间的任一时点,假设在发生由于客户或其他方原因导致合同在合同约定的重要时点、重要事项完成前或合同完成前终止时,企业是否有权要求客户补偿其累计至今已完成的履约部分应收取的款项。

三是当客户只有在某些特定时点才能要求终止合同,或者根本无权终止合同时终止了合同(包括客户没有按照合同约定履行其义务)时,如果合同条款或法律法规赋予了企业继续执行合同(即企业继续向客户转移合同中承诺的商品并要求客户支付对价)的权利,则表明企业有权就累计至今已完成的履约部分收取款项。

四是企业在进行相关判断时,不仅要考虑合同条款的约定,还应当充分考虑所处的法律环境(包括适用的法律法规、以往的司法实践以及类似案例的结果等)是否对合同条款形成了补充,或者会凌驾于合同条款之上。

五是企业和客户在合同中约定的具体付款时间表并不一定意味着企业有权就累计至今已完成的履约部分收取款项。

【例11-9】 甲公司是一家造船企业,与乙公司签订了一份船舶建造合同,按照乙公司的具体要求设计和建造船舶。甲公司在自己的厂区内完成该船舶的建造,乙公司无法控制在建过程中的船舶。甲公司如果想把该船舶出售给其他客户,需要发生重大的改造成本。双方约定,如果乙公司单方面解约,乙公司需向甲公司支付相当于合同总价30%的违约金,且建造中的船舶归甲公司所有。假定该合同仅包含一项履约义务,即设计和建造船舶。

本例中,船舶是按照乙公司的具体要求进行设计和建造的,甲公司需要发生重大的改造成本将该船舶改造之后才能将其出售给其他客户,因此,该船舶具有不可替代用途。然而,如果乙公司单方面解约,仅需向甲公司支付相当于合同总价30%的违约金,表明甲公司无法在整个合同期间内都有权就累计至今已完成的履约部分收取能够补偿其已发生成本和合理利润的款项。因此,甲公司为乙公司设计和建造船舶不属于在某一时段内履行的履约义务。

2. 在某一时段内履行的履约义务的收入确认方法

对于在某一时段内履行的履约义务,企业应当在该段时间内按照履约进度确认收入,履约进度不能合理确定的除外。企业应当采用恰当的方法确定履约进度,以使其如实反映企业向客户转让商品的履约情况。企业应当考虑商品的性质,采用产出法或投入法确定恰当的履约进度,并且在确定履约进度时应当扣除那些控制权尚未转移给客户的商品和服务。

1) 产出法

产出法主要是根据已转移给客户的商品对于客户的价值确定履约进度,主要包括按照实际测量的完工进度、评估已实现的结果、已达到的里程碑、时间进度、已完工或交付的产品等确定履约进度的方法。企业在评估是否采用产出法确定履约进度时,应当考虑所选择的产出指标是否能够如实地反映向客户转移商品的进度。

【例11-10】 甲公司与客户签订合同,为该客户拥有的一条铁路更换100根铁轨,合同价格为10万元(不含税价)。年末,甲公司共更换铁轨80根,剩余部分预计次年3月31日之前完成。该合同仅包含一项履约义务,且该履约义务满足在某一时段内履行的条件。假定不考虑其他情况。甲公司按照已完成的工作量确定履约进度。年末,该合同的履约进度为80%(＝80÷100),甲公司应确认的收入为8万元(＝10×80%)。

产出法是直接计量已完成的产出,一般能够客观地反映履约进度。当产出法所需的信息可能无法直接通过观察获得,或者为获得这些信息需要花费很高的成本时,可采用投入法。

2）投入法

投入法主要是根据企业履行履约义务的投入确定履约进度,主要包括以投入的材料数量、花费的人工工时或机器工时、发生的成本和时间进度等投入指标确定履约进度。当企业从事的工作或发生的投入是在整个履约期间平均发生时,按照直线法确认收入是合适的。由于企业的投入与向客户转移商品的控制权之间未必存在直接的对应关系,因此,企业在采用投入法时,应当扣除那些虽然已经发生但是未导致向客户转移商品的投入。实务中,企业通常按照累计实际发生的成本占预计总成本的比例（即成本法）确定履约进度。累计实际发生的成本包括企业向客户转移商品过程中所发生的直接成本和间接成本,如直接人工、直接材料、分包成本以及其他与合同相关的成本。企业在采用成本法确定履约进度时,可能需要对已发生的成本进行适当调整的情形有:

（1）已发生的成本并未反映企业履行其履约义务的进度,如因企业生产效率低下等原因而导致的非正常消耗,包括非正常消耗的直接材料、直接人工及制造费用等,除非企业和客户在订立合同时已经预见会发生这些成本并将其包括在合同价款中。

（2）已发生的成本与企业履行其履约义务的进度不成比例。如果企业已发生的成本与履约进度不成比例,企业在采用成本法时需要进行适当调整。当企业在合同开始日就能够预期将满足下列所有条件时,企业在采用成本法时不应包括该商品的成本,而是应当按照其成本金额确认收入:一是该商品不构成单项履约义务;二是客户先取得该商品的控制权,之后才接受与之相关的服务;三是该商品的成本占预计总成本的比重较大;四是企业自第三方采购该商品,且未深入参与其设计和制造,对于包含该商品的履约义务而言,企业是主要责任人。

【例11－11】 甲公司与客户签订合同,为客户装修一栋办公楼并安装一部电梯,合同总金额为100万元。甲公司预计的合同总成本为80万元,其中包括电梯的采购成本30万元。年末,甲公司将电梯运达施工现场并经过客户验收,客户已取得对电梯的控制权,但是根据装修进度,预计次年安装该电梯。截至年末,甲公司累计发生成本40万元,其中包括支付给电梯供应商的采购成本30万元以及因采购电梯发生的运输和人工等相关成本5万元。

假定该装修服务(包括安装电梯)构成单项履约义务,并属于在某一时段内履行的履约义务,甲公司是主要责任人,但不参与电梯的设计和制造;甲公司采用成本法确定履约进度。上述金额均不含增值税。

本例中,截至年末,甲公司发生成本40万元(包括电梯采购成本30万元以及因采购电梯发生的运输和人工等相关成本5万元),甲公司认为其已发生的成本和履约进度不成比例,因此需要对履约进度的计算做出调整,将电梯的采购成本排除在已发生成本和预计总成本之外。在该合同中,该电梯不构成单项履约义务,其成本相对于预计总成本而言是重大的,甲公司是主要责任人,但是未参与该电梯的设计和制造,客户先取得了电梯的控制权,随后才接受与之相关的安装服务,因此,甲公司在客户取得该电梯控制权时,按照该电梯采购成本的金额确认转让电梯产生的收入。

因此,年末该合同的履约进度为 20%[=(40-30)÷(80-30)],应确认的收入和成本金额分别为 44 万元[=(100-30)×20%+30]和 40 万元[=(80-30)×20%+30]。

对于每一项履约义务,企业只能采用一种方法来确定其履约进度,并加以一贯运用。对于类似情况下的类似履约义务,企业应当采用相同的方法确定履约进度。

资产负债表日,企业应当在按照合同的交易价格总额乘以履约进度扣除以前会计期间累计已确认的收入后的金额,确认为当期收入。当履约进度不能合理确定时,企业已经发生的成本预计能够得到补偿的,应当按照已经发生的成本金额确认收入,直到履约进度能够合理确定为止。每一资产负债表日,企业应当对履约进度进行重新估计。当客观环境发生变化时,企业也需要重新评估履约进度是否发生变化,以确保履约进度能够反映履约情况的变化,该变化应当作为会计估计变更进行会计处理。

3. 在某一时点履行的履约义务

当一项履约义务不属于在某一时段内履行的履约义务时,应当属于在某一时点履行的履约义务。对于在某一时点履行的履约义务,企业应当在客户取得相关商品控制权时确认收入。在判断客户是否已取得商品控制权时,企业应当考虑下列迹象:

(1)企业就该商品享有现时收款权利,即客户就该商品负有现时付款义务。如果企业就该商品享有现时的收款权利,则可能表明客户已经有能力主导该商品的使用并从中获得几乎全部的经济利益。

(2)企业已将该商品的法定所有权转移给客户,即客户已拥有该商品的法定所有权。客户如果取得了商品的法定所有权,则可能表明其已经有能力主导该商品的使用并从中获得几乎全部的经济利益,或者能够阻止其他企业获得这些经济利益。如果企业仅仅是为了确保到期收回货款而保留商品的法定所有权,那么企业所保留的这项权利通常不会对客户取得对该商品的控制权构成障碍。

(3)企业已将该商品实物转移给客户,即客户已实物占有该商品。客户如果已经实物占有商品,则可能表明其有能力主导该商品的使用并从中获得几乎全部的经济利益,或者使其他企业无法获得这些利益。需要说明的是,客户占有了某项商品的实物并不意味着其就一定取得了该商品的控制权,反之亦然。

① 委托代销安排。这一安排是指委托方和受托方签订代销合同或协议,委托受托方向终端客户销售商品。受托方获得对该商品的控制权的,企业应当按销售商品进行会计处理,这种安排不属于委托代销安排;受托方没有获得该商品控制权的,企业通常应当在受托方售出商品后,按合同或协议约定的方法计算确定的手续费确认收入。表明一项安排是委托代销安排的迹象包括但不限于:一是在特定事件发生前(如向最终客户出售产品或指定期间到期之前),企业拥有对该商品的控制权;二是企业能够要求将委托代销的商品退回或将其销售给其他方(如其他经销商);三是尽管受托方可能被要求向企业支付一定金额押金,但是,其并没有承担对这些商品无条件付款的义务。

② 售后代管商品安排。售后代管商品是指根据企业与客户签订的合同,企业已经就销售商品向客户收款或取得了收款的权利,但是直至未来某一时点将该商品交付客户之前,企业仍然持有该商品实物的安排。在售后代管商品安排下,除了应当考虑客户是否取得商品控制权的迹象外,还应当同时满足下列四项条件,才表明客户取得了该商品的控制权:一是该安排必

须具有商业实质,如该安排是应客户的要求而订立的;二是属于客户的商品必须能够单独识别,如将属于客户的商品单独存放于指定地点;三是该商品可以随时应客户要求交付给客户;四是企业不能自行使用该商品或将该商品提供给其他客户。实务中,越是通用的、可以和其他商品相互替换的商品,越有可能难以满足上述条件。需要注意的是,企业在同时满足上述条件时对尚未发货的商品确认了收入的,应当考虑是否还承担了其他的履约义务,例如,向客户提供保管服务等,从而应当将部分交易价格分摊至该其他履约义务。

【例 11-12】 2020 年 1 月 1 日,甲公司与乙公司签订合同,向其销售一台设备和专用零部件。该设备和零部件的制造期为 2 年。甲公司在完成设备和零部件的生产之后,能够证明其符合合同约定的规格。假定企业向客户转让设备和零部件为两个单项履约义务,且都属于在某一时点履行的履约义务。

2021 年 12 月 31 日,乙公司支付了该设备和零部件的合同价款,并对其进行了验收。乙公司运走了设备,但是考虑到其自身的仓储能力有限,且其工厂紧邻甲公司的仓库,因此要求将零部件存放于甲公司的仓库中,并且要求甲公司按照其指令随时安排发货。乙公司已拥有零部件的法定所有权,且这些零部件可明确识别为属于乙公司的物品。甲公司在其仓库内的单独区域存放这些零部件,并且应乙公司的要求可随时发货,甲公司不能使用这些零部件,也不能将其提供给其他客户使用。

本例中,2021 年 12 月 31 日,该设备的控制权转移给乙公司;对于零部件而言,甲公司已经收取合同价款,但是应乙公司的要求尚未发货,乙公司已拥有零部件的法定所有权并且对其进行了验收,虽然这些零部件实物尚由甲公司持有,但是其满足在"售后代管商品"的安排下客户取得商品控制权的条件,这些零部件的控制权也已经转移给了乙公司。因此,甲公司应当确认销售设备和零部件的相关收入。除销售设备和零部件之外,甲公司还为乙公司提供了仓储保管服务,该服务与设备和零部件可明确区分,构成单项履约义务,甲公司需要将部分交易价格分摊至该项服务,并在提供该项服务的期间确认收入。

(4)企业已将该商品所有权上的主要风险和报酬转移给客户,即客户已取得该商品所有权上的主要风险和报酬。企业在判断时,不应当考虑保留了除转让商品之外产生其他履约义务的风险的情形。例如,企业将产品销售给客户,并承诺提供后续维护服务,销售产品和维护服务均构成单项履约义务,企业保留的因维护服务而产生的风险并不影响企业有关主要风险和报酬转移的判断。

(5)客户已接受该商品。企业在判断是否已经将商品的控制权转移给客户时,应当考虑客户是否已接受该商品,特别是客户的验收是否仅仅是一个形式。如果企业能够客观地确定其已经按照合同约定的标准和条件将商品的控制权转移给客户,那么客户验收可能只是一个形式,并不会影响企业判断客户取得该商品控制权的时点。实务中,企业应当考虑,在过去执行类似合同的过程中已经积累的经验以及客户验收的结果,以证明其所提供的商品是否能够满足合同约定的具体条件。如果在取得客户验收之前已经确认了收入,企业应当考虑是否还存在剩余的履约义务,如设备安装、运输等,并且评估是否应当对其单独进行核算。相反地,如果企业无法客观地确定其向客户转让商品是否符合合同规定的条件,那么在客户验收之前,企业不能认为已经将该商品的控制权转移给了客户。例如,客户主要基于主观判断进行验收时,在验收完成之前,企业无法确定其商品是否能够满足客户的主观标准,因此,企业应当在客户完成验收接受该商品时才能确认收入。实务中,定制化程度越高的商品,可能越难证明客户验收仅仅是一项例行程序。此外,如果企业将商品发送给客户供其试用或者测评,且客户并未承诺在试用期结束前支付任何对价,则在客户接受该商品或者在试用期结束之前,该商品的控制权并未转移给客户。

(6) 其他表明客户已取得商品控制权的迹象。在上述迹象中,并没有哪一个或哪几个迹象是决定性的,企业应当根据合同条款和交易实质进行分析,综合判断其是否以及何时将商品的控制权转移给客户,从而确定收入确认的时点。此外,企业应当从客户的角度进行评估,而不应当仅考虑企业自身的看法。

三、合同成本

(一)合同履约成本

企业为履行合同可能会发生各种成本,企业在确认收入的同时应当对这些成本进行分析,属于存货、固定资产、无形资产等准则范围的,应当按照相关准则进行会计处理;不属于其他准则范围且同时满足下列条件的,应当作为合同履约成本确认为一项资产:

一是该成本与一份当前或预期取得的合同直接相关。预期取得的合同应当是企业能够明确识别的合同,如现有合同续约后的合同、尚未获得批准的特定合同等。与合同直接相关的成本包括直接人工(如支付给直接为客户提供所承诺服务的人员的工资、奖金等)、直接材料(如为履行合同耗用的原材料、辅助材料、构配件、零件、半成品的成本和周转材料的摊销及租赁费用等)、制造费用或类似费用(如与组织和管理生产、施工、服务等活动发生有关的费用,包括管理人员的职工薪酬、劳动保护费、固定资产折旧费及修理费、物料消耗、取暖费、水电费、办公费、差旅费、财产保险费、工程保修费、排污费、临时设施摊销费等)、明确由客户承担的成本以及仅因该合同而发生的其他成本(如支付给分包商的成本、机械使用费、设计和技术援助费用、施工现场二次搬运费、生产工具和用具使用费、检验试验费、工程定位复测费、工程点交费用、场地清理费等)。

二是该成本增加了企业未来用于履行(或持续履行)履约义务的资源。

三是该成本预期能够收回。

企业应当在下列支出发生时,将其计入当期损益:一是管理费用,除非这些费用明确由客户承担。二是非正常消耗的直接材料、直接人工和制造费用(或类似费用),这些支出为履行合同发生,但未反映在合同价格中。三是与履约义务中已履行(包括已全部履行或部分履行)部分相关的支出,即该支出与企业过去的履约活动相关。四是无法在尚未履行的与已履行(或已部分履行)的履约义务之间区分的相关支出。

生产成本并非为了某一个当前或预期取得的特定的某一个合同而产生的,最终形成存货,转入库存商品中。合同履约成本是为了某一个合同而发生的成本,按照收入确认的原则摊销转入当期损益。

【例 11-13】 甲公司与乙公司签订合同,为其信息中心提供管理服务,合同期限为 5 年。在向乙公司提供服务之前,甲公司设计并搭建了一个信息技术平台供其内部使用,该信息技术平台由相关的硬件和软件组成。甲公司需要提供设计方案,将该信息技术平台与乙公司现有的信息系统对接,并进行相关测试。该平台并不会转让给乙公司,但是将用于向乙公司提供服务。甲公司为该平台的设计、购买硬件和软件以及信息中心的测试发生了成本。除此之外,甲公司专门指派两名员工,负责向乙公司提供服务。

本例中,甲公司为履行合同发生的上述成本中,购买硬件和软件的成本应当分别按照固定资产和无形资产进行会计处理;设计服务成本和信息中心的测试成本不属于其他准则范围,但是这些成本与履行该合同直接相关,并且增加了甲公司未来用于履行履约义务(即提供管理服务)的资源,如果甲公司预期该成本可通过未来提供服务收取的对价收回,则甲公司应当将这些成本确认为一项资产。甲公司向两名负责该项目的员工支付的工资费用,虽然与向乙公司提供服务有关,但是由于其并未增加企业未来用于履行履约义务的资源,因此,应当于发生时计入当期损益。

(二) 合同取得成本

企业为取得合同发生的增量成本预期能够收回的,应当作为合同取得成本确认为一项资产。增量成本,是指企业不取得合同就不会发生的成本,如销售佣金等。为简化实务操作,该资产摊销期限不超过一年的,可以在发生时计入当期损益。企业采用该简化处理方法的,应当对所有类似合同一致采用。企业为取得合同发生的、除预期能够收回的增量成本之外的其他支出,如无论是否取得合同均会发生的差旅费、投标费、为准备投标资料发生的相关费用等,应当在发生时计入当期损益,除非这些支出明确由客户承担。

实务中,涉及合同取得成本的安排可能会比较复杂,例如,合同续约或合同变更时需要支付额外的佣金,企业支付的佣金金额取决于客户未来的履约情况或者取决于累计取得的合同数量或金额等,企业需要进行判断,对发生的合同取得成本进行恰当的会计处理。企业因现有合同续约或发生合同变更需要支付的额外佣金,也属于为取得合同发生的增量成本。

(三) 与合同履约成本和合同取得成本有关的资产的摊销和减值

企业设置"合同取得成本""合同履约成本"(分别设置"服务成本"和"工程施工"进行明细核算)"合同取得成本减值准备""合同履约成本减值准备"科目核算合同成本形成的资产。

1. 摊销

对于确认为资产的合同履约成本和合同取得成本,企业应当采用与该资产相关的商品收入确认相同的基础(即在履约义务履行的时点或按照履约义务的履约进度)进行摊销,计入当期损益。合同履约成本摊销计入主营业务成本或者其他业务成本,合同取得成本摊销计入销售费用。

在确定与合同履约成本和合同取得成本有关的资产的摊销期限和方式时,如果该资产与一份预期将要取得的合同(如续约后的合同)相关,则在确定相关摊销期限和方式时,应当考虑该预期将要取得的合同的影响。但是,对于合同取得成本而言,如果合同续约时,企业仍需要支付与取得原合同相当的佣金,这表明取得原合同时支付的佣金与预期将要取得的合同无关,该佣金只能在原合同的期限内进行摊销。企业为合同续约仍需支付的佣金是否与原合同相当,需要根据具体情况进行判断。例如,如果两份合同的佣金按照各自合同金额的相同比例计算,通常表明这两份合同的佣金水平是相当的。

企业应当根据预期向客户转让与上述资产相关的商品的时间,对资产的摊销情况进行复核并更新,以反映该预期时间的重大变化。此类变化应当作为会计估计变更进行会计处理。

2. 减值

合同履约成本和合同取得成本的账面价值高于下列两项的差额的,超出部分应当计提减值准备,并确认为资产减值损失:① 企业因转让与该资产相关的商品预期能够取得的剩余对价;② 为转让该相关商品估计将要发生的成本。估计将要发生的成本主要包括直接人工、直接材料、制造费用(或类似费用)、明确由客户承担的成本以及仅因该合同而发生的其他成本(如支付给分包商的成本)等。以前期间减值的因素之后发生变化,使得前款①减②的差额高于该资产账面价值的,应当转回原已计提的资产减值准备,并计入当期损益,但转回后的资产账面价值不应超过假定不计提减值准备情况下该资产在转回日的账面价值。

在确定合同履约成本和合同取得成本的减值损失时,企业应当首先确定其他资产减值损失;然后,确定合同履约成本和合同取得成本的减值损失。企业测试相关资产组的减值情况时,应当将按照上述规定确定上述资产减值后的新账面价值计入相关资产组的账面价值。

对于同一合同下属于在一时段内履行的履约义务涉及与客户结算对价的,通常情况下,企业对其已向客户转让商品而有权收取的对价金额应当确认为合同资产或应收账款,对于其已收或应收客户对价而应向客户转让商品的义务,应当按照已收或应收的金额确认合同负债。

合同负债,是指企业已收或应收客户对价而应向客户转让商品的义务。企业在向客户转让商品之前,如果客户已经支付了合同对价或企业已经取得了无条件收取合同对价的权利,则企业应当在客户实际支付款项与到期应支付款项孰早时点,将该已收或应收的款项列示为合同负债。合同负债导致的未来经济利益流出是商品或服务,不是金融负债。

同一合同下的合同资产和合同负债应当以净额列示,不同合同下的合同资产和合同负债不能互相抵销。企业也可以设置"合同结算"科目(或其他类似科目),以核算同一合同下属于在一时段内履行的履约义务涉及与客户进行结算对价所产生的合同资产或合同负债,并在此科目下设置"合同结算——价款结算"科目,反映定期与客户进行结算的金额;设置"合同结算——收入结转"科目,反映按履约进度结转收入金额。资产负债表日,"合同结算"科目的期末余额在借方的,根据其流动性,在资产负债表中分别列示为"合同资产"或"其他非流动资产"项目;期末余额在贷方的,根据其流动性,在资产负债表中分别列示为"合同负债"或"其他非流动负债"项目。

【例11-14】 甲建筑公司与其客户签订一项总金额为580万元的固定造价合同,该合同不可撤销。甲公司负责工程的施工及全面管理,客户按照第三方工程监理公司确认的工程完工量,每年与甲公司结算一次;该工程已于2020年2月开工,预计2022年6月完工;预计可能发生的工程总成本为550万元。到2021年年底,由于材料价格上涨等因素,甲公司将预计工程总成本调整为610万元。假定该建造工程整体构成单项履约义务,并属于在某一时段内履行的履约义务,该公司采用成本法确定履约进度,不考虑其他相关因素。按照合同约定,工程质保金30万元需等到客户于2022年年底保证期结束且未发生重大质量问题方能收款。上述价款均为不含税价款,不考虑相关税费的影响。

1. 2020年,年末累计实际发生成本154万元,年末预计尚需发生成本396万元,本期结算合同价款160万元,本期实际收到150万元。账务处理如下:

(1)实际发生合同成本。

借:合同履约成本　　　　　　　　　　　　　　　　　　　　1 540 000

　　贷:原材料、应付职工薪酬等　　　　　　　　　　　　　　1 540 000

(2)确认计量当年的收入并结转成本。

履约进度＝1 540 000÷(1 540 000＋3 960 000)＝28％

合同收入＝5 800 000×28％＝1 624 000(元)

借：合同结算——收入结转   1 624 000

    贷：主营业务收入   1 624 000

借：主营业务成本   1 540 000

    贷：合同履约成本   1 540 000

（3）结算合同价款。

借：应收账款   1 600 000

    贷：合同结算——价款结算   1 600 000

（4）实际收到合同价款。

借：银行存款   1 500 000

    贷：应收账款   1 500 000

2020 年 12 月 31 日，"合同结算"科目的余额为借方 2.4 万元（＝162.4－160），在资产负债表中作为合同资产列示。按成本法确定履约进度，合同履约成本期末余额为零。

2. 2021 年，年末累计实际发生成本 488 万元，年末预计尚需发生成本 122 万元，本期结算合同价款 390 万元，本期实际收到 400 万元。账务处理如下：

（1）实际发生的合同成本。

借：合同履约成本   3 340 000

    贷：原材料、应付职工薪酬等   3 340 000

（2）确认计量当年的合同收入并结转成本，同时调整合同预计损失。

履约进度＝4 880 000÷（4 880 000＋1 220 000）＝80%

合同收入＝5 800 000×80%－1 624 000＝3 016 000（元）

合同预计损失＝（4 880 000＋1 220 000－5 800 000）×（1－80%）＝60 000（元）

借：合同结算——收入结转   3 016 000

    贷：主营业务收入   3 016 000

借：主营业务成本   3 340 000

    贷：合同履约成本   3 340 000

借：主营业务成本   60 000

    贷：预计负债   60 000

（3）结算合同价款。

借：应收账款   3 900 000

    贷：合同结算——价款结算   3 900 000

（4）实际收到合同价款。

借：银行存款   4 000 000

    贷：应收账款   4 000 000

2021 年 12 月 31 日，"合同结算"科目的余额为贷方 86 万元（＝390－301.6－2.4），应在资产负债表中作为合同负债列示。

3. 2022 年 6 月完工，累计实际发生成本 608 万元，本期结算合同价款 30 万元，本期实际收到 30 万元。账务处理如下：

（1）实际发生合同成本。

借：合同履约成本   1 200 000

    贷：原材料、应付职工薪酬等   1 200 000

（2）确认计量当期的合同收入并结转成本及已计提的合同损失。

确认的合同收入＝5 800 000－1 624 000－3 016 000＝1 160 000（元）

借：合同结算——收入结转	1 160 000	
贷：主营业务收入		1 160 000
借：主营业务成本	1 200 000	
贷：合同履约成本		1 200 000
借：预计负债	60 000	
贷：主营业务成本		60 000

（3）保质期结束且未发生重大质量问题。

| 借：应收账款 | 300 000 | |
| 　贷：合同结算 | | 300 000 |

（4）实际收到合同价款。

| 借：银行存款 | 300 000 | |
| 　贷：应收账款 | | 300 000 |

四、特定交易的会计处理

（一）附有销售退回条款的销售

对于附有销售退回条款的销售，企业应当在客户取得相关商品控制权时，按照因向客户转让商品而预期有权收取的对价金额（即不包含预期因销售退回将退还的金额）确认收入，按照预期因销售退回将退还的金额确认负债（预计负债）；同时，按照预期将退回商品转让时的账面价值，扣除收回该商品预计发生的成本（包括退回商品的价值减损）后的余额，确认为一项资产（应收退货成本），按照所转让商品转让时的账面价值，扣除上述资产成本的净额结转成本。

每一资产负债表日，企业应当重新估计未来销售退回情况，如有变化，应当作为会计估计变更进行会计处理。

【例11-15】2021年11月1日，甲公司向乙公司销售5 000件健身器材，单位销售价格为500元/件，单位成本为400元/件，开出的增值税专用发票上注明的销售价格为250万元，增值税税额为32.5万元。健身器材已经发出，但款项尚未收到。根据协议约定，乙公司应于2021年12月31日之前支付货款，在2022年3月31日之前有权退还健身器材。甲公司根据过去的经验，估计该批健身器材的退货率约为20%。在2021年12月31日，甲公司对退货率进行了重新评估，认为只有10%的健身器材会被退回。甲公司为增值税一般纳税人，健身器材发出时纳税义务已经发生，实际发生退回时取得税务机关开具的红字增值税专用发票。假定健身器材发出时控制权转移给乙公司。甲公司的账务处理如下：

（1）2021年11月1日发出健身器材时。

借：应收账款	2 825 000	
贷：主营业务收入		2 000 000
预计负债		500 000
应交税费——应交增值税（销项税额）		325 000
借：主营业务成本	1 600 000	

应收退货成本	400 000	
贷:库存商品		2 000 000

（2）2021 年 12 月 31 日前收到货款时。

借:银行存款	2 825 000	
贷:应收账款		2 825 000

（3）2021 年 12 月 31 日,甲公司对退货率进行重新评估。

借:预计负债——应付退货款	250 000	
贷:主营业务收入		250 000
借:主营业务成本	200 000	
贷:应收退货成本		200 000

（4）2022 年 3 月 31 日发生销售退回,实际退货量为 400 件,退货款项已经支付。

借:库存商品	160 000	
应交税费——应交增值税(销项税额)	26 000	
预计负债——应付退货款	250 000	
主营业务成本	40 000	
贷:应收退货成本		200 000
主营业务收入		50 000
银行存款		226 000

（二）附有质量保证条款的销售

对于附有质量保证条款的销售,企业应当评估该质量保证是否在向客户保证所销售商品符合既定标准之外提供了一项单独的服务。企业提供额外服务的,应当作为单项履约义务,按照收入准则进行会计处理;否则,质量保证责任应当按照或有事项的要求进行会计处理。在评估质量保证是否在向客户保证所销售商品符合既定标准之外提供了一项单独的服务时,企业应当考虑该质量保证是否为法定要求、质量保证期限以及企业承诺履行任务的性质等因素。客户能够选择单独购买质量保证的,该质量保证构成单项履约义务。法定要求通常是为了保护客户避免其购买瑕疵或缺陷商品的风险,而并非为客户提供一项单独的质量保证服务。质量保证期限越长,越有可能是单项履约义务。如果企业必须履行某些特定的任务以保证所转让的商品符合既定标准(如企业负责运输被客户退回的瑕疵商品),则这些特定的任务可能不构成单项履约义务。企业提供的质量保证同时包含上述两类的,应当分别对其进行会计处理,无法合理区分的,应当将这两类质量保证一起作为单项履约义务进行会计处理。

【例 11-16】 甲公司与客户签订合同,销售一部手机。该手机自售出起一年内如果发生质量问题,甲公司负责提供质量保证服务。此外,在此期间,由于客户使用不当(如手机进水)等原因造成的产品故障,甲公司也免费提供维修服务。该维修服务不能单独购买。

本例中,甲公司的承诺包括销售手机、提供质量保证服务以及维修服务。甲公司针对产品的质量问题提供的质量保证服务是为了向客户保证所销售商品符合既定标准,因此不构成单项履约义务;甲公司对由于客户使用不当而导致的产品故障提供的免费维修服务,属于在向客户保证所销售商品符合既定标准之外提供的单独服务,尽管其没有单独销售,该服务与手机可明确区分,应该作为单项履约义务。因此,在该合同下,甲公司的履约义务有两项:销售手机和提供维修服务,甲公司应当按照其各自单独售价的相对比例,将交易价格分摊至这两项履约义务上,并在各项履约义务履行时分别确认收入。甲公司提供的质量保证服务,应当按照或有事项的要求进行会计处理。

(三)主要责任人和代理人

企业应当根据其在向客户转让商品前是否拥有对该商品的控制权,来判断其从事交易时的身份是主要责任人还是代理人。企业在向客户转让商品前能够控制该商品的,该企业为主要责任人,应当按照已收或应收对价总额确认收入;否则,该企业为代理人,应当按照预期有权收取的佣金或手续费的金额确认收入,该金额应当按照已收或应收对价总额扣除应支付给其他相关方的价款后的净额,或者按照既定的佣金金额或比例等确定。企业与客户订立的包含多项可明确区分商品的合同中,企业需要分别判断其在这不同履约义务中的身份是主要责任人还是代理人。对收入确认的总额法与净额法不是根据主观意愿决定的,需要充分分析交易或服务的背景,从而做出合理的判断。

当存在第三方参与企业向客户提供商品时,企业向客户转让特定商品之前能够控制该商品,从而应当作为主要责任人的情形包括:一是企业自第三方取得商品或其他资产控制权后,再转让给客户,此时,企业应当考虑该权利是仅在转让给客户时才产生,还是在转让给客户之前就已经存在,且企业一直能够主导其使用,如果该权利在转让给客户之前并不存在,表明企业实质上并不能在该权利转让给客户之前控制该权利。二是企业能够主导第三方代表本企业向客户提供服务,说明企业在相关服务提供给客户之前能够控制该相关服务。三是企业自第三方取得商品控制权后,通过提供重大的服务将该商品与其他商品整合成合同约定的某组合产出转让给客户,此时,企业承诺提供的特定商品就是合同约定的组合产出,企业应首先获得为生产该组合产出所需要的投入的控制权,然后才能够将这些投入加工整合为合同约定的组合产出。

如果企业仅仅是在特定商品的法定所有权转移给客户之前,暂时性地获得该特定商品的法定所有权,这并不意味着企业一定控制了该商品。实务中,企业在判断其在向客户转让特定商品之前是否已经拥有对该商品的控制权时,不应仅局限于合同的法律形式,而应当综合考虑所有相关事实和情况进行判断,这些事实和情况包括:

(1)企业承担向客户转让商品的主要责任。企业在判断其是否承担向客户转让商品的主要责任时,应当从客户的角度进行评估,即客户认为哪一方承担了主要责任,如客户认为谁对商品的质量或性能负责、谁负责提供售后服务、谁负责解决客户投诉等。

(2)企业在转让商品之前或之后承担了该商品的存货风险。其中,存货风险主要是指存货可能发生减值、毁损或灭失等形成的损失。例如,如果企业在与客户订立合同之前已经购买或者承诺将自行购买特定商品,这可能表明企业在将该特定商品转让给客户之前,承担了该特定商品的存货风险,企业有能力主导特定商品的使用并从中取得几乎全部的经济利益;又如,在附有销售退回条款的销售中,企业将商品销售给客户之后,客户有权要求向该企业退货,这可能表明企业在转让商品之后仍然承担了该商品的存货风险。

(3)企业有权自主决定所交易商品的价格。企业有权决定客户为取得特定商品所需支付的价格,可能表明企业有能力主导有关商品的使用并从中获得几乎全部的经济利益。然而,在某些情况下,代理人可能在一定程度上也拥有定价权(例如,在主要责任人规定的某一价格范围内决定价格),以便其在代表主要责任人向客户提供商品时,能够吸引更多的客户,从而赚取更多的收入。此时,即使代理人有一定的定价能力,也并不表明在与最终客户的交易中其身份是主要责任人,代理人只是放弃了一部分自己应当赚取的佣金或手续费而已。

(4)其他相关事实和情况。

需要强调的是,企业在判断其是主要责任人还是代理人时,应当以该企业在特定商品转让给客户之前是否能够控制这些商品为原则。上述相关事实和情况不能凌驾于控制权的判断之上,也不构成一项单独或额外的评估,而只是帮助企业在难以评估特定商品转让给客户之前是否能够控制这些商品的情况下进行相关判断。此外,这些事实和情况并无权重之分,也不能被孤立地用于支持某一结论。企业应当根据相关商品的性质、合同条款的约定以及其他具体情况,综合进行判断。

【例 11-17】 甲旅行社从 A 航空公司购买了一定数量的折扣机票,并对外销售。甲旅行社向旅客销售机票时,可自行决定机票的价格等,未售出的机票不能退还给 A 航空公司。

本例中,甲旅行社向客户提供的特定商品为机票,并在确定特定客户之前已经预先从航空公司购买了机票,因此,该权利在转让给客户之前已经存在。甲旅行社从 A 航空公司购入机票后,可以自行决定该机票的价格、向哪些客户销售等,甲旅行社有能力主导该机票的使用并且能够获得其几乎全部的经济利益。因此,甲旅行社在将机票销售给客户之前,能够控制该机票,甲旅行社的身份是主要责任人。

【例 11-18】 A 公司委托 B 公司代销某商品 100 件,每件成本 150 元,商品已发给 B 公司。合同约定 B 公司每件商品售价为 200 元,A 公司按不含税售价的 10% 向 B 公司支付手续费。B 公司本期已全部出售代销商品,开出的增值税专用发票上注明的销售价款为 20 000 元,增值税税额为 2 600 元,款项已经收到。A 公司收到 B 公司开具的代销清单时,向 B 公司开具一张相同金额的增值税专用发票。

A 公司的账务处理如下:

(1)发出商品时。

借:委托代销商品	15 000	
贷:库存商品		15 000

(2)收到代销清单,确认收入时。

借:应收账款	22 600	
贷:主营业务收入		20 000
应交税费——应交增值税(销项税额)		2 600

(3)结转成本。

借:主营业务成本	15 000	
贷:委托代销商品		15 000

(4)结算手续费时。

借:销售费用	2 000	
应交税费——应交增值税(进项税额)	120	
银行存款	20 480	
贷:应收账款		22 600

B 公司的账务处理如下:

（1）收到代销商品时。

借：受托代销商品 20 000

贷：受托代销商品款 20 000

（2）对外销售时。

借：银行存款 22 600

贷：受托代销商品 20 000

应交税费——应交增值税（销项税额） 2 600

（3）把代销清单交付 A 公司并取得 A 公司开具的增值税专用发票时。

借：受托代销商品款 20 000

应交税费——应交增值税（进项税额） 2 600

贷：应付账款 22 600

（4）支付代销商品款并计算代销手续费时。

借：应付账款 22 600

贷：银行存款 20 480

其他业务收入 2 000

应交税费——应交增值税（销项税额） 120

公司（委托方）与无关联第三方公司（加工方）通过签订销售合同的形式将原材料"销售"给加工方并委托其进行加工，同时，与加工方签订商品采购合同将加工后的商品购回。在这种情况下，公司应根据合同条款和业务实质判断加工方是否已经取得待加工原材料的控制权，即加工方是否有权主导该原材料的使用并获得几乎全部经济利益，如原材料的性质是否为委托方的产品所特有、加工方是否有权按照自身意愿使用或处置该原材料、是否承担除因其保管不善之外的原因导致的该原材料毁损灭失的风险、是否承担该原材料价格变动的风险、是否能够取得与该原材料所有权有关的报酬等。如果加工方并未取得待加工原材料的控制权，该原材料仍然属于委托方的存货，委托方不应确认销售原材料的收入，而应将整个业务作为购买委托加工服务进行处理；相应地，加工方实质是为委托方提供受托加工服务，应当按照净额确认受托加工服务费收入。

（四）附有客户额外购买选择权的销售

对于附有客户额外购买选择权的销售，企业应当评估该选择权是否向客户提供了一项重大权利。企业提供重大权利的，应当作为单项履约义务，按照交易价格分摊的要求将交易价格分摊至该履约义务，在客户未来行使购买选择权取得相关商品控制权时，或者该选择权失效时，确认相应的收入。客户额外购买选择权的单独售价无法直接观察的，企业应当综合考虑客户行使和不行使该选择权所能获得的折扣的差异、客户行使该选择权的可能性等全部相关信息后，予以合理估计。

额外购买选择权的情况包括销售激励、客户奖励积分、未来购买商品的折扣券以及合同续约选择权等。如果客户只有在订立了一项合同的前提下才取得了额外购买选择权，并且客户行使该选择权购买额外商品时，能够享受到超过该地区或该市场中其他同类客户所能够享有的折扣，则通常认为该选择权向客户提供了一项重大权利。该选择权向客户提供了重大权利的，应当作为单项履约义务。在考虑授予客户的该项权利是否重大时，应根据其金额和性质综合进行判断。

客户虽然有额外购买商品选择权,但客户行使该选择权购买商品时的价格反映了这些商品单独售价的,不应被视为企业向该客户提供了一项重大权利。为简化实务操作,当客户行使该权利购买的额外商品与原合同下购买的商品类似,且企业将按照原合同条款提供该额外的商品时,如企业向客户提供续约选择权,企业可以无须估计该选择权的单独售价,而是直接把其预计将提供的额外商品的数量以及预计将收取的相应对价金额纳入原合同,并进行相应的会计处理。

【例 11 - 19】 1 月 1 日,甲公司开始推行一项奖励积分计划。根据该计划,客户在甲公司每消费 10 元可获得 1 个积分,每个积分从次月开始在购物时可以抵减 1 元,截至 1 月 31 日,客户共消费 100 000 元,可获得 10 000 个积分。根据历史经验,甲公司估计该积分的兑换率为 95%。假定上述金额均不包含增值税等的影响。

本例中,甲公司认为其授予客户的积分为客户提供了一项重大权利,应当作为一项单独的履约义务。客户购买商品的单独售价合计为 100 000 元,考虑积分的兑换率,甲公司估计积分的单独售价为 9 500 元($=1×10 000×95\%$)。甲公司按照商品和积分单独售价的相对比例对交易价格进行分摊,具体如下:

分摊至商品的交易价格$=[100 000÷(100 000+9 500)]×100 000=91 324(元)$

分摊至积分的交易价格$=[9 500÷(100 000+9 500)]×100 000=8 676(元)$

因此,甲公司在商品的控制权转移时确认收入 91 324 元,同时确认合同负债 8 676 元。

借:银行存款   100 000

    贷:主营业务收入   91 324

      合同负债   8 676

截至 12 月 31 日,客户共兑换了 4 500 个积分,甲公司对该积分的兑换率进行了重新估计,预计客户总共将会兑换 8 000 个积分。因此,甲公司以客户兑换的积分数占预期将兑换的积分总数的比例为基础确认收入。

积分应当确认的收入$=4 500÷8 000×8 676=4 880(元)$;剩余未兑换的积分$=8 676-4 880=3 796(元)$,仍然作为合同负债。

借:合同负债   4 880

    贷:主营业务收入   4 880

需要注意的是,企业向购买其商品的客户授予奖励积分,客户可以选择使用该积分兑换该企业或其他方销售的商品。客户选择兑换其他方销售的商品时,企业承担向其他方支付相关商品价款的义务。企业授予客户的奖励积分向其提供了一项额外购买选择权,且构成重大权利时,应当作为一项单独的履约义务。企业需要将销售商品收取的价款在销售商品和奖励积分之间按照单独售价的相对比例进行分摊。客户选择使用奖励积分兑换其他方销售的商品时,企业虽然承担了向其他方交付现金的义务,但由于该义务产生于客户购买商品并取得奖励积分的行为,适用收入准则进行会计处理。企业收到的合同价款中,分摊至奖励积分的部分(无论客户未来选择兑换该企业或其他方的商品),应当先确认为合同负债;等到客户选择兑换其他方销售的商品时,企业的积分兑换义务解除,此时公司应将有义务支付给其他方的款项从合同负债重分类为金融负债。

(五)授予知识产权许可

企业向客户授予的知识产权,常见的包括软件和技术、影视和音乐等的版权、特许经营权以及专利权、商标权和其他版权等。企业向客户授予知识产权许可的,应当按照要求评估该知识产权许可是否构成单项履约义务。对于不构成单项履约义务的,企业应当将该知识产权许可和其他商品一起作为一项履约义务进行会计处理。授予知识产权许可不构成单项履约义务的情形包括:一是该知识产权许可构成有形商品的组成部分并且对于该商品的正常使用不可或缺。例如,企业向客户销售设备和相关软件,该软件内嵌于设备之中,该设备必须安装了该软件之后才能正常使用。二是客户只有将该知识产权许可和相关服务一起使用才能够从中获益。例如,客户取得授权许可,但是只有通过企业提供的在线服务才能访问相关内容。对于构成单项履约义务的,应当进一步确定其是在某一时段内履行还是在某一时点履行。同时满足下列条件时,应当作为在某一时段内履行的履约义务确认相关收入;否则,应当作为在某一时点履行的履约义务确认相关收入:

(1)合同要求或客户能够合理预期企业将从事对该项知识产权有重大影响的活动。企业从事的下列活动均会对该项知识产权有重大影响:一是这些活动预期将显著改变该项知识产权的形式或者功能(如知识产权的设计、内容、功能性等)。二是客户从该项知识产权中获益的能力在很大程度上来源于或者取决于这些活动,即这些活动会改变该项知识产权的价值。例如,企业向客户授权使用其品牌,客户从该品牌获益的能力取决于该品牌价值,而企业所从事的活动为维护或提升其品牌价值提供了支持。如果该项知识产权具有重大的独立功能,且该项知识产权绝大部分的经济利益来源于该项功能,客户从该项知识产权中获益的能力则可能不会受到企业从事的相关活动的重大影响,除非这些活动显著改变了该项知识产权的形式或者功能。具有重大独立功能的知识产权主要包括软件、生物合成物或药物配方以及已完成的媒体内容(如电影、电视节目以及音乐录音)版权等。

(2)该活动对客户将产生有利或不利影响。当企业从事的后续活动并不影响授予客户的知识产权许可时,企业的后续活动只是在改变其拥有的资产。

(3)该活动不会导致向客户转让商品。当企业从事的后续活动本身构成单项履约义务时,企业在评估授予知识产权许可是否属于在某一时段履行的履约义务时应当不予考虑。

企业向客户授予知识产权许可不能同时满足上述条件的,则属于在某一时点履行的履约义务,并在该时点确认收入。在客户能够使用某项知识产权许可并开始从中获益之前,企业不能对此类知识产权许可确认收入。例如,企业授权客户在一定期间使用软件,但是在企业向客户提供该软件的密钥之前,客户都无法使用该软件,不应确认收入。值得注意的是,在判断某项知识产权许可是属于在某一时段内履行的履约义务还是在某一时点履行的履约义务时,企业不应考虑下列因素:一是该许可在时间、地域或使用方面的限制;二是企业就其拥有的知识产权的有效性以及防止未经授权使用该知识产权许可所提供的保证。

企业向客户授予知识产权许可,并约定按客户实际销售或使用情况收取特许权使用费的,应当在下列两项孰晚的时点确认收入:一是客户后续销售或使用行为实际发生;二是企业履行相关履约义务。这是可变对价的例外规定,该例外规定只有在下列两种情形下才能使用:一是特许权使用费仅与知识产权许可相关;二是特许权使用费可能与合同中的知识产权许可和其他商品都相关,但是与知识产权许可相关的部分占有主导地位。企业使用该例外规定时,应当对特许权使用费整体采用该规定,而不应当将特许权使用费进行分拆。如果与授予知识产权许可相关的对价同时包含固定金额和按客户实际销售或使用情况收取的变动金额两部分,则只有后者能采用该例外规定,而前者应当在相关履约义务履行的时点或期间内确认收入。对于不适用该例外规定的特许权使用费,应当按照估计可变对价的一般原则进行处理。

(六) 售后回购

售后回购,是指企业销售商品的同时承诺或有权选择日后再将该商品(包括相同或几乎相同的商品,或以该商品作为组成部分的商品)购回的销售方式。对于不同类型的售后回购交易,企业应当区分下列两种情形分别进行会计处理:

(1)企业因存在与客户的远期安排而负有回购义务或企业享有回购权利的,表明客户在销售时点并未取得相关商品控制权,企业应当作为租赁交易或融资交易进行相应的会计处理。其中,回购价格低于原售价的,应当视为租赁交易,按照租赁要求进行会计处理;回购价格不低于原售价的,应当视为融资交易,在收到客户款项时确认金融负债,并将该款项和回购价格的差额在回购期间内确认为利息费用等。企业到期未行使回购权利的,应当在该回购权利到期时终止确认金融负债,同时确认收入。

【例 11-20】 甲公司向乙公司销售一台设备,销售价格为 200 万元,同时双方约定两年之后,甲公司将以 120 万元的价格回购该设备。假定不考虑货币时间价值等其他因素影响。

本例中,根据合同有关甲公司在两年后回购该设备的确定,乙公司并未取得该设备的控制权。不考虑货币时间价值等影响,该交易的实质是乙公司支付了 80 万元(=200-120)的对价取得了该设备 2 年的使用权。因此,甲公司应当将该交易作为租赁交易进行会计处理。如果甲公司以 220 万元的价格回购该设备,该交易的实质是到期归还本金 200 万元,支付利息 20 万元。因此,甲公司应当将该交易作为融资交易进行会计处理。

(2)企业负有应客户要求回购商品义务的,应当在合同开始日评估客户是否具有行使该要求权的重大经济动因。客户具有行使该要求权重大经济动因的,企业应当将售后回购作为租赁交易或融资交易,按照上述第一种情形进行会计处理;否则,企业应当将其作为附有销售退回条款的销售交易进行会计处理。在判断客户是否具有行权的重大经济动因时,企业应当综合考虑各种相关因素,包括回购价格与预计回购时市场价格之间的比较,以及权利的到期日等。例如,如果回购价格明显高于该资产回购时的市场价值,则表明客户有行权的重大经济动因。

(七) 客户未行使的权利

企业向客户预收销售商品款项的,应当首先将该款项确认为负债,待履行了相关履约义务时再转为收入。当企业预收款项无须退回,且客户可能会放弃其全部或部分合同权利时,如放弃储值卡的使用等,企业预期将有权获得与客户所放弃的合同权利相关的金额的,应当按照客户行使合同权利的模式按比例将上述金额确认为收入;否则,企业只有在客户要求其履行剩余履约义务的可能性极低时,才能将上述负债的相关余额转为收入。企业在确定其是否预期将有权获得与客户所放弃的合同权利相关的金额时,应当考虑将估计的可变对价计入交易价格的限制要求。

如果有相关法律规定,企业所收取的与客户未行使权利相关的款项须转交给其他方的(例如,法律规定无人认领的财产须上交政府),企业不应将其确认为收入。

(八) 无须退回的初始费

企业在合同开始(或接近合同开始)日向客户收取的无须退回的初始费(如俱乐部的入会费等)应当计入交易价格。企业应当评估该初始费是否与向客户转让已承诺的商品相关。该初始费与向客户转让已承诺的商品相关,并且该商品构成单项履约义务的,企业应当在转让该商品时,按照分摊至该商品的交易价格确认收入;该初始费与向客户转让已承诺的商品相关,但该商品不构成单项履约义务的,企业应当在包含该商品的单项履约义务履行时,按照分摊至该单项履约义务的交易价格确认收入;该初始费与向客户转让已承诺的商品不相关的,该初始费应当作为未来将转让商品的预收款,在未来转让该商品时确认为收入。

企业收取了无须退回的初始费且为履行合同应开展初始活动,但这些活动本身并没有向客户转让已承诺的商品的,如企业为履行会员健身合同开展了一些行政管理性质的准备工作,该初始费与未来将转让的已承诺商品相关,应当在未来转让该商品时确认为收入,企业在确定履约进度时不应考虑这些初始活动;企业为该初始活动发生的支出应按照本节合同成本部分的要求确认为一项资产或计入当期损益。

第二节　费　用

费用是指企业在日常活动中发生的、会导致所有者权益减少的、与向所有者分配利润无关的经济利益的总流出。

费用有狭义和广义之分。广义的费用泛指企业各种日常活动发生的所有耗费,狭义的费用仅指与本期营业收入相配比的那部分耗费。费用应按照权责发生制和配比原则确认,凡应属于本期发生的费用,不论其款项是否支付,均确认为本期费用;反之,不属于本期发生的费用,即使其款项已在本期支付,也不确认为本期费用。

在确认费用时,首先应当划分生产费用与非生产费用的界限。生产费用是指与企业日常生产经营活动有关的费用,如生产产品所发生的原材料费用、人工费用等;非生产费用是指不属于生产费用的费用,如用于购建固定资产所发生的费用,不属于生产费用。其次,应当分清生产费用与产品成本的界限。生产费用与一定的期间相联系,而与生产的产品无关;产品成本与一定品种和数量的产品相联系,而不论发生在哪一期。第三,应当分清生产费用与期间费用的界限。生产费用应当计入产品成本,而期间费用直接计入当期损益。

在确认费用时,对于确认为期间费用的费用,必须进一步划分为管理费用、销售费用和财务费用。对于确认为生产费用的费用,必须根据该费用发生的实际情况区分不同的费用性质将其确认为不同产品所负担的费用;对于几种产品共同发生的费用,必须按受益原则,采用一定方法和程序将其分配计入相关产品的生产成本。

一、营业成本

企业为销售商品、提供劳务等发生的可归属于商品成本、劳务成本等的费用,应当在确认商品销售收入、劳务收入等时,将已销售商品、已提供劳务的成本等计入当期损益。营业成本包括主营业务成本和其他业务成本。

主营业务成本是指企业销售商品、提供劳务等经常活动所发生的成本。企业确认主营业务成本时,借记“主营业务成本”科目,贷记“库存商品”“合同履约成本”科目。期末,应将“主营业务成本”科目余额结转入“本年利润”科目,借记“本年利润”科目,贷记“主营业务成本”科目,结转后本科目无余额。已销商品成本的计算应按存货发出的计价方法确定。商品成本的结转可以在销售实现时进行,也可以统一在月末集中进行。

其他业务成本是指企业确认的除主营业务活动以外的其他经营活动所发生的支出,包括销售材料的成本、出租固定资产的折旧额、出租无形资产的摊销额、出租包装物的成本或摊销额等。企业发生其他业务成本时,借记"其他业务成本"科目,贷记"原材料""周转材料""累计折旧""累计摊销""银行存款"等科目。期末,应将"其他业务成本"科目余额结转入"本年利润"科目,借记"本年利润"科目,贷记"其他业务成本"科目,结转后本科目无余额。

二、税金及附加

税金及附加是指企业经营活动应负担的相关税费,包括消费税、城建税、教育费附加、地方教育附加、资源税、土地增值税、房产税、车船税、土地使用税、印花税、环保税等。企业按规定计算确定的消费税、城市维护建设税、教育费附加和地方教育附加等税费,借记"税金及附加"科目,贷记"应交税费"等科目。期末,应将"税金及附加"科目余额结转入"本年利润"科目,借记"本年利润"科目,贷记"税金及附加"科目。

三、期间费用

期间费用是企业日常活动发生的不能计入特定核算对象的成本,而应直接计入发生当期损益的费用。期间费用包括管理费用、销售费用和财务费用。

(一)管理费用

管理费用是指企业为组织和管理企业生产经营所发生的管理费用,包括企业在筹建期间内发生的开办费、董事会和行政管理部门在企业的经营管理中发生的或者应由企业统一负担的公司经费(包括行政管理部门职工工资及福利费、物料消耗、低值易耗品摊销、办公费和差旅费等)、工会经费、董事会费(包括董事会成员津贴、会议费和差旅费等)、聘请中介机构费、咨询费(含顾问费)、诉讼费、业务招待费、技术转让费、研究费用以及企业行政管理部门等发生的固定资产修理费用等。

企业发生的管理费用,在"管理费用"科目核算,并在"管理费用"科目中按费用项目设置明细账进行明细核算。期末,"管理费用"科目的余额结转"本年利润"科目后无余额。

(二)销售费用

销售费用是指企业在销售商品和材料、提供劳务的过程中发生的各种费用,包括企业在销售商品过程中发生的保险费、包装费、展览费和广告费、商品维修费、运输费、装卸费等以及为销售本企业商品而专设的销售机构(含销售网点、售后服务网点等)的职工薪酬、业务费、折旧费、固定资产修理费等费用。

企业发生的销售费用,在"销售费用"科目核算,并在"销售费用"科目中按费用项目设置明细账进行明细核算。期末,"销售费用"科目的余额结转"本年利润"科目后无余额。

金融企业设置"业务及管理费"科目,核算企业(金融)在业务经营和管理过程中所发生的各项费用,包括折旧费、业务宣传费、业务招待费、电子设备运转费、钞币运送费、安全防范费、邮电费、劳动保护费、外事费、印刷费、低值易耗品摊销、职工工资及福利费、差旅费、水电费、职工教育经费、工会经费、会议费、诉讼费、公证费、咨询费、无形资产摊销、长期待摊费用摊销、取暖降温费、聘请中介机构费、技术转让费、绿化费、董事会费、财产保险费、劳动保险费、待业保险费、住房公积金、物业管理费、研究费用、提取保险保障基金等。

(三) 财务费用

财务费用是指企业为筹集生产经营所需资金等而发生的筹资费用,包括利息支出(减利息收入)、汇兑损益以及相关的手续费等。

企业发生的财务费用,在"财务费用"科目核算,并在"财务费用"科目中按费用项目设置明细账进行明细核算。期末,"财务费用"科目的余额结转"本年利润"科目后无余额。

第三节 营业外收支

营业外收支是指企业发生的与日常活动无直接关系的各项收支。营业外收支虽然与企业生产经营活动没有多大的关系,但从企业主体来考虑,同样带来收入或形成企业的支出,也是增加或减少利润的因素,对企业的利润总额及净利润产生较大的影响。

一、营业外收入

营业外收入是指企业发生的营业利润以外的收益。营业外收入并不是由企业经营资金耗费所产生的,不需要企业付出代价,实际上是一种纯收入,不可能也不需要与有关费用进行配比。因此,在会计处理上,应当严格区分营业外收入与营业收入的界限。营业外收入主要包括非流动资产毁损报废利得、与企业日常活动无关的政府补助、盘盈利得、捐赠利得等。

非流动资产毁损报废利得,指因自然灾害等发生毁损、已丧失使用功能而报废非流动资产所产生的清理收益。

政府补助,是指企业从政府无偿取得货币性资产或非货币性资产。政府补助分为与资产相关的政府补助和与收益相关的政府补助。政府补助的核算方法分为总额法与净额法。与企业日常活动相关的政府补助,应当按照经济业务实质,计入其他收益或冲减相关成本费用。与企业日常活动无关的政府补助,应当计入营业外收支。

盘盈利得,指企业清查盘点中盘盈的现金等资产,报经批准后计入营业外收入的金额。

捐赠利得,指企业接受捐赠产生的利得。企业接受的捐赠和债务豁免,按照会计准则规定符合确认条件的,通常应当确认为当期收益。但是,企业接受股东(或股东的子公司)直接或间接代为偿债、债务豁免或捐赠,经济实质表明属于股东对企业的资本性投入,应当将相关利得计入所有者权益(资本公积)。

企业发生破产重整,其股东因执行人民法院批准的破产重整计划,通过让渡所持有的该企业部分股份向企业债权人偿债的,企业应将股东所让渡股份按照其在让渡之日的公允价值计入所有者权益(资本公积),减少所豁免债务的账面价值,并将让渡股份公允价值与被豁免的债务账面价值之间的差额计入当期损益。

企业应当通过"营业外收入"科目,核算营业外收入的取得和结转情况。按营业外收入项目进行明细核算。期末,应将该科目余额转入"本年利润"科目,结转后该科目无余额。

二、营业外支出

营业外支出是指企业发生的营业利润以外的支出,主要包括非流动资产毁损报废损失、公益性捐赠支出、非常损失、盘亏损失等。

非流动资产毁损报废损失,指因自然灾害等发生毁损、已丧失使用功能而报废非流动资产所产生的清理损失。

公益性捐赠支出,指企业对外进行公益性捐赠发生的支出。

非常损失,指企业对于因客观因素(如自然灾害等)造成的损失,在扣除保险公司赔偿后计入营业外支出的净损失。

盘亏损失,指企业清查盘点中盘亏的固定资产,报经批准计入营业外支出的金额。

企业应通过"营业外支出"科目,核算营业外支出的发生及结转情况。按营业外支出项目进行明细核算。期末,应将该科目余额转入"本年利润"科目,结转后该科目无余额。

需要注意的是,营业外收入和营业外支出应当分别核算。在具体核算时,不得以营业外支出直接冲减营业外收入,也不得以营业外收入冲减营业外支出。

第四节　所得税费用

一、所得税会计概述

(一) 资产负债表债务法的理论基础

目的和原则不同导致会计和税法产生差异,会计与税法之间的差异包括永久性差异和暂时性差异两种。永久性差异是指某一期间由于会计与税法计算口径不同产生的利润与所得之间的差异,这种差异在本期发生,不会在以后期间转回,对将来纳税无影响,不会形成递延所得税。比如国债利息、招待费超标等。暂时性差异是指账面价值与其计税基础之间的差额,这种差异在本期发生,以后期间能够转回、对将来纳税有影响,形成递延所得税。比如计提坏账准备、广告费超标等。

所得税会计研究的是按照会计准则计算的利润总额与按照税法计算的应税所得之间的差异的会计处理方法。

应付税款法,是指本期税前会计利润与应纳税所得额之间的差异造成的影响纳税的金额直接计入当期损益,而不递延到以后各期的会计处理方法。在应付税款法下,不需要确认税前会计利润与应纳税所得额之间的差异造成的影响纳税的金额,因此当期计入损益的所得税费用等于当期按应纳税所得额计算的应交所得税。应付税款法是在收付实现制的基础上进行的会计处理。

纳税影响会计法是指将本期税前会计利润与应纳税所得额之间的差异造成影响纳税的金额递延和分配到以后各期,可分为递延法和债务法。债务法又分为资产负债表债务法和利润表债务法。资产负债表债务法从资产负债观出发,认为每一项交易或事项发生后,应首先关注其对资产负债的影响,然后再根据资产负债的变化来确认收益(或损失)。资产负债表债务法从暂时性差异产生的本质出发,分析暂时性差异产生的原因及其对资产负债表的影响。当税率变动或税基变动时,必须按预期税率对递延所得税负债(资产)账户余额进行调整。

我国小企业会计准则所得税会计采用应付税款法,企业会计准则所得税会计采用资产负债表债务法。应付税款法是在收付实现制的基础上进行的会计处理。资产负债表债务法是在权责发生制的基础上进行的会计处理。

(二)资产负债表债务法的一般程序

采用资产负债表债务法,企业一般应于每一资产负债表日进行所得税的核算。企业合并等特殊交易或事项发生时,在确认因交易或事项取得的资产、负债时即应确认相关的所得税影响。企业进行所得税核算一般应遵循以下程序:

(1)按照相关会计准则规定确定资产负债表中除递延所得税资产和递延所得税负债以外的其他资产和负债项目的账面价值。资产、负债的账面价值,是指企业按照相关会计准则的规定进行核算后在资产负债表中列示的金额。对于计提了减值准备的各项资产,是指其账面余额减去已计提的减值准备后的金额。

(2)以适用的税收法规为基础,确定资产负债表中有关资产、负债项目的计税基础。

(3)比较资产、负债的账面价值与其计税基础,对于两者之间存在差异的,分析其性质,除准则中规定的特殊情况外,区分应纳税暂时性差异与可抵扣暂时性差异,确定资产负债表日递延所得税负债和递延所得税资产的应有金额,并与期初递延所得税资产和递延所得税负债的余额相比,确定当期应予进一步确认的递延所得税资产和递延所得税负债金额或应予转销的金额,作为递延所得税。

(4)就企业当期发生的交易或事项,按照适用的税法规定计算确定当期应纳税所得额,将应纳税所得额与适用的所得税税率计算的结果确认为当期应交所得税,作为当期所得税。

(5)确定利润表中的所得税费用。利润表中的所得税费用包括当期所得税(当期应交所得税)和递延所得税两个组成部分,企业在计算确定了当期所得税和递延所得税后,两者之和(或之差),是利润表中的所得税费用。

二、计税基础及暂时性差异

所得税会计的关键在于确定资产、负债的计税基础。计税基础是指按照税法的规定,一项资产或负债的金额。在确定资产、负债的计税基础时,应严格遵循税收法规中对于资产的税务处理以及可税前扣除的费用的规定进行。

(一)资产的计税基础

资产的计税基础,是指企业收回资产账面价值过程中,计算应纳税所得额时按照税法规定可以自应税经济利益中抵扣的金额,即某一项资产在未来期间计税时按照税法规定可以税前扣除的金额。资产计税基础代表将来计算所得可以扣除的金额。资产的账面价值代表的是企业在持续使用或最终出售该项资产时将取得的经济利益的总额。资产账面价值代表将来计算利润可以扣除的金额。资产的账面价值是资产账户余额减去其调整账户余额后的差额。

税法规定,企业的各项资产,包括固定资产、生物资产、无形资产、长期待摊费用、投资资产、存货等,以历史成本为计税基础。历史成本,是指企业取得该项资产时实际发生的支出。

企业持有各项资产期间资产增值或者减值,除国务院财政、税务主管部门规定可以确认损益外,不得调整该资产的计税基础。资产在初始确认时,其计税基础一般为取得成本,即企业为取得某项资产支付的成本在未来期间准予税前扣除。在资产持续持有的过程中,其计税基础是指资产的取得成本减去以前期间按照税法规定已经税前扣除的金额后的余额。

资产的计税基础=未来可以税前扣除的金额=取得成本-已税前扣除的金额

1. 固定资产

固定资产初始确认时按照会计准则规定确定的入账价值基本上是被税法认可的,即取得时其账面价值一般等于计税基础。固定资产在持有期间进行后续计量时,由于会计与税法在折旧方法、折旧年限以及固定资产减值准备的提取等处理的不同,可能造成固定资产的账面价值与计税基础的差异。除某些按照规定可以加速折旧的情况外,税法按照年限平均法计提折旧;税法对每一类固定资产的最低折旧年限做出了规定,税法规定企业计提的资产减值准备在发生实质性损失前不允许税前扣除。

账面价值=固定资产原值-会计累计折旧-固定资产减值准备

计税基础=固定资产原值-税法累计折旧

2. 无形资产

除内部研究开发形成的无形资产以外,其他方式取得的无形资产,初始确认时按照会计准则规定确定的入账价值与按照税法规定确定的计税基础之间一般不存在差异。会计准则规定,研究阶段的支出应当费用化计入当期损益,开发阶段符合资本化条件以后至达到预定用途前发生的支出应当资本化作为无形资产。税法规定,制造业企业为开发新技术、新产品、新工艺发生的研究开发费用,未形成无形资产计入当期损益的,在按照规定据实扣除的基础上,按照研究开发费用的100%加计扣除;形成无形资产的,按照无形资产成本的200%计算每期摊销额。

无形资产在后续计量时,会计与税法的差异主要产生于对无形资产是否需要摊销、无形资产摊销方法、摊销年限的不同及无形资产减值准备的提取。企业会计准则规定,对于使用寿命不确定的无形资产,不要求摊销,在期末进行减值测试。税法规定,无形资产的摊销采取直线法计算,无形资产的摊销不得低于10年,除外购商誉外,所有的无形资产成本均应在一定期间内摊销。对于使用寿命确定的无形资产在持有期间,因摊销期限的不同,会造成其账面价值与计税基础的差异。在对无形资产计提减值准备的情况下,因所计提的减值准备不允许税前扣除,也会造成其账面价值与计税基础的差异。

使用寿命确定的无形资产的账面价值=原值-会计累计摊销-无形资产减值准备

使用寿命不确定的无形资产的账面价值=原值-无形资产减值准备

外购无形资产的计税基础=无形资产原值-税法累计摊销

3. 公允价值计量的金融资产

会计准则规定,公允价值计量的金融资产的账面价值为其公允价值。交易性金融资产公允价值变动计入损益,其他债权投资和其他权益工具投资的公允价值变动计入权益。税法规定,企业对外投资期间,投资资产的成本在计算应纳税所得额时不得扣除。企业在转让或者处置投资资产时,投资资产的成本准予扣除。以公允价值计量的金融资产,持有期间公允价值的变动不计入应纳税所得额,在实际处置时,处置取得的价款扣除其历史成本差额应计入处置期间的应纳税所得额。金融资产在持有期间计税基础不变。

$$账面价值＝期末的公允价值$$

$$计税基础＝取得的历史成本$$

4. 投资性房地产

企业持有的投资性房地产进行后续计量时,会计准则规定可以采用两种模式:一种是成本模式,采用该种模式计量的投资性房地产,其账面价值与计税基础的确定与固定资产、无形资产相同;另一种是在符合规定条件的情况下,可以采用公允价值模式对投资性房地产进行后续计量。对于采用公允价值模式进行后续计量的投资性房地产,其计税基础的确定类似于固定资产或无形资产计税基础的确定。

5. 长期股权投资

企业持有的长期股权投资,按照会计准则规定可能采用成本法或权益法进行核算。税法中对于投资资产的处理,要求按规定确定其成本后,在转让或处置投资资产时,其成本准予扣除。因此,税法中对于长期股权投资并没有权益法的概念。长期股权投资取得以后,如果按照会计准则规定采用权益法核算,则一般情况下在持有过程中随着应享有被投资单位可辨认净资产公允价值份额的变化,其账面价值与计税基础会产生差异。

6. 其他资产

有关资产计提了减值准备以后,其账面价值会随之下降,而按照税法规定,资产的减值在转化为实质性损失之前,不允许税前扣除,从而造成资产的账面价值与其计税基础之间的差异。如果未计提减值准备,账面价值与其计税基础相等。

税法规定,债权投资的利息收入按会计口径(实际利率法)计算所得税。不考虑减值的情况下,计税基础和账面价值相等。具有融资性质的分期收款销售形成的长期应收款,税法规定,按照合同约定的收款日期确认收入的实现。会计规定,合同中存在重大融资成分的,企业应当按照假定客户在取得商品控制权时即以现金支付的应付金额确定交易价格。

(二) 负债的计税基础

负债的账面价值一般是负债账户的贷方余额。负债的账面价值为企业预计在未来期间清偿该项负债时的经济利益流出,负债的账面价值代表未来应支付的金额,即未来计算利润时不能扣除的金额。负债的计税基础等于账面价值减未来税法规定可以抵扣的金额,即未来计算所得时不能扣除的金额。用公式表示为:

$$负债的计税基础＝账面价值－未来期间可以税前扣除的金额$$

$$＝未来期间不能税前扣除的金额$$

一般情况下,负债的确认与偿还不会影响企业的损益,也不会影响其应纳税所得额,未来期间计算应纳税所得额时按照税法规定可予抵扣的金额为零,计税基础即为账面价值。如企业的短期借款、应付账款等。但是,某些情况下,负债的确认可能会影响企业的损益,进而影响不同期间的应纳税所得额,使得其计税基础与账面价值之间产生差额。

1. 预计负债

或有事项准则规定,企业应将预计提供售后服务发生的支出在销售当期确认为费用,同时确认预计负债。税法规定,有关的支出应于发生时税前扣除,因此会产生可抵扣暂时性差异。某些情况下,因有些事项确认的预计负债,如果税法规定其支出无论是否实际发生均不允许税前扣除,即未来按照税法规定可予抵扣的金额为零,其账面价值与计税基础相同。

2. 合同负债

企业在收到客户预付的款项时,因不符合收入确认条件,会计上将其确认为负债。税法中对于收入的确认原则一般与会计规定相同,即会计上未确认收入时,计税时一般亦不计入应纳税所得额,该部分经济利益在未来期间计税时可予税前扣除的金额为0,计税基础等于账面价值。房地产开发企业销售未完工开发产品取得的收入,应先按预计计税毛利率分季(或月)计算出预计毛利额,计入当期应纳税所得额。开发产品完工后,企业应及时结算其计税成本并计算此前销售收入的实际毛利额,同时将其实际毛利额与其对应的预计毛利额之间的差额,计入当年度企业本项目与其他项目合并计算的应纳税所得额。

3. 应付职工薪酬

会计准则规定,企业为获得职工提供的服务给予的各种形式的报酬以及其他相关支出均应作为企业的成本费用,在未支付之前确认为负债。税法中对于合理的职工薪酬基本允许税前扣除,但税法中如果规定了税前扣除标准的,按照会计准则规定计入成本费用支出的金额超过规定标准部分,应进行纳税调整。因超过部分在发生当期不允许税前扣除,在以后期间也不允许税前扣除,即该部分差异对未来期间计税不产生影响,应付职工薪酬的账面价值等于计税基础。国有企业职工工资、职工福利费、社会保险费、工会经费超标需要纳税调整,属于永久性差异。职工教育经费超标、辞退福利以及现金结算的股份支付产生的差异,属于暂时性差异。

(三) 暂时性差异

暂时性差异是指资产、负债的账面价值与其计税基础不同产生的差额。暂时性差异能够在以后期间转回、对将来纳税有影响。根据暂时性差异对未来期间应纳税所得额的影响,分为应纳税暂时性差异和可抵扣暂时性差异。某些不符合资产、负债的确认条件,未作为财务报告中资产、负债列示的项目,如果按照税法规定可以确定其计税基础,该计税基础与其账面价值之间的差额也构成暂时性差异。因资产、负债的账面价值与其计税基础不同,产生了在未来收回资产或清偿负债的期间,应纳税所得额增加或减少并导致未来期间应交所得税增加或减少的情况,形成企业的资产和负债,在有关暂时性差异发生当期,符合确认条件的情况下,应当确认相关的递延所得税负债或递延所得税资产。

暂时性差异产生时期和转回时期的会计处理和纳税调整相反。

1. 应纳税暂时性差异

在确定未来收回资产或清偿负债期间的应纳税所得额时,将导致产生应税金额的暂时性差异,产生于资产账面价值大于计税基础或负债的账面价值小于计税基础,符合确认条件的通过递延所得税负债核算。

2. 可抵扣暂时性差异

在确定未来收回资产或清偿负债期间的应纳税所得额时,将导致产生可抵扣金额的暂时性差异,产生于资产账面价值小于计税基础或负债的账面价值大于计税基础,符合确认条件的通过递延所得税资产核算。

$$资产的暂时性差异=账面价值-计税基础=账面价值-未来可税前抵扣的金额$$

$$负债的暂时性差异=账面价值-计税基础$$
$$=账面价值-(账面价值-未来期间计税时可予税前扣除的金额)$$
$$=未来期间按照税法规定可税前扣除的金额$$

3. 特殊项目产生的暂时性差异

某些交易或事项发生以后,因为不符合资产、负债确认条件而未体现为资产负债表中的资产、负债,但是税法规定能够确定其计税基础,也会产生暂时性差异。

1) 未作为资产负债确认的项目产生的暂时性差异

企业发生的符合条件的广告费和业务宣传费支出,除国务院财政、税务主管部门另有规定外,不超过当年销售(营业)收入 15% 的部分,准予扣除;超过部分,准予在以后纳税年度结转扣除。企业发生的职工教育经费支出,不超过工资薪金总额 8% 的部分,准予扣除;超过部分,准予在以后纳税年度结转扣除。该类费用在发生时按照会计准则规定计入当期损益,不形成资产负债表中的资产,但按照税法规定可以确定其计税基础的,两者之间的差异也形成暂时性差异。如果将其视为资产,其账面价值为 0,其计税基础为以后纳税年度结转扣除金额。

2) 可抵扣亏损及税款抵减产生的暂时性差异

对于按照税法规定可以结转以后年度的未弥补亏损及税款抵减,虽不是因资产、负债的账面价值与计税基础不同产生的,但本质上可抵扣亏损和税款抵减与可抵扣暂时性差异具有同样的作用,均能减少未来期间的应纳税所得额和应交所得税,将其视同可抵扣暂时性差异处理,在符合确认条件的情况下,应确认与其相关的递延所得税资产。企业纳税年度发生的亏损,准予向以后年度结转,用以后年度的所得弥补,但结转年限最长不得超过 5 年。企业购置用于环境保护、节能节水、安全生产等专用设备的投资额,可以按一定比例从企业当年的应纳税额中抵免;当年不足抵免的,可以在以后 5 个纳税年度结转抵免。

4. 特殊交易产生的暂时性差异

除企业在正常经营活动过程中取得的资产和负债以外,对于特殊交易中产生的资产、负债,其计税基础的确定应遵从税法规定,如企业合并过程中取得资产、负债计税基础的确定。

会计准则视参与合并各方在合并前后是否为同一方或相同的多方最终控制,分为同一控制下的企业合并与非同一控制下的企业合并两种类型。同一控制下的企业合并,合并中取得的有关资产、负债基本上维持其原账面价值不变,合并中不产生新的资产和负债;对于非同一控制下的企业合并,合并中取得的有关资产、负债应按其在购买日的公允价值计量,企业合并成本大于合并中取得可辨认净资产公允价值的份额部分确认为商誉,企业合并成本小于合并中取得可辨认净资产公允价值的份额部分计入合并当期损益。

企业合并区分不同条件分别适用一般性税务处理规定和特殊性税务处理规定。一般性税务处理,按公允价值确认所得或损失,按公允价值确认计税基础;特殊性税务处理,股权支付部分暂不确认有关资产的转让所得或损失的,计税基础不变。

由于会计与税法法规对企业合并的划分标准不同,处理原则不同,某些情况下,会造成企业合并中取得的有关资产、负债的入账价值与其计税基础的差异。

某项企业合并按照会计准则规定属于同一控制下企业合并,取得的有关资产、负债均按其原账面价值确认。该项合并中,假如不符合税法中规定的免税合并的条件,取得的有关资产、负债的计税基础应当重新认定。账面价值与计税基础不同产生暂时性差异,从而需要确认递延所得税资产或负债。因企业合并为同一控制下企业合并,在确认合并中产生的递延所得税资产或负债时,相关影响应计入所有者权益。

某项企业合并按照会计准则规定属于非同一控制下的企业合并,取得的有关资产、负债应当按照公允价值确认。该项合并中,假如符合税法中规定的免税合并的条件,取得的有关资产、负债的计税基础应承继其原有计税基础。账面价值与计税基础不同产生暂时性差异,从而需要确认递延所得税资产或负债。因企业合并为非同一控制下企业合并,在确认合并中产生的递延所得税资产或负债时,将影响合并中确认的商誉。

三、递延所得税负债及递延所得税资产的确认

企业在计算确定了应纳税暂时性差异与可抵扣暂时性差异后,应当按照所得税会计准则规定的原则确认相关的递延所得税负债以及递延所得税资产。

(一)递延所得税负债的确认和计量

1. 递延所得税负债的确认原则

企业在确认因应纳税暂时性差异产生的递延所得税负债时,应遵循以下原则:除所得税准则中明确规定可不确认递延所得税负债的情况以外,企业对于所有的应纳税暂时性差异均应确认相关的递延所得税负债。除直接计入所有者权益的交易或事项以及企业合并中取得资产、负债相关的以外,在确认递延所得税负债的同时,应增加利润表中的所得税费用。

【例 11-21】甲公司年底购入一台机器设备,成本为 20 万元,预计使用年限为 4 年,预计净残值为零。会计上按直线法计提折旧,因该设备符合税法规定的税收优惠条件,计税时可采用年数总和法计提折旧,假定税法规定的使用年限及净残值均与会计相同,该公司各会计期间均未对固定资产计提减值准备,除该项固定资产产生的会计与税法之间的差异外,不存在其他会计与税收的差异。假定每年利润总额 10 万元,所得税税率 25%,该公司每年因固定资产应予确认的递延所得税情况如表 11-1 所示。

表 11-1　递延所得税确认情况　　　　单位:万元

项　目	1	2	3	4
会计本年折旧	5	5	5	5
累计会计折旧	5	10	15	20
账面价值	15	10	5	0
本年计税折旧	8	6	4	2
累计计税折旧	8	14	18	20
计税基础	12	6	2	0

项 目	1	2	3	4
期末暂时性差异	3	4	3	0
递延所得税负债余额	0.75	1	0.75	0
递延所得税负债发生额	贷方 0.75	贷方 0.25	借方 0.25	借方 0.75
应税所得	7	9	11	13
应交税费	1.75	2.25	2.75	3.25

2. 不确认递延所得税负债的情况

有些情况下,虽然资产、负债的账面价值与其计税基础不同,产生了应纳税暂时性差异,但出于各方面考虑,所得税准则中规定不确认相应的递延所得税负债,主要包括:

(1)商誉的初始确认。一项合并业务按会计准则划分归属非同一控制下企业合并并确认商誉,按税法划分归属于特殊税务处理,商誉的计税基础为零,该项合并中所确认的商誉金额与其计税基础零之间产生的应纳税暂时性差异,按照准则中规定,不再进一步确认相关的所得税影响。若确认递延所得税负债,则减少被购买方可辨认净资产公允价值,增加商誉,由此进入不断循环状态。

【例 11-22】 A 企业以增发面值 5 000 万元、市场价值为 15 000 万元的自身普通股为对价购入 B 企业 100%的净资产,对 B 企业进行吸收合并,合并前 A 企业与 B 企业不存在任何关联方关系。该项合并符合税法特殊性税务处理条件,交易各方选择特殊性税务处理,购买日 B 企业各项可辨认资产、负债的公允价值及其计税基础如表 11-2 所示。

表 11-2 单位:万元

项 目	公允价值	计税基础	暂时性差异
固定资产	5 000	4 000	1 000
应收账款	6 000	6 000	0
库存商品	4 000	4 200	(200)
应付账款	(3 000)	(3 000)	0
可辨认净资产	12 000	11 200	800

分析:B 企业适用的所得税税率为 25%,预期在未来期间不会发生变化,该项交易中应确认递延所得税及商誉的金额计算如下:

考虑递延所得税后可辨认净资产的公允价值=12 000+200×25%-1 000×25%=11 800(万元);商誉=15 000-11 800=3 200(万元)。

借:固定资产　　　　　　　　　　　　　　　　　　50 000 000
　　应收账款　　　　　　　　　　　　　　　　　　60 000 000
　　库存商品　　　　　　　　　　　　　　　　　　40 000 000
　　商誉　　　　　　　　　　　　　　　　　　　　30 000 000

贷:应付账款	30 000 000
股本	50 000 000
资本公积——股本溢价	100 000 000
借:商誉	2 000 000
递延所得税资产	500 000
贷:递延所得税负债	2 500 000

本题中,确认取得固定资产和库存商品账面价值与计税基础之间的暂时性差异产生的递延所得税影响商誉的账面价值。该项合并中所确认的商誉账面价值 3 200 万元与其计税基础零之间产生的应纳税暂时性差异,按照准则中规定,不再进一步确认相关的所得税影响。如果合并成本小于可辨认净资产公允价值的份额则影响营业外收入。

需要说明的是,商誉在初始确认时计税基础等于账面价值的,该商誉在后续计量过程中因计提减值准备,使得商誉的账面价值小于计税基础,会产生可抵扣暂时性差异,应确认相关的所得税影响。

(2)除企业合并以外的其他交易或事项,如果该项交易或事项发生时既不影响会计利润,也不影响应纳税所得额,则所产生的资产、负债的初始确认金额与其计税基础不同,形成应纳税暂时性差异的,交易或事项发生时不确认相应的递延所得税负债。该规定主要是考虑到由于交易发生时既不影响会计利润,也不影响应纳税所得额,确认递延所得税负债的直接结果是增加有关资产的账面价值或是降低所确认负债的账面价值,使得资产、负债在初始确认时,违背历史成本原则,影响会计信息的可靠性。

(3)与子公司、联营企业、合营企业投资等相关的应纳税暂时性差异,一般应确认相应的递延所得税负债,但同时满足以下两个条件的除外:一是投资企业能够控制暂时性差异转回的时间;二是该暂时性差异在可预见的未来很可能不会转回。满足上述条件时,投资企业可以运用自身的影响力决定暂时性差异的转回,如果不希望其转回,则在可预见的未来该项暂时性差异即不会转回,对未来期间的计税不产生影响,从而无须确认相应的递延所得税负债。

对于权益法核算的长期股权投资,其计税基础与账面价值产生的有关暂时性差异是否应确认相关的所得税影响,应当考虑该项投资的持有意图。如果企业拟长期持有,则因初始投资成本的调整产生的暂时性差异预计未来期间不会转回,对未来期间没有所得税的影响;因确认投资收益产生的暂时性差异,如果在未来期间逐期分回现金股利或利润时免税,也不存在对未来期间的所得税影响;因确认应享有的被投资单位其他权益变动而产生的暂时性差异,在长期持有的情况下,预计未来期间也不会转回。因此,在准备长期持有的情况下,对于采用权益法核算的长期股权投资账面价值与计税基础之间的差异,投资企业一般不确认相关的所得税影响。在投资企业改变持有意图拟对外出售的情况下,按照税法规定,企业在转让或处置投资资产时,投资资产的成本准予扣除。在持有意图由长期持有转变为拟近期出售的情况下,因长期股权投资的账面价值与计税基础不同产生的有关暂时性差异,均应确认相关的所得税影响。

3.递延所得税负债的计量

资产负债表日,对于递延所得税负债,应当根据适用税法规定,按照预期收回该资产或清偿该负债期间的适用税率计量。即递延所得税负债应以相关应纳税暂时性差异转回期间按照税法规定适用的所得税税率计量。无论应纳税暂时性差异的转回期间如何,相关的递延所得税负债不要求折现。

（二）递延所得税资产的确认和计量

1. 递延所得税资产的确认原则

递延所得税资产产生于可抵扣暂时性差异,确认因可抵扣暂时性差异产生的递延所得税资产应以未来期间可能取得的应纳税所得额为限。在可抵扣暂时性差异转回的未来期间,企业无法产生足够的应纳税所得额用以利用可抵扣暂时性差异的影响,使得与可抵扣暂时性差异相关的经济利益无法实现的,不应确认递延所得税资产;企业有明确的证据表明其于可抵扣暂时性差异转回的未来期间能够产生足够的应纳税所得额,进而利用可抵扣暂时性差异的,则应以可能取得的应纳税所得额为限,确认相关的递延所得税资产。

在判断企业于可抵扣暂时性差异转回的未来期间是否能够产生足够的应纳税所得额时,应考虑企业在未来期间通过正常的生产经营活动能够实现的应纳税所得额以及以前期间产生的应纳税暂时性差异在未来期间转回时将增加的应纳税所得额。

（1）对与子公司、联营企业、合营企业的投资相关的可抵扣暂时性差异,同时满足下列条件的,应当确认相关的递延所得税资产:一是暂时性差异在可预见的未来很可能转回;二是未来很可能获得用来抵扣可抵扣暂时性差异的应纳税所得额。

对联营企业和合营企业等的投资产生的可抵扣暂时性差异,主要产生于权益法下被投资单位发生亏损时,投资企业按照持股比例确认应予承担的部分相应减少长期股权投资的账面价值,但税法规定长期股权投资的成本在持有期间不发生变化,造成长期股权投资的账面价值小于其计税基础,产生可抵扣暂时性差异。投资企业对有关投资计提减值准备的情况下,也会产生可抵扣暂时性差异。

（2）对于按照税法规定可以结转以后年度的未弥补亏损和税款抵减,应视同可抵扣暂时性差异处理。在有关的亏损或税款抵减金额得到税务部门的认可或预计能够得到税务部门的认可且预计可利用未弥补亏损或税款抵减的未来期间内能够取得足够的应纳税所得额时,除准则中规定不予确认的情况外,应当以很可能取得的应纳税所得额为限,确认相应的递延所得税资产,同时减少确认当期的所得税费用。

2. 不确认递延所得税资产的特殊情况

某些情况下,如果企业发生的某项交易或事项不是企业合并,并且交易发生时既不影响会计利润也不影响应纳税所得额,且该项交易中产生的资产、负债的初始确认金额与其计税基础不同,产生可抵扣暂时性差异的,所得税准则中规定在交易或事项发生时不确认相应的递延所得税资产。比如符合资本化条件的开发支出确认无形资产,该项无形资产并非产生于企业合并,同时在初始确认时既不影响会计利润也不影响应纳税所得额,确认其账面价值与计税基础之间产生暂时性差异的所得税影响需要调整该项资产的历史成本,准则规定该种情况下不确认相关的递延所得税资产。

3. 递延所得税资产的计量

同递延所得税负债的计量原则相一致,确认递延所得税资产时,应当以预期收回该资产期间的适用所得税税率为基础计算确定。无论相关的可抵扣暂时性差异转回期间如何,递延所得税资产均不要求折现。企业在确认了递延所得税资产以后,资产负债表日,应当对递延所得税资产的账面价值进行复核。如果未来期间很可能无法取得足够的应纳税所得额用以利用可抵扣暂时性差异带来的利益,应当减记递延所得税资产的账面价值。减记的递延所得税资产,除原确认时计入所有者权益的,其减记金额亦应计入所有者权益外,其他的情况均应增加所得税费用。因无法取得足够的应纳税所得额用以利用可抵扣暂时性差异而减记递延所得税资产账面价值的,以后期间根据新的环境和情况判断能够产生足够的应纳税所得额用以利用可抵扣暂时性差异,使得递延所得税资产包含的经济利益能够实现的,应相应恢复递延所得税资产的账面价值。

(三)特殊交易或事项中涉及递延所得税的确认

1. 与直接计入所有者权益的交易或事项相关的所得税

某项交易或事项按照会计准则规定应计入所有者权益的,由该交易或事项产生的递延所得税资产或递延所得税负债及其变化亦应计入所有者权益,不构成利润表中的递延所得税费用(或收益)。直接计入所有者权益的交易或事项主要有:会计政策变更采用追溯调整法或对前期差错更正采用追溯重述法调整期初留存收益、其他债权投资和其他权益工具投资的公允价值变动计入其他综合收益、自用房地产转换为采用公允价值模式计量的投资性房地产公允价值大于账面价值的差额计入其他综合收益、同时包含负债及权益成分的金融工具在初始确认时计入其他权益工具等。

根据相关税法规定,对于附有业绩条件或服务条件的股权激励计划,企业按照会计准则的相关规定确认的成本费用在等待期内不得税前抵扣,待股权激励计划可行权时方可抵扣,可抵扣的金额为实际行权时的股票公允价值与激励对象支付的行权金额之间的差额。因此,公司未来可以在税前抵扣的金额与等待期内确认的成本费用金额很可能存在差异。公司应根据期末的股票价格估计未来可以税前抵扣的金额,以未来期间很可能取得的应纳税所得额为限确认递延所得税资产。此外,如果预计未来期间可抵扣的金额超过等待期内确认的成本费用,超出部分形成的递延所得税资产应直接计入所有者权益,而不是计入当期损益。

2. 与企业合并相关的递延所得税

在企业合并中,购买方取得的可抵扣暂时性差异,按照税法规定可以用于抵减以后年度应纳税所得额,但在购买日不符合递延所得税资产确认条件而不予以确认。购买日后12个月内,如取得新的或进一步信息表明购买日的相关情况已经存在,预期被购买方在购买日可抵扣暂时性差异带来的经济利益能够实现的,应当确认相关的递延所得税资产,同时减少商誉,商誉不足冲减的,差额部分确认为当前损益。

(四)适用税率变化对已确认递延所得税资产和递延所得税负债的影响

因税收法规的变化,导致企业在某一会计期间适用的所得税税率发生变化的,企业应对已确认的递延所得税资产和递延所得税负债按照新的税率进行重新计量。递延所得税资产和递延所得税负债的金额代表的是有关可抵扣暂时性差异或应纳税暂时性差异于未来期间转回时,导致企业应交所得税金额的减少或增加的情况。适用税率变动的情况下,应对原已确认的递延所得税资产及递延所得税负债的金额进行调整,反映税率变化带来的影响。

除直接计入所有者权益的交易或事项产生的递延所得税资产及递延所得税负债,相关的调整金额应计入其他综合收益以外,其他情况下因税率变化产生的调整金额应确认为税率变化当期的所得税费用(或收益)。

四、所得税费用的确认和计量

采用资产负债表债务法核算所得税的情况下,利润表中的所得税费用由两个部分组成:当期所得税和递延所得税。计入当期损益的所得税费用或收益不包括企业合并和直接在所有者权益中确认的交易或事项产生的所得税影响。所得税费用科目核算企业确认的应从当期利润总额中扣除的所得税费用。按"当期所得税费用""递延所得税费用"进行明细核算。

(一)当期所得税费用

当期所得税,是指企业按照税法规定计算确定的针对当期发生的交易和事项,应缴纳给税务部门的所得税金额,即应交所得税,应以适用的税收法规为基础计算确定。

纳税人在计算应纳税所得额时,当企业财务、会计处理办法与有关税收法规不一致时,应当依照国家税收法规的规定计算缴纳所得税。

应纳税所得额有两种计算方法,一是直接法,二是间接法。

$$应纳税所得额 = 收入总额 - 不征税收入 - 免税收入 - 各项扣除 - 以前年度亏损$$

$$应纳税所得额 = 利润总额 \pm 纳税调整项目金额$$

企业在确定当期所得税时,对于当期发生的交易或事项,会计处理与税收处理不同的,应在会计利润的基础上,按照适用税收法规的要求进行调整,计算当期应交所得税。核算时,借记"所得税费用"科目,贷记"应交税费"科目。

$$当期所得税费用 = 应交企业所得税 = 应纳税所得额 \times 适用税率 - 减免税额 - 抵免税额$$

企业所得税按年计算,企业所得税分月或者分季预缴。企业分月或者分季度预缴企业所得税时,应当按照月度或者季度的实际利润额预缴;按照月度或者季度的实际利润额预缴有困难的,可以按照上一纳税年度应纳税所得额的月度或者季度平均额预缴,或者按照经税务机关认可的其他方法预缴。预缴方法一经确定,该纳税年度内不得随意变更。

$$实际利润额 = 利润总额 + 特定业务计算的应纳税所得额 - 不征税收入 - 固定资产加速折旧(扣除)调减额 - 免税收入、减计收入、加计扣除 - 所得减免 - 弥补以前年度亏损$$

企业应当自月份或者季度终了之日起十五日内,向税务机关报送预缴企业所得税纳税申报表,预缴税款。企业应当自年度终了之日起五个月内,向税务机关报送年度企业所得税纳税申报表,并汇算清缴,结清应缴应退税款。纳税人在纳税年度内预缴企业所得税税款少于应缴企业所得税税款的,应在汇算清缴期内结清应补缴的企业所得税税款;预缴税款超过应纳税款的,主管税务机关应及时按有关规定办理退税,或者经纳税人同意后抵缴其下一年度应缴企业所得税税款。企业所得税征收方式有两种:查账征收和核定征收。税务机关应根据纳税人具体情况,对核定征收企业所得税的纳税人,核定应税所得率或者核定应纳所得税额。实行核定定额征收企业所得税的纳税人,不进行汇算清缴。

(二)递延所得税费用

递延所得税,是指企业在某一会计期间确认的递延所得税资产及递延所得税负债的综合结果。即按照企业会计准则规定应予确认的递延所得税资产和递延所得税负债在期末应有的金额相对于原已确认金额之间的差额,即递延所得税资产及递延所得税负债的当期发生额,但不包括计入所有者权益的交易或事项及企业合并的所得税影响。核算时,借记或贷记"所得税费用"科目,贷记或借记"递延所得税资产(或负债)"科目。

$$递延所得税费用=递延所得税负债的增加+递延所得税资产的减少$$

【例11-23】 某企业全年利润总额100万元,行政罚款支出3万元;营业收入1 000万元,发生招待费10万元;国债利息3万元;存货年初账面价值200万元,计税基础210万元,本年又计提跌价准备20万元,年末计税基础不变;固定资产原值100万元,年初会计累计折旧25万元,税法累计折旧40万元,本年会计计提折旧25万元,税法计提折旧30万元,年末账面价值50万元,税率25%,不考虑其他因素。

永久性差异:罚款3万元、国债利息3万元、业务招待费超支5万元;

存货可抵扣暂时性差异增加20万元,固定资产应纳税暂时性差异增加5万元。

当期所得税=(100+3+5-3+20-5)×25%=30(万元)

借:所得税费用 262 500

　递延所得税资产 50 000

　贷:递延所得税负债 12 500

　　应交税费——应交企业所得税 300 000

【例11-24】 甲企业年初取得交易性金融资产成本为10万元,年末公允价值为12万元;年初取得其他债权投资成本为20万元,年末公允价值为25万元;全年业务招待费超支10万元;年初应收账款账户250万元,年初坏账准备10万元,本年发生坏账4万元,满足税法扣除条件;以前发生坏账重新收回3万元,年末应收账款账户350万元,估计坏账损失比例为4%,年末计提坏账准备5万元。年终研究开发项目达到预定用途形成无形资产10万元,不符合确认条件,次年开始摊销,本年不需纳税调整。所得税税率为25%。利润总额200万元,该企业不存在其他会计与税收法规之间的差异,甲公司预计未来期间能够产生足够的应纳税所得额用于抵扣可抵扣暂时性差异,且递延所得税资产期初余额2.5万元,递延所得税负债不存在期初余额。

当期所得税=(200-2+10-4+3+5)×25%=53(万元)

借:其他综合收益 12 500

　贷:递延所得税负债 12 500

借:所得税费用 525 000

　递延所得税资产 10 000

　贷:递延所得税负债 5 000

　　应交税费——应交企业所得税 530 000

【例11-25】 甲公司适用的企业所得税税率为25%。甲公司申报年度企业所得税时,涉及以下事项:① 应收账款年初余额4 000万元,坏账准备年初余额为400万元,对应的递延所得税资产年初余额100万元;应收账款年末余额24 000万元,坏账准备年末余额2 400万元。② 年初以2 400万元购入某公司股票,作为其他权益工具投资处理,年末该股票尚未出售,公允价值为2 600万元。③ 甲公司对乙公司股权投资采用成本法核算,甲公司从乙公司分得现金股利 200 万元，计入投资收益。④ 当年发生广告费 4 800 万元，当年实现销售收入 30 000 万元。税法规定，企业发生的业务宣传费支出，不超过当年销售收入 15% 的部分，准予税前扣除；超过部分，准予结转以后年度税前扣除。⑤ 年初甲公司存在可税前弥补的亏损 2 600 万元，这部分未弥补亏损上年已确认递延所得税资产 650 万元。

甲公司本年实现利润总额 3 000 万元。除上述各项外，甲公司会计处理与税务处理不存在其他差异。甲公司预计未来期间能够产生足够的应纳税所得额用于抵扣可抵扣暂时性差异，预计未来期间适用所得税税率不会发生变化。

其他权益工具投资产生应纳税暂时性差异 200 万元，其影响计入其他综合收益。

借：其他综合收益　　　　　　　　　　　　　　　　　　　　500 000
　　贷：递延所得税负债　　　　　　　　　　　　　　　　　　　　500 000

应收账款产生可抵扣暂时性差异 2 000 万元；亏损形成的可抵扣暂时性差异转回 2 600 万元；广告费产生可抵扣暂时性差异 300 万元。本期可抵扣暂时性差异减少 300 万元。

应交所得税 =（3 000＋2 000－200＋300－2 600）×25% = 625（万元）

借：所得税费用　　　　　　　　　　　　　　　　　　　　7 000 000
　　贷：应交税费——应交企业所得税　　　　　　　　　　　　　6 250 000
　　　　递延所得税资产　　　　　　　　　　　　　　　　　　　　750 000

【例 11－26】　乙公司本年利润总额 300 万元。本年招待费超标 8 万元，计提坏账准备 12 万元，采用权益法核算持股 30% 长期股权投资，本年被投资单位实现净利润 100 万元，不符合递延所得税确认条件。公司上一纳税年度应纳税所得额 240 万元，乙公司按照上一纳税年度应纳税所得额的月度平均额预缴企业所得税。公司盈余公积提取比例 10%。

（1）每月预缴所得税 = 240÷12×25% = 5（万元），累计预交 60 万元。

借：所得税费用　　　　　　　　　　　　　　　　　　　　50 000
　　贷：应交税费——应交企业所得税　　　　　　　　　　　　　50 000
借：本年利润　　　　　　　　　　　　　　　　　　　　　50 000
　　贷：所得税费用　　　　　　　　　　　　　　　　　　　　　50 000
借：应交税费——应交企业所得税　　　　　　　　　　　　　50 000
　　贷：银行存款　　　　　　　　　　　　　　　　　　　　　　50 000

（2）年终确认递延所得税。

借：递延所得税资产　　　　　　　　　　　　　　　　　　30 000
　　贷：所得税费用　　　　　　　　　　　　　　　　　　　　　30 000

（3）第二年汇算清缴的处理：（300＋8＋12－30）×25%－60 = 12.5（万元）

借：以前年度损益调整　　　　　　　　　　　　　　　　　125 000
　　贷：应交税费——应交企业所得税　　　　　　　　　　　　　125 000
借：利润分配——未分配利润　　　　　　　　　　　　　　112 500
　　　盈余公积　　　　　　　　　　　　　　　　　　　　　12 500
　　贷：以前年度损益调整　　　　　　　　　　　　　　　　　　125 000
借：应交税费——应交企业所得税　　　　　　　　　　　　　125 000
　　贷：银行存款　　　　　　　　　　　　　　　　　　　　　　125 000

五、所得税的列报

企业对所得税的核算结果,除利润表中列示的所得税费用以外,在资产负债表中形成的应交税费(应交所得税)以及递延所得税资产和递延所得税负债应当遵循准则规定进行列报。其中,递延所得税资产和递延所得税负债一般应当分别作为非流动资产和非流动负债在资产负债表中列示,所得税费用应当在利润表中单独列示,同时还应在附注中披露与所得税有关的信息。

一般情况下,在个别财务报表中,当期所得税资产与当期所得税负债及递延所得税资产与递延所得税负债可以以抵销后的净额列示。在合并财务报表中,纳入合并范围的企业中,一方的当期所得税资产或递延所得税资产与另一方的当期所得税负债或递延所得税负债一般不能予以抵销,除非所涉及的企业具有以净额结算的法定权利并且意图以净额结算。

第五节 利　润

一、利润的构成

企业作为独立的经济实体,应当以自己的经营收入抵补其成本费用,并且实现盈利。企业盈利的大小在很大程度上反映企业的经济效益,表明企业在每一会计期间的最终经营成果。利润包括收入减去费用后的净额、直接计入当期利润的利得和损失等。直接计入当期的利得和损失,是指应当计入当期损益、会导致所有者权益发生增减变动的、与所有者投入资本或者向所有者分配利润无关的利得或者损失。

(一)营业利润

$$营业利润=营业收入-营业成本-税金及附加-期间费用+其他收益+投资收益+净敞口套期收益+$$
$$公允价值变动收益-信用减值损失-资产减值损失+资产处置收益$$

(二)利润总额

$$利润总额=营业利润+营业外收入-营业外支出$$

(三)净利润

$$净利润=利润总额-所得税费用$$

二、本年利润的会计处理

企业应设置"本年利润"科目,核算企业当期实现的净利润或发生的净亏损。企业期(月)末结转利润时,应将各损益类科目的金额转入本科目,结平各损益类科目。结转后本科目的贷方余额为当期实现的净利润,借方余额为当期发生的净亏损。

年度终了,企业应将全年实现的净利润,自"本年利润"账户转入"利润分配"账户(未分配利润明细账),借记"本年利润"账户,贷记"利润分配"账户(未分配利润明细账),如为净亏损,做相反会计分录,同时,将"利润分配"账户的其他明细账户的余额转入"未分配利润"明细账户。结转后,除"未分配利润"明细账户外,"利润分配"账户的其他明细账户应无余额。"利润分配"账户年末余额反映企业的未分配利润(或未弥补亏损)。

三、综合收益总额

综合收益反映报告期内企业与所有者以外的其他各方之间的交易或事项所引起的净资产的变动,净利润加上其他综合收益扣除所得税影响后的净额为综合收益总额。

练 习 题

一、单项选择题

1. 下列各项中,不应计入管理费用科目的是(   )。

A. 技术转让费　　B. 研究费用　　　　C. 土地使用税　　　D. 业务招待费

2. A公司3月20日购入一台不需安装的设备,价款200万元,增值税税额26万元。会计采用年限平均法,税法采用双倍余额递减法,折旧年限为5年,则年末该设备产生的应纳税暂时性差异余额为(   )万元。

A. 33.9　　　　B. 45.2　　　　C. 30　　　　D. 40

3. 甲公司因交易性金融资产和其他权益工具投资的公允价值变动,分别确认了10万元的递延所得税资产和20万元的递延所得税负债。当期应交所得税的金额为150万元。假定不考虑其他因素,"所得税费用"项目应列示的金额为(   )万元。

A. 120　　　　B. 140　　　　C. 160　　　　D. 180

4. 某企业于2021年接受一项产品安装任务,满足在某一时段内履行的条件。采用投入法确定履约进度,预计安装期14个月,合同总收入200万元,合同预计总成本为158万元。至2022年12月31日累计实际发生成本152万元,预计还将发生成本8万元。2021年已确认收入80万元,则该企业2022年度确认收入为(   )万元。

A. 190　　　　B. 110　　　　C. 78　　　　D. 158

5. 下列说法错误的是(   )。

A. 合同资产不同于应收账款　　　　B. 合同负债不同于预收账款
C. 合同资产和合同负债应当以净额列示　D. 合同履约成本不同于生产成本

6. 合同中存在重大融资成分的,企业应当按照(   )确定交易价格。

A. 赊销价格　　B. 合同或协议价款　　C. 现销价格　　　D. 应收价款

7. 下列项目属于永久性差异的是(   )。

A. 计提资产减值准备　　　　　　B. 残疾人员工资加计扣除
C. 职工教育经费超支　　　　　　D. 符合资本化条件的开发费用

8. 下列有关资产和负债的计税基础的说法中,不正确的有(   )。

A. 资产的计税基础是指某一项资产在未来期间按照税法规定可以税前扣除的金额
B. 负债的计税基础是指某一项负债在未来期间按照税法规定可以税前扣除的金额
C. 负债的计税基础是指负债的账面价值减去未来期间按照税法规定可予抵扣的金额

D. 负债的确认与偿还一般情况下不会影响企业的损益,也不会影响应纳税所得额

二、多项选择题

1. 下列各项中,形成可抵扣暂时性差异的有(　　)。
   A. 资产的账面价值大于计税基础　　　　B. 资产的账面价值小于计税基础
   C. 负债的账面价值大于计税基础　　　　D. 负债的账面价值小于计税基础

2. 下列项目中,属于收入核算范围的有(　　)。
   A. 软件公司为客户开发软件　　　　　　B. 企业以存货换取客户的固定资产
   C. 无形资产交换长期股权投资　　　　　D. 处置固定资产

3. 在确定交易价格时,企业应当考虑(　　)等因素的影响。
   A. 可变对价　　　　　　　　　　　　　B. 合同中存在的重大融资成分
   C. 非现金对价　　　　　　　　　　　　D. 应付客户对价

4. 下列各项交易或事项中,不会影响发生当期营业利润的有(　　)。
   A. 计提坏账准备　　　　　　　　　　　B. 出售无形资产取得净收益
   C. 非流动资产毁损报废损失　　　　　　D. 固定资产盘亏损失

5. 下列会计科目,属于递延所得税对应科目的有(　　)。
   A. 所得税费用　　　B. 商誉　　　　C. 应交税费　　　　　D. 其他综合收益

6. 导致所得税费用增加的因数有(　　)
   A. 递延所得税资产增加　　　　　　　　B. 递延所得税资产减少
   C. 递延所得税负债增加　　　　　　　　D. 递延所得税负债减少

7. 下列项目形成暂时性差异的是(　　)。
   A. 计提资产减值准备　　　　　　　　　B. 固定资产会计与税法折旧方法不同
   C. 可以税前弥补的亏损　　　　　　　　D. 广告与业务宣传费超支

8. 下列说法正确的有(　　)。
   A. 永久性差异需要纳税调整　　　　　　B. 暂时性差异不一定确认递延所得税
   C. 会计利润与应税所得不同　　　　　　D. 递延所得税不一定对应所得税费用

三、综合分析题

1. 乙建筑公司和客户签订了一项总金额为 3 000 万元的固定造价合同,建造一幢办公楼,预计合同总成本为 2 100 万元。假定该建造服务属于在某一时段内履行的履约义务,并根据累计发生的合同成本占合同预计总成本的比例确定履约进度。年末,乙公司累计已发生成本 1 260 万元,第二年年初,合同双方同意更改该办公楼屋顶的设计,合同价格和预计总成本分别增加 300 万元和 150 万元。完工累计发生 2 240 万元。

要求:计算相关收入。

2. 甲公司与客户签订合同,向其销售 A、B 两项商品,A 商品的单独售价为 75 万元,成本 50 万元,B 商品的单独售价为 45 万元,成本 30 万元,合同价款为 100 万元。合同约定,A 商品于合同开始日交付,B 商品在一个月之后交付,只有当两项商品全部交付之后,甲公司才有权收取 100 万元的合同对价。A 商品和 B 商品分别构成单项履约义务,其控制权在交付时转移给客户。增值税税率为 13%。

要求:编制有关分录。

3. 7月1日,甲公司向乙公司销售一批商品,开出的增值税专用发票上注明的销售价款为

200 万元,增值税税额为 26 万元。该批商品成本为 150 万元;商品未发出,款项已经收到。协议约定,甲公司应于 9 月 30 日购回所售商品。甲公司于 9 月 30 日购回所售商品,回购价为 203 万元,增值税税额为 26.39 万元。

要求:编制有关会计分录。

4.1 月 2 日,采用分期收款方式销售商品,合同约定的销售价格为 1 200 万元,于每年 12 月 31 日分 5 年平均收款。该商品的成本为 520 万元,现销方式下的销售价格为 1 000 万元。当日开出增值税专用发票价款 1 200 万元,注明的税款为 156 万元,并于当日收回税款。假定实际利率 6%。

要求:编制当年有关会计分录。

5. 甲公司销售商品含税价为 113 万元,成本 80 万元。甲公司根据过去的经验,估计退货率约为 10%。假定商品发出时控制权转移。

要求:编制有关会计分录。

6. 甲公司采用资产负债表债务法核算,适用的所得税税率为 25%,该公司年度利润总额为 6 000 万元。甲公司预计未来期间能够产生足够的应纳税所得额用以抵扣可抵扣暂时性差异。当年发生的交易或事项中,会计规定与税法规定存在差异的项目如下:① 计提 500 万元坏账准备。② 确认国债利息收入 200 万元。③ 交易性金融资产取得成本为 2 000 万元,年末公允价值为 4 100 万元。

要求:计算甲公司全年应纳税所得额、应交所得税、递延所得税费用和所得税费用;编制甲公司确认所得税费用的会计分录。

四、简述题

比较应付税款法与资产负债表债务法。

第十二章　财务报告

学　习　目　标

　　通过本章学习,了解财务报表列报的基本要求、附注、分部报告、关联方交易、中期财务报告,掌握资产负债表、利润表、现金流量表、所有者权益变动表的编制。

第一节　财务报告概述

　　财务报告,是指企业对外提供的反映企业某一特定日期的财务状况和某一会计期间的经营成果、现金流量等会计信息的文件。财务报告包括财务报表和其他应当在财务报告中披露的相关信息和资料。

一、财务报表的定义和构成

　　财务报表是对企业财务状况、经营成果和现金流量的结构性表述。财务报表至少应当包括下列组成部分:① 资产负债表;② 利润表;③ 现金流量表;④ 所有者权益(或股东权益)变动表;⑤ 附注。财务报表上述组成部分具有同等的重要程度。

　　财务报表可以按照不同的标准进行分类:① 按财务报表编报期间的不同,可以分为中期财务报表和年度财务报表。中期财务报表是以短于一个完整会计年度的报告期间为基础编制的财务报表,包括月报、季报和半年报等。② 按财务报表编报主体的不同,可以分为个别财务报表和合并财务报表。个别财务报表是由企业在自身会计核算基础上对账簿记录进行加工而编制的财务报表,反映企业自身的财务状况、经营成果和现金流量情况。合并财务报表是以母公司和子公司组成的企业集团为会计主体,根据母公司和所属子公司的财务报表,由母公司编制的综合反映企业集团财务状况、经营成果及现金流量的财务报表。

　　财务报表格式分别按一般企业和金融企业予以规定。企业应当根据其经营活动的性质,确定本企业适用的财务报表格式。本书介绍一般企业财务报表。

二、财务报表列报的基本要求

(一) 依据会计准则的规定进行确认和计量的结果编制财务报表

　　企业应当以持续经营为基础,根据实际发生的交易和事项,按照《基本准则》和其他各项会计准则的规定进行确认和计量,在此基础上编制财务报表。企业应当在附注中对这一情况做出声明,只有遵循了企业会计准则的所有规定时,财务报表才应当被称为"遵循了企业会计准则"。企业不应以附注披露代替确认和计量,不恰当的确认和计量也不能通过充分披露相关会计政策而纠正。

如果按照各项会计准则规定披露的信息不足以让报表使用者了解特定交易或事项对企业财务状况和经营成果的影响时,企业还应当披露其他的必要信息。

(二)列报基础

持续经营是会计的基本前提,也是会计确认、计量及编制财务报表的基础。在编制财务报表的过程中,企业管理层应当利用所有可获得信息来评价企业自报告期末起至少 12 个月的持续经营能力。评价时需要考虑宏观政策风险、市场经营风险、企业目前或长期的盈利能力、偿债能力、财务弹性以及企业管理层改变经营政策的意向等因素。评价结果表明对持续经营能力产生重大怀疑的,企业应当在附注中披露导致对持续经营能力产生重大怀疑的因素以及企业拟采取的改善措施。

企业处于非持续经营状态时,应当采用其他基础编制财务报表。在非持续经营情况下,企业应当在附注中声明财务报表未以持续经营为基础列报,披露未以持续经营为基础的原因以及财务报表的编制基础。

除现金流量表按照收付实现制原则编制外,企业应当按照权责发生制原则编制其他财务报表。

(三)列报的一致性

可比性是会计信息质量的一项重要质量要求,目的是使同一企业不同期间和同一期间不同企业的财务报表相互可比。财务报表项目的列报应当在各个会计期间保持一致,不得随意变更,但下列情况除外:会计准则要求改变财务报表项目的列报;企业经营业务的性质发生重大变化或对企业经营影响较大的交易或事项发生后,变更财务报表项目的列报能够提供更可靠、更相关的会计信息。

(四)依据重要性原则单独或汇总列报项目

项目在财务报表中是单独列报还是合并列报,应当依据重要性原则来判断。企业在进行重要性判断时,应当根据所处环境,从项目的性质和金额大小两方面予以判断。性质或功能不同的项目,一般应当在财务报表中单独列报,但是不具有重要性的项目可以汇总列报;性质或功能类似的项目,一般可以汇总列报,但是对其具有重要性的类别应该单独列报;项目单独列报的原则不仅适用于报表,还适用于附注;无论是财务报表列报准则规定单独列报的项目,还是其他具体会计准则规定单独列报的项目,企业都应当予以单独列报。

(五)财务报表项目金额间的相互抵销

财务报表项目应当以总额列报,资产和负债、收入和费用、直接计入当期利润的利得项目和损失项目的金额不能相互抵销,即不得以净额列报,但企业会计准则另有规定的除外。

下列三种情况不属于抵销,可以以净额列示:① 一组类似交易形成的利得和损失以净额列示。② 资产或负债项目按扣除备抵项目后的净额列示。③ 非日常活动产生的利得和损失,以同一交易形成的收益扣减相关费用后的净额列示更能反映交易实质的。

(六)比较信息的列报

企业在列报当期财务报表时,至少应当提供所有列报项目上一可比会计期间的比较数据,以及与理解当期财务报表相关的说明,目的是向报表使用者提供对比数据,提高信息在会计期间的可比性,以反映企业财务状况、经营成果和现金流量的发展趋势,提高报表使用者的判断与决策能力。列报比较信息的这一要求适用于财务报表的所有组成部分,既适用于四张报表,也适用于附注。通常情况下,企业列报所有列报项目上一可比会计期间的比较数据,至少包括两期各报表及相关附注。

(七)财务报表表首的列报要求

财务报表一般分为表首、正表两部分,其中,企业应当在表首部分概括地说明下列基本信息:编报企业的名称、资产负债表日或财务报表涵盖的会计期间、人民币金额单位,以及财务报表是合并财务报表的,应当予以标明。

(八)报告期间

企业至少应当按年编制财务报表。会计年度自公历 1 月 1 日起至 12 月 31 日止。年度财务报表涵盖的期间短于一年的,企业应当披露年度财务报表的实际涵盖期间及短于一年的原因,并说明由此引起财务报表项目与比较数据不具可比性这一事实。

第二节 综合案例

藏龙股份有限公司,适用的增值税税率为 13%,适用的所得税税率为 25%,假定未来很可能获得足够的应纳税所得额用来抵扣可抵扣暂时性差异。涉及的会计科目期初余额如表 12 - 1 所示,2021 年,公司发生如下业务:

(1) 收到银行通知,支付到期的商业承兑汇票 100 000 元。

| 借:应付票据 | 100 000 |
| 贷:银行存款 | 100 000 |

(2) 购入原材料,收到的增值税专用发票上注明价款 150 000 元,增值税 19 500 元,款项已通过银行转账支付。材料尚未验收入库,材料采用计划成本核算。

借:材料采购	150 000
应交税费——应交增值税(进项税额)	19 500
贷:银行存款	169 500

(3) 上期采购材料验收入库,实际成本 100 000 元,计划成本 95 000 元。

借:原材料	95 000
材料成本差异	5 000
贷:材料采购	100 000

(4) 使用银行汇票购买材料,公司收到开户银行转来银行汇票多余款为 8 300 元,材料价款 90 000 元,增值税 11 700 元,材料已验收入库,该批材料的计划成本为 100 000 元。

借:材料采购	90 000
银行存款	8 300
应交税费——应交增值税(进项税额)	11 700
贷:其他货币资金	110 000

```
借:原材料                                      100 000
    贷:材料采购                                              90 000
        材料成本差异                                          10 000
```

(5) 销售产品一批,开出的增值税专用发票上注明价款 300 000 元,增值税 39 000 元,货款尚未收到,该批产品的实际成本为 180 000 元。

```
借:应收账款                                    339 000
    贷:主营业务收入                                         300 000
        应交税费——应交增值税(销项税额)                      39 000
```

(6) 购入工程物资同时被领用,收到的增值税普通发票上注明价税合计 152 100 元,款项已通过银行支付。

```
借:在建工程                                    152 100
    贷:银行存款                                             152 100
```

(7) 摊销无形资产 13 980 元。

```
借:管理费用                                     13 980
    贷:累计摊销                                              13 980
```

(8) 基本生产车间一台机床报废,原价 200 000 元,已提折旧 180 000 元,清理费用 500 元,残值收入 800 元,均通过银行存款收支,该固定资产已清理完毕。

```
借:固定资产清理                                 20 000
    累计折旧                                   180 000
    贷:固定资产                                            200 000
借:银行存款                                        800
    贷:固定资产清理                                             800
借:固定资产清理                                    500
    贷:银行存款                                                500
借:营业外支出                                   19 700
    贷:固定资产清理                                          19 700
```

(9) 从银行借入三年期借款 1 000 000 元,借款已存入银行。

```
借:银行存款                                  1 000 000
    贷:长期借款                                           1 000 000
```

(10) 购入不需安装的设备一台,收到的增值税专用发票上注明价款 850 000 元,增值税 110 500 元,以银行存款支付。设备已交付使用。

```
借:固定资产                                    850 000
    应交税费——应交增值税(进项税额)                110 500
    贷:银行存款                                             960 500
```

(11) 销售产品一批,开出的增值税专用发票上注明价款 700 000 元,增值税 91 000 元,款项已存入银行,该批产品的实际成本为 420 000 元。

```
借:银行存款                                    791 000
    贷:主营业务收入                                         700 000
        应交税费——应交增值税(销项税额)                     91 000
```

（12）公司将要到期的一张面值为 180 000 元的银行承兑汇票，连同解讫通知和进账单交银行办理转账，收到银行盖章退回的进账单，款项银行已收妥。

借：银行存款　　　　　　　　　　　　　　　　　　　180 000
　　贷：应收票据　　　　　　　　　　　　　　　　　　180 000

（13）实际发放工资 500 000 元（包括在建工程人员的工资 100 000 元）。缴纳企业负担的社会保险 120 000 元。不考虑代扣职工个人所得税。

借：应付职工薪酬——工资　　　　　　　　　　　　　500 000
　　　　　　　　　——社保　　　　　　　　　　　　　120 000
　　贷：银行存款　　　　　　　　　　　　　　　　　　620 000

（14）公司出售一台旧设备，收到专用发票上注明价款 300 000 元，增值税 39 000 元，该设备原价 400 000 元，已提折旧 150 000 元。

借：固定资产清理　　　　　　　　　　　　　　　　　250 000
　　累计折旧　　　　　　　　　　　　　　　　　　　150 000
　　贷：固定资产　　　　　　　　　　　　　　　　　　400 000
借：银行存款　　　　　　　　　　　　　　　　　　　339 000
　　贷：固定资产清理　　　　　　　　　　　　　　　　300 000
　　　　应交税费——应交增值税（销项税额）　　　　　 39 000
借：固定资产清理　　　　　　　　　　　　　　　　　 50 000
　　贷：资产处置损益　　　　　　　　　　　　　　　　 50 000

（15）收到现金股利 30 000 元，企业采用成本法核算长期股权投资。

借：银行存款　　　　　　　　　　　　　　　　　　　 30 000
　　贷：投资收益　　　　　　　　　　　　　　　　　　 30 000

（16）分配应支付的职工工资 500 000 元，其中生产人员薪酬 375 000 元，车间管理人员薪酬 10 000 元，行政管理人员薪酬 15 000 元，工程人员薪酬 100 000 元。

借：生产成本　　　　　　　　　　　　　　　　　　　375 000
　　制造费用　　　　　　　　　　　　　　　　　　　 10 000
　　管理费用　　　　　　　　　　　　　　　　　　　 15 000
　　在建工程　　　　　　　　　　　　　　　　　　　100 000
　　贷：应付职工薪酬——工资　　　　　　　　　　　　500 000

（17）提取企业负担社会保险 120 000 元，其中生产人员 112 500 元，车间管理人员 3 000 元，行政管理人员 4 500 元。不考虑工程人员的社保。

借：生产成本　　　　　　　　　　　　　　　　　　　112 500
　　制造费用　　　　　　　　　　　　　　　　　　　　3 000
　　管理费用　　　　　　　　　　　　　　　　　　　　4 500
　　贷：应付职工薪酬——社保　　　　　　　　　　　　120 000

（18）基本生产车间领用原材料，计划成本为 700 000 元；领用低值易耗品，计划成本为 50 000 元，低值易耗品采用一次摊销法摊销。

借：生产成本　　　　　　　　　　　　　　　　　　　700 000
　　贷：原材料　　　　　　　　　　　　　　　　　　　700 000

借:制造费用	50 000
贷:周转材料	50 000

（19）结转领用原材料与低值易耗品的成本差异，经计算成本差异率为5%[＝（64 750－5 000)÷(1 000 000＋195 000)]。

借:生产成本	35 000
制造费用	2 500
贷:材料成本差异	37 500

（20）销售产品一批，开出的增值税专用发票上注明的销售价款为250 000元，增值税为32 500元，收到金额282 500元的银行承兑汇票一张，该批产品的实际成本为150 000元。

借:应收票据	282 500
贷:主营业务收入	250 000
应交税费——应交增值税（销项税额）	32 500

（21）公司将上述银行承兑汇票到银行办理贴现，贴现息为30 000元。

借:银行存款	252 500
财务费用	30 000
贷:应收票据	282 500

（22）王某报销差旅费4 000元，原借3 000元，补给其现金1 000元。支付水电费94 500元，其中管理部门10 000元，生产车间84 500元；支付业务招待费46 250元，超支40 000元（＝46 250－1 250 000×0.5%），支付保险费和通信费53 750元，取得增值税普通发票。

借:管理费用	4 000
贷:库存现金	1 000
其他应收款	3 000
借:管理费用	110 000
制造费用	84 500
贷:银行存款	194 500

（23）计提固定资产折旧100 000元，其中计入制造费用80 000元，管理费用20 000元。经减值测试，计提固定资产减值准备30 000元。

借:管理费用	20 000
制造费用	80 000
贷:累计折旧	100 000
借:资产减值损失	30 000
贷:固定资产减值准备	30 000

（24）收到应收账款39 000元，存入银行。按应收账款余额的3%计提坏账准备9 000元（＝900 000×3%－18 000）。

借:银行存款	39 000
贷:应收账款	39 000
借:信用减值损失	9 000
贷:坏账准备	9 000

（25）用银行存款支付广告费和业务宣传费18 000元，未超过税法限额，取得增值税普通

发票,购货方不能抵扣进项税额。

  借:销售费用   18 000

    贷:银行存款   18 000

  (26)计算并结转制造费用和本期完工产品成本 1 452 500 元。期末没有在产品,本期生产的产品全部完工入库。

  借:生产成本   230 000

    贷:制造费用   230 000

  借:库存商品   1 452 500

    贷:生产成本   1 452 500

  (27)公司本期应缴纳的城建税和教育费附加为 5 980 元[=59 800×(7%+3%)],应缴纳的城镇土地使用税、房产税、印花税为 4 840 元。

  借:税金及附加   10 820

    贷:应交税费——应交城建税和教育费附加   5 980

         ——应交城镇土地使用税、房产税和印花税 4 840

  (28)缴纳上期增值税 70 000 元,缴纳上期城建税和教育费附加 7 000 元,预缴上期企业所得税 68 980 元,缴纳本期城镇土地使用税、房产税和印花税 4 840 元。不考虑期末应交增值税的结转。

  借:应交税费——未交增值税   70 000

        ——应交城建税和教育费附加   7 000

        ——应交企业所得税   68 980

        ——应交城镇土地使用税、房产税和印花税 4 840

    贷:银行存款   150 820

  (29)归还短期借款本金 250 000 元,支付已计提的利息 7 500 元。

  借:短期借款   250 000

    应付利息   7 500

    贷:银行存款   257 500

  (30)计提在建工程应负担的长期借款利息 20 000 元,计提应计入本期损益的长期借款利息 20 000 元,该长期借款偿还方式为分期付息、到期还本。

  借:在建工程   20 000

    财务费用   20 000

    贷:应付利息   40 000

  (31)偿还长期借款本金 600 000 元,支付长期借款利息 40 000 元。

  借:长期借款   600 000

    应付利息   40 000

    贷:银行存款   640 000

  (32)一项工程完工,交付生产使用,已办理竣工手续,固定资产价值 1 400 000 元。

  借:固定资产   1 400 000

    贷:在建工程   1 400 000

  (33)出售上期购买的交易性金融资产,收到价款 165 000 元,该投资成本为 130 000 元,公允价值增值 20 000 元,处置收益 15 000 元。不考虑股票交易增值税。

借:银行存款 165 000
　　贷:交易性金融资产——成本 130 000
　　　　　　　　　　——公允价值变动 20 000
　　　投资收益 15 000

(34) 购买股票,价款 103 000 元,交易费用 2 000 元,已用银行存款支付,指定为以公允价值计量且其变动计入其他综合收益的金融资产,期末公允价值为 115 000 元,确认递延所得税负债 2 500 元。

借:其他权益工具投资——成本 105 000
　　贷:银行存款 105 000
借:其他权益工具投资——公允价值变动 10 000
　　贷:其他综合收益 7 500
　　　递延所得税负债 2 500

(35) 生产车间盘亏一台设备,原价 280 000 元,已提折旧 250 000 元,经批准将损失计入营业外支出。

借:待处理财产损溢 30 000
　　累计折旧 250 000
　　贷:固定资产 280 000
借:营业外支出 30 000
　　贷:待处理财产损溢 30 000

(36) 结转本期产品销售成本 750 000 元(＝180 000＋420 000＋150 000)。

借:主营业务成本 750 000
　　贷:库存商品 750 000

(37) 将损益类科目结转本年利润。

借:主营业务收入 1 250 000
　　投资收益 45 000
　　资产处置损益 50 000
　　贷:本年利润 1 345 000
借:本年利润 1 085 000
　　贷:主营业务成本 750 000
　　　税金及附加 10 820
　　　销售费用 18 000
　　　管理费用 167 480
　　　财务费用 50 000
　　　信用减值损失 9 000
　　　资产减值损失 30 000
　　　营业外支出 49 700

(38) 利润总额 260 000 元。应税所得 329 000 元(＝260 000＋20 000＋39 000＋40 000－30 000),应交企业所得税 82 250 元(＝329 000×25%),确认资产(信用)减值损失形成的递延所得税资产 9 750 元(＝39 000×25%)。转销交易性金融资产产生的递延所得税负债 5 000

元(＝20 000×25％)。

借:所得税费用 67 500
　　递延所得税资产 9 750
　　递延所得税负债 5 000
　　　贷:应交税费——应交企业所得税 82 250
借:本年利润 67 500
　　　贷:所得税费用 67 500

(39) 按照净利润的10％提取法定盈余公积金。决定分配现金股利50 000元。

借:利润分配——提取法定盈余公积 19 250
　　　　　——应付现金股利或利润 50 000
　　　贷:盈余公积 19 250
　　　　应付股利 50 000

(40) 将利润分配各明细科目的余额转入"未分配利润"明细科目,结转本年利润。

借:本年利润 192 500
　　　贷:利润分配——未分配利润 192 500
借:利润分配——未分配利润 69 250
　　　贷:利润分配——提取法定盈余公积 19 250
　　　　　　　——应付现金股利或利润 50 000

年终结账后会计科目本期发生额和期末余额如表12-1所示。

表 12-1　发生额及余额试算平衡表

单位:元

会计科目	期初借方	期初贷方	本期借方	本期贷方	期末借方	期末贷方
库存现金	9 000		0	1 000	8 000	
银行存款	1 308 000		2 805 600	3 368 420	745 180	
其他货币资金	110 000		0	110 000	0	
交易性金融资产	150 000		0	150 000	0	
应收票据	180 000		290 000	470 000	0	
应收账款	600 000		348 000	48 000	900 000	
坏账准备		18 000	0	9 000		27 000
其他应收款	8 000		0	3 000	5 000	
材料采购	100 000		240 000	190 000	150 000	
原材料	900 000		195 000	700 000	395 000	
周转材料	100 000		0	50 000	50 000	
材料成本差异	64 750		5 000	47 500	22 250	
库存商品	961 500		1 452 500	750 000	1 664 000	
制造费用	0		230 000	230 000	0	
生产成本	0		1 452 500	1 452 500	0	

会计科目	期初借方	期初贷方	本期借方	本期贷方	期末借方	期末贷方
长期股权投资	250 000		0	0	250 000	
其他权益工具投资	0		115 000	0	115 000	
固定资产	1 400 000		2 250 000	880 000	2 770 000	
累计折旧		660 000	580 000	100 000		180 000
固定资产减值准备		0	0	30 000		30 000
在建工程	1 621 930		272 100	1 400 000	494 030	
无形资产	559 200		0	0	559 200	
累计摊销		69 900	0	13 980		83 880
待处理财产损溢	0		30 000	30 000	0	
固定资产清理	0		320 500	320 500	0	
递延所得税资产	4 500		9 750	0	14 250	
短期借款		300 000	250 000	0		50 000
应付票据		100 000	100 000	0		0
应付账款		950 500	0	0		950 500
应付职工薪酬		120 000	620 000	620 000		120 000
应交税费		145 980	292 520	294 570		148 030
应付利息		7 500	47 500	40 000		0
应付股利		0	0	50 000		50 000
长期借款		800 000	600 000	1 000 000		1 200 000
递延所得税负债		5 000	5 000	2 500		2 500
股本		5 000 000	0	0		5 000 000
其他综合收益		0	0	7 500		7 500
盈余公积		100 000	0	19 250		119 250
本年利润		0	1 345 000	1 345 000		0
利润分配		50 000	138 500	261 750		173 250
主营业务收入		0	1 250 000	1 250 000		0
投资收益		0	45 000	45 000		0
资产处置损益		0	50 000	50 000		0
主营业务成本	0		750 000	750 000	0	
税金及附加	0	0	10 820	10 820	0	
销售费用	0		18 000	18 000	0	
管理费用	0		167 480	167 480	0	

会计科目	期初借方	期初贷方	本期借方	本期贷方	期末借方	期末贷方
财务费用	0		50 000	50 000	0	
资产减值损失	0		30 000	30 000	0	
信用减值损失	0		9 000	9 000	0	
营业外支出	0		49 700	49 700	0	
所得税费用	0		67 500	67 500	0	
合　计	8 326 880	8 326 880	16 491 970	16 491 970	8 141 910	8 141 910

第三节　资产负债表

一、资产负债表的内容及结构

(一)资产负债表的内容

资产负债表是指反映企业在某一特定日期财务状况的会计报表。它反映企业在某一特定日期所拥有或控制的经济资源、所承担的现时义务和所有者对净资产的要求权。通过资产负债表,可以提供某一日期资产总额及其结构,表明企业拥有或控制的资源及其分布情况,使用者可以一目了然地从资产负债表上了解企业在某一特定日期所拥有的资产总量及其结构;可以提供某一日期的负债总额及其结构,表明企业未来需要用多少资产或劳务清偿债务以及清偿时间;可以反映所有者所拥有的权益,据以判断资本保值、增值的情况以及对负债的保障程度。此外,资产负债表还可以提供进行财务分析的基本资料,如将流动资产与流动负债进行比较计算出流动比率,将速动资产与流动负债进行比较计算出速动比率等;可以表明企业的变现能力、偿债能力和资金周转能力,从而有助于报表使用者做出经济决策。

(二)资产负债表的结构

在我国,资产负债表采用账户式结构,报表分为左右两方,左方列示资产各项目,反映全部资产的分布及存在形态;右方列示负债和所有者权益各项目,反映全部负债和所有者权益的内容及构成情况。资产负债表左右平衡,资产总计等于负债和所有者权益总计,即"资产=负债+所有者权益"。此外,为了使使用者通过比较不同时点资产负债表的数据,掌握企业财务状况的变动情况及发展趋势,企业需要提供比较资产负债表。资产负债表还就各项目再分为"年初余额"和"期末余额"两栏分别填列。

资产负债表的具体格式如表12-2所示。

二、资产和负债按流动性列报

根据财务报表列报准则的规定,资产负债表上资产和负债应当按照流动性分别分为流动资产和非流动资产、流动负债和非流动负债列示。流动性通常按资产的变现或耗用时间长短或者负债的偿还时间长短来确定。

对于一般企业而言,通常在明显可识别的营业周期内销售产品或提供服务,应当将资产和负债分别分为流动资产和非流动资产、流动负债和非流动负债列示,有助于反映本营业周期内预期能实现的资产和应偿还的负债。对于金融企业而言,有些资产或负债无法严格划分为流动资产和非流动资产,而大体按照流动性顺序列示,往往能够提供可靠且更相关的信息。

(一)资产的流动性划分

资产满足下列条件之一的,应当归类为流动资产:① 预计在一个正常营业周期中变现、出售或耗用。② 主要为交易目的而持有。但是,并非所有交易性金融资产均为流动资产。③ 预计在资产负债表日起一年内(含一年)变现。④ 自资产负债表日起一年内,交换其他资产或清偿负债的能力不受限制的现金或现金等价物。

所谓"正常营业周期",是指企业从购买用于加工的资产起至实现现金或现金等价物的期间。正常营业周期通常短于一年,在一年内有几个营业周期。但是,因生产周期较长等导致正常营业周期长于一年的,尽管相关资产往往超过一年才变现、出售或耗用,仍应当划分为流动资产。当正常营业周期不能确定时,企业应当以一年(12 个月)作为正常营业周期。

(二)负债的流动性划分

流动负债的判断标准与流动资产的判断标准相类似。负债满足下列条件之一的,应当归类为流动负债:① 预计在一个正常营业周期中清偿。② 主要为交易目的而持有。③ 自资产负债表日起一年内到期应予以清偿。④ 企业无权自主地将清偿推迟至资产负债表日后一年以上。但是,企业正常营业周期中的经营性负债项目即使在资产负债表日后超过一年才予清偿的,仍应划分为流动负债。经营性负债项目包括应付票据、应付账款、应付职工薪酬等,这些项目属于企业正常营业周期中使用的营运资金的一部分。

此外,企业在判断负债的流动性划分时,对于资产负债表日后事项的有关影响需要特别加以考虑。总的判断原则是,企业在资产负债表上对债务流动和非流动的划分,应当反映在资产负债表日有效的合同安排,考虑在资产负债表日起一年内企业是否必须无条件清偿,而资产负债表日之后(即使是财务报告批准报出日前)的再融资、展期或提供宽限期等行为,与资产负债表日判断负债的流动性状况无关。

三、资产负债表的填列方法

(一)资产负债表"年初余额"栏的填列方法

本表中的"年初余额"栏通常根据上年末有关项目的期末余额填列,且与上年末资产负债表"期末余额"栏相一致。如果企业发生了会计政策变更、前期差错更正,应当对"年初余额"栏中的有关项目进行相应调整。如果企业上年度资产负债表规定的项目名称和内容与本年度不一致,应当对上年年末资产负债表相关项目的名称和金额按照本年度的规定进行调整,填入"年初余额"栏。

(二)资产负债表"期末余额"栏的填列方法

本表"期末余额"栏一般应根据资产、负债和所有者权益类科目的期末余额填列。

(1) 根据总账科目的余额直接填列。"其他权益工具投资""递延所得税资产""短期借款"

"交易性金融负债""应付票据""持有待售负债""递延所得税负债""实收资本(或股本)""其他权益工具""资本公积""库存股""其他综合收益""专项储备""盈余公积"等项目,应根据有关总账科目的余额直接填列。"长期待摊费用"项目中摊销年限只剩一年或不足一年的,或预计在一年内(含一年)进行摊销的部分,不转入"一年内到期的非流动资产"项目。"递延收益"项目中摊销期限只剩一年或不足一年的,或预计在一年内(含一年)进行摊销的部分,不转入"一年内到期的非流动负债"项目。

(2) 根据明细账科目余额计算填列。"交易性金融资产"项目,应根据"交易性金融资产"科目的相关明细科目的期末余额分析填列,自资产负债表日起超过一年到期且预期持有超过一年的以公允价值计量且其变动计入当期损益的非流动金融资产在"其他非流动金融资产"项目反映。"衍生金融资产"项目,应根据"衍生工具""套期工具""被套期项目"等科目的期末借方余额分析计算填列。"衍生金融负债"项目,应根据"衍生工具""套期项目""被套期项目"等科目的期末贷方余额分析计算填列。"应收款项融资"项目,反映资产负债表日以公允价值计量且其变动计入其他综合收益的应收票据和应收账款等。"债权投资"项目,该项目应根据"债权投资"科目的相关明细科目期末余额,减去"债权投资减值准备"科目中相关减值准备的期末余额后的金额分析填列。自资产负债表日起一年内到期的债权投资的期末账面价值,在"一年内到期的非流动资产"项目反映。企业购入的以摊余成本计量的一年内到期的债权投资的期末账面价值,在"其他流动资产"项目反映。"其他债权投资"项目,该项目应根据"其他债权投资"科目的相关明细科目的期末余额分析填列。自资产负债表日起一年内到期的其他债权投资的期末账面价值,在"一年内到期的非流动资产"项目反映。企业购入的以公允价值计量且其变动计入其他综合收益的一年内到期的债权投资的期末账面价值,在"其他流动资产"项目反映。"开发支出"项目,应根据"研发支出"科目中所属的"资本化支出"明细科目期末余额填列。"应付账款"项目,应根据"应付账款"和"预付账款"两个科目所属的相关明细科目的期末贷方余额合计数填列。"预收款项"项目,应根据"预收账款"和"应收账款"科目所属各明细科目的期末贷方余额合计数填列。"应交税费"科目下的"应交增值税""未交增值税""待认证进项税额""增值税留抵税额"等明细科目期末借方余额应根据情况,在"其他流动资产"或"其他非流动资产"项目列示。"应交税费——待转销项税额"等科目期末贷方余额应根据情况,在"其他流动负债"或"其他非流动负债"项目列示。"应交税费"科目下的"未交增值税""简易计税""转让金融商品应交增值税""代扣代缴增值税"等科目期末贷方余额在"应交税费"项目列示。"应付职工薪酬"项目,应当根据应支付的职工薪酬流动性,在"应付职工薪酬""其他非流动负债"项目列示。"预计负债"项目,应根据相关明细科目的期末余额分析填列,对贷款承诺、财务担保合同等项目计提的损失准备,应当在"预计负债"项目中填列,根据"应付退货款"明细科目是否在一年或一个正常营业周期内清偿,在"其他流动负债"或"预计负债"项目中填列;"未分配利润"项目,编制中期财务会计报告时,资产负债表"未分配利润"项目应根据"本年利润"科目和"利润分配"科目的余额计算填列,年末资产负债表中的"未分配利润"项目应根据"利润分配——未分配利润"明细科目的期末余额直接填列。"一年内到期的非流动资产""其他非流动金融资产""一年内到期的非流动负债"项目,应根据有关科目的明细账科目余额分析计算填列。

(3) 根据总账科目和明细账科目余额分析计算填列。"长期借款""应付债券""租赁负债"项目,应根据"长期借款""应付债券""租赁负债"总账科目余额扣除所属的明细科目中将在资产负债表日起一年内到期且企业不能自主地将清偿义务展期的金额计算填列。"其他流动资产""其他非流动资产""其他流动负债""其他非流动负债"项目,应根据有关总账科目和明细账科目余额分析计算填列。"合同取得成本"科目的明细科目初始确认时按摊销期限是否超过一年或一个正常营业周期,在"其他流动资产"或"其他非流动资产"项目中填列,已计提减值准备的,还应减去"合同取得成本减值准备"科目中相关的期末余额后的金额填列。"合同履约成本"科目的明细科目初始确认时按摊销期限是否超过一年或一个正常营业周期,在"存货"或"其他非流动资产"项目中填列,已计提减值准备的,还应减去"合同履约成本减值准备"科目中相关的期末余额后的金额填列。"应收退货成本"科目按是否在一年或一个正常营业周期内出售,在"其他流动资产"或"其他非流动资产"项目中填列。

(4) 根据有关科目余额计算填列。"持有待售资产""长期股权投资""投资性房地产"(公允价值计量根据科目余额直接填列)"生产性生物资产""油气资产""使用权资产""无形资产""商誉"项目,应根据相关科目的期末余额填列,已计提减值准备的,还应扣减相应的减值准备。"长期应收款"项目,应根据"长期应收款"科目的期末余额,减去相应的"未实现融资收益"科目和"坏账准备"科目所属相关明细科目期末余额后的金额填列。"固定资产"项目,该项目应根据"固定资产"科目的期末余额,减去"累计折旧"和"固定资产减值准备"科目的期末余额后的金额,以及"固定资产清理"科目的期末余额填列。"在建工程"项目,该项目应根据"在建工程"科目的期末余额,减去"在建工程减值准备"科目的期末余额后的金额,以及"工程物资"科目的期末余额,减去"工程物资减值准备"科目的期末余额后的金额填列。对于折旧(或摊销、折耗)年限(或期限)只剩一年或不足一年的,或预计在一年内(含一年)进行折旧(或摊销、折耗)的部分,不转入"一年内到期的非流动资产"项目。"长期应付款"项目,该项目应根据"长期应付款"科目的期末余额,减去相关的"未确认融资费用"科目的期末余额后的金额,以及"专项应付款"科目的期末余额填列。"货币资金"项目,应根据"库存现金""银行存款""其他货币资金"三个总账科目余额的合计数填列。"其他应付款"项目,应根据"应付利息""应付股利"和"其他应付款"科目的期末余额合计数填列。

(5) 综合运用上述填列方法分析填列。"应收票据"项目,该项目应根据"应收票据"科目的期末余额,减去"坏账准备"科目中相关坏账准备期末余额后的金额分析填列。"应收账款"项目,该项目应根据"应收账款"和"预收账款"科目所属各明细科目的期末借方余款合计数,减去"坏账准备"科目中相关坏账准备期末余额后的金额分析填列。"预付款项"项目,应根据"预付账款"和"应付账款"科目所属各明细科目的期末借方余额合计数,减去"坏账准备"科目中有关预付款项计提的坏账准备期末余额后的金额填列。"其他应收款"项目,应根据"应收利息""应收股利"和"其他应收款"科目的期末余额合计数,减去"坏账准备"科目中相关坏账准备期末余额后的金额填列。"存货"项目,应根据"材料采购""在途物资""原材料""发出商品""库存商品""周转材料""委托加工物资""生产成本""受托代销商品"等科目期末余额合计,减去"受托代销商品款""存货跌价准备"科目期末余额后的金额填列,材料采用计划成本核算,以及库存商品采用计划成本核算或售价核算的企业,还应按加或减材料成本差异、商品进销差价后的金额填列。"合同资产"项目,应根据"合同资产"科目的相关明细科目的期末余额分析填列,应当根据其流动性在"合同资产"或"其他非流动资产"项目中填列;已计提减值准备的,应减去"合同资产减值准备"科目中相关的期末余额后的金额后再填列。"合同负债"项目,应分别根据"合同负债"科目的相关明细科目的期末余额分析填列,应当根据其流动性在"合同负债"或"其他非流动负债"项目中填列。

四、资产负债表编制示例

【例 12-1】 某企业期末,"预付账款"科目所属明细科目借方余额合计 20 万元,"应付账款"科目所属明细科目借方余额合计 60 万元,有关预付款项计提的坏账准备为 30 万元,该企业资产负债表"预付款项"项目期末余额为 50 万元(＝60＋20－30)。

【例 12-2】 某企业期末,"原材料"科目的借方余额为 70 万元,"材料成本差异"科目的贷方余额为 5 万元,"生产成本"科目的借方余额为 40 万元,"库存商品"科目的借方余额为 300 万元,该企业资产负债表中"存货"项目的期末余额为 405 万元(＝70－5＋40＋300)。

【例 12-3】 根据第二节综合案例资料显示的期末余额编制资产负债表,如表 12-2 所示。

表中需要计算填列的期末项目:

(1) 货币资金项目＝库存现金＋银行存款＋其他货币资金

$$＝8\ 000＋745\ 180＋0＝753\ 180(元)$$

(2) 应收账款项目＝应收账款－坏账准备＝900 000－27 000＝873 000(元)

(3) 存货项目＝材料采购＋原材料＋周转材料＋材料成本差异＋库存商品＋生产成本

$$＝150\ 000＋395\ 000＋50\ 000＋22\ 250＋1\ 664\ 000＋0＝2\ 281\ 250(元)$$

(4) 固定资产项目＝固定资产－累计折旧－固定资产减值准备

$$＝2\ 770\ 000－180\ 000－30\ 000＝2\ 560\ 000(元)$$

(5) 无形资产项目＝无形资产－累计摊销＝559 200－83 880＝475 320(元)

表 12-2　资产负债表

会企 01 表

编制单位:藏龙股份有限公司　　　　　　　2021 年 12 月 31 日　　　　　　　单位:元

资　产	期末余额	年初余额	负债和所有者权益 (或股东权益)	期末余额	年初余额
流动资产:			流动负债:		
货币资金	753 180	1 427 000	短期借款	50 000	300 000
交易性金融资产	0	150 000	交易性金融负债		
衍生金融资产			衍生金融负债		
应收票据	0	180 000	应付票据	0	100 000
应收账款	873 000	582 000	应付账款	950 500	950 500
应收款项融资			预收款项		
预付款项	0	0	合同负债		
其他应收款	5 000	8 000	应付职工薪酬	120 000	120 000
存货	2 281 250	2 126 250	应交税费	148 030	145 980
合同资产			其他应付款	50 000	7 500
持有待售资产			持有待售负债		
一年内到期的非流动资产			一年内到期的非流动负债		600 000

资　　产	期末余额	年初余额	负债和所有者权益 （或股东权益）	期末余额	年初余额
其他流动资产			其他流动负债		
流动资产合计	3 912 430	4 473 250	流动负债合计	1 318 530	2 223 980
非流动资产：			非流动负债：		
债权投资			长期借款	1 200 000	200 000
其他债权投资	115 000	0	应付债券		
长期应收款			其中：优先股		
长期股权投资	250 000	250 000	永续债		
其他权益工具投资			租赁负债		
其他非流动金融资产			长期应付款		
投资性房地产			预计负债		
固定资产	2 560 000	740 000	递延收益		
在建工程	494 030	1 621 930	递延所得税负债	2 500	5 000
生产性生物资产			其他非流动负债		
油气资产			非流动负债合计	1 202 500	205 000
使用权资产			负债合计	2 521 030	2 428 980
无形资产	475 320	489 300	股东权益：		
开发支出			股本	5 000 000	5 000 000
商誉			其他权益工具		
长期待摊费用			其中：优先股		
递延所得税资产	14 250	4 500	永续债		
其他非流动资产			资本公积		
非流动资产合计	3 908 600	3 105 730	减：库存股		
			其他综合收益	7 500	
			专项储备		
			盈余公积	119 250	100 000
			未分配利润	173 250	50 000
			所有者权益合计	5 300 000	5 150 000
资产总计	7 821 030	7 578 980	负债和所有者权益总计	7 821 030	7 578 980

第四节　利润表

一、利润表的内容及结构

（一）利润表的内容

利润表是反映企业在一定会计期间的经营成果的会计报表。利润表反映企业经营业绩的主要来源和构成，有助于使用者判断净利润的质量及其风险，有助于使用者预测净利润的持续性，从而做出正确的决策。通过利润表，可以反映企业一定会计期间的收入实现情况，如实现的营业收入、投资收益、营业外收入各有多少；可以反映一定会计期间的费用耗费情况，如耗费的营业成本、税金及附加、销售费用、管理费用、财务费用、营业外支出各有多少；可以反映企业生产经营活动的成果，即净利润的实现情况，据以判断资本保值、增值情况等。将利润表中的信息与资产负债表中的信息相结合，还可以提供进行财务分析的基本资料，如将赊销收入净额与应收账款平均余额进行比较，计算出应收账款周转率；将销货成本与存货平均余额进行比较，计算出存货周转率；将净利润与资产总额进行比较，计算出资产收益率等，可以表现企业资金周转情况以及企业的盈利能力和水平，便于报表使用者判断企业未来的发展趋势，做出经济决策。

（二）利润表的结构

常见的利润表结构主要有单步式和多步式两种。在我国，企业利润表采用的基本上是多步式结构，即通过对当期的收入、费用、支出项目按性质加以归类，按利润形成的主要环节列示一些中间性利润指标，分步计算当期净损益，便于使用者理解企业经营成果的不同来源。企业利润表对于费用列报通常应当按照功能进行分类，有助于报表使用者预测企业的未来现金流量。

利润表主要反映以下几方面的内容：① 营业收入；② 营业利润；③ 利润总额；④ 净利润；⑤ 其他综合收益的税后净额；⑥ 综合收益总额；⑦ 每股收益。

此外，为了使报表使用者通过比较不同期间利润的实现情况，判断企业经营成果的未来发展趋势，企业需要提供比较利润表，利润表还就各项目再分为"本期金额"和"上期金额"两栏分别填列。利润表具体格式如表 12-3 所示。

表 12-3　利润表　　　　会企02表

编制单位：藏龙股份有限公司　　　　2021 年　　　　单位：元

项　目	本期金额	上期金额（略）
一、营业收入	1 250 000	
减：营业成本	750 000	
税金及附加	10 820	
销售费用	18 000	
管理费用	167 480	

项 目	本期金额	上期金额(略)
研发费用		
财务费用	50 000	
其中:利息费用		
利息收入		
加:其他收益		
投资收益(损失以"一"号填列)	45 000	
其中:对联营企业和合营企业的投资收益		
以摊余成本计量的金融资产终止确认收益		
净敞口套期收益(损失以"一"号填列)		
公允价值变动收益(损失以"一"号填列)		
信用减值损失(损失以"一"号填列)	9 000	
资产减值损失(损失以"一"号填列)	30 000	
资产处置收益(损失以"一"号填列)	50 000	
二、营业利润(亏损以"一"号填列)	259 700	
加:营业外收入		
减:营业外支出	49 700	
三、利润总额(亏损总额以"一"号填列)	260 000	
减:所得税费用	67 500	
四、净利润(净亏损以"一"号填列)	192 500	
(一)持续经营净利润(净亏损以"一"号填列)		
(二)终止经营净利润(净亏损以"一"号填列)		
五、其他综合收益税后净额	7 500	
(一)不能重分类进损益的其他综合收益		
1. 重新计量设定受益计划变动额		
2. 权益法下不能转损益的其他综合收益		
3. 其他权益工具投资公允价值变动		
4. 企业自身信用风险公允价值变动		
(二)将重分类进损益的其他综合收益	7 500	
1. 权益法下可转损益的其他综合收益		
2. 其他债权投资公允价值变动	7 500	
3. 金融资产重分类计入其他综合收益的金额		
4. 其他债权投资信用减值准备		
5. 现金流量套期储备		

续　表

项　目	本期金额	上期金额(略)
6.外币财务报表折算差额		
六、综合收益总额	200 000	
七、每股收益		
(一)基本每股收益	0.038 5	
(二)稀释每股收益	0.038 5	

二、利润表的填列方法

本表"本期金额"栏一般应根据损益类科目和其他综合收益科目的发生额填列。

"营业收入""营业成本""税金及附加""销售费用""管理费用""研发费用""财务费用""其他收益""投资收益""净敞口套期收益""公允价值变动收益""资产减值损失""信用减值损失""资产处置收益""营业外收入""营业外支出""所得税费用"等项目,应根据有关损益类科目的发生额分析填列。"其他综合收益的税后净额"项目及其各组成部分,应根据"其他综合收益"科目及其所属明细科目的本期发生额分析填列。"营业利润""利润总额""净利润""综合收益总额""每股收益"项目,应根据本表中相关项目计算填列。"持续经营净利润"和"终止经营净利润"项目,应根据持有待售的非流动资产、处置组和终止经营准则的相关规定分别填列。

其中,"研发费用"项目,反映企业进行研究与开发过程中发生的费用化支出,以及计入管理费用的自行开发无形资产的摊销。"其他收益"项目,反映计入其他收益的政府补助,以及其他与日常活动相关且计入其他收益的项目(比如企业收到个人所得税的扣缴税款手续费)。"净敞口套期收益"项目,反映净敞口套期下被套期项目累计公允价值变动转入当期损益的金额或现金流量套期储备转入当期损益的金额。

本表中的"上期金额"栏应根据上年该期利润表"本期金额"栏内所列数字填列。如果上年该期利润表规定的各个项目的名称和内容同本期不相一致,应对上年该期利润表各项目的名称和金额按本期的规定进行调整,填入"上期金额"栏。

三、利润表编制示例

【例12-4】 某公司2021年营业收入30 000万元,营业成本20 000万元,税金及附加300万元,销售费用1 000万元,管理费用1 500万元,财务费用350万元,交易性金融资产公允价值上升180万元,确认递延所得税负债45万元,投资收益250万元,资产减值损失100万元,营业外收入50万元,营业外支出30万元,其他债权投资公允价值上升150万元,确认递延所得税负债37.5万元。假定应纳税所得额7 050万元,所得税税率25%。

利润总额=30 000-20 000-300-1 000-1 500-350+180+250-100+50-30=7 200(万元)

净利润=7 200-(7 050×25%+45)=5 392.5(万元)

其他综合收益税后净额=150-37.5=112.5(万元)

综合收益=5 392.5+112.5=5 505(万元)

【例12-5】 根据第二节综合案例资料中损益类科目的发生额编制利润表,如表12-3所示。

第五节　现金流量表

一、现金流量表的内容及结构

（一）现金流量表的内容

现金流量表，是指反映企业在一定会计期间现金和现金等价物流入和流出的报表。现金，是指企业库存现金以及可以随时用于支付的存款。不能随时用于支付的存款不属于现金。现金等价物，是指企业持有的期限短、流动性强、易于转换为已知金额现金、价值变动风险很小的投资。企业应当根据具体情况，确定现金等价物的范围，一经确定不得随意变更。

现金流量，是指现金和现金等价物的流入和流出。在现金流量表中，现金及现金等价物被视为一个整体，企业现金形式的转换不会产生现金的流入和流出。例如，企业从银行提取现金，是企业现金存放形式的转换，并未流出企业，不构成现金流量。同样，现金与现金等价物之间的转换也不属于现金流量，如企业用现金购买三个月到期的国库券。从编制原则上看，现金流量表按照收付实现制原则编制，将权责发生制下的盈利信息调整为收付实现制下的现金流量信息，便于信息使用者了解企业净利润的质量。从内容上看，现金流量表被划分为经营活动、投资活动和筹资活动三个部分，每类活动又分为若干具体项目，这些项目从不同角度反映企业业务活动的现金流入与流出，弥补了资产负债表和利润表提供信息的不足。通过现金流量表，报表使用者能够了解现金流量的影响因素，评价企业的支付能力、偿债能力和周转能力，预测企业未来现金流量，为其决策提供有力依据。

企业产生的现金流量分为三类。

1. 经营活动产生的现金流量

经营活动，是指企业投资活动和筹资活动以外的所有交易和事项。经营活动产生的现金流量主要包括销售商品、提供劳务、购买商品、接受劳务、支付工资和支付税费等。需要说明的是，各类企业由于行业特点不同，对经营活动的认定存在一定差异。企业在编制现金流量表时，应根据自己的实际情况，对现金流量进行合理的归类。本书将增值税随同价款计入经营活动、投资活动、筹资活动。在我国，企业经营活动产生的现金流量应当采用直接法填列。直接法，是指通过现金收入和现金支出的主要类别列示经营活动的现金流量。

2. 投资活动产生的现金流量

投资活动，是指企业长期资产的购建和不包括在现金等价物范围内的投资及其处置活动。投资活动产生的现金流量主要包括购建固定资产、处置子公司及其他营业单位等流入和流出的现金和现金等价物。

3. 筹资活动产生的现金流量

筹资活动，是指导致企业资本及债务规模和构成发生变化的活动。筹资活动产生的现金流量主要包括吸收投资、发行股票、分配利润、发行债券、偿还债务等流入和流出的现金和现金等价物。偿付应付账款、应付票据等商业应付款等属于经营活动,不属于筹资活动。

对于自然灾害损失和保险赔款,如果能够确指属于流动资产损失,应当列入经营活动产生的现金流量;属于固定资产损失,应当列入投资活动产生的现金流量。捐赠一般列入经营活动。企业实际收到的政府补助,无论是与资产相关还是与收益相关,在编制现金流量表时均作为经营活动产生的现金流量列报。偿还租赁负债本金和利息所支付的现金应当计入筹资活动现金流出,其他支付应当计入经营活动现金流出。

(二) 现金流量表的结构

我国企业现金流量表采用报告式结构,分类反映经营活动产生的现金流量、投资活动产生的现金流量和筹资活动产生的现金流量,最后汇总反映企业某一期间现金及现金等价物净增加额。一般企业现金流量表的具体格式如表 12-4 所示。

二、现金流量表的填列方法——分析填列法

(一) 经营活动产生的现金流量

编制现金流量表时,列报经营活动现金流量的方法有两种:一是直接法;一是间接法。

直接法,是指通过现金收入和现金支出的主要类别列示经营活动的现金流量。采用直接法编制经营活动的现金流量时,一般以利润表中的营业收入为起算点,调整与经营活动有关项目的增减变动,然后计算出经营活动的现金流量。在我国,企业经营活动产生的现金流量应当采用直接法填列。采用直接法编报的现金流量表,便于分析企业经营活动产生的现金流量的来源和用途,预测企业现金流量的未来前景。

(1)"销售商品、提供劳务收到的现金"项目,反映企业本期销售商品、提供劳务收到的现金(包括增值税销项税额),以及前期销售商品、提供劳务本期收到的现金和本期预收的款项,减去本期销售本期退回的商品和前期销售本期退回的商品支付的现金。企业销售材料和代购代销业务收到的现金,也在本项目反映。

与销售商品、提供劳务有关的经济业务主要涉及利润表中的"营业收入"项目,资产负债表中的"应交税费(销项税额)""应收账款""应收票据"和"预收款项"项目等,通过对上述项目进行分析,则能够计算确定销售商品提供劳务收到的现金。

销售商品、提供劳务收到的现金的计算公式为:

销售商品、提供劳务收到的现金=营业收入+销售商品、提供劳务的销项税额+应收票据、应收账款项目(项目不同于科目)本期减少额(期初余额-期末余额)+预收账款项目本期增加额(期末余额-期初余额)-计提坏账准备、票据贴现损失、非现金抵债等

【例 12-6】 甲公司 2021 年度有关资料如下:营业收入 5 000 万元,销售商品和提供劳务的销项税额 800 万元,资产负债表中"应收账款"年初数 820 万元,年末数 810 万元,"预收账款"年初数 90 万元,年末数 66 万元。本年应收票据贴现 400 万元,贴现息 5 万元,坏账准备的年初余额 35 万元,本年收回上年的坏账 4 万元,计提坏账准备 31 万元,年末余额为 70 万元。

销售商品、提供劳务收到的现金=5 000+800+(820-810)+(66-90)-5-31=5 750(万元)

(2)"收到的税费返还"项目,反映企业收到返还的增值税、企业所得税、消费税、关税、教育费附加和地方教育附加等各种税费返还款。

(3)"收到其他与经营活动有关的现金"项目,反映企业除上述项目外收到的其他与经营

活动有关的现金,如罚款收入、流动资产损失中由个人赔偿的现金收入、政府补助等。

(4)"购买商品、接受劳务支付的现金"项目,反映企业本期购买商品、接受劳务实际支付的现金(包括增值税进项税额),以及本期支付前期购买商品、接受劳务的未付款项和本期预付款项,减去本期发生的购货退回收到的现金。

与购买商品、接受劳务有关的经济业务主要涉及利润表中的"营业成本"项目,资产负债表中的"应交税费(进项税额)""应付票据""应付账款""预付款项"和"存货"项目等,通过对上述等项目进行分析,则能够计算确定购买商品接受劳务支付的现金。购买商品、接受劳务支付的现金的计算公式为:

购买商品、接受劳务支付的现金＝营业成本＋购买商品、接受劳务的进项税额＋(应付票据、应付账款的期初余额－期末余额)＋(预付账款的期末余额－期初余额)＋(存货项目期末余额－期初余额)＋存货的意外减少(指的是未对应"主营业务成本"的存货减少部分,如管理部门领用材料,计提存货跌价准备)－存货的意外增加(指的是非购买导致存货增加,如计入制造费用的折旧,计入"生产成本"或"制造费用"的职工薪酬)

【例 12-7】　某企业 2021 年度有关资料如下:① 营业成本 4 000 万元;② 购买商品和接受劳务的进项税额 600 万元;③ 应付账款项目:年初数 100 万元,年末数 120 万元;④ 预付款项项目:年初数 80 万元,年末数 90 万元;⑤ 存货项目:年初数 100 万元,年末数 80 万元;⑥ 其他有关资料:用固定资产偿还应付账款 10 万元,本期发生的生产人员工资费用 100 万元,本期制造费用发生额为 60 万元(其中消耗的物料为 5 万元),工程项目领用本企业产品成本 10 万元。

购买商品、接受劳务支付的现金＝4 000＋600＋(100－120)＋(90－80)＋(80－100)－(10＋100＋55)＋10＝4 415(万元)

(5)"支付给职工以及为职工支付的现金"项目,反映企业本期实际支付给职工的工资、奖金、各种津贴和补贴等,以及为职工支付的其他费用。应由在建工程、无形资产负担的职工薪酬以及支付的离退休人员的职工薪酬除外。

(6)"支付的各项税费"项目,反映企业按规定实际上缴的各项税费,如支付的增值税、消费税、企业所得税、教育费附加、地方教育附加、印花税、房产税、土地增值税、车船税等。实际支付的计入资产价值的耕地占用税,本期退回的增值税、所得税等除外。

(7)"支付的其他与经营活动有关的现金"项目,反映企业除上述项目外支付的其他与经营活动有关的现金,如罚款支出、支付的差旅费、业务招待费、保险费等。

(二)投资活动产生的现金流量

(1)"收回投资收到的现金"项目,反映企业出售、转让或到期收回除现金等价物以外的交易性金融资产、长期股权投资而收到的现金,以及收回债权投资本金而收到的现金,但债权投资收回的利息除外,利息计入取得投资收益收到的现金。

(2)"取得投资收益收到的现金"项目,反映企业因股权性投资而分得的现金股利,因债权性投资而取得的利息收入。股票股利由于不产生现金流量,不在本项目中反映。

(3)"处置固定资产、无形资产和其他长期资产收回的现金净额"项目,反映企业出售、报废固定资产、无形资产和其他长期资产所取得的现金,减去为处置这些资产而支付的有关费用后的净额。

比如,某公司出售设备一台,原价 100 万元,已提折旧 30 万元,收到出售价款 80 万元,支付清理费用 2 万元,处置收益 8 万元,收回的现金净额 78 万元(＝80－2)。

（4）"处置子公司及其他营业单位收到的现金净额"项目,反映企业处置子公司及其他营业单位所取得的现金减去子公司或其他营业单位持有的现金和现金等价物以及相关处置费用后的净额。

（5）"收到的其他与投资活动有关的现金"项目,反映企业除上述各项目外,收到的其他与投资活动有关的现金。比如,企业收回购买股票或债券时支付的价款中包括的已宣告但尚未发放的现金股利或已到付息期但尚未领取的利息。

（6）"购建固定资产、无形资产和其他长期资产支付的现金"项目,反映企业购买、建造固定资产、取得无形资产和其他长期资产所支付的现金(含增值税税款)、支付的应由在建工程和无形资产负担的职工薪酬现金支出,但为购建固定资产而发生的借款利息资本化部分、取得使用权资产所支付的租赁费除外。

比如,某公司本期支付工程物资价款为 1 000 万元,支付工程人员薪酬 60 万元;支付长期借款资本化利息 80 万元,费用化利息 20 万元。则现金流量表的"购建固定资产、无形资产和其他长期资产而支付的现金"项目的金额为 1 060 万元(=1 000＋60)。

（7）"投资支付的现金"项目,反映企业取得的除现金等价物以外的权益性投资和债权性投资所支付的现金以及支付的佣金、手续费等。

（8）"取得子公司及其他营业单位支付的现金净额"项目,反映企业购买子公司及其他营业单位购买出价中以现金支付的部分,减去子公司或其他营业单位持有的现金和现金等价物后的净额。

（9）"支付其他与投资活动有关的现金"项目,反映企业除上述各项目外,支付的其他与投资活动有关的现金。比如,企业购买股票和债券时,实际支付的价款中包含的已宣告但尚未领取的现金股利或已到付息期但尚未领取的债券利息。

（三）筹资活动产生的现金流量

（1）"吸收投资收到的现金"项目,反映企业以发行股票等方式筹集资金实际收到的款项,减去直接支付的佣金等发行费用的净额。

（2）"取得借款收到的现金"项目,反映企业举借各种短期、长期借款实际收到的现金,以及发行债券实际收到的款项净额。

（3）"收到的其他与筹资活动有关的现金"项目,反映企业除上述各项目外,收到的其他与筹资活动有关的现金。

（4）"偿还债务支付的现金"项目,反映企业以偿还债务的本金所支付的现金,包括借款本金和债券本金。

（5）"分配股利、利润或偿付利息支付的现金"项目,反映企业实际支付的现金股利、支付给其他投资单位的利润或用现金支付的借款利息、债券利息。

（6）"支付其他与筹资活动有关的现金"项目,反映企业除上述各项目外所支付的其他与筹资活动有关的现金流出,包括以发行股票、债券等方式筹集资金而由企业直接支付的审计和咨询等费用,以分期付款方式购建固定资产各期支付的现金等。

（四）汇率变动对现金及现金等价物的影响

编制现金流量表时,应当将企业外币现金流量以及境外子公司的现金流量折算成记账本位币。外币现金流量以及境外子公司的现金流量,应当采用现金流量发生日的即期汇率或按照系统合理的方法确定的、与现金流量发生日即期汇率近似的汇率折算。汇率变动对现金的影响额应当作为调节项目,在现金流量表中单独列报。

汇率变动对现金的影响,指企业外币现金流量及境外子公司的现金流量折算成记账本位币时,所采用的是现金流量发生日的汇率或按照系统合理的方法确定的、与现金流量发生日即期汇率近似的汇率,而现金流量表"现金及现金等价物净增加额"项目中外币现金净增加额是按资产负债表日的即期汇率折算的。这两者的差额即为汇率变动对现金的影响。

在编制现金流量表时,对当期发生的外币业务,也可不必逐笔计算汇率变动对现金的影响,可以通过现金流量表补充资料中"现金及现金等价物净增加额"数额与现金流量表中"经营活动产生的现金流量净额""投资活动产生的现金流量净额""筹资活动产生的现金流量净额"三项之和的比较,其差额即为"汇率变动对现金的影响额"。

（五）现金流量表补充资料

除现金流量表反映的信息外,企业还应在附注中披露将净利润调节为经营活动现金流量、不涉及现金收支的重大投资和筹资活动、现金及现金等价物净变动情况等信息。

1. 将净利润调节为经营活动现金流量

在我国,现金流量表补充资料应采用间接法反映经营活动产生的现金流量情况,以对现金流量表中采用直接法反映的经营活动现金流量进行核对和补充说明。间接法,是指以本期净利润为起点,通过调整不涉及现金的收入、费用、营业外收支以及经营性应收应付等项目的增减变动,调整不属于经营活动的现金收支项目,据此计算并列报经营活动产生的现金流量的方法。采用间接法编报现金流量表,便于将净利润与经营活动产生的现金流量净额进行比较,了解净利润与经营活动产生的现金流量差异的原因,从现金流量的角度分析净利润的质量。所以,我国企业会计准则规定企业应当采用直接法编报现金流量表,同时要求在附注中提供以净利润为基础调节到经营活动现金流量的信息。

在间接法下,将净利润调节为经营活动现金流量,实际上就是将按权责发生制原则确定的净利润调整为现金净流入,并剔除投资活动和筹资活动对现金流量的影响。

$$净利润＝经营活动利润＋投资活动利润＋筹资活动利润$$

$$净利润±调整项目＝经营活动产生的现金流量净额$$

经营活动产生的现金流量净额＝净利润＋不影响经营活动现金流量但减少净利润的项目－不影响经营活动现金流量但增加净利润的项目＋与净利润无关但增加经营活动现金流量的项目－与净利润无关但减少经营活动现金流量的项目

（1）资产（信用）减值准备。这里所指的资产（信用）减值准备是指当期计提的减值准备（扣除转回的减值准备）,属于利润的减除项目,但没有发生现金流出。所以,在将净利润调节为经营活动现金流量时,需要加回。本项目可根据"资产（信用）减值损失"科目的记录分析填列。

（2）固定资产折旧。本项目反映企业本期计提的折旧,可根据"累计折旧"科目的贷方发生额分析填列。

（3）无形资产摊销。本项目反映企业本期摊销的无形资产。本项目可根据"累计摊销"科目的贷方发生额分析填列。

（4）长期待摊费用摊销。长期待摊费用摊销时,计入管理费用等期间费用和计入制造费用中的已变现的部分,在计算净利润时已从中扣除,但没有发生现金流出;计入制造费用中的没有变现的部分,在调节存货时已经从中扣除,但不涉及现金收支,所以,在此处将净利润调节为经营活动现金流量时,需要予以加回。本项目可根据"长期待摊费用"科目的贷方发生额分析填列。

(5) 处置固定资产、无形资产和其他长期资产的损失(收益以"－"号填列)。企业处置固定资产、无形资产和其他长期资产发生的损益,属于投资活动产生的损益,所以,在将净利润调节为经营活动现金流量时,需要予以剔除。本项目可根据"资产处置损益"科目所属有关明细科目的记录分析填列。

(6) 固定资产报废损失(收益以"－"号填列)。本项目反映固定资产报废、固定资产盘亏(减盘盈)后的净损失。固定资产报废损益属于投资活动产生的损益,所以,在将净利润调节为经营活动现金流量时,需要予以剔除。本项目可根据"营业外支出""营业外收入"等科目所属有关明细科目的记录分析填列。

(7) 净敞口套期收益(收益以"－"号填列)。在套期保值业务中,经常会有会计确认和计量结果的不一样的情况发生,净敞口套期可以帮助我们达到套期保值期间的利得和损失可以同期确认的目的。本项目可根据"净敞口套期损益"科目的记录分析填列。

(8) 公允价值变动损失(收益以"－"号填列)。企业发生的公允价值变动损益,通常与企业的投资活动有关,而且并不影响企业当期的现金流量。为此,应当将其从净利润中剔除。本项目可以根据"公允价值变动损益"科目的发生额分析填列。

(9) 财务费用(收益以"－"号填列)。企业发生的财务费用中不属于经营活动的部分,应当在将净利润调节为经营活动现金流量时将其加回。本项目可根据"财务费用"科目的本期借方发生额分析填列。

(10) 投资损失(收益以"－"号填列)。企业发生的投资损益,属于投资活动产生的损益,所以,在将净利润调节为经营活动现金流量时,需要予以剔除。如为净损失,在将净利润调节为经营活动现金流量时,应当加回;如为净收益,在将净利润调节为经营活动现金流量时,应当扣除。本项目可根据利润表中"投资收益"项目的数字填列。

(11) 递延所得税资产减少(增加以"－"号填列)。本项目只考虑对应所得税费用部分,对应其他综合收益的部分不需调整。

(12) 递延所得税负债增加(减少以"－"号填列)。本项目只考虑对应所得税费用部分,对应其他综合收益的部分不需调整。

(13) 存货的减少(增加以"－"号填列)。本项目可根据资产负债表中"存货"项目的期初数、期末数之间的差额填列;期末数大于期初数的差额,以"－"号填列。如果存货的增减变化属于投资活动,如在建工程领用存货,应当将这一因素剔除。

(14) 经营性应收项目的减少(增加以"－"号填列)。经营性应收项目包括应收票据及应收账款、预付账款和其他应收款中与经营活动有关的部分,以及应收的增值税销项税额等。本项目应当根据有关科目的期初、期末余额分析填列。

(15) 经营性应付项目的增加(减少以"－"号填列)。经营性应付项目包括应付票据及应付账款、预收账款、应付职工薪酬、应交税费、其他应付款中与经营活动有关的部分,以及应付的增值税进项税额等。本项目应当根据有关科目的期初、期末余额分析填列。

【例 12 - 8】 甲公司 2021 年度实现净利润 2 000 万元,2021 年度有关资料如下:固定资产折旧 60 万元,无形资产摊销 10 万元,固定资产报废损失 50 万元,计提坏账准备 100 万元,因计提坏账准备确认递延所得税资产 25 万元,非经营活动的财务费用 15 万元,存货增加 72 万元,经营性应收项目增加(不包括坏账准备的变化)150万元,经营性应付项目的增加30万元。

经营活动现金流量净额＝2 000＋60＋10＋50＋100－25＋15－72－150＋30＝2 018(万元)

【例12-9】　甲公司2021年度实现净利润6 500万元,2021年度有关资料如下:① 出售固定资产收到现金净额60万元,该固定资产的成本为90万元,累计折旧为80万元。② 无形资产本年度摊销40万元。③ 本年度计提折旧500万元。④ 本年度计提存货跌价准备920万元。因计提存货跌价准备确认递延所得税资产230万元。⑤ 出售本年购入的交易性金融资产,收到现金200万元,该交易性金融资产的成本为100万元,持有期间公允价值变动收益为50万元。⑥ 期初应收账款为1 000万元,本年度销售产品实现收入6 700万元,本年度收到现金5 200万元,期末应收账款为2 500万元。

经营活动现金流量净额＝6 500－[60－(90－80)]＋40＋500＋920－230－(200－100)＋(1 000－2 500)＝6 080(万元)

2. 不涉及现金收支的重大投资和筹资活动

不涉及现金收支的重大投资和筹资活动,反映企业一定期间内影响资产或负债但不形成该期现金收支的所有投资和筹资活动的信息。这些投资和筹资活动虽然不涉及现金收支,但对以后各期的现金流量有重大影响。

企业应当在附注中披露不涉及当期现金收支但影响企业财务状况或在未来可能影响企业现金流量的重大投资和筹资活动,主要包括:① 债务转为资本;② 一年内到期的可转换公司债券;③ 取得使用权资产。

3. 现金及现金等价物净变动情况

企业应当在附注中披露与现金和现金等价物有关的下列信息:① 现金和现金等价物的构成及其在资产负债表中的相应金额。② 企业持有但不能由母公司或集团内其他子公司使用的大额现金和现金等价物金额。

三、现金流量表的填列方法——工作底稿法和T形账户法

在具体编制现金流量表时,无论直接法还是间接法,可以根据有关记录分析填列,也可以采用工作底稿法或T形账户法编制。

(一) 工作底稿法

1. 采用工作底稿法编制现金流量表主表

采用工作底稿法编制现金流量表,是以工作底稿为手段,以资产负债表和利润表数据为基础,对每一项目进行分析并编制调整分录,从而编制现金流量表。工作底稿法是依据复式记账原理编制调整分录,通过工作底稿中内部勾稽关系进行试算平衡,来验证现金流量表编制的正确性。调整分录为一定时期(年)内该类业务的汇总分录,不过入账册,视采用方法分别过入工作底稿或T形账户中,不是按会计科目编制,而是按报表项目编制,有关现金的事项并不直接借记或贷记现金,而是分别记入"经营活动现金流量""投资活动现金流量""筹资活动现金流量",借记表明现金流入,贷记表明现金流出。

工作底稿法的步骤如下:

第一步,将资产负债表的期初、期末数和利润表的本期数过入工作底稿的有关栏目。

第二步,对当期业务进行分析并编制调整分录。编制调整分录时,先按利润表项目从上到下顺序分析调整,然后按资产负债表项目资产、负债和所有者权益的顺序分析调整。

根据资产负债表的平衡公式可写成:

现金净增加额=负债净增加额+所有者权益净增加额-非现金资产现金净增加额

第三步,将调整分录过入工作底稿中的相应部分。

第四步,核对调整分录,借方、贷方合计数均已经相等,资产负债表项目期初数加减调整分录中的借贷金额以后,也等于期末数。

第五步,根据工作底稿中的现金流量表项目部分编制正式的现金流量表。

2. 采用工作底稿法编制现金流量表补充资料

在编制调整分录的过程中,如果我们把涉及利润表损益类项目和现金流量表经营活动现金流量类项目的分录挑选出来,合并成一个汇总调整分录,则这个汇总调整分录仍将保持借贷平衡,并不难判定:此汇总调整分录中,所有利润表损益类项目金额之和(贷方金额减借方金额)等于企业本期"净利润",所有现金流量表经营活动现金流量类项目金额之和(贷方金额减借方金额)等于"经营活动产生的现金流量净额",而这两个金额正是现金流量表补充资料中间接法列示内容的首行和末行。汇总调整分录中,除利润表损益类项目和现金流量表经营活动现金流量类项目之外的其他项目金额之和(贷方金额减借方金额),必然等于间接法中的调整项目金额之和。依据上述原理,我们就可以用调整分录去推算间接法调整项目的金额。

如果采用工作底稿法编制现金流量表附注,因为经营活动采用间接法,工作底稿格式有点差别,要区分不同的应收应付项目和不同的财务费用,涉及经营活动的调整分录只需登记净利润和调整项目,不需要登记现金流入或者流出。

(二) T 形账户法

工作底稿法和 T 形账户法两种方法,两者的编制程序基本一致,区别在于验算平衡方式不一样。工作底稿法是通过现金流量表工作底稿来验算调整分录是否平衡;T 形账户法是通过开设 T 形账户,来验算调整分录是否平衡。两种方法均要编制调整分录,调整分录借贷的对象均是会计报表项目,而不是普通意义上的会计科目。

采用 T 形账户法编制现金流量表,是以 T 形账户为手段,以资产负债表和利润表数据为基础,对每一项目进行分析并编制调整分录,从而编制现金流量表。T 形账户法的程序是:第一步,为所有的非现金项目(包括资产负债表项目和利润表项目)分别开设 T 形账户,并将各自的期末期初变动数过入各该账户。如果项目的期末数大于期初数,则将差额过入和项目余额相同的方向;反之,过入相反的方向。第二步,开设一个大的"现金及现金等价物"T 形账户,每边分为经营活动、投资活动和筹资活动三个部分,左边记现金流入,右边记现金流出。与其他账户一样,过入期末期初变动数。第三步,以利润表项目为基础,结合资产负债表分析每一个非现金项目的增减变动,并据此编制调整分录。第四步,将调整分录过入各 T 形账户,并进行核对,该账户借贷相抵后的余额与原先过入的期末期初变动数应当一致。第五步,根据大的"现金及现金等价物"T 形账户编制正式的现金流量表。

四、现金流量表编制示例

【例 12-10】 根据第二节综合案例资料,编制现金流量表,如表 12-4 所示。

表 12-4　现金流量表

会企 03 表

编制单位:藏龙股份有限公司　　　　　　　　　　2021 年　　　　　　　　　　单位:元

项　目	本期金额	上期金额
一、经营活动产生的现金流量		略
销售商品、提供劳务收到的现金	1 262 500	
收到的税费返还		
收到其他与经营活动有关的现金		
经营活动现金流入小计	1 262 500	
购买商品、接受劳务支付的现金	455 700	
支付给职工以及为职工支付的现金	520 000	
支付的各项税费	150 820	
支付其他与经营活动有关的现金	129 000	
经营活动现金流出小计	1 255 520	
经营活动产生的现金流量净额	6 980	
二、投资活动产生的现金流量		
收回投资收到的现金	165 000	
取得投资收益收到的现金	30 000	
处置固定资产、无形资产和其他长期资产收回的现金净额	339 300	
处置子公司及其他营业单位收到的现金净额		
收到其他与投资活动有关的现金		
投资活动现金流入小计	534 300	
购建固定资产、无形资产和其他长期资产支付的现金	1 212 600	
投资支付的现金	105 000	
取得子公司及其他营业单位支付的现金净额		
支付其他与投资活动有关的现金		
投资活动现金流出小计	1 317 600	
投资活动产生的现金流量净额	−783 300	
三、筹资活动产生的现金流量		
吸收投资收到的现金		
取得借款收到的现金	1 000 000	
收到其他与筹资活动有关的现金		
筹资活动现金流入小计	1 000 000	
偿还债务支付的现金	850 000	
分配股利、利润或偿付利息支付的现金	47 500	
支付其他与筹资活动有关的现金		

项　目	本期金额	上期金额
筹资活动现金流出小计	897 500	
筹资活动产生的现金流量净额	102 500	
四、汇率变动对现金及现金等价物的影响		
五、现金及现金等价物净增加额	−673 820	
加:期初现金及现金等价物余额	1 427 000	
六、期末现金及现金等价物余额	753 180	

【例 12-11】　根据第二节综合案例资料,编制现金流量表补充资料,如表 12-5 所示。

表 12-5　现金流量表补充资料　　　　　　　　　　　单位:元

补充资料	本期金额	上期金额
1. 将净利润调节为经营活动现金流量		略
净利润	192 500	
加:资产减值准备	30 000	
信用减值准备	9 000	
固定资产折旧、油气资产折耗、生产性生物资产折旧	100 000	
无形资产摊销	13 980	
长期待摊费用摊销		
处置固定资产、无形资产和其他长期资产的损失(收益以"−"号填列)	−50 000	
固定资产报废损失(收益以"−"号填列)	49 700	
净敞口套期收益(收益以"−"号填列)		
公允价值变动损失(收益以"−"号填列)		
财务费用(收益以"−"号填列)	20 000	
投资损失(收益以"−"号填列)	−45 000	
递延所得税资产减少(增加以"−"号填列)	−9 750	
递延所得税负债增加(减少以"−"号填列)	−5 000	
存货的减少(增加以"−"号填列)	−155 000	
经营性应收项目的减少(增加以"−"号填列)	−117 000	
经营性应付项目的增加(减少以"−"号填列)	−26 450	
其他		
经营活动产生的现金流量净额	6 980	
2. 不涉及现金收支的重大投资和筹资活动		
债务转为资本		
一年内到期的可转换公司债券		

续　表

补充资料	本期金额	上期金额
租入固定资产		
3. 现金及现金等价物净变动情况		
现金的期末余额	753 180	
减：现金的期初余额	1 427 000	
加：现金等价物的期末余额		
减：现金等价物的期初余额		
现金及现金等价物净增加额	−673 820	

（一）分析填列法

1. 现金流量表

（1）销售商品、提供劳务收到的现金＝主营业务收入＋对应销项税额＋（应收票据、应收账款项目年初余额－期末余额）－当期计提的坏账准备－票据贴现的利息

＝1 250 000＋162 500＋（180 000－0）＋（582 000－873 000）－9 000－30 000＝1 262 500（元）

（2）购买商品、接受劳务支付的现金＝主营业务成本＋对应进项税额＋（存货年末余额－期初余额）＋（应付票据、应付账款年初余额－期末余额）＋（预付账款期末余额－年初余额）－当期计入生产成本、制造费用的职工薪酬－当期计入制造费用的折旧费

＝750 000＋31 200＋（2 281 250－2 126 250）＋100 000－500 500－80 000＝455 700（元）

（3）支付给职工以及为职工支付的现金

＝本期生产成本、制造费用、管理费用中的职工薪酬＋应付职工薪酬（除在建工程人员）（期初余额－期末余额）

＝500 500＋19 500＋0＝520 000（元）

（4）支付的各项税费＝150 820（元）

（5）支付其他与经营活动有关的现金＝管理费用中其他付现＋销售费用中其他付现

＝111 000＋18 000＝129 000（元）

（6）收回投资收到的现金

＝交易性金融资产贷方发生额＋与交易性金融资产一起收回的投资收益

＝150 000＋15 000＝165 000（元）

（7）取得投资收益收到的现金＝收到的股息收入＝30 000（元）

（8）处置固定资产收回的现金净额＝339 000＋（800－500）＝339 300（元）

（9）购建固定资产支付的现金

＝使用现金购买的固定资产、工程物资＋支付给在建工程人员的薪酬

＝152 100＋960 500＋100 000＝1 212 600（元）

（10）投资支付的现金＝取得其他权益工具投资＝105 000（元）

（11）取得借款收到的现金＝1 000 000（元）

（12）偿还债务支付的现金＝250 000＋600 000＝850 000（元）

（13）偿付利息支付的现金＝7 500＋40 000＝47 500（元）

2. 现金流量表补充资料

将净利润调节为经营活动现金流量各项目计算分析如下：

(1) 减值准备＝9 000＋30 000＝39 000(元)

(2) 固定资产折旧＝20 000＋80 000＝100 000(元)

(3) 无形资产摊销＝13 980(元)

(4) 处置固定资产、无形资产和其他长期资产的损失(减:收益)＝－50 000(元)

(5) 固定资产报废损失＝49 700(元)

(6) 公允价值变动损失＝20 000(元)

(7) 财务费用＝20 000(元)

(8) 投资损失(减:收益)＝－45 000(元)

(9) 递延所得税资产减少＝4 500－14 250＝－9 750(元)

(10) 递延所得税负债增加＝0－5 000＝－5 000(元)

(11) 存货的减少＝2 126 250－2 281 250＝－155 000(元)

(12) 经营性应收项目的减少
＝(762 000＋18 000－873 000－27 000)＋(8 000－5 000)＝－117 000(元)

(13) 经营性应付项目的增加
＝(0－100 000)＋(148 030－145 980)＋(110 500－39 000)＝－26 450(元)

(二) 工作底稿法

1. 编制调整分录

(1) 分析调整营业收入。

借:经营活动现金流量——销售收现   1 292 500

应收账款   300 000

贷:营业收入   1 250 000

应收票据   180 000

应交税费——销售商品的销项税额   162 500

(2) 分析调整营业成本。

借:营业成本   750 000

应交税费——购买商品的进项税额   31 200

应付票据   100 000

存货   155 000

贷:经营活动现金流量——购货付现   1 036 200

(3) 分析调整税金及附加。

借:税金及附加   10 820

贷:应交税费——经营活动   10 820

(4) 分析调整销售费用。

借:销售费用   18 000

贷:经营活动现金流量——其他付现   18 000

(5) 分析调整管理费用。

借:管理费用   167 480

    贷:经营活动现金流量——其他付现   167 480

(6) 财务费用。

借:财务费用——经营活动   30 000

    财务费用——筹资活动   20 000

    贷:经营活动现金流量——销售收现   30 000

        筹资活动现金流量——偿还利息支付的现金   20 000

(7) 分析调整投资收益。

借:投资活动现金流量——收回投资所收到的现金   165 000

             ——取得投资收益所收到的现金   30 000

    贷:交易性金融资产   150 000

        投资收益   45 000

(8) 分析调整减值损失。

借:信用减值损失   9 000

    资产减值损失   30 000

    贷:应收账款——坏账准备   9 000

        固定资产——固定资产减值准备   30 000

(9) 分析调整资产处置收益。

借:固定资产——累计折旧   150 000

    投资活动现金流量——处置固定资产收回的现金   339 000

    贷:固定资产   400 000

        应交税费——投资活动的销项税额   39 000

        资产处置收益   50 000

(10) 分析调整营业外支出。

借:营业外支出   49 700

    固定资产——累计折旧   430 000

    投资活动现金流量——处置固定资产收回的现金   300

    贷:固定资产   480 000

(11) 分析调整所得税费用。

借:所得税费用   67 500

    递延所得税资产——对应损益   9 750

    递延所得税负债——对应损益   5 000

    贷:应交税费——经营活动   82 250

(12) 分析调整其他应收款和其他权益工具投资。

借:经营活动现金流量——其他付现   3 000

    贷:其他应收款   3 000

借:其他权益工具投资   115 000

    贷:投资活动现金流量——投资付现   105 000

其他综合收益		7 500
递延所得税负债——对应权益		2 500

(13) 分析调整固定资产和在建工程。

借：固定资产　　　　　　　　　　　　　　　　　　2 250 000

　　应交税费——投资活动的进项税额　　　　　　　　　110 500

　　在建工程　　　　　　　　　　　　　　　　　　　　272 100

　　贷：在建工程　　　　　　　　　　　　　　　　　1 400 000

　　　　投资活动现金流量——购建固定资产付现　　　1 212 600

　　　　筹资活动现金流量——偿还利息支付的现金　　　　20 000

(14) 分析调整本期固定资产折旧和无形资产摊销。

借：经营活动现金流量——购买付现　　　　　　　　　 80 000

　　　　　　　　　　　　——其他付现　　　　　　　　 33 980

　　贷：固定资产——累计折旧　　　　　　　　　　　　100 000

　　　　无形资产——累计摊销　　　　　　　　　　　　 13 980

(15) 分析调整短期借款和长期借款。

借：短期借款　　　　　　　　　　　　　　　　　　　250 000

　　长期借款　　　　　　　　　　　　　　　　　　　600 000

　　其他应付款——应付利息　　　　　　　　　　　　　 7 500

　　筹资活动现金流量——取得借款　　　　　　　　 1 000 000

　　贷：筹资活动现金流量——偿还债务支付的现金　　　850 000

　　　　　　　　　　　　　——偿还利息支付的现金　　　 7 500

　　　　长期借款　　　　　　　　　　　　　　　　 1 000 000

(16) 分析调整职工薪酬。

借：经营活动现金流量——购买付现　　　　　　　　　500 500

　　　　　　　　　　　　——其他付现　　　　　　　　 19 500

　　贷：经营活动现金流量——工资付现　　　　　　　　520 000

(17) 分析调整应交税费。

借：应交税费——经营活动　　　　　　　　　　　　　150 820

　　贷：经营活动现金流量——税费付现　　　　　　　　150 820

(18) 结转净利润。

借：净利润　　　　　　　　　　　　　　　　　　　　192 500

　　贷：未分配利润　　　　　　　　　　　　　　　　　192 500

(19) 提取盈余公积及分配股利。

借：未分配利润　　　　　　　　　　　　　　　　　　 69 250

　　贷：盈余公积　　　　　　　　　　　　　　　　　　 19 250

　　　　其他应付款——应付股利　　　　　　　　　　　 50 000

(20) 调整现金净变化额。

借：现金净减少　　　　　　　　　　　　　　　　　　673 820

　　贷：现金　　　　　　　　　　　　　　　　　　　　673 820

2. 登记工作底稿

(1) 直接法工作底稿如表 12-6 所示。

表 12-6　现金流量表工作底稿(一)　　　　　　　　　单位:元

项　目	期初数	调整分录 借　方	调整分录 贷　方	期末数 或本期数
一、资产负债表项目				
货币资金	1 427 000		(20) 673 820	753 180
交易性金融资产	150 000		(7) 150 000	
应收票据	180 000		(1) 180 000	
应收账款	582 000	(1) 300 000	(8) 9 000	873 000
其他应收款	8 000		(12) 3 000	5 000
存货	2 126 250	(2) 155 000		2 281 250
长期股权投资	250 000			250 000
其他权益工具投资		(12) 115 000		115 000
固定资产	740 000	(9) 150 000 (10) 430 000 (13) 2 250 000	(8) 30 000 (9) 400 000 (10) 480 000 (14) 100 000	2 560 000
在建工程	1 621 930	(13) 272 100	(13) 1 400 000	494 030
无形资产	489 300		(14) 13 980	475 320
递延所得税资产	4 500	(11) 9 750		14 250
短期借款	300 000	(15) 250 000		50 000
应付票据	100 000	(2) 100 000		
应付账款	950 500			950 500
应付职工薪酬	120 000			120 000
应交税费	145 980	(2) 31 200 (13) 110 500 (17) 150 820	(1) 162 500 (3) 10 820 (9) 39 000 (11) 82 250	148 030
其他应付款	7 500	(15) 7 500	(19) 50 000	50 000
长期借款	800 000	(15) 600 000	(15) 1 000 000	1 200 000
递延所得税负债	5 000	(11) 5 000	(12) 2 500	2 500
实收资本	5 000 000			5 000 000
其他综合收益			(12) 7 500	7 500
盈余公积	100 000		(19) 19 250	119 250
未分配利润	50 000	(19) 69 250	(18) 192 500	173 250

项 目	期初数	调整分录 借 方	调整分录 贷 方	期末数 或本期数
二、损益表项目				
营业收入			(1) 1 250 000	1 250 000
营业成本		(2) 750 000		750 000
税金及附加		(3) 10 820		10 820
销售费用		(4) 18 000		18 000
管理费用		(5) 167 480		167 480
财务费用		(6) 50 000		50 000
投资收益			(7) 45 000	45 000
资产(信用)减值损失		(8) 39 000		39 000
资产处置收益			(9) 50 000	50 000
营业外支出		(10) 49 700		49 700
所得税费用		(11) 67 500		67 500
净利润		(18) 192 500		192 500
三、现金流量表项目				
（一）经营活动产生的现金流量				
销售商品、提供劳务收到的现金		(1) 1 292 500	(6) 30 000	1 262 500
购买商品、接受劳务支付的现金		(14) 80 000 (16) 500 500	(2) 1 036 200	455 700
支付给职工以及为职工支付的现金			(16) 520 000	520 000
支付的各项税费			(17) 150 820	150 820
支付的其他与经营活动有关的现金		(12) 3 000 (14) 33 980 (16) 19 500	(4) 18 000 (5) 167 480	129 000
经营活动产生的现金流量净额				6 980
（二）投资活动产生的现金流量				
收回投资所收到的现金		(7) 165 000		165 000
取得投资收益所收到的现金		(7) 30 000		30 000
处置固定资产、无形资产而收到的现金净额		(9) 339 000 (10) 300		339 300
购建固定资产、无形资产和其他长期资产支付的现金			(13) 1 212 600	1 212 600
投资所支付的现金			(12) 105 000	105 000

项 目	期初数	调整分录		期末数或本期数
		借 方	贷 方	
投资活动产生的现金流量净额				−783 300
(三)筹资活动产生的现金流量				
借款所收到的现金		(15) 1 000 000		1 000 000
偿还债务所支付的现金			(15) 850 000	850 000
分配股利、利润和偿付利息所支付的现金			(6) 20 000 (13) 20 000 (15) 7 500	47 500
筹资活动产生的现金流量净额				102 500
(四)现金及现金等价物净增加额		(20) 673 820		−673 820
调整分录借贷合计		10 488 720	10 488 720	

(2)间接法工作底稿如表12-7所示。

表 12-7 现金流量表工作底稿(二) 单位:元

项 目	期初数	调整分录		期末数或本期数
		借 方	贷 方	
一、资产负债表项目				
货币资金	1 427 000		(20) 673 820	753 180
交易性金融资产	150 000		(7) 150 000	
应收票据	180 000		(1) 180 000	
应收账款	582 000	(1) 300 000	(8) 9 000	873 000
其他应收款	8 000		(12) 3 000	5 000
存货	2 126 250	(2) 155 000		2 281 250
长期股权投资	250 000			250 000
其他权益工具投资		(12) 115 000		115 000
固定资产	740 000	(9) 150 000 (10) 430 000 (13) 2 250 000	(8) 30 000 (9) 400 000 (10) 480 000 (14) 100 000	2 560 000
在建工程	1 621 930	(13) 272 100	(13) 1 400 000	494 030
无形资产	489 300		(14) 13 980	475 320
递延所得税资产	4 500	(11) 9 750		14 250
短期借款	300 000	(15) 250 000		50 000

项　目	期初数	调整分录		期末数或本期数
		借　方	贷　方	
应付票据	100 000	(2) 100 000		
应付账款	950 500			950 500
应付职工薪酬	120 000			120 000
应交税费	145 980	(2) 31 200 (13) 110 500 (17) 150 820	(1) 162 500 (3) 10 820 (9) 39 000 (11) 82 250	148 030
其他应付款	7 500	(15) 7 500	(19) 50 000	50 000
长期借款	800 000	(15) 600 000	(15) 1 000 000	1 200 000
递延所得税负债	5 000	(11) 5 000	(12) 2 500	2 500
实收资本	5 000 000			5 000 000
其他综合收益			(12) 7 500	7 500
盈余公积	100 000		(19) 19 250	119 250
未分配利润	50 000	(19) 69 250	(18) 192 500	173 250
二、损益表项目				
营业收入			(1) 1 250 000	1 250 000
营业成本		(2) 750 000		750 000
税金及附加		(3) 10 820		10 820
销售费用		(4) 18 000		18 000
管理费用		(5) 167 480		167 480
财务费用		(6) 50 000		50 000
投资收益			(7) 45 000	45 000
资产(信用)减值损失		(8) 39 000		39 000
资产处置收益			(9) 50 000	50 000
营业外支出		(10) 49 700		49 700
所得税费用		(11) 67 500		67 500
净利润		(18) 192 500		192 500
三、现金流量表项目				
(一)经营活动产生的现金流量				
净利润		(18) 192 500		192 500

项　目	期初数	调整分录 借　方	调整分录 贷　方	期末数 或本期数
资产(信用)减值准备		(8) 39 000		39 000
固定资产折旧		(14) 100 000		100 000
无形资产摊销		(14) 13 980		13 980
处置固定资产、无形资产和其他长期资产的损失			(9) 50 000	−50 000
固定资产报废损失		(10) 49 700		49 700
财务费用		(6) 20 000		20 000
投资损失			(7) 45 000	−45 000
递延所得税资产减少			(11) 9 750	−9 750
递延所得税负债增加			(11) 5 000	−5 000
存货的减少			(2) 155 000	−155 000
经营性应收项目的减少		(1) 180 000 (12) 3 000	(1) 300 000	−117 000
经营性应付项目的增加		(1) 162 500 (3) 10 820 (11) 82 250	(2) 31 200 (2) 100 000 (17) 150 820	−26 450
经营活动产生的现金流量净额				6 980
(二) 投资活动产生的现金流量				
收回投资所收到的现金		(7) 165 000		165 000
取得投资收益所收到的现金		(7) 30 000		30 000
处置固定资产、无形资产而收到的现金净额		(9) 339 000 (10) 300		339 300
购建固定资产、无形资产和其他长期资产支付的现金			(13) 1 212 600	1 212 600
投资所支付的现金			(12) 105 000	105 000
投资活动产生的现金流量净额				−783 300
(三) 筹资活动产生的现金流量				
吸收投资所收到的现金				
借款所收到的现金		(15) 1 000 000		1 000 000
偿还债务所支付的现金			(15) 850 000	850 000

续 表

项 目	期初数	调整分录		期末数 或本期数
		借 方	贷 方	
分配股利、利润和偿付利息所支付 的现金			(6) 20 000 (13) 20 000 (15) 7 500	47 500
筹资活动产生的现金流量净额				102 500
(四) 现金及现金等价物净增加额		(20) 673 820		−673 820
调整分录借贷合计		9 412 990	9 412 990	

第六节 所有者权益变动表

一、所有者权益变动表的内容及结构

(一) 所有者权益变动表的内容

所有者权益变动表是指反映构成所有者权益的各组成部分当期的增减变动情况的报表。所有者权益变动表不仅包括所有者权益总量的增减变动,还包括所有者权益增减变动的重要结构性信息,特别是要反映直接计入所有者权益的利得和损失,让报表使用者准确理解所有者权益增减变动的根源。

综合收益和与所有者(或股东)的资本交易导致的所有者权益的变动,应当分别列示。企业至少应当单独列示反映下列信息的项目:① 综合收益总额;② 会计政策变更和前期差错更正的累积影响金额;③ 所有者投入资本和向所有者分配利润等;④ 按照规定提取的盈余公积;⑤ 所有者权益各组成部分的期初和期末余额及其调节情况。

(二) 所有者权益变动表的结构

为了清楚地表明构成所有者权益的各组成部分当期的增减变动情况,所有者权益变动表应当以矩阵的形式列示:一方面,列示导致所有者权益变动的交易或事项;另一方面,按照所有者权益各组成部分及其总额列示交易或事项对所有者权益的影响。此外,企业还需要提供比较所有者权益变动表,所有者权益变动表还就各项目再分为"本年金额"和"上年金额"两栏分别填列。所有者权益变动表的具体格式如表 12-8 所示。

二、所有者权益变动表的填列方法

(一) "上年金额"栏的填列方法

所有者权益变动表"上年金额"栏内各项数字,应根据上年度所有者权益变动表"本年金额"栏内所列数字填列。如果上年度所有者权益变动表规定的各个项目的名称和内容同本年度不相一致,应对上年度所有者权益变动表各项目的名称和金额按本年度的规定进行调整,填入所有者权益变动表"上年金额"栏内。

(二)"本年金额"栏的填列方法

所有者权益变动表"本年金额"栏内各项数字一般应根据所有者权益科目和"以前年度损益调整"科目的发生额分析填列。

三、所有者权益变动表编制示例

【例12－12】　根据第二节综合案例资料,编制所有者权益变动表,如表12－8所示。

表12－8　所有者权益变动表　　　　　　　　　　会企04表

编制单位:藏龙股份有限公司　　　　　　　　2021年　　　　　　　　　　单位:元

项　目	本年金额									上年金额	
	实收资本(或股本)	其他权益工具	资本公积	减:库存股	其他综合收益	专项储备	盈余公积	未分配利润	所有者权益合计	略	略
一、上年年末余额	5 000 000						100 000	50 000	5 150 000		
加:会计政策变更											
前期差错更正											
其他											
二、本年年初余额	5 000 000						100 000	50 000	5 150 000		
三、本年增减变动金额(减少以"－"号填列)											
(一)综合收益总额					7 500			192 500	200 000		
(二)所有者投入和减少资本											
1. 所有者投入的普通股											
2. 其他权益工具持有者投入资本											
3. 股份支付计入所有者权益的金额											
4. 其他											
(三)利润分配											
1. 提取盈余公积							19 250	－19 250	0		
2. 对所有者(或股东)的分配								－50 000	－50 000		
3. 其他											

续　表

项　目	本年金额									上年金额	
	实收资本(或股本)	其他权益工具	资本公积	减:库存股	其他综合收益	专项储备	盈余公积	未分配利润	所有者权益合计	略	略
（四）所有者权益内部结转											
1.资本公积转增资本(或股本)											
2.盈余公积转增资本(或股本)											
3.盈余公积弥补亏损											
4.设定受益计划变动额结转留存收益											
5.其他综合收益结转留存收益											
6.其他											
四、本年年末余额	5 000 000				7 500		119 250	173 250	5 300 000		

第七节　财务报表附注披露

一、附注披露的总体要求

（一）附注概述

附注是对在资产负债表、利润表、现金流量表和所有者权益变动表等报表中列示项目的文字描述或明细资料,以及对未能在这些报表中列示项目的说明等。财务报表列报准则对附注的披露要求是对企业附注披露的最低要求,应当适用于所有类型的企业,企业还应当按照各项具体会计准则的规定在附注中披露相关信息。

（二）附注披露的总体要求

附注相关信息应当与报表中列示的项目相互参照,以有助于使用者联系相关联的信息,并由此从整体上更好地理解财务报表。企业在披露附注信息时,应当以定量、定性信息相结合,按照一定的结构对附注信息进行系统合理的排列和分类,以便于使用者理解和掌握。

二、附注的主要内容

附注一般应当按照下列顺序至少披露:企业的基本情况,财务报表的编制基础,遵循企业会计准则的声明,重要会计政策和会计估计,会计政策和会计估计变更以及差错更正的说明,报表重要项目的说明,其他需要说明的重要事项和有助于财务报表使用者评价企业管理资本的目标、政策及程序的信息。

三、分部报告

分部报告是企业的财务会计报告中,按照确定的企业内部组成部分(经营分部)提供的有关各组成部分收入、资产和负债等信息的报告。

(一)经营分部的认定

经营分部,是指企业内同时满足下列条件的组成部分:① 该组成部分能够在日常活动中产生收入、发生费用;② 企业管理层能够定期评价该组成部分的经营成果,以决定向其配置资源、评价其业绩;③ 企业能够取得该组成部分的财务状况、经营成果和现金流量等有关会计信息。企业应当以内部组织结构、管理要求、内部报告制度为依据确定经营分部。

(二)报告分部的确定

企业以经营分部为基础确定报告分部时,应满足下列三个条件之一:① 该分部的分部收入占所有分部收入合计的 10% 或者以上;② 该分部的分部利润(亏损)的绝对额,占所有盈利分部利润合计额或者所有亏损分部亏损合计额的绝对额两者中较大者的 10% 或者以上;③ 该分部的分部资产占所有分部资产合计额的 10% 或者以上。

所有报告分部的对外营业收入合计额应达到合并总收入(或企业总收入)的 75%。报告分部的对外交易收入合计额占合并总收入或企业总收入的比重未达到 75% 的,将其他的分部确定为报告分部(即使它们未满足规定的条件),直到该比重达到 75%。

报告分部的数量通常不应当超过 10 个。如果报告分部的数量超过 10 个需要合并的,以经营分部的合并条件为基础,对相关的报告分部予以合并。

(三)分部信息的披露

企业披露的分部信息,应当有助于会计信息使用者评价企业所从事经营活动的性质和财务影响以及经营所处的经济环境。企业应当以对外提供的财务报表为基础披露分部信息;对外提供合并财务报表的企业,应当以合并财务报表为基础披露分部信息。

四、关联方披露

(一)关联方关系的认定

关联方关系的存在是以控制、共同控制或重大影响为前提条件的。在判断是否存在关联方关系时,应当遵循实质重于形式的原则。从一个企业的角度出发,与其存在关联方关系的各方包括:

(1)该企业的母公司,不仅包括直接或间接地控制该企业的其他企业,也包括能够对该企业实施直接或间接控制的单位等。

(2)该企业的子公司,包括直接或间接地被该企业控制的其他企业,也包括直接或间接地被该企业控制的企业、单位、基金等特殊目的实体。

(3)与该企业受同一母公司控制的其他企业。

(4)对该企业实施共同控制的投资方。这里的共同控制包括直接的共同控制和间接的共同控制。对企业实施直接或间接共同控制的投资方与该企业之间是关联方关系,但这些投资方之间并不能仅仅因为共同控制了同一家企业而视为存在关联方关系。

（5）对该企业施加重大影响的投资方。这里的重大影响包括直接的重大影响和间接的重大影响。对企业实施重大影响的投资方与该企业之间是关联方关系，但这些投资方之间并不能仅仅因为对同一家企业具有重大影响而视为存在关联方关系。

（6）该企业的合营企业。合营企业包括合营企业的子公司。合营企业是以共同控制为前提的，两方或多方共同控制某一企业时，该企业则为投资者的合营企业。

（7）该企业的联营企业。联营企业包括联营企业的子公司。如果投资者能对被投资企业施加重大影响，则该被投资企业应被视为投资者的联营企业。

（8）该企业的主要投资者个人及与其关系密切的家庭成员。主要投资者个人，是指能够控制、共同控制一个企业或者对一个企业施加重大影响的个人投资者。

（9）该企业或其母公司的关键管理人员及与其关系密切的家庭成员。关键管理人员，是指有权力并负责计划、指挥和控制企业活动的人员。

（10）该企业主要投资者个人、关键管理人员或与其关系密切的家庭成员控制、共同控制或施加重大影响的其他企业。与主要投资者个人或关键管理人员关系密切的家庭成员，是指在处理与企业的交易时可能影响该个人或受该个人影响的家庭成员，如父母、配偶、兄弟、姐妹和子女等。对于这类关联方，应当根据主要投资者个人、关键管理人员或与其关系密切的家庭成员对两家企业的实际影响力具体分析判断。

（11）该企业关键管理人员提供服务的提供方与服务接受方。服务提供方与服务接受方之间是否构成关联方应当具体分析判断。

（12）企业与所属企业集团的其他成员单位（包括母公司和子公司）的合营企业或联营企业。

（13）企业的合营企业与企业的其他合营企业或联营企业。

（二）不构成关联方关系的情况

与该企业发生日常往来的资金提供者、公用事业部门、政府部门和机构，以及因与该企业发生大量交易而存在经济依存关系的单个客户、供应商、特许商、经销商或代理商之间，不构成关联方关系。与该企业共同控制合营企业的合营者之间，通常不构成关联方关系。仅仅同受国家控制而不存在控制、共同控制或重大影响关系的企业，不构成关联方关系。受同一方重大影响的企业之间不构成关联方。

（三）关联方交易的类型

存在关联方关系的情况下，关联方之间发生的交易为关联方交易，关联方的交易类型主要有：购买或销售商品、购买或销售除商品以外的其他资产、提供或接受劳务、担保、提供资金（贷款或股权投资）、租赁、代理、研究与开发项目的转移、许可协议、代表企业或由企业代表另一方进行债务结算、关键管理人员薪酬。

（四）关联方的披露

企业无论是否发生关联方交易，均应当在附注中披露与该企业之间存在直接控制关系的母公司和子公司有关的信息。企业与关联方发生关联方交易的，应当在附注中披露该关联方关系的性质、交易类型及交易要素。对外提供合并财务报表的，对于已经包括在合并范围内各企业之间的交易不予披露。

第八节　中期财务报告

一、中期财务报告及其构成

（一）中期财务报告的定义

中期财务报告，是指以中期为基础编制的财务报告，包括月度财务报告、季度财务报告、半年度财务报告，也包括年初至本中期末的财务报告。

（二）中期财务报告的构成

中期财务报告至少应当包括以下部分：① 资产负债表；② 利润表；③ 现金流量表；④ 附注。中期资产负债表、利润表和现金流量表的格式和内容，应当与上年度财务报表相一致。中期财务报告中的附注相对于年度财务报告中的附注而言，是适当简化的。中期财务报表附注的编制应当遵循重要性原则。

二、中期财务报告的编制要求

（一）中期财务报告编制应遵循的原则

中期财务报告编制应当遵循与年度财务报告相一致的会计政策，遵循重要性原则，遵循及时性原则。企业上年度编制合并报表的，中期期末应当编制合并财务报表。上年度财务报告除了包括合并报表，还包括母公司财务报表的，中期财务报告也应当包括母公司财务报表。

（二）比较财务报表编制要求

在中期财务报告中，企业应当提供以下比较财务报表：

① 本中期末的资产负债表和上年度末的资产负债表；② 本中期的利润表、年初至本中期末的利润表以及上年度可比期间的利润表（其中上年度可比期间的利润表是指上年度可比中期的利润表和上年度年初至上年可比中期末的利润表）；③ 年初至本中期末的现金流量表和上年度年初至上年可比本期末的现金流量表。

（三）中期财务报告的确认与计量

中期财务报告中各会计要素的确认和计量原则应当与年度财务报表所采用的原则相一致。在编制中期财务报告时，中期会计计量应当以年初至本中期末为基础，财务报告的频率不应当影响年度结果的计量。企业在中期不得随意变更会计政策，应当采用与年度财务报表相一致的会计政策。

企业取得季节性、周期性或者偶然性收入，应当在发生时予以确认和计量，不应当在中期财务报表中预计或者递延，但会计年度末允许预计或者递延的除外。企业在会计年度中不均匀发生的费用，应当在发生时予以确认和计量，不应在中期财务报表中预提或者待摊，但会计年度末允许预提或者待摊的除外。

练 习 题

一、单项选择题

1. 某企业"长期应收款"总账科目借方余额为 100 万元,其中一年内到期的长期应收款为 30 万元;"未实现融资收益"总账科目贷方余额为 20 万元(不考虑一年内到期的)。该企业资产负债表中"长期应收款"项目应填列的金额为( )万元。

    A. 100　　　　　　B. 80　　　　　　C. 70　　　　　　D. 50

2. 企业为购建固定资产支付的借款利息费用中的资本化部分,在现金流量表中能够反映此事项的报表项目是( )。

    A. 偿还债务支付的现金

    B. 支付的其他与投资活动有关的现金

    C. 分配股利、利润或偿付利息支付的现金

    D. 购建固定资产、无形资产和其他长期资产所支付的现金

3. 合同履约成本,应当根据"合同履约成本"科目的明细科目初始确认时摊销期限不超过一年或一个正常营业周期,在( )项目中填列,已计提减值准备的,还应减去"合同履约成本减值准备"科目中相关的期末余额后的金额填列。

    A. "存货"　　　　　　　　　　　　B. "一年内到期的非流动资产"

    C. "其他非流动资产"　　　　　　　D. "其他流动资产"

4. 将净利润调节为经营活动的现金流量时,下列各项属于应调减项目的是( )。

    A. 固定资产报废损失　　　　　　　B. 投资损失

    C. 经营性应收项目的增加　　　　　D. 经营性应付项目的增加

5. 甲公司支付工程物资价税合计为 113 万元,支付工程人员薪酬 60 万元,支付长期借款资本化利息 400 万元、费用化利息 20 万元,则现金流量表的"购建固定资产、无形资产和其他长期资产而支付的现金"项目的金额为( )万元。

    A. 560　　　　　　B. 573　　　　　　C. 160　　　　　　D. 173

6. 某企业期末"工程物资"科目的余额为 100 万元,"发出商品"科目的余额为 50 万元,"原材料"科目的余额为 240 万元,"材料成本差异"科目的贷方余额为 5 万元,"存货跌价准备"科目的余额为 20 万元,"生产成本"科目的余额为 67 万元,"委托代销商品"科目的余额为 60 万元,该企业资产负债表中"存货"项目的金额为( )万元。

    A. 397　　　　　　B. 392　　　　　　C. 492　　　　　　D. 497

7. 下列各项交易或事项中,不属于投资活动产生的现金流量的是( )。

    A. 长期股权投资取得的现金股利

    B. 企业实际收到与固定资产相关的政府补助

    C. 取得债权投资支付的价款

    D. 因固定资产毁损而收取的保险公司赔偿款

8. 某公司对外转让账面净值为 35 万元的固定资产,取得收入 50 万元已存入银行,支付转让费 5 万元,此项业务在现金流量表中应( )。

    A. 收到其他与经营活动有关的现金 50 万元,支付的各项税费 5 万元

B. 收到其他与经营活动有关的现金 50 万元,支付其他与经营活动有关的现金 5 万元

C. 处置固定资产、无形资产和其他长期资产收回的现金净额 45 万元

D. 处置固定资产、无形资产和其他长期资产收回的现金净额 50 万元

9. 下列资产负债表项目中,可以根据总账科目余额直接填列的是(　　)。

  A. 应付票据　　　　B. 长期应付款　　　　C. 长期借款　　　　D. 固定资产

10. 下列项目影响营业利润的是(　　)。

  A. 资产处置收益　　　　　　　　B. 递延收益

C. 所得税费用　　　　　　　　　D. 未实现融资收益

二、多项选择题

1. 下列交易或事项会引起筹资活动现金流量发生变化的有(　　)。

  A. 出售债权投资收到现金　　　　B. 以无形资产对外投资

  C. 向投资者分配现金股利　　　　D. 从银行取得短期借款

2. 下列各项中,属于筹资活动产生的现金流量的有(　　)。

  A. 支付的现金股利　　　　　　　B. 取得短期借款收到的现金

  C. 增发股票收到的现金　　　　　D. 偿还公司债券支付的现金

3. 下列属于能重分类进损益的其他综合收益有(　　)。

  A. 其他债权投资公允价值变动形成的利得或损失

  B. 金融资产重分类形成的利得或损失

  C. 现金流量套期工具产生的利得或损失中属于有效套期的部分

  D. 重新计量设定受益计划净负债或净资产导致的变动

4. 下列表述正确的有(　　)。

  A. 在判断是否存在关联方关系时,应当遵循实质重于形式的原则

  B. 关联方关系的存在是以控制、共同控制或重大影响为前提条件

  C. 与该企业共同控制合营企业的合营者,不构成企业的关联方

  D. 仅仅同受国家控制而不存在其他关联关系的企业之间不构成关联方

5. 下列属于成本类账户的有(　　)。

  A. 生产成本　　　B. 管理费用　　　C. 研发支出　　　D. 制造费用

6. 会计准则中涉及实际利率法的业务有(　　)。

  A. 分摊未确认融资费用　　　　　B. 分摊未实现融资收益

  C. 债券溢折价摊销　　　　　　　D. 弃置费用计提预计负债利息

7. 下列属于调整账户的有(　　)。

  A. 累计折旧　　　B. 利润分配　　　C. 坏账准备　　　D. 未确认融资费用

8. 下列不属于损益类账户的有(　　)。

  A. 长期待摊费用　　B. 本年利润　　　C. 其他收益　　D. 以前年度损益调整

9. 下列关于现金流量表的两种编制方法的表述中,不正确的有(　　)。

  A. 采用直接法编制现金流量表,以净利润为起算点

  B. 采用直接法编制现金流量表,便于将净利润与经营活动现金流量净额进行比较

  C. 采用间接法编制现金流量表,以净利润为起算点

  D. 采用间接法编制现金流量表,便于分析企业经营活动产生的现金流量来源和用途

10. 将净利润调节为经营活动的现金流量时,属于应调减项目的有(　　)。

A. 存货的减少 　　　　　　　B. 递延所得税负债的增加

C. 投资收益 　　　　　　　　D. 处置固定资产的净收益

三、综合分析题

1. 某公司年末有关科目余额如下:"发出商品"科目余额 250 万元,"生产成本"科目余额 335 万元,"原材料"科目余额 300 万元,"材料成本差异"科目的贷方余额 25 万元,"存货跌价准备"科目余额 100 万元,"委托代销商品"科目余额 1 200 万元,"合同资产"科目余额 400 万元。

要求:计算该公司资产负债表中"存货"项目的年末金额。

2. 某企业年度有关资料如下:① 营业收入 6 000 万元;② 销售商品和提供劳务的销项税额 1 020 万元;③ 应收账款项目年初数 100 万元,年末数 120 万元;④ 预收款项项目年初数 80 万元,年末数 90 万元;⑤ 本期计提坏账准备 3 万元,客户用商品抵偿前欠账款 12 万元。

要求:根据上述资料计算"销售商品、提供劳务收到的现金"项目金额。

3. 某企业主业为商品销售,主营业务成本 600 万元,其他业务成本 79 万元(其中销售材料成本 60 万元,出租专利权的摊销 15 万元,投资性房地产的计提折旧 4 万元),购买商品、接受劳务的进项税额为 168 万元。存货年末数 450 万元,年初数 100 万元;应付账款年初数 34 万元,年末数 45 万元;预付账款年初数 11 万元,年末数 7 万元。计入存货的折旧、职工薪酬 61 万元。

要求:计算"购买商品、接受劳务支付的现金"项目金额。

4. 某企业年度实现净利润 750 万元,固定资产折旧为 28 万元,无形资产摊销为 16 万元,长期待摊费用摊销为 50 万元,财务费用的金额为 21 万元(含属于经营活动的 10 万元),实现投资收益 45 万元,递延所得税资产增加 15 万元,经营性应收项目增加 5 万元,经营性应付项目增加 20 万元。

要求:计算该企业当期经营活动产生的现金流量净额。

5. 甲公司发生业务如下:① 购进材料,实际支付 500 万元。② 销售产品价税合计 800 万元,其中 100 万元尚未收到。③ 发放工资 60 万元。缴纳增值税、城建税和企业所得税 30 万元。支付水电费、差旅费和招待费 20 万元。④ 报废设备一台,原值 200 万元,累计折旧 180 万元,清理费用 3 万元,残值收入 5 万元,均通过存款收付。⑤ 归还短期借款本金 40 万元,利息 2 万元。⑥ 出售交易性金融资产,收到价款 35 万元。收到现金股利 15 万元。

要求:计算经营活动、投资活动和筹资活动产生的现金流量净额。

参考文献

［1］中华人民共和国财政部.企业会计准则［M］.北京:经济科学出版社,2006.

［2］中华人民共和国财政部.企业会计准则应用指南［M］.北京:经济科学出版社,2007.

［3］财政部会计司.企业会计准则讲解 2008［M］.北京:人民出版社,2008.

［4］财政部会计资格评价中心.初级会计实务［M］.北京:中国财政经济出版社,2021.

［5］财政部会计资格评价中心.中级会计实务［M］.北京:经济科学出版社,2021.

［6］注册会计师全国统一考试辅导教材.会计［M］.北京:中国财政经济出版社,2021.

［7］全国税务师执业资格考试教材编写组.财务与会计［M］.北京:中国税务出版社,2021.

［8］中国资产评估协会.财务会计［M］.北京:经济科学出版社,2021.

［9］注册会计师全国统一考试辅导教材.税法［M］.北京:中国财政经济出版社,2021.

［10］财政部会计资格评价中心.高级会计实务［M］.北京:经济科学出版社,2021.